心理学

主　编　孙惠超

河南大学出版社
HENAN UNIVERSITY PRESS
· 郑州 ·

图书在版编目（CIP）数据

心理学 / 孙惠超主编 . — 郑州 : 河南大学出版社 , 2019.7（2021.8 重印）

ISBN 978-7-5649-3800-0

Ⅰ. ①心…　Ⅱ. ①孙…　Ⅲ. ①心理学 – 高等学校 – 教材　Ⅳ . ① B84

中国版本图书馆 CIP 数据核字 (2019) 第 144533 号

责任编辑　孙增科
责任校对　陈　巧
封面设计　郭　灿

出　　版　河南大学出版社
地址：郑州市郑东新区商务外环中华大厦 2401 号　　邮编：450046
电话：0371–86059750（高等教育与职业教育出版分社）
0371–86059701（营销部）　　网址：hupress.henu.edu.cn
排　　版　郑州金点图文设计有限公司
印　　刷　郑州市毛庄印刷有限公司
版　　次　2020 年 1 月第 1 版　　**印　　次**　2021 年 8 月第 3 次印刷
开　　本　787mm × 1092mm　1/16　　**印　　张**　20
字　　数　512 千字　　**定　　价**　49.00 元

目　　录

前　言

心理学是一门研究人类的心理现象、精神功能和行为的科学，既是一门理论学科，也是一门应用学科。它一方面尝试用大脑运作来解释个体的基本行为与心理机能，另一方面也尝试解释个体心理机能在社会行为与社会动力中的角色。从理论学科角度来说，该学科涉及知觉、认知、情绪、人格、行为、人际关系、社会关系等领域；从应用学科角度来说，它与日常生活的许多领域，如家庭、教育、健康、社会等发生关联。

当今，随着科学技术的快速进步和社会经济的迅猛发展，人们的心理综合素质需求正在增加。因此，本教材以心理学理论基础为依托，以心理学理论应用为目标，理论联系实际，力求提升当代大学生的心理素质，指导学生能够对自身有足够的了解和认识，使他们拥有健康、乐观、积极的心理素质，以便能适应未来的社会发展。

本书在编写过程中参阅了国内外许多学者、相关教材和部分高校精品网络课程的观点、材料和成果，在此，我们表示诚挚的谢意。

由于编者水平有限，书中的不足和疏漏之处在所难免，恳请广大读者、专家和教师批评指正。

编　者

2019 年 10 月

第一章　心理学概述

本章学习指导

1. **识记**：心理学、心理学的对象、心理过程、个性心理、现当代心理学派别和心理学研究的方法等。
2. **理解**：心理学的任务、心理学研究的意义、心理过程与个性心理的关系、心理学的学科性质、心理学研究领域和分支、心理学的发展过程、心理学不同派别之间的联系、心理学研究的基本原则等。
3. **应用**：① 举例说明心理过程和个性心理所包括的各种心理现象。② 分析说明学习心理学的价值与意义。③ 心理学研究的主要方法之间的区别与联系。

第一节　心理学的对象和任务

一、什么是心理学

在初次接触心理学的时候，许多人常常产生某种神秘莫测之感。实际上，心理学是一门与人的日常生活与活动密切相关的学科。一个正常的人，不管是在清醒状态，还是处于睡梦之中，不管是从事社会实践，还是自发的本能活动，都会产生这样或那样的心理现象。应该说，心理现象是人们最熟悉、体验最多的现象，也是人类特别关心并不断加以探讨和解释的现象之一。心理现象是自然界最纷繁复杂和奇特多变的现象之一，恩格斯曾称之为“地球上最美的花朵”[①]。自古以来，人类为了认识它的本质，发现它的规律，经历了一个漫长而又曲折的过程。

心理学的英语词汇是“psychology”，它是由希腊语中的“psyche”和“logos”两个词演变而成的。“psyche”的意思是“灵魂”或“心灵”，“logos”的意思是“解释”或“阐述”，二者合起来的意思就是“阐释灵魂的学问”。“灵魂”是指人的精神或心理活动，人类很早就试图对它做出解释和说明，这些解释和说明形成了最初的心理学思想。随着实践活动的深入和科学的发展，人们自然不满意“灵魂说”关于心理现象的解释，而力求对心理现象的本质做出科学的说明。19世纪以后，由于物理学、化学和生物学的发展，许多学者开始应用实验的方法来研究人的心理活动的特点和规律，使人类对心理现象的认识上升了一个新台阶。由于世界各国心理学家的共同努力，人们在对心理现象的研究方面积累了大量的资料，提供了许多理论，使心理学的研究脱离了主观思辨的方式，而逐步成为一门内容丰富、体系完整的学科。今天，心理学的许多

---

① 恩格斯：《自然辩证法》，人民出版社，1971年版，第166页。

理论,不仅能够指导人们正确地进行生活、工作和学习,而且成为教育人、培养人、管理人、使用人以及进行人才选拔的科学依据,心理学这门古老而又年轻的科学正在显示出强大的生命力。未来学家早在20世纪70年代就预言,21世纪是教育的世纪,而心理学则是带头学科。

可见,心理学是在研究人的心理现象的过程中逐步形成、发展和成熟起来的。心理学是一门研究人的心理现象及其发生、发展规律的科学。

二、心理学研究的对象

任何一门科学都有它的研究对象,心理学也是这样,有着自己特定的研究对象。心理学的研究对象是心理现象。

人的心理现象纷繁复杂,绚丽多姿,表现形式多种多样。在心理学中,一般把它分为心理过程和个性心理两个既有区别又有联系的部分。此外,还可以把人的心理分为意识和无意识两类。

(一)心理过程和个性心理

1. 心理过程

心理过程是指人脑对客观事物不同方面及其相互关系的反映过程。它是心理现象的动态形式,包括认识过程、情感过程和意志过程三个方面,简称为知、情、意三过程。

认识过程(也称认知过程)是人从感性认识到理性认识发展的过程,是人的最基本的心理活动过程,包括感觉、知觉、记忆、思维和想象等过程。我们看到一种颜色,听到一种声音,尝到一种味道,闻到一种气味,摸到事物表面的光滑程度或温度等,都是属于最简单的认识过程——感觉。在感觉的基础上,我们能够辨认出这是盛开的牡丹花,那是歌唱的百灵鸟;这是鲜艳的五星红旗,那是崭新的教学大楼等,这就是知觉。感觉和知觉往往紧密地联系在一起,不能截然分开,可以统称为感知觉。感知过的事物能够以经验的形式在头脑中留下痕迹,以后在一定条件下还可以再认或回忆起它的形象和特征。例如,游览了杭州西湖,其美丽的景色会在大脑中留下深刻的印象;读了李白的《望庐山瀑布》后,遇到一定的情景,又自然地吟诵出来。这种人脑对过去经历的事物的反映,叫作记忆。人不仅能直接地感知事物的表面特征,还能间接地、概括地反映事物的内在的、本质的特征。例如,医生根据病人的脉搏、体温、舌苔等的变化,可以推断其体内的疾患;教师根据学生的表情和言行,可以了解其内心世界,这些都是思维。人在头脑中不仅能够再现过去事物的形象,而且还能在此基础上创造新事物的形象。例如,文学艺术家塑造典型形象,我们在头脑中对未来生活和工作情景的勾画等,这类心理活动的过程叫作想象。

感觉、知觉、记忆、思维和想象都属于人的认识过程。

人对客观事物的认识,并不是呆板的、冷漠的,而总是对它表现出鲜明的态度体验,渗透着一种感情色彩。例如,我们对祖国名山大川的赞美,对侵略者的愤恨,对本职工作的热爱,为取得的成绩而喜悦等,这些在认识基础上产生的喜、怒、哀、乐等态度体验,心理学上称之为情感过程。

人不仅能认识客观事物,并对它产生一定的情感体验,而且还能够自觉地改造客观世界。为了认识和改造世界,人总是主动地确定目标,制订计划,并树立信心,坚持不懈地去战胜困难和挫折,以达到预期的目的,这种心理活动的过程叫作意志过程。人凭借意志的力量,支持、保护自己所喜欢的事物,反对、摒弃自己所厌恶的事物,积极主动地创造人类的物质文明和精神文明。所以,意志是人的意识能动性的集中表现。

认识、情感和意志过程是相互联系、相互制约的统一整体。一般说来,认识过程是情感、意志过程的基础。没有认识,人的情感既不能产生,也不能发展,“知之深,爱之切”就是这个道理。同样,只有在认识和情感的基础上,人才能自觉地进行意志行动。反过来,情感、意志过程又能巩固和深化人的认识过程。一个对教育事业有深厚感情,并有坚强意志力的教师,必然会认真了解学生的心理特点,深刻认识教育和教学规律,从而出色地完成教育和教学任务。

这里需要指出,还有一种心理现象叫作注意,它不属于某一种独立的心理过程,而是伴随各种心理过程而存在的特殊的心理特性。

2. 个性心理

心理过程是人的心理的共性,但它在每一个人身上体现时,由于社会生活环境、教育、先天条件等因素的影响,又会表现出特殊性、差异性,并逐步形成人的心理的个性。个性也称人格,是一个人在活动中所表现出来的比较稳定的带有倾向性的各种心理特征的总和,它是人的心理现象的静态形式。个性心理又包括三个方面:个性倾向性、个性心理特征和自我意识。

个性倾向性包括需要、动机、兴趣、理想、信念、世界观等,它是人的个性心理结构中最活跃的因素。在个性倾向性的成分中,需要是基础,它对其他成分起调节、支配作用;信念、世界观居最高层次,它决定着一个人总的思想倾向。个性倾向性不仅作为个性的潜在力量,使人的个性心理表现出一定的社会倾向性,而且对心理过程的形成和发展也具有动力作用,是人的其他心理产生和变化的内部原因。

个性心理特征包括能力、气质和性格,是人的个性心理的具体表现。个性心理特征体现着人的心理的鲜明的差异性。例如,有的人记得快、记得牢,有的人则记得慢、忘得快;有的人长于绘画,有的人有音乐才能,这些都是能力方面的差异。有的人外向,有的人内向;有的人性情暴躁,有的人则安静沉着,这是气质方面的差异。有的人踏实勤恳,有的人敷衍懒惰;有的人自私虚伪,有的人大方诚挚,这是性格方面的差异。“人心不同,各如其面”,就是指人的个性心理特征方面存在的差异。

自我意识是个体对自己以及人我关系的态度和认识,它是个性心理的调控结构,体现着一个人的成熟度,决定着人的个性心理的发展水平。自我意识包括自我认识、自我体验、自我评价、自我监督、自我调控、自我教育、自尊心等成分,是一个多维度、多层次的心理系统。

个性心理的三个方面互相依存,互相制约,协调发展。正是在这三种因素的相互作用下,才构成一个以个性倾向性为方向,以个性心理特征为表现,以自我意识为调控的有机的个性心理的整体。

心理过程与个性心理的联系非常紧密。首先,心理过程在每个人身上表现时,总具有个人的特点。也就是说,个性心理是通过心理过程形成的。其次,个性心理要通过人的心理过程表现出来,并制约着心理过程的发展。正是因为心理过程和个性心理相互融会,相互制约,才形成一个人完整的心理面貌。

(二)意识和无意识

人的心理过程和个性心理这些心理现象,有时我们能够觉知到,但有时我们却觉知不到。从能否被人觉知到的角度来看,可以把人的心理现象分为意识和无意识两类。

意识(consciousness)是指现时能被人觉知到的心理现象。如在清醒状态下,我们能够意识到作用于感官的外界环境(如感知到各种颜色、声音、车辆等);能够意识到自己的行为目标和对行为加以控制;能够意识到认识、情绪和意志行动中的心理活动;能够意识到自己的身心特点和行为特点,把“自我”与“非我”、“主体”与“客体”区别开来等等。意识使人能够认识事物、评价事物、认识自身、评价自身,并实现着对环境和自身的能动的改造。总之,意识是我们保持生活正常的心理部分,它涉及心理现象的广大范围。

无意识(unconsciousness)是指不能被人觉知到的心理现象。无意识过程在人的心理生活中也是很普遍的。我们每个人都有做梦的体验,梦境的内容可能被我们意识到,但梦的产生和进程是我们意识不到的,也不能进行自觉调节和控制。人的自动化了的活动,在通常的情况下我们是意识不到这类活动的结构的。无法回忆起的记忆或无法理解的情绪常常属于无意识的范畴。无意识中的一些东西偶尔也会闯入意识之中,诸如失言、笔误,会把自己的无意识泄露出来。总之,无意识是人反映外部世界的一种特殊形式。

在人的日常生活、学习和工作中,意识活动和潜意识过程是紧密联系着的。

三、心理学的任务和意义

(一) 心理学的任务

心理学研究的对象是心理现象,而认识心理的本质和揭示各种心理现象发生、发展的规律,则是心理学的主要任务。具体来讲,心理学的任务有以下几个方面:

1. 研究心理和脑的关系

即要弄清脑的结构和机能,探明客观事物是如何引起脑的活动而产生心理现象的。

2. 研究心理现象和客观现实的关系

即要科学地说明心理是客观现实的反映,不仅要研究心理对客观现实的依存性,而且也要分析立现状态对心理的影响作用。

3. 揭示心理过程的基本规律

即要研究认识过程、情感过程和意志过程的一般规律,并阐明应该如何在实践中应用这些规律。

4. 揭示个性心理的特点和形成规律

即要弄清人的个性心理的结构,揭示个性差异形成的原因和个性品质培养的科学方法。

5. 探讨心理过程和个性心理的关系

不仅要研究心理过程和个性心理之间的关系,而且要研究它们自己内部各因素之间的关系,为提高人们的心理素质和培养健全的人格提供科学的依据。

6. 探讨心理与实践活动的关系

实践活动是心理产生的基础,反过来,心理又对实践活动具有指导和调节作用。因此,探讨二者的关系,不仅有利于阐明心理产生的机制,而且有利于人类调适自己的行为,提高实践活动的效率。

(二) 心理学的理论意义

心理学是一门基础理论学科,它的重要的理论意义有以下几个方面:

1. 心理学的研究为马克思主义哲学提供了科学的论据

马克思主义哲学是科学心理学的理论基础,反过来,心理学所揭示的心理现象对物质的依赖关系的具体事实,又是对马克思主义哲学基本命题——物质第一性、意识第二性的有力论证。科学心理学指出，人的心理不是物质，但它永远离不开物质（客观现实和人脑）。人的心理是在物质的基础上产生的，又是随着物质的发展而发展的。因此，列宁把心理学列为“构成认识论和辩证法的知识领域”①的重要学科之一。

2. 心理学理论有助于克服和批判各种唯心主义思想

由于心理学对人的心理、意识及各种精神现象做出了科学的解释，进一步确立了人们的辩证唯物主义世界观，因而有助于破除迷信、纠正偏见、清除精神污染和批判形形色色的唯心主义思想。正如列宁同志所指出的：“心理学所提供的一些原理已使人们不得不拒绝主观主义而接受唯物主义。”②

3. 心理学研究有助于邻近学科的发展

有些学科如政治学、教育学、文学、美学、法学、语言学、管理学、社会学等，它们也从不同的侧面研究人的心理问题。因此，心理学的大量研究成果，对这些邻近学科的研究和发展，都具有积极的意义。

（三）心理学的实践意义

心理学不仅是一门理论学科，而且也是一门应用学科。今天，它的理论和研究成果已经被广泛地应用于实践活动的各个领域，因而具有多方面的实践意义。

1. 心理学对指导人的实践活动，提高生产劳动效率有重要意义

现代心理学所揭示的人的心理活动的许多规律，已经在生产劳动中发挥了巨大的作用。例如，心理学家发现，在一定条件下，红光可以使人在黑暗中的微光视觉能力提高2～3倍。根据这一规律，可以采取相应的措施来提高战斗机驾驶员夜间飞行的视觉敏锐度和作战能力，也可以通过改善照明系统来提高某些夜班工人的感受性和劳动效率。

2. 心理学有助于做好管理和思想政治工作

把心理学理论应用于管理过程已经成为当今世界的一种趋势。管理心理学中的需要层次论、期望理论、目标激励理论、公平理论、双因素理论，都对职工积极性的调动具有很强的指导作用。思想政治工作首先应该在了解人的心理特点的基础上进行。在此基础上，还要遵循一系列的心理学原则，如立足于感化的原则、坚持正面教育的原则、保护自尊心的原则等。这些都说明，学习和研究心理学，有助于做好人的思想政治工作。

3. 心理学有助于人的身心健康和提高医疗效果

人的心理状态、精神因素同人的疾病和健康关系密切。心理因素是许多疾病发生的直接或间接原因，良好的心理状态，又可以达到治病强身的目的，因此掌握心理学的有关知识，有助于人的身心健康。对于医务人员来讲，积极运用心理学的某些理论对病人进行治疗，可以提高医疗效果。正因为如此，现代医学已经从“生理模式”向“社会－心理－生理模式”转化。

4. 心理学对提高教育和教学质量具有更重要的意义

教育是在教师的引导下使学生掌握知识技能、发展智力、形成道德品质的过程。而学生要掌握知识技能、发展智力、形成品德，都必须通过感知、记忆、思维、想象、注意、情感、意志等心理过程才可能实现。心理学研究学生感知、记忆、思维、注意等心理活动的规律，研究情感、意志的特点和培养规律，研究个性、品德形成的规律，这些对教师确定教育、教学的原则和内容，

---

① 列宁：《列宁全集》（第38卷），人民出版社，1959年版，第399页。

② 列宁：《列宁全集》（第3卷），人民出版社，1955年版，第396页。

选择教育、教学的方法和形式都是必不可少的。心理学知识是素质教育的理论基础。教师只有掌握学生心理活动的规律，才能富有成效地对学生进行教育和教学，才能提高教育和教学质量，出色地完成培养人的任务。这已被中外教育的历史经验所证明。因此，师范院校（专业）的学生和各级各类学校的教师，都应该学习心理学，掌握学生的心理特点和规律。

第二节 心理学的学科性质和结构体系

一、心理学的学科性质

心理学的学科性质，是由其研究对象的特殊的质的规定性所决定的。我们知道，构成现代科学体系有三大基石，这就是自然科学、社会科学和哲学。心理学研究的对象是心理现象，而心理现象是由具体的人产生的。人既是一个自然实体，又是一个社会实体。因此，人的心理既要服从于生物、物理等自然规律，又要受到政治、经济、文化、教育、群体等社会规律的制约。此外，人还是一个思维的存在物，必然受制于思维活动的规律。这就表明，心理学与自然科学、社会科学、哲学都有着十分密切的关系。

20 世纪 50 年代，苏联著名科学分类学家凯达洛夫（Кайдалов）提出“科学的三角形”理论。他认为，如果用一个等边三角形来比喻整个科学体系的话，那么自然科学、社会科学和思维科学（包括逻辑学和哲学）就是等边三角形的三个角，而心理学则处于三角形的中心，它紧紧与三种科学相联系（见图 1-1）。

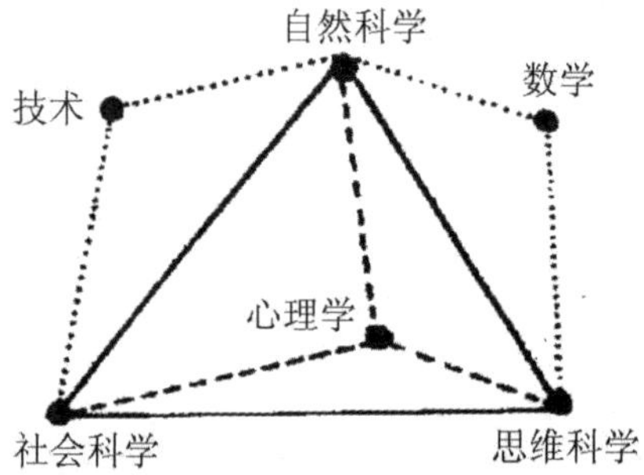

图 1-1 心理学在科学体系中的地位

心理学在整个科学体系中的地位，也可以从研究过程中得到体现。在分析心理现象的生理机制时，必然涉及生物学、生理学等方面的内容；在分析人的心理的社会特性时，必然探讨政治、经济、教育等学科的内容。而这两方面的内容都同思维科学交叉在一起。心理学汲取了多种相关学科知识的精华，又为相关学科提供了丰富的营养。

科学体系的三角形理论表明，现代心理学处于一系列科学的结合点上，它既属于自然科学，又属于社会科学，是一门涉及多种学科内容的边缘学科。

还应该指出，心理学虽然与其他学科联系紧密，但这丝毫没有削弱它的独立性。心理学在与其他学科共同发展中，仍然有自己明确的研究对象、研究任务和研究方法，保持着自己完整的科学体系。

二、心理学的结构体系

心理学从哲学中分离出来成为一门独立科学之后，理论研究取得了长足的进展，应用也十分广泛。今天，心理学与不同学科和不同生活实践领域发生联系，派生出许许多多的分支，形成了一个分支繁茂的心理科学结构体系。心理学的结构体系可以从以下两个方面进行分析。

（一）心理学基础理论领域和应用领域

1. 心理学基础理论领域

心理学基础理论领域主要研究心理学的基本理论、基本原则、基本方法以及人的心理活动的一般规律，主要包括普通心理学、实验心理学、生理心理学、发展心理学、心理测量学、人格心理学等分支。

普通心理学是研究心理现象一般规律的学科。它是心理学最基本、最重要的基础研究，它概括了心理学各分支学科的研究成果，也为各分支心理学提供理论基础。普通心理学既研究心理学的基本理论，也阐述正常成年人心理的一般规律。它包括感知觉、记忆、思维、语言、动机、情绪、人格心理等内容。

实验心理学是以实验方法来研究心理与行为规律的学科。它涉及心理学实验研究的原理、设计、方法、仪器、技术和资料等问题。实验心理学为科学研究心理现象提供了方法学基础，使心理学研究不停留于对现象的描述，而是透过现象看本质。

生理心理学是研究心理现象的生理机制的学科。它在现代脑科学研究成果及技术方法的基础上，研究遗传因素对心理的影响，研究大脑、神经系统、内分泌系统和生物化学因素在心理与行为调节中的作用。

发展心理学是研究个体心理发生发展过程及其规律的学科。它以人的整个生命历程为研究对象，探讨人在不同年龄阶段上的不同心理特点，包括幼儿心理、儿童心理、少年心理、青年心理、成年心理和老年心理等。

心理测量学是研究对人的心理差异进行测量的理论和编制心理测验的原则与方法的学科。心理测量学包括设计评估人格、智力和多种能力的测验，并与统计分析技术相结合。

人格心理学是研究个体心理差异的形成、发展及表现规律的学科。它描述个人独特的心理特征和个体行为的稳定性特征，探讨人格形成的影响因素，并对人格特征进行测量和评估。

2. 心理学应用领域

心理学应用领域主要研究不同实践活动领域人的心理活动的特点和规律。它主要包括教育心理学、社会心理学、管理心理学、商业心理学、临床心理学、咨询心理学、司法心理学、运动心理学等分支。

教育心理学是研究教育、教学过程心理特点和规律的学科。它以教师与学生之间的相互作用为研究对象，发现学生掌握知识、技能的心理特点和规律，分析影响教与学的心理因素，探讨道德品质形成的规律等。它包括德育心理、教学心理、学习心理、学科心理、教师心理等内容。

社会心理学是研究在特定社会条件下心理发生、发展及变化规律的学科。它着重探讨个体社会化的条件和规律，探讨个体与群体的关系，探讨群体行为的特点及规律。它包括社会认知、社会态度、团体心理等内容。

管理心理学是研究组织管理过程中人的心理活动规律的学科。它研究用科学的方法进行管理工作，充分调动人的积极性，发挥组织的效能，提高工作效率和社会效益等内容。

商业心理学是研究商品销售过程中经销者与购买者心理活动规律的学科。它研究商品经销策略、消费者的动机等方面的问题。它包括消费心理、旅游心理、广告心理等。

临床心理学是研究行为异常与心理疾患的发生原因、发病机制及诊断、预防、治疗的学科。临床心理学多涉及对心理变态疾病的评估、诊断和治疗，也包含对轻度行为和情绪问题进行处理的内容。

咨询心理学是运用心理学的方法和技术，通过人际互动，帮助来访者解除心理问题，使其实现自强自立的学科。它广泛地应用于个人、教育、社会、职业等方面，提供职业、事业、学业、心理卫生、婚姻家庭、价值观选择等问题的咨询服务。

司法心理学是研究法制活动中人的心理特点和规律的学科。它涉及立法、刑事犯罪、诉讼活动、社会治安、法制宣传等过程中的心理学问题。它包括犯罪心理、罪犯心理、诉讼心理、侦查心理、审判心理等内容。

运动心理学是研究体育运动、训练、竞赛活动中人的心理特点和规律的学科。其主要目标是提高运动员的体育运动成绩，它通过研究影响运动员心理的因素，使运动员的心理调适到最佳状态，创出好成绩。

心理学的基础理论和应用领域这两个分支是相互联系、相互渗透的关系。心理学的基础理论领域为应用心理学领域提供了理论依据，而应用心理学的发展又为基础理论提供了实证依据。

（二）在普通心理学主干基础上的四大分支

1. 研究人的心理过程和个性心理的分支

它主要包括感知心理学、记忆心理学、思维心理学、言语心理学、情感心理学、意志心理学、人格心理学等。如人格心理学是研究人的个性心理及其形成、发展规律的科学。它侧重研究人的心理的差异性、人的内部心理的稳定性和个性心理的整体性，具体研究人的需要、动机、兴趣、能力、气质和性格等个性心理的特点和规律。

2. 研究不同主体心理活动规律的分支

它主要包括发展心理学、变态心理学、病理心理学、罪犯心理学、教师心理学等。比如发展心理学有广义和狭义之分。广义的发展心理学以整个种系和个体心理的发展为研究对象，重点研究人类心理的发展规律。它又可以分为动物心理学、民族心理学和年龄心理学。狭义的发展心理学以人的个体形成、出生、成熟到衰老过程中的心理发展规律为研究对象。它又可以分为儿童心理学、青年心理学、老年心理学等。

3. 研究不同社会实践领域中人的心理规律的分支

它主要包括教育心理学、社会心理学、军事心理学、司法心理学、工程心理学、医学心理学、管理心理学等。如教育心理学是研究教育和教学过程中师生心理活动及其规律的科学，它具体研究学生在掌握知识、形成技能、发展智力、培养品德过程中的心理学问题，揭示师生关系、学生集体、学生个体、教师威信等内外心理因素对教育和教学的影响作用。它又可以分为教学心理学、学习心理学、品德心理学等。

4. 研究心理学的方法和技术的分支

它主要包括实验心理学、心理测量学、咨询心理学、心理统计学、心理治疗学、心理卫生学等。如实验心理学就是把现代自然科学中的研究方法，特别是实验方法运用到心理学中的一门科学，主要研究心理实验的原理、原则、方法、技术和资料处理等内容。实验心理学作为一种研究方法已有很大发展，许多复杂心理现象的研究都采用实验心理学的理论和方法，并取得了明显的效果。

心理学分支的迅速发展标志着心理学应用范围的拓宽。随着人类社会实践活动领域的不断扩大，心理学研究的课题越来越广泛，心理科学的结构体系必将进一步发展和完善。

第三节 心理学的研究方法

人的心理现象是世界上最复杂和最难被认识的现象之一。因此，如果没有正确的指导思想和科学的方法论，就很难使心理学的研究达到科学的地步，取得较大的成效。恩格斯指出："要精确地描绘宇宙、宇宙的发展和人类的发展，以及这种发展在人们头脑中的反映，就只有用辩证的方法……"心理学只有坚持辩证唯物主义的方法论，才能发现并掌握人的心理发生和发展的规律。

一、心理学研究的基本原则

根据辩证唯物主义的哲学观点，心理学研究必须遵循以下基本原则：

（一）客观性原则

客观性原则要求必须以实事求是的态度对待任何心理现象，按照它们的本来面目加以考察，必须在人的生活和活动中客观地进行心理学研究。诚然，各门科学的研究都必须遵循客观性原则，但是，由于心理学研究的是人的心理现象，是人的主观世界，更应该反对主观臆想和揣测，强调坚持客观性原则。

心理现象就其映象来讲是一种主观存在，但它是由一定的客观现实引起的，并总是通过人的实践活动，以语言、表情和行为等方式表现出来。因此，研究人的心理现象，必须根据其产生、发展的客观条件和外部表现，如实验作用于被试的刺激强度和反应的客观指标，才能真正揭示心理现象发展的规律。

（二）系统性原则

系统性原则要求在对人的心理现象进行研究时，必须考虑各种内、外部因素之间相互联系和制约的作用，注意把某一心理现象放在多层次、多因素的系统之中进行分析。人的心理现象是一个极其复杂的动态系统，它与外部刺激、活动内容、客观环境以及其他各种心理现象之间，都有紧密的联系。其中任何一种因素的变化，都可能引起人的心理的变化。因此，对于人的心理现象，必须进行全面的、系统的分析和考察，而决不能把它看作孤立的东西进行简单的研究。

（三）发展性原则

发展性原则要求在对人的心理现象进行研究时，坚持发展的观点。唯物辩证法指出，世界上任何事物都处在运动和发展变化之中。心理现象也是这样，总是在不断地变化发展着。就个体的某一心理来看，在不同年龄阶段的表现方式和水平就有所不同；一种心理品质形成之后，随着环境和实践活动的改变，也会有一定的发展。遵循发展性原则，既有利于预测人的心理发展的前景和方向，也有利于做好当前的教育工作。因此，把心理现象置于发展过程中研究，防止和反对静止、凝固地看待心理现象，也是心理学研究的一个重要原则。

（四）理论联系实际的原则

理论联系实际的原则要求心理学的研究和设计过程必须有科学理论指导，提出的研究课题必须对社会实践活动和人类发展有积极意义。

要进行心理学研究，必须掌握马克思主义哲学和心理学的一般原理，了解与课题有关的研究成果，以把握研究的科学性和避免不必要的重复劳动。同时，各种理论又必须“为我所用”，要结合我国和人类生活的实际去检验它们，并通过自己的研究实践去发展它们，以建立具有中国特色的心理科学体系。

二、心理学研究的方法

在心理学研究的基本原则指导下，心理学的具体研究方法可以有多种。现介绍几种主要方法。

（一）观察法

观察法是在日常生活条件下，通过对被试的外部表现及其发生条件有目的地观察来了解其心理活动特点和规律的方法。观察法是人类认识世界的基本方法，也是心理学研究的主要方法之一。它虽然在日常生活条件下进行，但有科学理论的指导，因此具有较高的计划性和科学性。

人的各种活动都是在人的心理的支配、调节下进行的，因此，通过对人的言行、表情等外部表现的观察，可以了解人的心理活动特点。观察法按照时间划分，可以分为长期观察法和定期观察法。长期观察法是在比较长的时间内进行有计划、有系统的观察方法。例如，教师可以在一学期或几年之内对某学生的课内课外、校内校外、学习、生活、劳动等各种表现进行系统的观察，从而了解其个性心理的特点。定期观察法是按一定时间间隔持续进行观察的方法。如每周观察两次，过一段时间后对观察积累的材料进行分析整理，以便发现被试的心理特点和规律。如果按照内容划分，观察法可以分为全面观察法和单项观察法。全面观察法是在一定时间内对被试的多种心理现象同时观察的方法。如对学生进行个性鉴定，就可以采用这种方法。单项观察法是在一定时间内只对被试的某种心理现象进行观察的方法。如对学生上课时的注意特点进行观察，就属于此类方法。

观察法可以应用于多种心理现象的研究，尤其适用于教师了解、研究学生的心理特点和规律。观察法是在日常生活条件下使用的，因而简便易行，所得的材料也比较真实。但它不能严格控制条件，不易对观察的材料做出比较精确的量化分析和判断，这也是观察法的局限性。

（二）实验法

实验法是有目的地控制或创设一定条件，以引起被试的某种心理现象，从而研究其规律的方法。实验法可以分为实验室实验法和自然实验法两种。

1. 实验室实验法

实验室实验法是在实验室内借助于专门的仪器设备，严格控制实验条件，以研究人的心理现象及其规律的方法。在设备完善的现代化心理实验室中，呈现刺激和记录被试的反应都采用精密的仪器，实行自动控制，使实验的效果更好。例如，研究一个人的快速反应能力，就可以使用实验室实验法。在实验室中对被试提供声音或光刺激，并要求被试在听到声音或看到闪光后立即按电钮，用仪器记录下来被试从刺激出现到做出反应的时间，通过对数据的分析即可达到研究的目的。再如，要研究一个人在太空或海底操作时的感知、记忆、思维、情感、意志和个性的变化规律，就可以在实验室中通过模拟上述的自然环境和工作环境进行。

实验室实验法适用于对心理过程及其生理机制的研究，也可以用来研究人的能力、气质等个性心理。实验室实验法可以使心理现象在控制的条件下重复出现，为研究工作提供了很大方便。但是，由于实验室实验法是在人为的特定条件下进行的，因而实验的结果同日常生活条件下的心理现象往往存在一定的差距。对于它的这种局限性，我们在分析研究时，应特别注意。

2. 自然实验法

自然实验法是在日常生活条件下，适当控制或创设一定条件，并结合经常性的业务活动去研究人的心理现象及其规律的方法。自然实验法兼有观察法和实验室实验法的优点，因为它既是在自然环境下进行的，研究的结果比较真实；又是在创设的一定条件下进行的，研究过程的主动性较强，结果比较精确，结论可以重复验证。

自然实验法不仅可以用来研究人的各种心理过程，而且可以用来研究人的个性心理，是教师在教育和教学过程中研究学生心理的常用方法。如要研究学生集中复习和分散复习的效果，教师可在条件相同的平行班中采用此法进行对比实验。让甲、乙、丙三个班都用 6 个小时复习同一内容，但要提出不同的要求：甲班一次用完 6 个小时；乙班每天用两个小时，3 天用完；丙班每天用 1 个小时，6 天用完。最后测验三个班的复习效果，分析复习时间的不同安排对复习效果的影响。结果发现分散复习的效果优于集中复习的效果。

自然实验法已经应用于许多实践活动领域的心理学研究，除了教育心理外，工程心理、工业心理、经济心理、管理心理等也都使用这种方法进行研究，并取得了可喜的研究成果。为了确保研究质量，使用自然实验法要有明确的研究课题，对研究的途径、步骤要有一定计划，并应逐步分析各种制约条件，做出详细记录，仔细比较不同条件的不同结果，对得出的结论还必须反复验证。

（三）心理学研究的其他方法

除了观察法和实验法这两种主要方法外，心理学的研究方法还有以下几种：

1. 谈话法

谈话法是研究者根据一定的目的通过与被试交谈来了解其心理特点的方法。运用谈话法，研究者首先要确定谈话的目的，拟好谈话的提纲；其次，要取得被试的信任，保证谈话在自然气氛中进行；再次，提出的问题要简单明白，易于回答。谈话法简便易行，但得出的结论有时带有主观片面成分。

2. 问卷法

问卷法是研究者通过被试对所拟订问题的回答，来研究其心理活动特点和规律的方法。

问卷法要求研究者提出的问题应该清晰、易懂，不能模棱两可，也不应有暗示；要求被试回答问题实事求是，严肃认真，表述正确。问卷法不仅可以研究个体心理，也可以研究群体心理；不仅可以当场进行，也可以通过邮寄的方式进行。问卷法能够比较迅速地获得大量资料，便于定量分析，但不便对被试的态度进行控制，获得的材料不够详尽。

3. 测验法

测验法也叫心理测验，它是研究者利用一定的测验量表来测定人的智力和心理特征等个性差异的方法，包括智力测验、人格测验、能力倾向测验、气质类型测验等。测验量表是通过大量实验而确定的能够反映人的心理发展水平的题目和作业。对测验结果与常模（参照指标）进行比较，即可测出被试的心理发展水平。心理测验的编制和实施都有明确规定和标准化程序，必须严格遵守；否则，就会影响测验的结果，甚至使心理测验失败。

4. 个案法

个案法是研究者对一个或几个被试在较长的时间内进行追踪研究，借以发现其心理的发展、变化规律的方法。个案法是对人的心理纵向地、连续地进行研究的一种方法，尤其适用于超常儿童、犯罪青少年等具有特殊情况的个体的心理研究。这种方法易于了解心理发展的趋势，也可以研究人的个性差异。应用此法时，设计要周密合理，研究要持之以恒。

5. 活动产品分析法

活动产品分析法是研究者通过对人的作业、作品、日记、手工制作、生产成品等的分析，来了解其心理活动特点和规律的方法。活动产品分析法可以了解人的能力水平和认知结构，也可以揭示人对事物的态度和某些个性品质。比如，学生的作文、日记、图画以及手工劳动成品等，都表现着每个学生不同的心理特点，有时作业本封面的干净整齐程度和年级、姓名的写法，也有助于分析、了解学生的能力、性格。但是，人的活动产品和人的心理活动之间的关系并不是简单的一一对应关系，因此活动产品分析法应该与其他方法结合使用，以便相互印证，得出科学的结论。

6. 教育经验总结法

教育经验总结法是研究者有目的地整理总结教育实践中那些行之有效的经验，并从中提炼出所包含的心理活动规律的方法。这种方法多应用于教育心理、发展心理的研究，研究者可以从教育实践之中总结出学生掌握知识和技能、形成道德品质、群体人际交往以及良好集体形成等方面的规律。应用这种方法进行研究，不仅可以丰富和发展心理科学本身，而且可以推动教育和教学改革工作。但是，此法要求研究人员有坚实的心理科学理论基础和比较丰富的教育、教学工作经验；否则，就不能从教育经验中发现心理活动的特点和规律。

总之，心理学研究的方法很多，每一种方法都有其优点，也有一定的局限性。因此，在研究一个心理学课题时，不应该只使用一种方法，而应该以一种方法为主，其他方法配合使用。这样才能取长补短，相得益彰，真正揭示人的心理活动的规律。

第四节　心理科学的发展

一、心理学的形成和发展

德国心理学家艾宾浩斯曾经说过：“心理学有一个悠久的历史，但只有一个短暂的现在。”虽然作为科学的心理学诞生较晚，但它的历史却源远流长，早在生产力不发达的古代，人类就把注意力投向了自身，开始描述和研究人的心理现象。

古希腊哲学家亚里士多德的《灵魂论》一书，是人类文明史上有关心理现象研究的专著。在这部著作中，他把人的灵魂看作生活的动力和生命的原理，是身体存在的形式，认为灵魂支配身体活动，有自己的活动规律。他还对感觉进行了研究，并提出类似、对比、接近等记忆的原理。法国二元论哲学家笛卡尔(1596～1650)是哲学心理学思想的创始人。他认为人的身体是由物质实体构成的，而灵魂是由精神实体构成的，身体和灵魂这两个实体互相作用，互为因果，这就是所谓的“心身交感论”。他还首先用“反射”的概念来解释人的心理的部分活动，为发展科学心理学做出了巨大贡献。此外，笛卡尔还专门写了《情绪论》一书，对情绪的本质、种类和机制作了研究。贝克莱(1685～1753 年)和休漠(1711～1776)可以视为 18 世纪欧洲联想主义心理学思想的主要代表。贝克莱的《视觉新论》和休漠的《人性论》，虽然属于哲学著作，但对以后的心理学的发展具有很大的影响。

从亚里士多德起，在长达十几个世纪的时期内，心理现象大多是由哲学家作为哲学问题加以研究的，心理学一直处于哲学的怀抱之中。1825 年，德国哲学心理学家赫尔巴特(1776～1841)的巨作《作为科学的心理学》问世，第一次庄严宣布心理学是科学。同时，他还主张将心理学与哲学、生理学区别开来。1876 年，英国心理学家 A. 培因(1818～1903)创办了世界上第一个心理学杂志《心理》，为发表心理学研究的成果，提供了一个专门场所。培因是心理学史上的一个承前启后的人物，在他之前的所有心理问题，都是以思辨的方式论述的，所以称之为“思辨心理学”。

19 世纪生理学和物理学的发展，为科学心理学的诞生准备了必要条件。德国感官生理学家韦伯(？～1878)首先确立了感觉的差别阈限定律。稍后，费希纳(1801～1887)发展了韦伯的研究，运用心理物理法确定了外界物理刺激和心理现象之间的函数关系。他们的研究方法成为科学心理学研究的楷模。心理学从哲学中真正分离出来而成为一门独立的科学，主要由德国生理心理学家冯特(1832～1920)完成。1879 年，冯特在德国的莱比锡大学创立了世界上第一个心理实验室，用实验的手段来研究心理现象，这被公认为是心理科学独立的标志。冯特反对用哲学思辨的方式探讨心理现象，坚持用观察、实验以及数理统计等自然科学的方法去揭示心理过程的规律，因而取得了丰硕的研究成果，并培养了一批来自世界各地的学生。冯特一生的著作很多，其中《生理心理学原理》一书被誉为“心理学独立的宣言书”，是心理学史上第一部有系统体系的心理学专著。冯特是科学心理学的奠基人，也是心理学史上第一位专业心理学家。

科学心理学诞生之后，在 19 世纪末至 20 世纪初期，由于人们对心理学研究的对象和方法的看法不同，加之各种哲学思潮的影响，心理学领域出现了许多学派，它们研究的重点不同，观点各异，争论不休。直到 20 世纪 30 年代以后，各个学派之间才开始形成了相互学习、取长补短、兼收并蓄、积极发展的局面。20 世纪 50 年代以来，认知心理学和人本主义心理学迅速发展，成为当代心理科学发展的新趋势。

随着科学技术的发展，在社会实践活动需要的推动下，心理学通过不断改进和完善原有的研究方法和技术，其基础理论研究进一步深入，应用性研究蓬勃发展。据统计，现代心理学已经有 100 多个分支，形成了庞大的心理科学体系。今天，心理学的许多研究成果，不仅应用于教育、医疗、工程技术、航空航天等领域，而且渗透到仿生学、人类学、控制论、人工智能、系统工程等许多尖端科学技术部门，愈来愈显示出科学心理学的价值和强大的生命力。在美国，心理学会成为仅次于物理学会的全国第二大学会，心理学被视为科学的七大部类之一。①

二、心理学在中国的发展

美国心理学家加德那·莫菲说过："世界心理学的第一故乡是中国。"这是一个颇为客观和公正的评价。中国许多心理学思想和观点确实有着悠久的历史。例如，孔子（公元前551～前479）的教育心理学思想和部分先秦思想家关于人性问题的理解，比亚里士多德的"灵魂论"还要早。中国古代哲学中，很早就有关于身心关系的论述。荀况（前313～前238）认为："形具而神生，好恶、喜怒、哀乐藏焉。"②王充（27～99）也认为"精神依价形体。"③。范缜（450～515）则进一步指出："形存则神存，形谢则神灭。"④对于知觉产生的原因，明末清初的王夫之（1619～1692）说："形也、神也、物也，三相遇而知觉乃发。"⑤总之，他们都认为先有物质的身体而后有心理现象，物质和心理密不可分，心理活动是身体的一种机能。这是一种唯物主义的心理思想。

关于心理与脑的关系，中国古代也有比较正确的认识。在《黄帝内经·素问》中就已经断言："诸髓者，皆属于脑。"明代医学家李时珍（1518～1593）提出"脑为元神之府"的论断，认为脑是神经活动的中枢，它聚集着人的精神。清代著名医生王清任（1768～1831）根据对大脑的临床研究和尸体解剖，于1830年完成《医林改错》一书，其中明确指出："灵机、记忆，不在心而在脑。"他的"脑髓说"比俄国谢切诺夫（1829～1905）的"反射说"还要早30多年，这是中国古代对心理学基础理论的又一重要贡献。

心理学作为一门独立的科学在中国的发展，是从19世纪末和20世纪初开始的。鸦片战争以后，西方心理学思想开始传入中国。1889年颜永京（1838～1898）翻译出版了美国海文的《心灵学》。1907年王国维（1877～1927）翻译出版了丹麦霍普夫丁的《心理学概论》。1917年陈大齐（1886～1983）在北京大学建立了中国第一个心理实验室，并于次年编写出版了中国第一本心理学教科书——《心理学大纲》。1920年南京大学设立中国第一个心理学系。1921年中国成立了心理学会。此后，心理学的专业人员、研究机构和出版物都有很大发展，研究的内容也比较广泛，并在教育心理、医学心理、神经心理、心理测量等方面取得较多的研究成果。

1949年新中国成立后，心理学科学得到进一步发展。1951年中国科学院设立心理研究室，以后又扩建为心理研究所；北京大学建立了心理学专业；全国师范院校开设心理学课程。心理学工作者认真学习马列主义和巴甫洛夫学说，希望借鉴苏联心理学，改造原有的心理学，建立新的理论体系。同时，他们联系实际开展了一些心理学研究，并在教育心理、生理心理、工程心理等方面，取得了一定成绩。

但是，由于种种原因，新中国心理学的发展经历了一段艰难曲折的路程。1958年的"批判心理学资产阶级方向"的运动，错误地把心理学打成"伪科学"，严重影响了中国心理科学的发展。到了"文化大革命"，心理学又遭受更大的摧残。这期间中国心理学会被迫停止活动，心理学的教学和科研机构被撤销，心理学刊物和书籍停止出版发行，心理学的课程停止开设，心理

---

① 美国把科学分为七大部类：物理化学科学、教学科学、环境科学、技术科学、生命科学、社会经济科学和心理科学。

② 《荀子·天伦》。

③ 《论衡·论死》。

④ 《神灭论》。

⑤ 《尚书引义》。

学工作者被迫改行或被下放劳动改造，中国的心理科学陷于停滞不前的状态。

1976年粉碎“四人帮”，特别是党的十一届三中全会以后，中国的心理学才迎来了真正的春天。这期间，中国科学院心理研究所重新建立，全国高校的心理学教研室得到恢复，北京大学、北京师范大学、华东师范大学和杭州大学新建了心理学系，《心理学报》、《心理科学通讯》、《外国心理学》、《心理学探新》、《大众心理学》等全国性的杂志相继问世，大量的心理学教材、专著和译著得以出版发行，心理学基本理论和应用研究都获得丰硕的成果。

各行各业许多干部和群众不仅能够认真学习心理学理论，而且更注意应用心理学的理论进行管理、培养个性、治疗疾病和提高工作效率。现在，不仅在师范院校开设心理学课程、设立心理学系（院）或专业，而且综合性大学也开设了心理学课程，并设立了心理学系或专业。学习、研究和运用心理学的热潮正在国内形成，中国的心理科学进入了蓬勃发展的时期。

三、西方近代心理学派别

（一）构造主义心理学

这是心理学成为一门独立科学以后的第一个心理学派别，主要代表人是W.冯特和他的学生E.B.铁钦纳。这个学派19世纪产生于德国，以后在美国得到发展，20世纪30年代以后渐趋衰落。构造主义认为，心理学的研究对象是意识经验，主张心理学应该采用实验内省法研究意识经验的内容或构造，也就是对心理复合体进行元素分析，找出意识的组成部分及它们如何结合成各种复杂心理过程的规律。他们强调心理学是一门纯科学，其基本任务是了解正常成年人的一般心理规律，但不重视心理学的应用，不关心个性心理、教育心理、儿童心理等心理学领域及其他不能通过内省法研究的个体行为问题。

构造主义学派为心理学提供了一些符合实际的实验资料，其研究成果已经成为现代心理学的组成部分。但由于它确定的研究对象和范围过于狭窄，又把内省法作为心理学的主要研究方法，因而遭到许多心理学家的反对。

（二）机能主义心理学

机能主义心理学派有广义和狭义之分。广义的包括西欧的机能主义和作为美国心理学总倾向的机能主义。西欧的机能主义以奥地利心理学家F.布伦塔诺为主要代表；作为美国心理学总倾向的机能主义以哈佛大学的W.詹姆士为主要代表，同时还包括哥伦比亚大学的J.M.卡特尔等人。他们都反对冯特的构造主义把意识分为元素，主张心理学要研究心理或意识机能，重视心理学的应用，不同意心理学是一门纯科学，要求扩大心理学的研究领域，而不局限于正常成人的心理。狭义的机能主义心理学是指美国的芝加哥学派，它是在反对构造主义过程中于19世纪末和20世纪初逐步形成的。这个学派的主要代表人物是芝加哥大学的J.杜威、J.R.安吉尔和H.A.卡尔。他们受达尔文进化论和詹姆士心理学思想的影响，主张心理学的研究对象是具有适应性的心理活动，强调意识在人类的需要和环境之间起重要的中介作用，反对把意识分析为元素，主张意识是一个连续的整体。芝加哥学派是与构造主义学派相对立的一个自觉的心理学派别。

机能主义心理学使心理学的研究从单纯主观方面扩大到心理的客观方面，因此推动了个性心理学、心理测验、学习心理学、知觉心理学等的发展。

（三）行为主义心理学和新行为主义心理学

行为主义心理学是20世纪初美国心理学家J. B. 华生创立的一个心理学的重要流派，也称为早期行为主义心理学。行为主义的产生受C. L. 摩尔根动物行为的研究和巴甫洛夫条件反射研究的影响。这一学派不同意对人的心理和意识进行内省研究，认为心理学是行为的科学，而不是意识的科学，心理学研究的目的应该是寻求预测和控制行为的途径。他们认为，心理科学应当研究"客观观察所能获得的并对所有人都是清楚的东西"，也就是人的行为。华生还主张心理学应对环境与人和动物的行为之间的关系进行研究，并提出了"刺激—反应"（S—R）的行为主义公式。

行为主义主张客观的研究方向，有助于心理学摆脱主观思辨的性质，更多地从实验研究中得出结论。但他们无视行为产生的内部过程，反对研究意识，使心理学只研究行为而不研究心理现象，引起不少人的非难和反对。因此在20世纪30年代以后行为主义内部出现了一批改造和发展早期行为主义的人物，他们提出各种新的理论体系，成为新行为主义学派。

新行为主义学派的主要代表人物是E. C. 托尔曼、C. L. 赫尔和B. E. 斯金纳。新行为主义认为，有机体不是单纯地对刺激做出反应，它的行为总是趋向或避开一个目标。在动物和人的目的行为之间，必须有一个"中介"因素，这就是个体的认知。也就是说，在"刺激—反应"（S—R）过程中，加进了一个中介变量（O），使行为主义的模式变为"S—O—R"。新行为主义者强调客观的实验操作。这种理论结构和实验方法，随着科学技术的发展将会变得更精确和专业化。

（四）格式塔心理学

"格式塔"是德文" Gestalt"的音译，意思为"完形"、"结构"、"整体"等，所以格式塔心理学也叫完形心理学。这个学派1912年创立于德国，成为西方现代心理学的主要流派之一。它的主要代表人物是M. 韦特海默、W. 苛勒和K. 考夫卡。他们主张心理现象最基本的特征是在意识经验中所显现出的结构性（即"格式塔"）或整体性。他们反对构造心理学的元素主义，也反对行为主义的"刺激—反应"公式，认为整体不等于部分之和，意识不等于感觉、感情等元素的总和，行为也不等于反射弧的集合，思维也不是观念的简单联结。

格式塔心理学派的理论直接受物理学中"场"理论的影响，认为脑也是具有"场"的特性的物理系统，因而强调从整体上对心理现象进行研究。这种整体的观点对后来心理学的发展起到了积极的推动作用。

（五）策动心理学

策动心理学也是西方现代心理学的派别之一，其代表人物是英国心理学家W. 麦独孤。由于麦独孤强调行为的目的性，因而他曾把自己的理论自称为"目的心理学"，1930年后改称为策动心理学。麦独孤认为行为的特征是追求一定的目的，行为的这种目的性是人的行为的动力或内驱力，而这种动力或内驱力产生的原因在于人的本能。他说："本能是人类所有一切活动的推动者。"

本能是策动心理学的核心内容。麦独孤认为，本能不是单个的、成串的机械反射，而是一种原始的冲动倾向和完整的心理过程，它包括感觉受纳方面、意志行为方面以及介于这二者之间的情绪方面。他特别重视本能与情绪的联系，把情绪视为本能的核心。他认为如果几种情绪以一事物为对象并结合起来成为体系，就可以形成情操。情操是情绪的最高、最集中的表现，往往在人的行动中起极大的作用。

策动心理学强调行为的目的性和情绪对行为的作用，这都是正确的；但认为动物的行为也有目的性，这就难免陷入唯心主义的泥坑。

（六）精神分析心理学与新精神分析心理学

精神分析学派的创始人是奥地利精神病医师、心理学家 S. 弗洛伊德。这一学派的理论在 20 世纪 20 年代广为流传，颇具影响。

弗洛伊德认为人的心理可以分为两部分：意识和潜意识。潜意识不能为本人所意识，它包括原始的盲目冲动、各种本能以及出生后被压抑的动机和欲望。他强调潜意识的重要性，认为性本能是人的心理的基本动力，是摆布个人命运和决定社会发展的永恒力量。他把人格分为本我、自我和超我三部分，其中本我与生俱来，包括先天本能和原始欲望；自我由本我分出，处在本我和外部世界之间，对本我进行控制和调节；超我是"道德化了的自我"，包括良心和理想两部分，主要职能是指导自我去限制本我的冲动。三者通常处于平衡状态；若平衡被破坏，则导致精神病。

精神分析学派获得了某些重要的心理病理的规律，但是他们的一些主要理论遭到许多人的反对。20 世纪 30 年代中期，以 H. S. 沙利文、K. 霍妮和 E. 弗罗姆为代表的一批心理学家反对弗洛伊德的本能说、泛性论和人格结构论，强调文化背景和社会因素对精神病产生和人格发展的影响，在美国形成了精神分析社会文化学派，即新精神分析学派。

新精神分析学派仍然保留着弗洛伊德学说中的一些基本观点，尽管在他们的理论中有不同的概念名称，但归根结底，仍然是潜意识的驱力和先天潜能在起主要作用。

（七）认知心理学

认知心理学起始于 20 世纪 50 年代中期，60 年代之后迅速发展。1967 年美国心理学家 U. 奈瑟的《认知心理学》一书的出版，标志着这一学派理论的成熟。广义的认知心理学还应该包括 J. 皮亚杰的发生认识论，他把人的认识的发展看成一种建构的过程，并仔细研究了这一过程发展的阶段。狭义的认知心理学是指用信息加工的观点和术语解释人的认知过程的科学，因此也叫信息加工心理学。这一学派反对行为主义的理论，认为不一定必须搞清心理活动的生理基础后，才能研究心理现象。他们把人看成计算机式的信息加工系统，认为人脑的工作原理与计算机的工作原理相同，因而可以在计算机和人脑之间进行类比。他们强调人的已有知识结构对行为和当前认知活动的决定作用，并力求通过计算机模拟等方式发现人们获取和利用知识的机制，达到探究人类认知活动规律的目的。

认知心理学在反对行为主义心理学的运动中产生和发展起来，并在具体研究中取得了许多成果，推动了西方心理科学的发展，丰富了心理学的内容。其中一些研究和人工智能的研究结合在一起，具有重大的实用价值。但他们把人的心理看成计算机的信息加工系统加以研究，在心理学界依然存在争议。

（八）人本主义心理学

人本主义心理学是 20 世纪 60 年代在美国出现、70 年代以后对欧洲和亚洲影响较大的心理学思潮。其主要代表人物有马斯洛、C. R 罗杰斯和 G. W. 奥尔波特等。

人本主义心理学家既反对精神分析学派把意识经验还原为心理的基本驱力，也反对行为主义把意识看作行为的副现象，认为人不是“较大的白鼠”或“较缓慢的计算机”。他们相信，人的本质是善良的，人有自由意识，有自我实现的需要和巨大的心理潜能，只要有适当的环境和教育，他们就会完善自己，发挥创造潜能，达到某些积极的社会目的。他们主张心理学应该研究能自我实现的、有创造潜能的“健康人”的心理特点和规律，而不应该只关心异常心理。在这一学派看来，正是人的需要、动机、欲望、情感、价值观念等心理的内部过程和主观经验，才形成人与人之间的心理差异。

人本主义心理学对精神分析和行为主义心理学的某些批评（如反对把人的心理兽化和计算机化等），是有积极意义的。但他们对人的一些研究停留在关于人性的抽象议论上，因而不能完全揭示人的心理的本质规律。

综合练习

一、概念解释

1. 心理学　2. 心理过程　3. 观察法　4. 实验法

二、填空

1. 人的心理现象丰富多彩，但一般可以把它分为________和________两大类。心理过程包括________、________和________三个方面。

2. 人的认识过程是由________、________、________、________和________组成的。

3. ________年，德国心理学家________在莱比锡大学建立世界第一个心理实验室，标志着心理学成为一门独立的科学。

三、选择

1. 普通心理学是研究________的科学。

A. 所有心理现象及其规律　B. 个性心理及其规律
C. 正常人心理活动规律及心理学基本原理　D. 心理过程及其规律

2. ________创办了世界上第一个心理学杂志，是心理学史上一个承前启后的人物。

A. 费希纳　B. 赫尔巴特　C. 韦伯　D. 培因

3. ________的《医林改错》提出的脑髓说比谢切诺夫的反射说还要早30多年。

A. 王充　B. 王清任　C. 李时珍　D. 陈大齐

四、判断

1. 心理现象是异常复杂的，因而也是神秘莫测的。（　）

2. 用观察法研究人的心理现象，实质上就是通过视觉系统去探讨心理活动的规律。（　）

3. 心理现象的各个方面并不是孤立的，而是彼此相互联系的。（　）

4. 心理学与自然科学、社会科学和哲学等紧密联系，因此是一门涉及多种学科的边缘学科。（　）

五、问答

1. 心理学研究的理论意义和实践意义是什么？

2. 心理学研究应该遵循哪些原则？其主要的研究方法有哪些？

3. 心理学发展过程中出现过哪些主要的学派？请说出其主要观点和代表人。

第二章　科学的心理观

本章学习指导

1. **识记**:科学的心理观、神经系统结构和功能、神经活动的基本过程和基本规律、反射与反射弧。
2. **理解**:心理是脑的机能、心理是人脑对客观现实的主观映象、实践活动对人的心理形成和发展的作用。
3. **应用**:① 运用科学心理观理解人的心理现象的形成和发展。② 说明条件反射理论与人的心理活动的关系。

人们的心理现象是丰富多彩的。心理现象是怎样产生的？心理的实质究竟是什么？在人类漫长的发展历史中,许多人在探索,提出了各种各样的见解和观点,大致可以归为唯心主义的心理观和唯物主义的心理观。唯心主义的心理观认为,心理是灵魂寄附在肉体器官内的表现,而灵魂又是可以离开肉体而不灭的无形实体,是世界的本源。唯物主义心理观则认为,心理是由肉体器官或物质元素自己生发出来的,是物质的属性。这种强调世界是物质的朴素唯物主义和机械唯物主义观点在哲学发展史中具有一定的进步意义,但却脱离社会存在和社会实践去理解心理的产生与发展,忽视人的主观能动性,忽视人的社会本质。随着近代科学的发展和辩证唯物主义的出现,人们才对心理的实质做出了科学的解释。

辩证唯物主义者认为,物质第一性,意识第二性。从心理产生的物质基础看,心理是脑的机能;从心理反应的内容看,心理是客观现实的反映。即人的心理的产生和发展既不能脱离人脑这个物质基础,也不能脱离客观现实这个社会基础。就其实质而言,人的心理是人脑对客观现实的主观映象。

第一节　心理是脑的机能

一、脑是心理活动的器官

人的心理活动的产生器官究竟是什么？在古代,由于科学技术不发达,人们曾认为心理活动是在人的心脏里产生的。西方有人认为心脏产生心理如同胆囊分泌胆汁。我国古代孟子曾说“心之官则思”,把心脏看作思维的器官。汉语中也保留着这种错误认识的痕迹:与精神活动有关的字,偏旁多带“心”字部,如思、想、恶、懂、恨等,人们常说“心想”、“心疼”、“心烦”、“眉头一皱,计上心来”,都反映了这种认识。

直到18世纪前后,随着时代的进步和经验的积累,尤其是近代科学的发展,人们才逐渐认识到产生心理活动的器官是脑,而心脏与心理活动并无特别直接的关系。

首先，人们在日常生活中逐渐体会到，人在睡眠状态虽然心脏仍在跳动，却不能反映外界现实。人在酒醉、药物麻醉或脑受损伤时，心脏无大变化，而人的心理活动却不正常了，这主要是由于人的神经系统特别是人脑的状态发生了变化。因此，人们逐渐认识到脑在心理活动中的重要地位。

其次，生理学、解剖学和医学的发展，促进了对脑机能的认识，特别是临床方面的经验与发现证实了脑在心理活动方面的功能。例如，我国清代著名医生王清任根据对尸体的解剖和大脑疾病的临床观察，精辟地论证了思维产生于脑而不是心，提出"灵机、记忆不在心，在脑"的新说，并从解剖学上指出了感觉器官与中枢神经的联系，"两耳通脑，所听之声归于脑；两目系如线，长于脑，所见之物归于脑；鼻通于脑，所闻香臭归于脑"。这是我国较早通过科学观察和实践确立"脑是心理器官"的认识。再如，法国医生布洛卡(1824～1880)于1861年发现大脑左半球额下回有"语言运动中枢"，如该区受损伤，人就失去了说话的能力。随后，人们又发现大脑额叶中回有"书写中枢"，颞叶上回后部有"言语听觉中枢"等，如果这些部位受损伤，相应的心理活动就产生障碍。这些临床的经验与事实，都进一步说明了脑与心理的直接关系。

再次，"反射"概念的提出和条件反射学说的建立，使心理的生理机制的研究进入了一个新的阶段。17世纪法国学者笛卡儿提出了"反射"的思想。他认为动物的活动和人的不随意活动都是借助神经系统所实现的对外界刺激的有规律的应答活动，即反射。俄国生理学家谢切诺夫把反射的概念推广到人的一切活动领域，他认为有意识或无意识的生命的全部活动就其产生的方式来说，都是反射。1900年，俄国生理学家巴甫洛夫对于动物和人的反射活动进行了大量的实验研究，建立了高级神经活动学说，进一步科学地揭示了心理活动的脑机制。

最后，物种进化的历史和个体发育的进程也表明，心理活动与神经系统尤其是大脑有着直接的关系。动物的心理发展水平是与其神经系统的发展水平相适应的。从单细胞动物到人类，神经系统的进化从无到有，从简单到复杂，心理发展的水平也从低级到高级。单细胞动物没有神经系统，因而只能对生存具有直接意义的事物产生有限的感应。无脊椎动物开始出现了神经系统，但由于没有脑，所以不能对刺激物的属性进行分析，其心理也只能停留在极其原始、简单的感觉阶段。脊椎动物的神经系统进一步发达，原始的脑开始形成，爬行动物又有了大脑皮层，这就具备了心理活动的最高调节机构，因而就有了稳定的知觉。灵长类动物的大脑接近人脑的水平，所以对事物有了原始的概括能力，能进行简单的思维。到了人类，大脑结构更加复杂，其机能高度完善，所以人类成了地球上最聪明的主宰者。就人类个体的发育而言，心理水平的发展也是与脑的发育紧密相联的。婴幼儿的大脑虽然在形态、结构上与成人差不多，但由于重量轻、细胞分支少，其心理活动要比成人简单得多。

以上事实和研究成果表明，心理作为一种高级的反映形式，其出现是与物质的进化，特别是与生物机体的神经系统尤其是脑的发展密不可分的。现代科学证明，脑是心理活动的器官，心理是脑的机能。正如列宁所说："心理的东西、意识等等是物质的最高产物，是叫作人脑的这样一块特别复杂的物质机能。"①

二、人的神经系统及其功能

人的神经系统是由无数个神经元构成的，神经系统的最高部位是大脑皮层。

---

① 列宁：《列宁全集》(第14卷)，人民出版社，1957年版，第238页。

（一）神经元的结构及突触传递

神经元又叫神经细胞，是神经系统的基本结构和功能单位。神经元的大小、形状和类型是复杂多样的，但每个神经元的结构都是相同的，即由胞体和突起两部分构成。胞体的最外层是胞膜，内有细胞核，其间是细胞质。胞体的主要功能是接受刺激，整合信息。由胞体发出的突起有树突和轴突两种。树突是从胞体发出的树枝状突起，一般较短，具有接受刺激和将冲动传向胞体的功能。轴突即通常所说的神经纤维。每个神经元只有一个轴突，其长短不一，短者仅几微米，长者可达一米以上。轴突一般比树突长，直径较均一，末端的分支较多，形成轴突末梢。轴突外围包有一层髓鞘，具有绝缘作用，保护轴突并防止冲动的扩散，以保证传导的准确性。轴突的功能是将神经冲动传递至其他神经细胞或效应器（见图 2-1）。

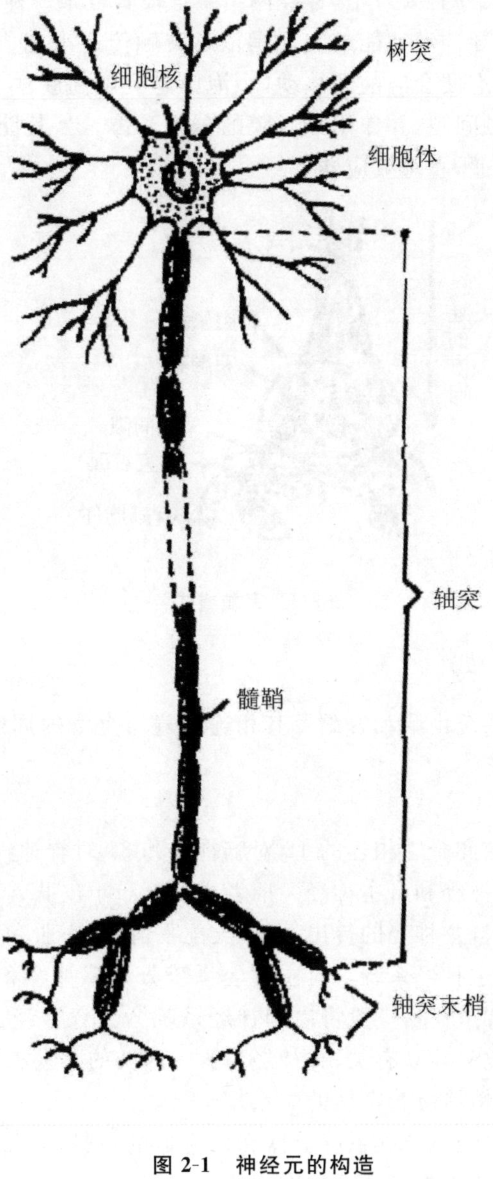

图 2-1　神经元的构造

神经元根据不同功能特征，可分为三类：感觉神经元，也叫传入神经元，其功能是接受刺激并将之转变为神经冲动，再将冲动传至感觉中枢，产生相应的感觉；运动神经元，也叫传出神经元，它将中枢发出的冲动传导到肌肉、关节和腺体等效应器，产生运动反应；联络神经元，也叫中间神经元，介于感觉神经元与运动神经元之间，起联络作用。

每个神经元在结构上是独立的，神经元之间的联系是通过突触实现的。突触是前一个神经元的轴突末梢与另一个神经元的胞体或突起相接触的部位。一个神经元轴突在与其他神经元接触前，其末梢先分成许多小支，小支的顶端膨大形成突触小体，突触小体与后一个神经元的胞体或突起构成突触。一个突触由突触前膜、突触后膜和突触间隙三部分构成的（见图2-2）。突触前膜即前一个神经元末梢膨大部分的底端，内有许多含化学递质（如乙酰胆碱）的小泡。突触后膜即后一个神经元，含有分子受体的部位。突触间隙即前后膜之间宽0.02～0.03微米的部位。神经元之间的突触联系密如蛛网，遍布全身。据研究，人的大脑皮层中的每一个神经元的突触联系大约有3万个，神经网络系统极其复杂。神经元的功能是接受刺激，产生冲动，传导冲动。其传导冲动功能的实现是依靠突触传递来完成的。当神经冲动沿着轴突传到末端时，前膜内的小泡便会向前膜移动，小泡膜与突触前膜融合破裂，小泡中所含的化学递质通过前膜释放到突触间隙，并作用于后膜的分子受体。当其能量达到一定程度时则产生同样的神经冲动，依次传递，直至效应器。

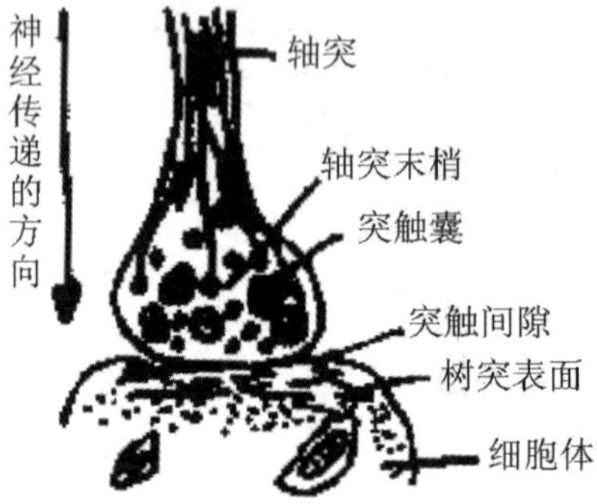

图 2-2 突触模式

（二）神经系统及其功能

由神经元构成的神经系统由脑和脊髓及其相连并遍布全身的周围神经所组成，可分为周围神经系统和中枢神经系统。

1. 周围神经系统

周围神经系统是指与脑和脊髓相连的12对脑神经和31对脊神经。周围神经系统依据所支配的对象不同，分为躯体神经和自主神经。前者主要分布于皮肤、骨、关节和骨骼肌；后者分布于内脏、心血管和腺体。自主神经的传出纤维，支配平滑肌、心肌和腺体，它们在一定程度上不受主观意志控制，故称自主神经系统。自主神经系统分交感神经和副交感神经。脊神经和部分脑神经中含自主神经成分，故一般将周围神经系统分为脊神经、脑神经和自主神经三部分。脑神经与头面部的感觉和运动有关；脊神经与躯干四肢的感觉和运动有关；自主神经与内脏的感觉和运动有关，也和情绪有着密切的关系。

周围神经系统是中枢神经系统联系感受器和效应器的纽带，它使脑和脊髓与全身其他器官联系在一起，起着传入和传出神经冲动的作用。

2. 中枢神经系统

中枢神经系统包括分别位于颅腔内和椎管内的脑和脊髓，是管理和指挥人体一切活动的最高"司令部"。中枢神经有低级中枢和高级中枢之分。

(1) 低级中枢。低级中枢包括脊髓、脑干、间脑和小脑四部分。脑中枢的位置如图 2-3。

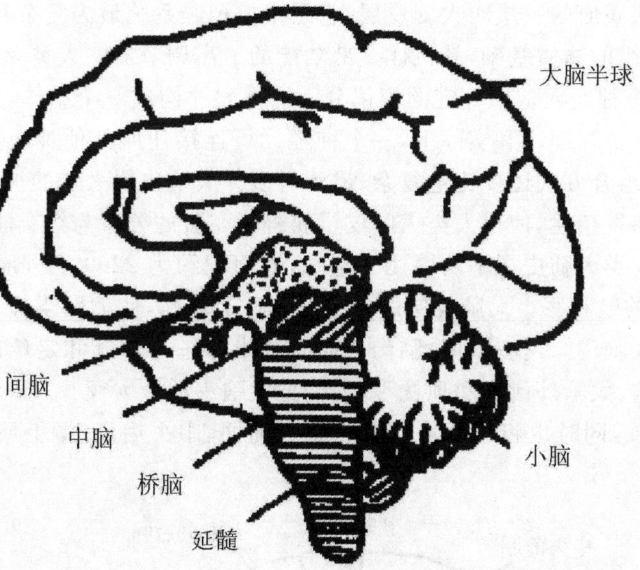

图 2-3　脑中枢的位置

脊髓是中枢神经系统的最低部位，呈索状，位于脊椎管内。它的基本功能是传导冲动和控制躯体与内脏简单的本能反射，如膝跳反射及排便反射等。

位于颅后窝的脑干，自下而上由延髓、脑桥和中脑组成。它既是大脑、小脑联系脊髓的通道，又是许多内脏器官活动和视、听定向活动的中枢部位。呼吸、心跳、吞咽、呕吐、喷嚏以及视、听觉探究反射都受脑干的调控。若这一部位受到损害，生命将受到威胁，故脑干有"生命中枢"之称。

间脑居于中脑和大脑之间。人类由于大脑的高度发育和扩展，间脑大部被左右大脑半球所覆盖。间脑主要由丘脑和下丘脑组成。丘脑位于间脑的最背侧，约占整个间脑的 4/5。除嗅觉外，各种感觉传导束都必须在丘脑更换神经元，才能投射到大脑皮层，所以丘脑是大脑皮层下的感觉中枢。下丘脑位于丘脑的前下方，有许多边界不明显的核团，功能十分复杂而重要。下丘脑是自主神经的高级中枢，与内脏活动有密切关系，对体温、摄食、生殖、水盐平衡和内分泌等活动进行广泛的调节，又是情绪反应的较高级协调单位。

小脑位于大脑的后下方、脑干的背侧面，由两半球组成。其主要功能是协调随意运动，调节肌肉紧张，维持躯体平衡。

此外，在脑干中央和丘脑底部这一广大区域，神经纤维纵横交织呈网状，并有许多神经细胞散在其中，称作网状结构。网状结构可以不断地接受来自身体的各种感觉传入冲动，再由网状结构经丘脑弥散地投射到大脑皮层的广泛区域，使大脑皮层处于觉醒状态。当人或动物这一区域受到损伤时，就会陷入昏睡状态。网状结构中的下行神经通路，对保证躯体运动的正确与协调，保持肌紧张的稳定和适度具有重要的作用。网状结构还是内脏感觉上行传导束与调节内脏活动下行传导束的转换站。

(2) 高级中枢。中枢神经系统的高级部位是大脑,其中最高级的部位是大脑皮层。

人的大脑由对称的左右两半球构成,状如合拳,左右半球之间被大脑纵裂分开。纵裂底由强大的胼胝体连结,其深部为大量的神经纤维。成人脑重平均约为1400克,占整个神经系统重量的98%,是身体重量的1/50。

覆盖于整个大脑表面的一层叫大脑皮层,它是中枢神经系统最为复杂和完善的部位,是人类心理最直接、最高级的物质基础,是机体全部功能的最高调节器。人类大脑皮层的总重量约600克,约有140亿个神经元依照一定的规律分六层排列并构成一个整体,神经元之间可能的结合方式达天文数字。在理论和实际上,一个神经元可连接任何其他神经元。皮层的构造是如此复杂,而机能的组合方式还要比这复杂、灵活得多。大脑皮层大量的神经元和它们之间的相互联系的广泛性和复杂性,使得人类大脑皮层获得了完善的分析与综合能力,构成了思维与语言的物质基础。人类大脑皮层平均厚2.5毫米,表面积约为2200平方厘米,其中1/3露于表面,2/3位于沟裂的壁和底。大脑皮层的各部位发育不均衡,使大脑半球表面出现许多隆起的大脑回和凹陷的大脑沟。这些脑回、脑沟是对大脑半球进行分叶和定位的重要标志。比较重要的沟裂有中央沟、大脑外侧裂和顶枕裂,它们把大脑皮层分为额叶、顶叶、枕叶和颞叶四个机能各不相同的区域,同时也将大脑皮层分为中央前回、中央后回、颞上回、颞中回和颞下回(见图2-4)。

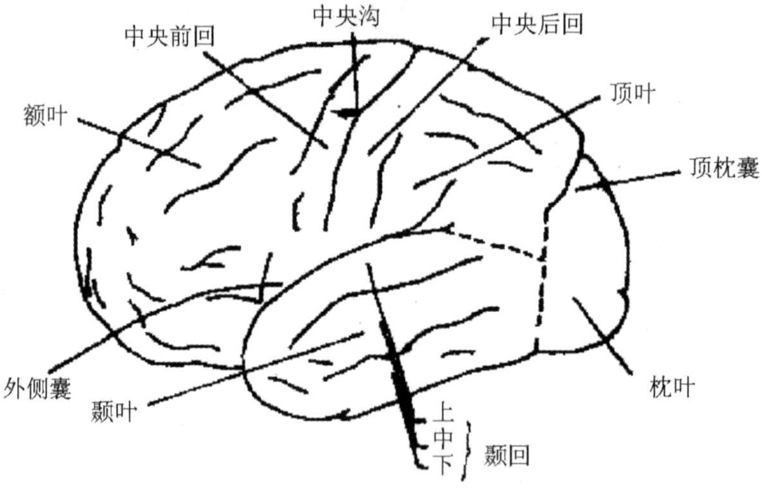

图2-4 大脑半球的分叶(外侧面)

额叶是在进化过程中形成最晚的部分,然而却是最发达的部分,约占皮层表面积的29%。额叶的中央前回是躯体运动的中枢,同时参与行为的动机、计划以及个性表现等高级意识活动。顶叶的中央后回是躯体的感觉中枢。枕叶主管视觉。颞叶则主管听觉和嗅觉。此外,人类在进行社会性劳动中产生了语言和思维,大脑皮层相应地出现了人类特有的语言机能区。语言区包括运动性语言中枢(说话中枢)、听觉性语言中枢(听话中枢)、视运动性语言中枢(书写中枢)和视觉性语言中枢(阅读中枢)。大脑皮层特定的神经中枢专司一定的生理和心理活动的现象,叫机能定位(见图2-5)。

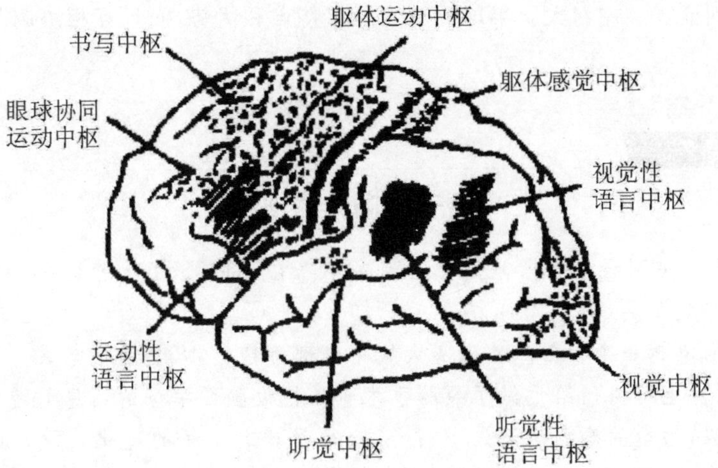

图 2-5　大脑皮层机能定位

大脑皮层的机能定位并不是绝对的，只是相对而言的。各机能定位区只是实现某种功能的核心部分，其他区域在实现某种功能时也起一定作用，彼此并不孤立，它们之间有一定的代偿作用。同时，某一区域的功能受到损伤时，也会影响到其他区域的功能。大脑皮层上有明显机能定位的区域只是一小部分，大部分区域并没有明显的机能定位，而是对各种信息进行加工和整合，完成更复杂和高级的神经精神活动，这些广泛的脑区称为联络区。联络区皮层在系统发生上出现最晚，在个体发育中成熟最迟。进化上越高等的动物，其联合区皮层越发达。在人的大脑皮层上，感觉区和运动区相对很小，大部分都是联合区。大脑的高级认知功能，诸如学习、技艺、推理、想象等智慧活动，都依赖于联合皮层。

苏联生理心理学家鲁利亚把大脑皮层机能定位区域连同无明显定位的区域划为三个机能联合区。第一个机能联合区定位在脑干和皮层下部位，包括上、下行网状系统，其功能是激活皮层，调节其紧张度，使其处于觉醒状态。第二个机能联合区位于大脑皮层的后部，包括枕叶、顶叶和颞叶以及相应的皮层下组织，这个联合区的作用是接受、加工与保存信息。第三个机能联合区位于大脑皮层的前部，主要是前额叶，它与脑的其余部位以及网状组织均有双向联系，执行着高级的整合、规划、调节与监督行为的功能。鲁利亚认为人的心理活动，尤其是较复杂的心理活动，总是三个机能联合区协同活动的结果。

尽管整个大脑皮层对心理活动具有整体整合的功能，但左右两个半球在功能上的分工还是比较明显的。这一点在语言功能上表现得尤为突出。例如，临床上发现，在语言障碍患者中，以右手劳动为主(右利手)的成人，病变多发生在大脑左半球。大多数右利手和部分左利手的人，其语言思维一侧化(在左脑)。一侧优势的形成可能与遗传因素有关，但主要与人类在生活中的用手习惯有关。幼年时，两侧半球语言功能的潜力是相等的，两侧半球都参加语言功能的发育过程。至 10～12 岁，左侧优势逐渐建立，这时若左侧皮层受损则可在右侧皮层建立语言中枢。但对于成人，如左侧半球语言区受损，则很难在右侧半球再建立语言中枢。右侧半球在非语言性的认知上具有优势，如对三维空间的认识、对音乐的分辨和理解等。因此推论，大脑左半球主要将感觉输入译为语言描述，而右半球则将感觉输入译为表象。也就是说，人的左侧大脑半球与语言、意识、数学分析等机能的发展有密切关系，而右侧大脑半球则主要从事感知非语言信息、音乐、绘画等时空概念。大脑两半球功能上的不对称性在对“裂脑”人的实验观察中进一步得到证实。左右大脑半球的功能各有特点和优势，而且互相协调和配合，实现高级神经精神活动。

知识链接 2-1

关于裂脑人的研究

1981 年，美国科学家斯佩里博士因多年来在裂脑人的研究上获得了开拓性成就而荣获诺贝尔奖。

研究对象是一个在第二次世界大战中脑部负伤的 48 岁退役老兵。他因脑伤而患癫痫病，医生不得已给他做了裂脑手术——把大脑两半球的信息通道——胼胝体切除。结果，约翰的癫痫病消失了，但从此行为却有了新的变化。他好像是受着两个脑袋的指挥。例如，吃饭的时候。他一只手把碗推开去，另一只手却把碗拉过来，来回地反复这样做。有一天早上起床穿衣，他一手把裤子往上提，一手却往下扯，甚至把裤子扯成两半。斯佩里博士知道这种奇怪的表现后，就对其进行了系统的研究。

博士设计了许多实验。博士把一张女人照片的左半部和一张小孩照片的右半部拼接在一起，使女人照片在约翰的左半视野，小孩照片在右半视野，然后让老兵指出看到了什么。他指着年轻女人的照片，口中却说：“一个小孩。”在另一次实验中，斯佩里对病人的左半球（右半视野）发出一个问号（?），对右半球发出一个美元符号（$）。当要求老兵写出看到了什么时，他画了一个美元符号。当问他看到什么时，他回答说：“一个问号。”

斯佩里的研究成果是引人注目和令人鼓舞的。他以无可辩驳的事实，十分成功地揭示了大脑两半球的秘密，有力地修正了过去一百多年盛行的左半球是优势半球，右半球是从属、非优势半球的观点。事实上，左半球是对各种感觉信息在最高级水平上进行整合，以形成抽象的概念，它具有抽象逻辑思维、言语表达、数学运算等功能，是理性认识的优势半球。右半球主要是通过感觉信息的整合以形成知觉和空间位置的具体形象，具有音乐、绘画、几何图形、空间位置等的辨别能力，是感性认识的优势半球。以音乐为例，左半球负责旋律，右半球负责节奏。右半球几乎没有计算能力，只能计算 20 以内的加法，在这一点上，它不如左半球。可是，在空间定向、理解音乐、表达情绪和识别图表上，左半球却相形见绌。左右两个半球作为两个不同类型的信息加工系统，它们又是相互配合的，这种配合是通过两半球中间的胼胝体进行的。

（注：对于业内共知的知识，不再标出处，下同。）

总之，作为心理活动器官的大脑，结构是高度完善的，功能是十分精细的。它的重量虽然仅占体重的 2%，却需要占有全身供氧量的 20%和供血量的 16%。假如大脑供血中断半分钟，脑细胞的活力就受到明显的影响；持续到 5 分钟，脑细胞就会死亡。要使心理活动正常进行，必须保持大脑处于健康。

三、大脑的机能

（一）大脑皮层神经活动的基本过程及其规律

1. 大脑皮层神经活动的基本过程

兴奋过程和抑制过程是大脑皮层神经活动的基本过程。

兴奋是神经细胞由静止状态转向活动状态，进而引起或加强有机体的某些反应的过程。它使细胞能量消耗。抑制是神经细胞由活动状态转向静止状态，进而压抑或减弱有机体的某种活动的过程。它使细胞能量恢复。兴奋和抑制既是对立的，又是统一的，两者相互依存，相互作用。比如，肢体屈伸时，支配肌肉屈伸的中枢神经细胞一部分兴奋，另一部分抑制，才能使肌肉的屈伸相互拮抗。兴奋和抑制在一定条件下可以相互转化，并按照一定的规律运动变化着。

2. 大脑皮层神经活动过程的基本规律

（1）扩散和集中。大脑皮层无论产生兴奋或抑制，都遵循着扩散和集中的规律而运动。大脑皮层某部位兴奋和抑制一经产生，都不会停止在原发点上，而是通过突触联系向周围区域传播，使这些区域也出现同样的神经活动，这就是扩散。与扩散相反，兴奋与抑制过程从扩散开的皮层区域向原发部位靠拢的现象就是集中。如睡眠既是以大脑皮层抑制过程广泛扩散为基础的，又是兴奋集中的结果。当人由熟睡转入觉醒状态时，是抑制逐渐集中、兴奋逐渐扩散的结果。兴奋和抑制过程，总是不断地以扩散与集中的方式相互制约而协同活动。

（2）相互诱导。相互诱导是指一种神经活动过程的产生导致与之相反的另一种神经活动过程的增强的现象。诱导有两种形式：由兴奋过程引起抑制过程的增强叫负诱导；由抑制过程引起兴奋过程的增强叫正诱导。根据诱导发生的时间可把诱导分为同时诱导和相继诱导。同时诱导是同时发生在大脑皮层两个以上部位（中枢）的诱导现象，如人专心工作或聚精会神看书时，对其他事物视而不见、听而不闻。相继诱导是继时发生在大脑皮层同一部位（中枢）的诱导现象。如经过充分睡眠后感到大脑清醒。根据诱导作用的效果和时间的关系，可将相互诱导区分为以下四种：同时正诱导，即大脑皮层某一部位发生抑制的同时，促进其周围出现兴奋的加强；相继正诱导，即大脑皮层某一部位发生抑制之后，使原来的部位出现兴奋的加强；同时负诱导，即大脑皮层某一部位发生兴奋的同时，促进其周围出现抑制的加强；相继负诱导，即大脑皮层某一部位发生兴奋之后，使原来的部位出现抑制的加强。

扩散和集中、相互诱导在神经活动中是相辅相成、交替进行的。它们相互依存、相互制约，既显示了大脑皮层神经活动的复杂性，又保证了皮层神经活动的和谐与统一。

（二）大脑的机能

涉及认知、语言、情感、睡眠、觉醒和学习等复杂的心理活动的基础是脑的高级功能，即脑的高级整合功能。这些功能的完成有赖于中枢神经系统高级部位——大脑皮层的存在。按产生的方式而言，人的一切心理活动都是脑的反射活动。

1. 反射与反射弧

反射是有机体借助神经系统对内外环境刺激所做的规律性应答。例如，食物入口时的唾液分泌，蚊虫叮咬时的举手拍打，伤心悲痛时的痛哭流涕，路见不平时的见义勇为等等都是反射。反射是人和动物适应环境的基本方式。

实现反射活动所需要的神经结构基础叫反射弧，它由感受器、传入神经、神经中枢、传出神经和效应器组成（见图 2-6）。其中的任何一个环节中断，反射活动都不能发生。反射发生的机理是：感受器接受一定的刺激之后产生神经冲动，冲动沿传入神经到达神经中枢，通过中枢的分析与综合，再由传出神经传向效应器，从而发生具有适应意义的应答。例如膝跳反射，突然刺激膑韧带中的牵张感受器，感受器产生的冲动沿传入神经传至脊髓中枢，脊髓中枢再发出传出冲动，沿传出神经纤维传到股四头肌效应器，股四头肌效应器突然收缩伸膝，完成应答反应。

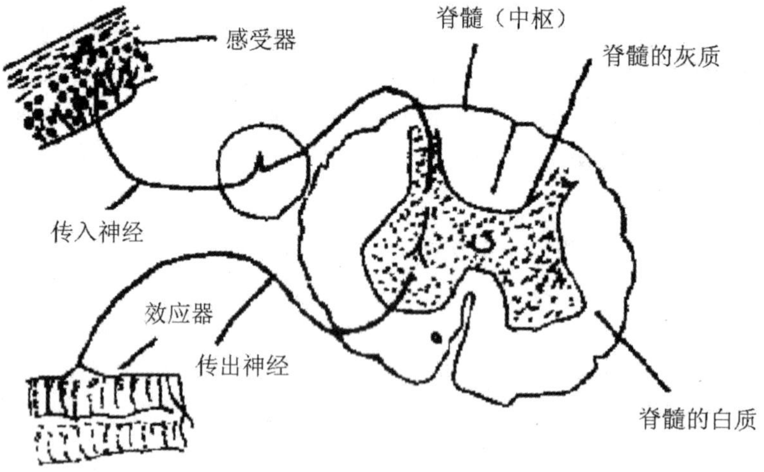

图 2-6　反射弧的模式

近期研究表明，反射弧并不是单向的神经通路，其终末环节并不意味着终止。效应器（受控部分）的活动会作为新的刺激产生神经冲动，再传向神经中枢（控制部分），中枢对效应活动的质量予以“评价”，并根据返回信息来改变自己的活动，从而对效应器的活动进行调节。这一返回传递过程称为反馈。可见，控制部分和受控部分之间形成一个闭环联系系统。正是反馈的作用，才使得人们对刺激的反应更完整、更精确。

2. 反射的种类

反射分为两种：非条件反射和条件反射。

（1）非条件反射。非条件反射是人和动物在进化过程中形成并遗传下来的本能反射，包括食物性反射、防御性反射以及姿势反射等。非条件反射对人和动物具有维持生命、延续种族的重要意义，对于低等动物的意义更大。但是，由于非条件反射的神经通路是固定的，因而凭借非条件反射，有机体仅能对固定的刺激产生固定的反射。这种刻板的、被动的反射难以保证有机体对复杂多变的环境的适应。因而，在长期的适应过程中，有机体就形成了更高一级的反射，即条件反射。

（2）条件反射。条件反射是人和动物在后天活动中，经过学习而获得的反射。条件反射的反射通路不是固定的，因此具有更大的可塑性和灵活性，从而提高了机体适应环境的能力。如挨过棒打的狗，看见举棒就逃跑，“一朝被蛇咬，十年怕井绳”等，都是条件反射的表现。

条件反射是反射活动的高级形式，以非条件反射为基础，依赖于大脑皮层神经活动的基本规律。其形成的标志是大脑皮层有关神经中枢暂时神经联系的建立，这种联系容易因条件的改变而改变。

最早对条件反射进行研究的是巴甫洛夫。他以狗作为实验对象，通常情况下，引起狗产生分泌唾液反射的是食物(非条件刺激物),而铃声并不具备使狗分泌唾液的条件,所以铃声在条件反射形成之前是无关刺激物。实验中,每次让狗进食前都给以铃声刺激。这样,狗的大脑皮层上就同时出现了两个兴奋灶,即由铃声刺激引起的皮层听觉中枢兴奋灶和由食物刺激引起的皮层味觉兴奋灶。重复、扩散的结果,就会使两点之间联系起来,也就是建立了暂时神经联系。暂时神经联系建立之后,铃声即使不伴随食物出现,狗也照样分泌唾液。这便标志着狗对铃声刺激的条件反射的形成,铃声由无关刺激物变成了条件刺激物(见图 2-7)。

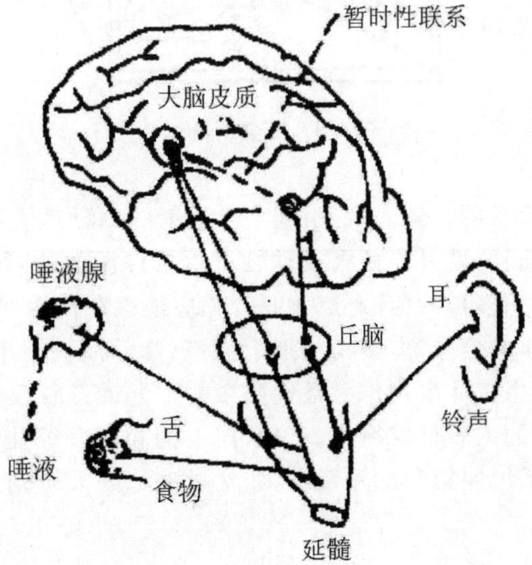

图 2-7　条件反射形式示意

巴甫洛夫认为,条件反射形成的关键在于"强化",即无关刺激与非条件刺激在时间上的重合。强化次数越多,形成的条件反射就越巩固。由于条件反射的神经通路是暂时的,所以条件反射形成之后如果不给以强化,就会逐步消退。

巴甫洛夫称条件反射为对信号的反射,因为在一定条件下无关刺激物成了非条件刺激物的信号。机体对这一信号的理解,是心理现象。但其神经机制是暂时神经联系的建立,又是生理现象。

巴甫洛夫提出的条件反射被称为"经典性条件反射"。继巴甫洛夫之后,美国心理学家斯金纳通过对白鼠的研究,又提出了"操作性条件反射"的概念。他在"斯金纳箱"(见图 2-8)中放一只白鼠,并不主动投食。箱内有食盘和连着食物容器的杠杆。饥饿的白鼠在箱内盲目地跑跳,偶然的机会,它压住了杠杆,于是就有食物落进食盘。经过这样多次盲目的揿压之后,白鼠终于理解了食物是对它揿压杠杆的奖赏,于是便学会了主动操作以获取食物。白鼠理解了操作杠杆可以获得食物,所以这种条件反射叫作操作性条件反射。

操作性条件反射与经典性条件反射的形成机制没有本质区别,都是以强化为基本条件,是大脑皮层上暂时神经联系的接通。但在形成的方式上有所区别,经典性条件反射是"刺激→反应"的过程,操作性条件反射则是"反应→刺激"的过程。另外,经典性条件反射的形成比较被动,而操作性条件反射的形成则是在动物主动活动的条件下形成的。与经典的条件反射相比,操作性条件反射的建立显然包含了操作的"动机"成分。因而,操作性条件反射在人类的活动中存在更广泛,意义也更大。

图 2-8 斯金纳箱

3. 两种信号系统

条件反射是高级神经活动的具体表现，引起条件反射的刺激是信号刺激，因而条件反射系统又称为信号系统。所谓信号，就是能使人或动物产生条件反射的刺激物及其属性。根据刺激物的性质，巴甫洛夫把纷繁多样的信号分为两种，相应地也存在两种信号系统。

第一信号为现实的具体的信号，即事物的形、色、声、味等属性。第二信号为抽象信号，即语言、文字等抽象的信号。由具体事物作为条件刺激物引起的条件反射的皮层功能系统称为第一信号系统，如吃过酸梅的人看见酸梅就流口水。由词和语言等抽象信号作为条件刺激物引起条件反射的皮层功能系统叫第二信号系统，如吃过酸梅的人听到或看到“酸梅”一词也会流口水。

两种信号系统既有明显的区别，又有内在的联系。第一信号系统是人和动物共有的，第二信号系统是人类特有的。由于第一信号系统的刺激物只限于具体事物，因此动物的条件反射是具体形象的。第二信号系统的刺激物已经脱离了个别的、具体的事物，因而人类的条件反射与动物有着质的区别，带有很强的概括性和抽象性。第一信号系统以非条件刺激物为基础，第二信号系统则以条件刺激物为基础。所以，动物的条件反射只能是单级的，而人的条件反射则是多级的。可以这样说，第一信号系统是动物行为的最高调节系统，第二信号系统是人类行为的最高调节系统。

两种信号系统是密切联系、协同活动的。第二信号系统是在第一信号系统的基础上建立起来的，但又反过来影响和支配着第一信号系统。第二信号系统必须经常不断地被第一信号系统所矫正与充实，使之更精确地反映现实，才不致歪曲人们与现实的关系。第二信号系统本身也不断地代替、补充、支配和调节着第一信号系统的活动。人类的高级神经活动乃是第一信号系统和第二信号系统共同活动、相互作用的结果。

第二节 心理是客观现实的反映

人的心理是脑的机能，脑是心理活动的器官。这仅仅说明了心理产生的物质基础，指出了心理活动的生理机制，但大脑不能凭空和单独产生心理活动，只有一定的对象作用于人脑时，心理活动才可能产生。这一对象就是客观现实。人的心理是人脑对客观现实的主观的能动的反映。

一、心理是一种反映

反映是物质的普遍属性。世界上的一切物质都是在运动中相互联系、相互作用的。事物之间相互作用留下痕迹的过程就是反映。

反映的形式和内容因物质形态的不同而各异。无机物的反映是以简单的相互作用而完成的，即只具有物理的、机械的、化学的反映形式，如铁受潮而锈蚀、岩石的风化等。在有机物的反映中，出现了与无机物完全不同的、全新的生物反映形式——感应性。感应性使得生物机体得以和周围环境保持平衡，保证生存和种族延续，如植物的枝叶趋向阳光、根系趋向水与营养。低等动物的感应性比植物要复杂得多，如草履虫、变形虫能向可食的物体趋动并能避开有害物体。感应性是生物体对直接影响机体生命的外界刺激所做的反应，它是一种生理反应而不是心理反应。随着动物的进化，逐渐出现了接受特定影响的专门器官——感受器和协调身体各部分活动的神经系统，动物身体各部分在功能上联合成统一的整体，从而出现了比感应性更为高级的反映能力。这种能力不仅能使动物对那些具有直接生存意义的刺激做出反应，而且对那些只发出对有机体生存具有重要意义的信号也能做出反应，如蜜蜂根据花的形状和颜色采蜜，猛兽根据小动物的气味和足迹追踪捕猎，小动物根据吼声逃避猛兽的追踪和袭击，等等。动物对具有信号作用的刺激所具有的反映能力，可以使动物更好地适应环境。这种对信号刺激进行反映活动的新的机能，即为心理的反映形式。

人的心理从最简单的感知觉，到复杂的思维、想象乃至个性，都是人脑这块特别复杂的物质与具体事物或者与抽象事物相互作用的结果，出现了动物心理所没有的心理活动的最高级反映形式——意识，这是地球上迄今为止最高水平的反映形式。

二、客观现实是心理的内容和源泉

人的心理是一种高级的反映形式。按照列宁的观点，没有被反映者，个体即使具备人脑的解剖生理特点，心理也无从产生。人类心理就是对客观现实的反映，客观现实是人的心理活动的内容和源泉。

什么是客观现实？客观现实指存在于主体意识以外的，不依赖于人的心理而存在的一切事物。人所处的客观现实包括自然现实、社会现实和主体自身的机体状况。各种客观现实以不同的形式作用于人的感官，引起神经系统的活动，从而产生感觉、知觉、表象、记忆、思维、情感和个性等心理活动。人的一切心理活动，都是以客观现实中的事物为源泉的。没有客观现实，人的心理就会成为无源之水、无本之木。比如，自然界中存在着山川河流、花草树木，只有这些事物作用于人的感官时，才可能在人的头脑中产生相应的映象。有时，人的头脑中也会出现一些现实中并不存在的事物的映象，如离奇的梦境和神话，但构成这些映象的素材却存在于现实中，只不过是经过头脑的加工组合而已。就连表面看来在现实中找不到任何对应物的情感、态度等，也都反映着人的某种需要与客观事物之间的关系，实际上这是人脑对客观现实的一种更复杂、更特殊的反映形式。

在所有客观现实中，社会现实是人类心理反映的主要内容。因为人是社会动物，人一生下来就进入到一个社会环境中，即处于一定的社会制度、社会文化、社会风尚及各种社会关系中，人是一切社会关系的总和。因而，社会现实是影响人类心理的决定性条件。人一旦脱离了人类社会，即使具备人类的解剖生理特点，也绝不可能形成社会人的心理。人类历史上有过许多兽养儿童，如狼孩、熊孩、猴孩等。这些孩子都是人生的孩子，也有人的大脑，但由于在幼时脱离了人类社会，被野兽抚养，他们就没有正常人的心理行为。如“狼孩”卡玛拉就是其中的一例（见知识链接2-2）。不仅幼年脱离人的社会现实不能形成正常人的心理，即使是成年人长期脱离人类社会也会导致已经发展起来的心理水平下降。比如，1945年被日寇掳到日本做苦工的我国农民刘连仁，由于不堪忍受虐待之苦，只身逃往深山老林，独自一人过了十三年茹毛饮血的穴居野人生活。1958年人们发现他的时候，他的恐惧感极重，记忆力严重衰退，语言十分困难，完全没有正常人的心理状态。回到正常的社会生活环境后，经过一个时期的适应，他才恢复到正常人的心理水平。这说明，社会生活条件乃是人的心理活动中内容与源泉的决定性的组成部分。

三、心理是人脑对客观现实的主观映象

人的一切心理现象，都是客观世界的映象，也就是说人的心理按其内容来说，具有客观性。但客观现实作用于人脑，形成各种映象，这些映象就其形式来说却是主观的，人的心理是对客观现实的主观映象。这是因为，客观现实作用于人脑，经过神经系统的分析综合，在头脑中形成各种各样的映象。这些映象虽然与被反映的客观现实具有一致性，但毕竟不是客观现实本身，它只是一种观念的东西。被反映者是物质现象，反映者是以观念形式存在的精神现象。所以，心理是客观世界的主观映象。而且人对当前现实的每一反映，都与他以观点、信念、知识、经验等形式存在的以往的反映成果相融合，不可能不受已经形成的主观世界的影响。而主观世界的差异必然造成人对客观现实反映的主观性。还有，对同一事物，不同的人在反映倾向、反映态度以及反映形式上都存在个别差异。例如，对同一个老师上课，不同的学生在学习态度、理解程度和学习方法上会有很大的差异。甚至同一个人在不同的时间、场合对同一事物的反映也不一样。如人在饭前和饭后对同样的饭菜的反映就不相同。这些都说明人的心理是客观现实的主观映象。

四、人的心理是在实践活动中发生和发展的

人的心理是对客观现实的反映，这种反映是在实践活动中实现的。实践是人的心理赖以产生和发展的客观基础。

人的心理的产生是作为心理源泉和内容的客观现实与作为反映器官的脑之间的有机结合的结果，而这种结合是通过人的实践活动实现的。在人们的各种实践活动中，人的心理逐渐发生和发展起来，从不成熟走向成熟，从低级发展到高级发展。新生儿通过遗传获得本能行为，逐渐地在与成人的交往中学会了说话，在游戏活动中学会了交友，在学习活动中学会了书写，高年级的学习发展了抽象思维，个体社会化的活动过程形成了个性。人的实践领域越宽广，接触的事物越多，心理生活就越丰富。离开人的社会实践，就不可能有丰富的心理生活，甚至没有人的心理。

人的心理之所以在实践活动中发生和发展，是因为实践活动是客观事物与主观反映联系的纽带。客观事物的发展总是不断地向个体提出发展的要求，而个体的主观反映要想和客观事物相适应，就必须通过不断地积极活动来实现。实践活动的不断发展和变化，又促使人的心理随着实践活动的发展变化而发展变化。在长期的社会实践活动中，人不断地运用大脑反映客观现实，使脑进一步发展，不仅反映内容不断深入，更加丰富，而且反映能力也不断提高。

人的心理不仅在实践活动中发生和发展，同时也在实践中体现出来。一个人的兴趣爱好、需要动机、信念与世界观、情绪和性格，是在他的各种实践活动中体现出来的。

知识链接 2-2

关于野生儿

1920 年，在印度的米德纳波尔小城东北部，牧师辛格博士在随猎人捕狼时，发现了一种奇怪的动物：形状像人，跟在狼后，四肢爬行的两只“小狼”。辛格夫妇为了弄清到底是什么动物，就请一些人到狼经常出没的山洞里，把大狼赶跑。结果，两个大狼在激烈的反抗后跑掉了，另一个大狼却出于恋子的本能，无论如何也不肯离开狼窝，猎人不得不打死了它。人们进入洞穴，发现这两个“小狼”原来是两个小女孩，大的七八岁，取名为卡玛拉；小的只有两岁，取名为阿玛拉，这就是有名的印度狼孩。

辛格夫妇把她们带到孤儿院，对她们进行教养和研究。一连几周，这两个小女孩仍保持着狼的行为，白天睡觉，夜晚嗥叫不止，爬着走路，用手抓取盆中的食物，吃生肉，裸体，给她们穿上的衣服被她们恼怒地撕烂。几个月后，阿玛拉死去。为此，卡玛拉几天不吃东西。但后来，卡玛拉则似乎显示了习惯新生活的迹象，并逐渐对其他孩子发生了兴趣，模仿他们的举动和游戏。从 1924 年起，她开始能讲一些话，学会了直立行走。又经过一番耐心的教育，卡玛拉掌握了一套勉强可以听懂的简单词汇，能够办一些简单的事情，如到鸡棚里去取鸡蛋，上村上去买些东西等。当大家正为其能脱离野兽的黑暗世界而高兴时，她却不幸死于疾病。这是 1929 年，约十七岁的卡玛拉仅仅学会了 45 个单词，会说一些简单的话，智力相当于四岁儿童的水平。

据统计，现在全世界已发现野生儿 40 余例。仅美国人类学家津格在他的一篇重要文章中，就列举了 35 个有科学记载的野生儿的情况，他把野生儿分为三种：

第一类，刚出生不久即被失去幼仔的动物叼去喂大的野生儿，如在立陶宛发现的熊孩、上述的印度狼孩，还有在猪、牛、豹中生活的野孩。

第二类，很小的时候因种种原因被人遗弃，或迷入荒原和森林，靠自己的力量生存下来的野生儿。其中最著名的是 1799 年在法国南部阿威龙地区发现的一个约十一二岁赤身裸体的野生儿。

第三类，被人野蛮地残忍地关闭起来，在极端恶劣和困难的环境中与人类社会隔离而勉强生存下来的野生儿。如巴登大公国的卡巴斯·豪瑟，出生后就被争夺王位的宫廷阴谋家当作人质扣押起来，开始由一个性格抑郁的女人收养，三四岁后被关进了一间黑暗狭窄的地下室，每天由一个男人给他送面包和水，偶尔教他说几句话。17 年后，由于他继承王位已不可能，从而失去了人质的意义，才被释放出来。这时他仅能说六个词和几句简单的拉丁语，目光呆滞，表情与智力都像一个婴儿。中国明朝的朱文圭也是这样，他一直被关押 50 年，放出来时如同白痴，牛马不辨。

科学家通过对野生儿的研究，发现他们的共同特征是：不会说话，感觉异常，情感贫乏，运动机能异常，没有人类吃食的习惯，智力迟钝落后。这充分说明，大脑虽是产生心理的器官，但社会生活环境才是形成人的心理的决定因素，脱离了人类社会生活，特别是幼年脱离了人类社会生活，就难以形成人的心理。即使让他们回到人类社会重受教育，他们获得人的意识的进程也较受正常教育的人缓慢得多，困难得多。

——选自董安君等的《大众心理趣谈》，河南教育出版社 1987 年版

人的心理是否正确地反映了客观现实，必须受到实践活动的检验。人的心理总是从实践

中来，到实践中去，并引起进一步的反映。

实践活动促进了人类心理的产生和发展，人的心理发展水平又影响着实践活动的质量，同时又使人们在现实生活中确定实践的方向。可见，人的心理对实践活动又有明显的反作用。

综合练习

一、概念解释

1. 心理现象 2. 反射 3. 条件反射 4. 兴奋 5. 抑制 6. 第一信号系统 7. 第二信号系统 8. 反馈

二、填空

1. ________是心理的器官，心理是________的机能。

2. 神经元与神经元相接触的部位叫________；神经元传导功能的实现是靠________来完成的。

3. 大脑皮层有________、________、________、________四个叶。

4. 大脑皮层神经活动的基本过程是________和________，其基本规律表现为________、________。

5. 反射有两种形式，即________和________。

6. ________是完成反射活动的神经装置。

7. 就整个大脑皮层来说，清醒时________占优势，睡眠时________占优势。

8. 用具体事物作为条件刺激所形成的条件反射系统叫作________信号系统；用语词作为条件刺激所形成的条件反射系统叫作________信号系统。

三、判断

1. 大脑是产生心理活动的物质基础，因而大脑可以单独产生心理活动。 （ ）

2. 感受器就是感觉器官。 （ ）

3. 大脑皮层的机能定位区是各负其责，互不相干的。 （ ）

4. 条件反射既是生理现象，又是心理现象。 （ ）

5. 大脑活动的基本方式是反射。 （ ）

6. 人的大脑两半球无论在结构还是功能上都是对称的。 （ ）

四、选择

1. 最早对条件反射进行研究的是________。

A. 谢切诺夫 B. 巴甫洛夫 C. 斯金纳 D. 华生

2. “谈虎色变”与“谈梅生津”都是________的表现形式。

A. 非条件反射 B. 第一信号系统 C. 第二信号系统 D. 条件反射

3. 动物没有，人所特有的是________。

A. 反映 B. 感受性 C. 心理 D. 意识

4. ________是人的心理活动的来源和内容。

A. 脑的机能 B. 主观映象 C. 个体发展 D. 客观现实

5. 据神经元所起的作用不同，可以把神经元分为________。

A. 传出神经元、运动神经元、中间神经元

B. 中间神经元、传入神经元、感觉神经元

C. 中间神经元、传入神经元、传出神经元

D. 中间神经元、联络神经元、感觉神经元

6. ________在情绪反应中占重要地位。

A. 中丘脑　　B. 上丘脑　　C. 下丘脑　　D. 丘脑

7. 高级神经活动的基本过程是________。

A. 扩散和集中　　B. 兴奋和抑制　　C. 相互诱导　　D. 生活方式

8. 实现反射的神经通路叫________。

A. 感受器　　B. 反射弧　　C. 中枢神经　　D. 效应器

五、问答和简述

1. 为什么说脑是心理的器官？

2. 两种信号系统的关系怎样？

3. 试述人的心理的实质。

4. 如何理解心理与实践活动的关系？

5. 为什么说心理是客观现实的主观映象？

第三章　需要与动机

本章学习指导

1. **识记**：需要及其种类、动机及其分类、内驱力和诱因。
2. **理解**：需要的意义、马斯洛的需要层次理论、动机形成的过程、叶克斯—多德森定律、影响动机形成的主要因素。
3. **应用**：① 根据需要层次理论解释人的心理活动和调动活动的积极性。② 应用动机激励理论探讨激发人的动机的具体方法。

需要与动机属个性心理中的个性倾向性系统。个性倾向性是人进行活动的动力系统，是个性结构中最活跃的因素。个性倾向性主要包括需要、动机、兴趣、理想、信念、价值观和世界观等，这些因素决定着人对现实的态度，决定着人对认识活动对象的趋向和选择。其中的需要和动机，是这些动力因素中最为活跃、最为有力和最基本的成分，它们对人的个性的其他结构，甚至对所有心理活动和行为都具有重要的影响作用。因此，学习与研究需要和动机，对于了解学生、引导其学习和发展，都有着重要意义。

第一节　需要及其理论

一、什么是需要

（一）需要的概念

需要是指有机体对生理上或心理上因缺乏某种刺激而呈现一种不平衡状态以及渴望达到新的平衡的体验。它是人和动物活动积极性的源泉，一旦产生便会有力地驱动个体活动，去获得需要的对象。

当有机体在生理或心理上出现对某些必需因素的缺乏或不足时，原来的生理或心理平衡就被打破，从而产生对某种物质或精神的需求。例如，体内缺乏食物或血糖不足会产生饥饿求食的需要；体内水分的缺失会产生口渴想喝水的需要；人对某些事物不了解会产生求知的需要；人缺乏友情、亲情或感觉孤独，则会产生社会交往、求取友谊和爱的需要。如果机体内部的不平衡或缺失状态被消除了，需要就得到满足，出现新的平衡状态。如果机体在生理或心理上出现新的不平衡或缺失状态，又会产生新的需要。

（二）需要的特征

需要是人和动物共有的生理和心理体验，但二者需要的对象和方式的特性有共同的一面，更有本质的差异。我们主要探讨人类需要的基本特征。一般来说,人的需要主要具有动力性、对象性、独特性和社会性等特征。

1. 动力性

动力性是指需要是促使人们从事活动的最根本的动力。人类为了生存和发展,必然会产生各种物质的或精神的需要。这些需要推动个体朝着一定的目标积极活动,以行动求得需要的满足。没有需要,也就没有个体的活动;需要越强烈、越迫切,由此引起的人们的活动就越有力、越积极。可见,需要是个体活动动力的源泉。

2. 对象性

对象性是指人的需要总是指向一定物质的或精神的对象。没有对象的需要是不存在的,任何需要都要指向能满足该需要的对象。例如,人们为了维持生命、延续种族,此类生理需要一定指向如食物、空气、水、衣物、性等具体物质或活动对象;人类社会为维持生存和发展,其社会需要的对象,体现在劳动、学习、人与人之间的交往及社会关系等方面。

3. 独特性

独特性是指每个人都有着与别人不同的需要系统。人与人之间的需要有共同的方面,但由于遗传因素和环境因素的不同,人们各自有着不同的、具有独特性的需要系统。也就是说,人与人之间的需要存在着个体差异。

4. 社会性

人类的需要具有较强的社会性,这是人类的需要与动物需要的根本区别。即使人类低级的生理需要,如对食物、性的需要,也会留下社会性的印迹。正如马克思所说:“饥饿总是饥饿,但是用刀叉吃熟肉来解除的饥饿不同于用手、指甲和牙齿啃生肉来解除的饥饿。”①社会性需要是人类所特有的。需要的社会性反过来对人具有制约作用,一个人的需要不能违背社会环境条件而“随心所欲”,需要的满足不仅要考虑到客观条件,还要顾及社会道德规范和他人的需要。所以,人要有意识地调节自己的需要,合理地提出和满足需要。

二、需要的分类

(一) 按需要的起源不同,可以把需要分为生理性需要和社会性需要

1. 生理性需要

生理性需要是与维持个体生命和延续种族相联系的本能需要,如呼吸、饥渴、睡眠、排泄、安全、性要求等。这些需要是人与动物共有的,只不过人类满足生理需要的对象和方式受人的社会生活条件、文化习俗以及个人特点的影响。比如性的需要,人类的性需求和性行为表现受意识支配,受社会道德规范、习俗背景的影响。

2. 社会性需要

社会性需要是后天习得的,与人的社会生活相联系的需要,如对学习、人际交往、成就、劳动、尊重、美感等的需要。这种需要为人类独有,带有社会意义。社会性需要是人后天习得的,源于人类的社会生活。社会性需要也是个人生活所必需的,如果人的这类需要不能得到满足,就会产生痛苦、焦虑等不良情绪,影响身心健康。

---

① 马克思,恩格斯:《马克思恩格斯全集》(第12卷),人民出版社,1962年版,第742页。

（二）按需要对象的性质差异，可以把需要分为物质需要和精神需要

1. 物质需要

物质需要是指人对衣、食、住等有关物质产品的需要。在人的物质需要中，既有生理性的物质需要内容，又包含社会性的需要内容。比如，在人们对衣服的需要中，既有满足御寒保暖的生理性需要，也有满足蔽体自尊、装饰美化、彰显个性等社会性需要。

2. 精神需要

精神需要是指人对社会精神生活及其产品的需要，如对知识的需要、交往的需要、道德的需要、审美娱乐的需要、创造的需要等。它是人类所特有的需要，体现了人对智力、道德、审美、创造等发展条件的追求。随着社会生产力的提高和社会文明的进步，人类的精神需要不断丰富和提升。

三、需要的理论

（一）马斯洛的需要层次理论

美国心理学家马斯洛提出颇有影响的需要层次理论。他认为，人的基本需要是按优势出现的先后或力量的强弱排列成等级的，即所谓需要层次。这些需要由低级层次向高级层次排列（如图 3-1）。最初他把需要分为五个层次，由低级到高级依次为生理的需要、安全的需要、归属与爱的需要、尊重的需要和自我实现的需要。这些需要由低层次排向高层次，意即人的需要由低级向高级发展；层次越低的需要强度越大，人们须优先满足较低层次的需要，再依次满足较高层次的需要。

依照力量的强弱和先后出现的次序，五种需要的具体含义如下：

1. 生理的需要

生理需要是指维持个体生存和种族延续的需要，是最低层次的需要，如人对于食物、水、空气、睡眠、性等的需要。

2. 安全的需要

安全需要是指人对稳定的秩序、安全的环境、避免伤害和威胁的需要，表示人们要求得到人身、劳动、生活、环境的保障，即希望稳定、安全、有秩序，在平稳、安宁中生活。

3. 归属与爱的需要

归属与爱的需要是指人希望与别人交往，并与他人建立依附或亲密关系的需要。如学生希望与同学交往，建立友谊，被团体接纳，希望得到同学、教师和父母爱的情感等。如果生理需要和安全需要都较好地得到了满足，归属与爱的需要就会产生。

图 3-1 马斯洛需要层次模式

4. 尊重的需要

尊重的需要是指人追求体现个人尊严和价值的需要，包括他人尊重、自我尊重和尊重他人的需要。例如希望有名誉和地位，受到重视、赞赏和肯定评价；渴望取得成就，有信心，胜任工作，有能力，要求自主和自由等。这些需要如果得不到满足，就会使人自卑，产生无能感、软弱感和自我无用感。

5. 自我实现的需要

自我实现的需要是指人希望自己的潜能最大限度地发挥和实现,取得最优成绩的需要。例如科学家潜心科研,亿万富豪的悉心经营,学生对知识的认真学习,每个人都想发挥自己的最大才能,做到尽善尽美,这些都是自我实现需要的体现。这种需要的满足,即自己潜能、才干最大限度地得到发挥,能够使人感到极大的快乐。

马斯洛认为,人类的基本需要是相互联系、相互依赖和彼此重叠的,它们的产生由低层次向高层次发展是呈波浪式推进的(见图 3-2)。只有低层次需要得到基本满足后,才会出现高一级的需要;或者说低层次需要尚未完全满足,高一级需要就产生了。只有所有基本需要相继得到满足,才会出现自我实现的需要。层次较高的需要发展后,层次较低的需要并没有消失,但它对行为的影响则减弱了。而最占优势的需要支配着人的意识和行为。

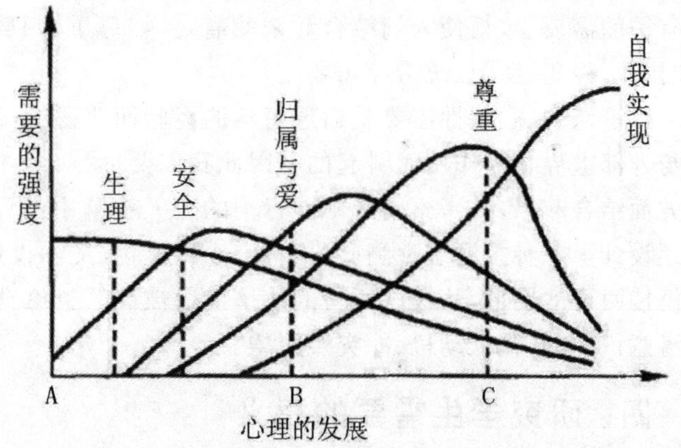

图 3-2 五种需要的渐进变化

马斯洛关于需要的层次理论,有科学的一面,也有不尽合理之处。马斯洛认为人类的基本需要必先得到满足,然后才会追求较高层次的需要,这就把低层次需要与高层次需要割裂开来。再者,需要层次理论没有说明需要与实践的辩证关系,特别是没有在最高层次中强调人类为实现理想而献身的需要。他自己也承认:“我们并不充分了解殉道者、英雄、爱国者、无私的人的动机。”①尽管如此,马斯洛系统地探讨了需要的实质、结构和发生发展的规律,指出人的需要是从低级向高级不断发展的,则是有重要意义的。教育实践证明,一个饥饿、不安全、得不到爱、缺乏自信心的学生是不可能积极而有效地学习的;一个问题学生一旦得到师生的尊重和爱,解除了受歧视、焦虑和孤独的情绪,是可以激发上进动机的。

(二) 阿尔德夫的需要理论

心理学家阿尔德夫关于需要的理论,在一定程度上修正、完善了马斯洛的需要层次理论。他认为,人的基本需要可以分为三类:(1) 生存需要,是人对生存必需的物质生活条件的需求,这是最基本的需要;(2) 关系需要,是保持人与人之间关系的需要;(3) 成长需要,是人要求自身发展的内在愿望。

阿尔德夫认为,人类的三种需要并不完全是与生俱来的,有的需要是通过后天的学习产生的。他指出,低级需要的满足,会增强对高级需要的追求;高级需要的缺乏,会增强对低级需要的追求。他认为人类的需要不一定按严格顺序由低级向高级发展,可以越级,也可以倒退。三种需要虽有高低级之分,但并没有明显的界限,它们是一个连续体,而不是简单的层级结构。他对需要的这些认识,都与马斯洛的观点有所不同。

① 马斯洛著,许今声等译:《动机与人格》,华夏出版社,1987 年版,第 347 页。

（三）默里的需要理论

西方的需要研究中，默里的需要理论也颇有影响。默里把需要分为两大类：(1) 第一需要，也称生理性需要，包括对食物、水、排泄、性、避免伤害等几种需要。(2) 第二需要，又称心因性需要，其中包括两小类：一类是与学习任务有关的需要（如条理、构造、守恒、获得等需要）和影响学生操作水平的一些需要（如成就、优于他人、避免失败等需要）；另一类则是与人际关系有关的需要，包括使人们结合起来的需要（如尊重、归属、援助等需要）及使人们分裂的需要（如排斥、侵犯、防卫、统治等需要）。

默里认为，心因性需要是通过童年的经验而获得的，不同人的不同行为是由个人的内部活动与外部世界相互作用而引起的。因此我们要把一个人的内部需要和外部世界的推动力这两个方面结合起来，并考察引起不同行为的个人头脑中的原因。为了测量人的各种需要、愿望，他还设计了一种主题统觉测验，简称 TAT 测验，又称投射测验。具体而言就是，让被试看一种模棱两可的图形，从被试所写的故事投射被试的想象、思想和需要，从而分析、判断人意识中或潜意识中的需要、动机、冲突及愿望。

四、研究学生需要的意义

（一）有关学生需要的研究

1. 中小学生需要的研究

杨丽珠等人曾研究中小学生的需要。[①] 该项研究表明，在对我国中小学生 1080 人（包括小学生、普通中学生和城市重点高中生，男女生各半）调查后，发现其需要结构的发展是多维度、多层次的统一体，它包含 28 种需要，分为 7 类，每类又有 4 个层次（表 3-1）。

表 3-1 我国中小学生需要的种类和层次

需要的种类	需要的层次
生理和物质生活需要	1. 水、空气、阳光、食物、睡眠等 2. 吃得好一些，穿得好一些 3. 家庭的现代化 4. 安静的学习环境
安全与保障需要	1. 身体健康，体魄强壮 2. 人身安全，不受欺负 3. 生活安定，和平幸福 4. 升入理想学校或有个好工作
交往和友谊需要	1. 父母和老师的爱 2. 同学之间团结友爱 3. 结交诚实、正直的朋友 4. 异性朋友的爱

① 杨丽珠：《中国儿童青少年心理发展与教育》，载于韩进之主编的《中国儿童青少年个性倾向性发展与教育》，中国卓越出版公司，1990 年版，第 416～418 页。

续表 3-1

需要的种类	需要的层次
尊重与自尊需要	1. 平等与公平 2. 信任与理解 3. 尊重与自信 4. 独立与自主
课外活动与精神生活需要	1. 玩小动物，做游戏 2. 课外读物 3. 文体活动 4. 艺术欣赏，文学评论
学习与成才需要	1. 新铅笔，新书包 2. 好老师，好课本，学好功课 3. 丰富知识，多方面的能力，优秀品质 4. 革命理想，正确的人生观
奉献与创造需要	1. 为他人做好事 2. 搞小科研，搞小发明 3. 关心国家大事，尽职尽责 4. 拼搏，干一番大事业

2. 大学生需要的研究

我国学者黄希庭等人采用问卷的方式，调查研究了我国大学生的需要。① 他们对北京大学、西北大学等 7 所高校的几百名本科生进行调查。结果表明，大学生的需要是多种多样的，可把基本需要归纳成 18 种、6 大类。大学生的 6 类需要按其相对强度，由强到弱依次为：(1) 发展需要；(2) 尊重需要；(3) 交往需要；(4) 贡献需要；(5) 安全需要；(6) 生理需要。这说明我国绝大多数大学生的基本需要是积极的、健康的。

（二）研究学生需要的教育意义

需要在人的心理生活中具有极其重要的作用，它是个性动力结构的重要成分，对心理和行为的产生、发展具有内部动力作用。因此，作为教育工作者必须经常分析研究学生的各种需要，才能摸清他们的心理需求，从而预测他们的思想动向，引导他们的行为。满足学生的各种合理的需要，是激励他们上进的基本手段。例如，学生的求知欲，是他们学习生活中最主要的认知倾向和探究的需要，强烈的求知欲是学生学习的动力，教师要善于保护、激发学生的求知欲，以提高学生学习的积极性。又比如，后进学生有着强烈地得到老师和集体的信任、尊重和关怀的心理需要，满足了他们的这种需要，就可以使他们获得进步的动力。因此，教师对后进学生要采取正面教育，发现其长处和进步，多表扬，多鼓励，以提高他们的上进心。

① 黄希庭，徐凤姝：《大学生心理学》，上海人民出版社，1988 年版，第 124、125、129 页。

第二节　动机及其规律

一、什么是动机

（一）动机的概念

所谓动机，是指激发、维持和调节人们从事某种活动，并引导活动指向一定目标的内部动力。人们的各种行为和活动都是由动机引起的。但是，动机是一种内部的心理过程，无法直接被观察到，我们可以从观察人的表面行为来推测背后的动机。例如，你为什么学习心理学这本书，可能是由于好奇，这种好奇就成为读这本书的动机；也可能是你感觉到教师这个职业要了解学生，要研究心理学，这也是读这本书的一种动机。可见，人的行为背后都是由某种动机支配着的。因此，透过行为现象探讨人动机的实质，了解动机的形成过程，特别是研究在学校情景下学生的动机，如学习动机和道德行为动机等，还有这些动机对他们学习活动、道德行为的作用及影响，是非常必要和有意义的。

（二）动机与需要

动机是以需要为基础的，即动机是由需要转化而来的。动机是需要动力作用的直接体现，也就是说，需要对人活动的动力作用要通过动机来体现出来。但动机与需要也有差异。当需要只是被模糊地意识到，或即使被明确地意识到并想实现它，却未付诸实际行动，那么它还不能成为活动的动机。就是说，处于静态的需要，还不是动机。只有当需要激起人进行活动，并维持这种活动时，需要才成为活动的动机。

（三）动机与内驱力、诱因

在动机结构中，包含内驱力、诱因两个基本因素。它们在动机形成过程中分别起着内因和外因的作用。

内驱力是指在需要的基础上产生的一种内部推动力。人会产生各种需要，当需要没有得到满足时，就会产生内驱力，内驱力激发人的活动行为，导致需要的满足。例如，当饥饿、求食的需要出现时，内驱力会驱使人表现出求食行为以满足这种生理需要，随着对食物需求的满足，内驱力降低或消失，求食行为也就停止了。就是说，需要是内驱力的基础，内驱力是由需要而产生的。从对动机的作用看，需要与内驱力是同义的。

诱因是指能满足人需要的物体、情境或活动，是人趋向或回避的目标。内驱力是使人活动的内部动力，但若缺乏明确目标或刺激物，动机依然不能形成。外部刺激或目标的出现则是引起动机的外部原因。例如，购买新衣服的需要并不太强烈的人，看到商场里陈列的样式新颖的衣服，就可能产生强烈的购买动机。人满足需要的诱因可能会因个体经验的不同而不同。例如，同样为满足自尊的需要，有的学生通过取得良好的学习成绩来获得同学的尊重，有的则通过讲究穿着打扮来吸引同学的关注。诱因按其性质可以分为两类：一是正诱因，是指引起人趋向或获得它而满足需要的刺激物。例如，学生被同学群体尊重、赞赏和接纳，使其归属和尊重的需要得到满足，这里同学群体的反应就是一种正诱因。二是负诱因，是指使人因逃避或回避而满足需要的刺激物。例如，如果一个学生在班里经常受到排斥、歧视，甚至受到欺负，使他的自尊心受到伤害，他可能会选择回避或逃离教室。在这里，班级群体的人或情境就成了负诱因。

（四）动机产生的过程

动机的产生受需要（内驱力）和诱因内外两种因素的共同影响。个体内在的某种需要或内驱力是动机形成的根本原因，而外在环境的诱因，则引导个体趋向于特定的需要对象或目标。

1. 需要是动机产生的内部条件

人的动机的形成是以需要为基础的。当人们感到生理上或心理上存在着某种缺失时，就会产生需要，进而产生想要满足的内驱力。在外界环境中出现能满足需要的对象的情况下，动机就有可能产生。例如，一个想了解某方面知识的人，如果在书店发现了有关书籍，这时他想获得相关知识的需要，就可能会转化为购买书籍的动机。

但并不是所有的需要都会转化为动机，需要的强度也会影响动机的形成。只有需要达到一定强度后，才会转化为相应的动机。当需要的强度较弱，只能被模糊地意识到时，这种需要称为意向。这时人虽然意识到一定的活动方向，但却不明确活动所依据的具体需要和以什么方式来满足需要。这种意向式的需要难以推动人们活动，进而形成活动的动机。当需要达到被人明确意识到，并想实现的强度时，这种需要叫愿望。如果愿望仅停留在头脑中，不把它付诸实际行动，那么这种需要还不能成为活动的动机。因此，处于静态的需要，还不是动机。只有当愿望或需要激起人进行活动并维持这种活动时，需要才可能成为活动的动机。因为在这里，还要求有外部刺激物，即诱因的作用。

2. 诱因是动机产生的外在条件

诱因作为能满足人需要的外部刺激物，它能使人们的需要指向具体的目标或对象，从而激发人的活动。例如，一个担心就业或再发展困难的大学生，生存需要或成就需要促使他产生“考研”的愿望，这种内驱力只有当有关“考研”的信息越来越明晰或迫近（如升入大四、学校和社会对考研的宣传与动员、熟悉的高年级同学考研成功等等）时，这个大学生的考研愿望，才开始转化为动机。这里的“考研”信息就是诱因，成为他的动机形成的外部条件。只有当需要（内驱力）达到一定强度，在诱因的作用下引发并维持人的活动时，动机才完成它的形成过程。

二、动机的分类

（一）根据动机的起源，把动机分为生理性动机和社会性动机

1. 生理性动机

生理性动机是指由个体的生理需要所驱动而产生的动机。如饥渴、睡眠、排泄、性欲、避免伤害和母性等，都是保证机体生存和种族繁衍的最基本的生理性动机。它们以个体的生理需要为基础，是维持机体的生存和发展不可或缺的条件。例如，心理学家们曾做过一个动物实验，来验证不同驱力（动机）的相对强度，结果发现母性在动物母亲身上有着很高的强度水平。而在人类身上，许多生理性动机都受到社会文化、行为规范的影响和约束，留下社会化的印记。

2. 社会性动机

社会性动机是指人受社会性需要所驱动而形成的动机，如劳动或工作动机、交往动机、成

就动机等。社会性动机是人类所特有的。人们为得到社会的认同,同时也为满足自己的社会文化需要,就会产生各种社会性动机。社会性动机推动人们从事社会活动、参与社会交往,在社会团体中获得认可、地位和成就感。如果人的这种高级需要长期得不到满足,就可能导致心理适应不良,甚至出现心理问题。例如,交往动机长期得不到满足,会使人孤独、缺乏社会支持,致使人出现社交焦虑、自我封闭等心理障碍。可见,满足人的各种社会性动机,有着十分重要的意义,我们有必要对几种重要的社会性动机作具体分析和认识。

知识链接 3-1

成就动机

成就动机是人的一种尽力解决问题,力求取得成功的动机。对于学生而言,努力学习,争取学业成功,取得优异成就,就是一种重要的成就动机。成就动机是人克服困难取得成功的内部驱动力。一个人对自己认为重要的、有价值的事情,便会产生努力完成的动机。一旦动机形成,就会促进个人克服困难,尽力实现目标。因此,成就动机是一个人取得优异的工作或学业成绩的不可缺少的条件。

一般认为,在个体成就动机的追求成功倾向和回避失败倾向的两种成分中,成就动机强度大的人,即高成就动机者,喜欢选择富有挑战性的任务,其追求成功的倾向大于回避失败的倾向;而低成就动机者则相反,他们总是害怕挑战性任务,害怕失败,放弃追求成功的机会。高成就动机者具体有以下特征:① 具有坚定的意志和信念。高成就动机的人行为目标明确,对自己认为有价值的事情会持之以恒,坚持不懈做到底,始终抱着成功的期望。② 具有挑战性与创造性。高成就动机者具有创新精神,喜欢探新求异,喜欢富有挑战性的任务,并全力以赴获得成功。③ 正确的归因方式。高成就动机者常把以往的成功归因于能力与努力,而把失败归因于缺乏努力这种可控的内在因素上。这种归因方式会使他们以后更加努力,不断进取。而低成就动机的人则会把失败归因于缺乏能力这种不可控的、不可变的内在因素上,把成功归因于如运气好等偶然性的外在因素上。这种归因会使他们安于现状,消极被动,过于自责,不思进取。

(二) 根据引起动机的原因,把动机分为内在动机和外在动机

1. 内在动机

内在动机是指活动动机出自于本人,是由内部因素引起的动机,所从事的活动本身就能使人的需要得到满足。例如,有的人热心参与人际交往,是因为喜欢与人相处,合群需要强烈;有的人对工作认真负责,事业上积极进取,是因为他渴望取得成就,工作上责任心、上进心较强;有的大学生学习刻苦,是因为对所学知识有着强烈的兴趣、求知欲和好奇心。这些方面的交往动机、成就动机及学习动机,都属于内在动机。内在动机所推动的活动其目标为活动自身,人的需要和动机满足于活动的过程之中,如对学习内容感兴趣而表现出的求知欲,在学习过程中得到满足,"乐在其中"。相对外在动机来说,内在动机较为稳定,会随着目标的实现而增强。如上述学习动机,会随着学习成绩的提高、求知欲和兴趣的满足而进一步增强,学习积极性进一步提高。

知识链接 3-2

交往动机

交往动机是指人愿意与他人接近、合作、互惠并发展友谊的内在动机。一般来说，人都具有或强或弱的交往动机，都希望与人交往、交流，愿意归属于某一团体，希望得到别人的关心、友谊、支持、合作和赞赏。

交往动机是以交往需要为基础的。这种动机会促使人们结交朋友，寻找支持，参与某一团体的活动。当这种交往动机促使人们满足交往需要时，就会感到安全，有依靠和归属感；相反，如果得不到满足，就会因此而感到孤独、寂寞、无助、痛苦和焦虑。

关于交往动机产生的原因，有学者认为，人们之所以要跟他人交往，保持与他人的亲密关系，有以下几个原因：① 归属。归属是指人们总是希望被集体接纳，愿意被正式或非正式的团体把自己看作"自己人"等。当人们归属到这些团体中去时，人就会获得依靠和支持，具有安全感和归属感。② 情谊。情感因素也是人们喜欢与他人交往的重要原因。这种伙伴情谊表现为同学友情、同事情义、邻里情谊、亲属亲情和夫妻情感等多种形式。这种以情感因素为取向的交往，具有少功利性、亲密性、较持久的特点。情谊是人们工作、生活中不可缺少的心理需要，成为促使人们交往的重要动机。③ 合作。合作是人为了共同的目标而协同活动，相互配合以实现同一目标的行为或意向。合作具有相互帮助、相互鼓励和相互支持等三种心理上的意义。合作是人类一种普遍的社会现象，也是人类生存和发展的重要条件。在人类的社会生活中，一个人的生存是离不开与他人合作的，人不可能绝对地与世隔绝地生活，因此，合作成功必然成为人类基本的社会生存动机。

2. 外在动机

外在动机是指由外部因素引发的动机。它追求的是活动之外的某种目标。例如，有的人热衷于社会交往，是以联络人情关系、办私事方便为目的；有的人工作积极，是为了引起领导重视或多拿奖金；有的学生学习努力，只是为了得到教师的表扬和奖励，或者避免受到批评和惩罚。这些方面表现出来的动机则属于外在动机。外在动机所推动的活动其目标在于活动的结果和意义，活动只是达到目标的手段，如努力学习只是为了超过别人。因此，相比较而言，外在动机则较不稳定，往往会因目的的实现而减弱。例如上述学习动机，可能会随着表扬、奖励的获得，或对批评、惩罚的避免而减弱或消失。

需要说明的是，在一定条件下，外在动机可以转化为内在动机。人的许多社会性动机就是通过外在动机转化而来的。

（三）根据动机持续作用的时间，把动机分为长远动机和短暂动机

1. 长远动机

长远动机是与远期目标相联系，持续作用时间久的动机。例如，一位大学生想成为优秀教师，为国家的教育事业做贡献，这个动机促使他数年如一日、孜孜不倦地学习科学知识。这种动机就是长远动机。长远动机是稳固而持久的动机，维持人的活动持久而稳定，也具有概括性，影响范围较广，可以对人的许多活动产生推动作用。

知识链接 3-3

我国学生的学习动机

根据国内学者通过对我国学生学习动机的实证研究，将学习动机分为学习兴趣、学习能力感、外部目的和知识价值观四类。① 学习兴趣，是指学习者对所学内容和从事某种活动感到有乐趣，如学生感到动脑思考学习中的问题有一种说不出的乐趣。② 学习能力感，是指学习者对自身学习能力的认知，如学生感到自己在作业上不吃力。③ 外部目的，是指学习者学习是为了获得他人的尊敬、称赞等学习以外的目标，如努力学习是为了让同学看得起自己。④ 知识价值观，是指学习者对所学知识价值的认知，如学生觉得学习的知识很有价值，能使自己的能力得到充分的发展。这种分类与内在动机和外在动机的区分是一致的，学习兴趣和学习能力感属于内在动机，外部目的和知识价值观属于外在动机。

——选自周国韬的《初中生学业成就动机量表的编制》，心理科学，1993(6)

2. 短暂动机

短暂动机是与近期目标相联系，持续作用时间短暂的动机。例如，如果一个学生临近期末刻苦复习，仅仅是为了考试得高分，获得奖学金，这种动机则属于短暂动机。它较为具体、短暂，对人活动的影响不是那么持久和稳固，但有时这些具体的动机对人活动的推动力量也是不小的。

应当说明，长远动机与短暂动机的划分只是相对的。一种动机与这种动机相比较是长远动机，与那种动机相比则可能是短暂动机。

（四）根据各种动机所起的作用，把动机分为主导动机和辅助动机

1. 主导动机

主导动机是指在推动人活动的众多动机中对个体行为影响最大，起支配作用的动机。影响人活动积极性的动机可能同时存在多个，但其中可能只有一个或少数动机起主要作用。例如，同样是大学生，有的学生学习主要是为了赢得同学的尊重，有的学生学习主要是为了满足自己的兴趣和求知欲，而另一些学生的动机可能主要是为了就业。说明不同的个体，促进其活动的主导动机存在着差异。另外，在人成长过程的不同时期，个体活动的主导动机也是不断变化和发展的。例如，同是学习活动，刚入学的小学生，其主导动机可能是“当个小学生”，获得一种学生角色地位；以后其学习的主导动机可能是“争当三好学生”，在群体中获得一种受尊敬的优势地位。据苏联心理学家包若维奇等人的研究表明，与学习活动本身、过程和内容相联系的动机，在一年级小学生中只占第三位，而在三年级小学生中甚至只占第五位。[①]

2. 辅助动机

辅助动机是指处于相对次要地位、强度较弱、只起辅助作用的动机。例如，一个学生刻苦学习，其主导动机是取得优异成绩服务社会，但同时也可能会有报答父母、获得师生赞赏和拥戴、满足学习兴趣等多种动机共同作用，那么，后面这些动机则属于辅助动机。主导动机固然重要，对个体行为起决定作用，但辅助动机对人的活动同样起积极的推动作用。

另外，还可以根据动机的社会意义，把动机分为高尚的动机和卑下的动机；根据动机能否

---

① 黄希庭：《心理学导论》，人民教育出版社，1991 年版，第 197 页。

被意识到，把动机分为意识到的动机和未被意识的动机。

三、动机与活动

（一）动机对活动的作用

人的任何活动都是由一定的动机引起的，动机是活动的动力，并维持活动指向人需要的目标。动机对活动的作用具体表现为以下三种功能：

1. 对活动的激发功能

对活动的激发功能是指动机能激活或引发人进行某种活动，调动个体活动的积极性。例如，一个学生看到别人有自己需要的书，就会产生尽快阅读或占有它的动机，在这种动机的作用下，他就会设法得到它，或向他人借阅，或到书店去买。这里“借”或“买”的活动，就是在求知动机的激发和推动下进行的。只有产生某种动机，才能唤起人的某一行为或活动。

2. 对活动目标的指向功能

对活动目标的指向功能是指动机使人们的活动向需要的对象或目标进行。例如，在交往动机的支配下，人们会找某个人交往；一个人有了想买衣服的动机，他就会到商店购买衣服，其活动就指向衣物这一目标。

3. 对活动的维持和调节功能

动机既激发人的活动，对活动进行稳固和一定时间的维持，又可对活动的方向做出调整。动机既促进人的活动指向所追求的目标，又会促使动机强度进一步增强。如果活动偏离了追求的目标，动机则会调整或纠正活动的方向，使之回到原目标上来，使下降的动机水平回复到原来的强度水平。因此，有人把人的动机比喻为汽车的发动机和方向盘，以此说明动机概念的核心就是动力和方向，是有一定道理的。

（二）动机与活动的效率

人的动机强度会影响活动的效率。具体来说，动机的强度与活动效率有时成正比，超过一定的强度则成反比。有的学者研究认为，动机水平与活动效率的关系，可以描绘成一个倒“U”字形曲线（见图 3-3）。图 3-3 表明，动机过弱，水平过低，不利于提高活动效率；而动机过强，水平过高，则会造成活动效率的降低。例如，学生在考试复习中，如果对考试结果持无所谓的态度，学习动机很低，那么他的学习效率一定很低，学习效果必然差。如果另一个学生一心想考出好成绩，由于过度紧张，心理压力过大，可能会使学习效率下降，甚至在考场上不能发挥应有的水平。这就是因为学习中动机过强，反而降低了学习效率。因此，为了使学习或其他活动富有成效，就应避免动机强度过低或过高，使动机保持在中等水平是最理想的。只有中等强度的动机水平，才有利于保持活动的较高效率。

另外，动机强度与活动效率的关系，还受活动任务难易的影响。在简单容易的活动中，工作或学习的效率随动机水平的提高而上升；而在比较复杂困难的活动中，人的活动效率会随着动机强度的加大而降低（见图 3-4）。这种随着任务难度的增加，动机最佳水平有逐渐下降趋势的现象，称为叶克斯—多德森定律。

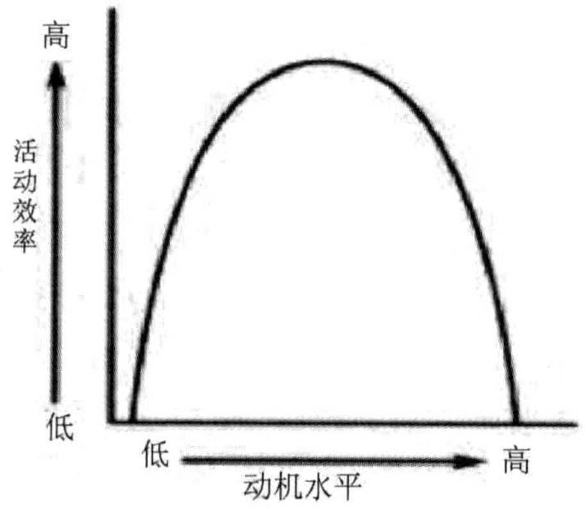

图 3-3 动机水平与活动效率的关系

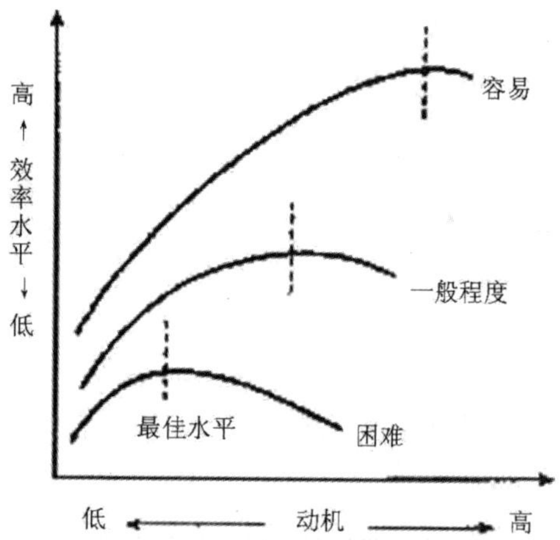

图 3-4 动机强度、活动难度与效率的关系

（三）影响活动动机的因素

动机是推动个体活动的直接动力，人的需要、价值观、兴趣、信念和理想等都要转化为动机后，才能对活动产生动力作用。因此，它们和情绪、认知等都成为影响动机形成的重要因素。

1. 价值观

价值观是人们评价事物重要性的标准，并指导自己行为的观念系统。价值观从整体上调控着人们对事物价值的评价，使人认为某种事物或活动对自己是否重要、有意义、有价值。例如，如果一个学生认为衣服的价值在于象征身份、地位，彰显个性，那么他可能觉得花大价钱购买名牌时装是最重要、最有意义的；如果另一个学生认为穿着打扮不重要，具有真才实学才最有意义，那么他可能会省下钱来买教科书。可见，不同价值观的人，在要什么、应该做什么和选择什么等方面有着很大的差异。

价值观是在需要的基础上形成的，是人需要系统的反映。当需要为人所意识到时，就成为一定的观念系统，亦即价值观。例如，青年学生由于生存需要，或者尊重需要、求知需要，认识到学习知识的重要性，就会形成“知识具有重要价值”的价值观。但是，不同的人需要不同，价值观也不尽相同。例如，以生存需要为基础的价值观，会认为“知识就是饭碗”；以尊重需要为基础的价值观，会把知识、成绩等价于“面子”；还有人会形成“书中自有黄金屋，书中自有颜如玉”的知识价值观。

价值观为个体自认为正当的行为活动提供充分的理由，是浸透于整个个性系统支配着人的行为、态度、信念、理想的观念性价值尺度。人们根据这种内心的价值尺度，判断某种事物或活动对自己是否重要、有意义，亦即是否具有价值。一旦认为它是重要的、有意义的，就会引发个体的行为动机，促使人完成活动，实现目的，满足需要。例如，在现代社会，人们认识到“良心”、道德仍然是非常重要的、不可缺少的，那么他们就会摒弃那种“良心值多少钱一斤”的价值观，弘扬高尚的道德价值观，促使自己“做好人”、“做好事”。

2. 兴趣

兴趣是人力求认识某种事物或某项活动的心理倾向，是个体认识需要的心理表现。兴趣使人对某些事物或活动优先给予注意，并带有积极的情绪色彩。例如，对文学感兴趣的人，总是首先注意有关文学如小说、散文或诗歌等作品和报道，他的认识活动优先指向与文学有关的事物，并且总是以积极情绪去探究、领会和掌握它。这种“快乐地认识”的心理倾向，就是兴趣。兴趣是认识事物和从事活动的巨大动力，是推动人们去寻求知识和从事活动的动机因素。

兴趣是在需要，特别是在认知需要的基础上形成和发展的。认知需要的对象也就是兴趣的对象。正是由于人们对某种事物产生了探究认识的需要，才会对这个事物产生兴趣，渴望了解、领会和掌握它是什么和为什么。许多心理学家指出了需要与兴趣的密切关系。例如，心理学家皮亚杰指出：“兴趣，实际上就是需要的延伸，它表现出对象与需要之间的关系，因为我们之所以对一个对象发生兴趣，是由于它能满足我们的需要。”①一旦人们对某种需要的对象产生认识兴趣，就会以愉快、热情的积极情绪去探究、理解它，表现出富有动力的求知动机。例如，一位对自己所学专业感兴趣的大学生，即使遇到学习困难，也不会减弱学习劲头，他会津津有味、乐此不疲地学习，因为感兴趣的学习不再是“刻苦”的，而是“学习并快乐着”。

3. 信念和理想

信念是坚信某种观点的正确性，并支配自己行动的意识倾向。例如，人们对于像“好心有好报”、“正义必胜”、“世上无难事，只要肯登攀”、“中国一定会实现伟大复兴”等观念的坚定确信，就是人们的一些信念。它表现为个体确信某种理论、观点或某项活动的正确性和正义性，对它抱有确信无疑的态度，并且力求加以实现。信念指引着人的思想和行为，为人的愿望、兴趣、态度和行为提供充分的理由，是一种被意识到的具有理论性的价值取向。信念是人的动机系统的重要组成部分，它给人的行为动机以巨大的力量。例如，一个学生如果坚信“书山有路勤为径”，那么这种信念就会促使他在学习中勤奋努力，积极进取。

理想是个体对未来有可能实现的奋斗目标的向往和追求。例如，青少年学生希望将来成为科学家、影视明星、英雄模范等等，就是个人理想。理想中的奋斗目标是人积极向往和追求的对象，它体现着个人的愿望，指向未来，并且因符合客观规律而有很大的实现可能性。理想是个人动机系统的一部分，一旦形成，就成为鼓舞人们奋斗的巨大动力。例如，一个师范生如果树立了将来一定成为一名优秀教师的理想，就会激发他向着这个目标和方向努力，成为他刻苦学习、砥砺自己的力量源泉。

4. 情绪和情感

情绪和情感是人对需要是否满足而产生的愉快或不愉快的体验。如果需要得到满足，人就会出现快乐、满意、高兴等积极情绪，这种情绪又会大大提高人活动的积极性，从而增强人的活动动机。如果需要得不到满足或需要的满足一再受到阻碍，就会产生忧伤、焦虑、失望、愤怒等消极情绪。这些消极情绪会抑制人活动的积极性，即降低活动动机。例如，一个希望与同学密切交往、建立友好关系，以满足其交往需要的学生，如果受到大家的欢迎，建立了良好的人际关系，其交往需要得到满足，产生愉快的情绪，从而会进一步促使他与同学交往，关心他人，积极参加集体活动。相反，如果他经过努力仍不能获得其他同学的友情、尊重和信任，则会感到失望、忧伤或愤怒，从而降低与人交往、参与集体活动的动力和积极性。

5. 认知

人们在做事之前，通常会对这项活动对自己的价值或意义、成功的可能性等作一番主观估计，对这些问题的评估、认知会直接影响他的动机。因此，认知是影响人活动的重要因素。心理学在这方面作了大量的研究。

阿特金森认为，诱因能否引起人的行为动机，关键在于人对行为的价值和成功的概率的估

① 皮亚杰著，傅统先译：《儿童的心理发展》，山东教育出版社，1982 年版，第 55 页。

计。他认为，行为动机是人对行为价值的估计与对成功概率的估计二者的乘积。也就是说，这两种主观估计越高，其动机强度就越大。例如，一位高中生对学习、考大学的积极性大不大，要看他认为上大学重要与否，以及对考大学成功概率的估计高低；这要求两项值都要高，才能引发较强的学习动机。即便他认为考大学对自己的前途非常重要，但若认为自己能力不足，考上的可能性不大，则其学习和考学的决心、动机仍然很低。

韦纳认为，人的期望大小与他对成败的归因有关。每个人都力求解释自己的行为，分析行为结果的原因。这种认知活动就是归因。人对成败的归因直接影响行为动机的强度。例如，一位学生如果把学习的好坏归因于努力程度、方法等内部的、可控的因素，则会增强学习动机；如果把学习的成败归因于运气、问题难度等外部的或不可控的因素，则会降低他以后的学习积极性。

（四）动机与学习活动

动机可以促进人的活动，这一点已被大量研究和事实所证实。在学校情景中，学生的学习尤其是这样。动机对学习活动的促进作用，表现在决定学习者的学习方向、加强学生的努力程度等方面。首先，学习动机使学习者具有明确的学习目标，知道自己为什么而学习，朝着哪个方向努力；其次，动机促使学习者激起并维持学习行为，持之以恒地寻求有关的信息或知识。很多研究结果都表明，动机水平高的学生能够在长时间的学习中保持积极的学习态度，具有坚持把学习任务最后完成的毅力。有些学生之所以学习成绩不好，其原因可能在于学习动机低下，在学习中不能克服困难、保持注意力和主动学习。

由此可见，对教师和家长来说，必须了解学生的学习和活动动机，特别是要了解和研究学生的学习动机和道德行为动机，以提高学校和家庭教育的效果。

四、动机激励理论

激励就是利用某种外部诱因调动人的活动动机，从而激发人行为的积极性和创造性。外部适当的、健康的刺激可以使个体达到目标的行为总是处于高度的激活状态，即激励状态，从而最大限度地发挥人的潜力。激励理论是关于群体情景中如何满足人的各种需要，调动人活动积极性的原则和方法的概括总结。在现实生活中，每个人都有应该满足的各种需要，一个人有所需要，也就存在着激励的因素。每个人都需要自我激励和外部激励，在工作或学习中，尤其需要得到来自他人、群体、领导方面的外部激励。例如，在学校情景中，学生如果受到同学、班集体，特别是教师和家长的赞赏、奖励，其学习动机和道德行为就会得到加强、引导和维持。

下面介绍几种主要的激励理论。

（一）期望理论

美国心理学家维克多·弗鲁姆提出的期望理论认为，一种激励因素作用的大小取决于两方面的因素：一是人对激励因素所能实现的可能性大小的期望；二是激励因素对其本人的效价的大小。效价即是他对自己工作或学习所要达到目标的意义的估价。所谓期望是指对通过自己的活动导致预期成功概率的主观估计。因此，弗鲁姆指出，激励乃是个人寄托在一个目标的预期价值与他对实现目标的可能性的估计的乘积。激励力与效价、期望的关系，可以用公式表示为：

$$激励力=效价\times期望$$

如果一个人认为某种活动结果对自己有很大的意义或价值(效价高),而且估计自己获得这项结果的可能性很大(期望大),那么用这个结果来激励他就会起很大作用。若效价和期望都很低,或一方很低,甚至趋向于零,激励作用则较小或消失。例如,对于"考研",许多学生都意识到它对自己有着很重要的价值或意义,如果有的学生对自己的专业成绩及外语水平缺乏信心,对成功的可能性估计过低,那么"考研"的激励作用对他是较小的,即用"考研"来激发其学习积极性则作用不大。

期望理论有一定的道理,但也有局限性。比如,班级的一个目标在学生心目中效价不高,即认为意义不大,按照这种理论,即使是正确的集体目标,也只好放弃,因为它无法激起学生的学习或活动热情。这个理论忽视了一个事实,那就是效价高低并非完全是目标本身的问题,而且效价本身也是可以变化的。只要目标正确,对学生进行引导教育,使其端正态度、改变看法,就会提高效价,从而使激励因素调动人的积极性。

(二)双因素理论

双因素理论又称激励—保健理论,是由美国心理学家F.赫茨伯格提出的一种激励理论。赫茨伯格通过对众多工程人员和会计师访谈调查,发现使人感到不满意的因素和使人感到满意的因素是不同的,引起人不满意的因素是外界的工作环境因素,而引起人满意的原因多为工作本身的因素。

后来,赫茨伯格进一步调查,发现造成人特别不满意的原因主要有公司的政策、工资水平、人际关系、工作环境等10个方面。并且发现这样一个事实:当上述条件不具备时,自然会引起人的不满情绪;然而即使具备了这些条件,也不能使人受到激励。因此,赫茨伯格把这些没有激励作用,只能起到使人维持工作现状的作用的外界环境因素称为"保健因素",就像卫生条件能保证人们不生病那样,它能防止人对工作产生不满。

同时,赫茨伯格把能够促使人们产生满意感的一类因素称为激励因素。他在继续调查后发现,引起人们非常满意的因素主要有5个方面:(1) 工作成就得到管理者和同事认可与受到奖励;(2) 工作上富有成就感;(3) 个人未来发展有很大可能性;(4) 工作上的责任感和有表现机会;(5) 工作具有挑战性。这些因素,能够激励人们的积极性和热情,从而会提高人的工作效率;如果处理不好,也会引起人们的不满,但影响不大。

总之,如果缺乏"保健因素",会使人产生很强的不满意感;但有了它也不会对人产生巨大的激励作用。相反,具备了"激励因素",能够对人产生巨大的激励作用和满意感;但缺乏它也不会使人产生很强的不满意感。因为"激励因素"与工作本身、工作成效、工作责任感、工作求得的晋升与认可有直接关系,所以对人的激励作用大;而"保健因素"与工作以外的环境因素有关系,所以对工作积极性激励作用不大。

双因素理论对我们的学校管理、班级集体管理有一定的启示意义。要调动教师、学生的工作或学习积极性,首先得注意"保健因素",如合理公平的规章制度、良好的教学环境和人际关系状况,以及其他物质条件,使教师和学生不致产生不满情绪。如果只注意"保健因素",学生、教师可能不会不满意,但不能保证他们会积极、热情和创造性地学习与工作。因此,更重要的是利用"激励因素",激励师生们工作和学习的热情。例如,教师对学生、领导对师生除了保障教与学的软、硬环境条件外,还要采取信任激励、关怀激励、情感激励及奖励激励等多种激励方式,给予关怀、信任、肯定、情感温暖以及物质和精神奖励等,使广大教师和学生产生满意感,从而更加积极有效地工作与学习。

（三）公平理论

美国管理心理学家亚当斯提出公平理论。这种激励理论认为，报酬对人的激励作用大小固然与报酬的多少有关，但更重要的是也与人们对报酬的分配是否感到公平有关。而人们是否有公平感，又与“投入”和“产出”，即“付出”与“回报”的比例有关系。所谓“付出”是指一个人对自己条件如技术能力、教育水平、努力程度、资历、工龄等的估计。如果一个人过高地估计自己的条件，他就觉得自己“付出”的多。所谓“回报”是对个人所得报偿如受重视的程度、评价、工资的高低等的估计。如果一个人过低地估计所得的报偿，他就认为自己获得的“回报”少。如果个人认为“付出”与“回报”相符合，就会产生公平感；否则，就会产生不公平感。

公平理论还认为，个人不仅关心自己所获得报酬的绝对数量，往往也将自己“付出”和“回报”的比例，同周围的人作比较，这也会影响公平感。当人们感到自己的回报与付出比值低于其他人回报与付出的比值时，就会产生不公平感。这种不公平感如果时间长了，可能会因某些小事而引发强烈的反应。

亚当斯认为，当个人感到不公平时，可能会采取以下态度和行动中的一种或几种：(1) 改变自我认知，即重新认识自己的付出和回报的比例，想想自己的条件，想想自己得到的好处，甚至会采取自我安慰的方式解释不公平现象，以求得心理上的满足。(2) 采取行动改变自己的付出与回报的比例，如使自己少付出一些或争取多得到一些报偿等。(3) 采取行动改变他人的付出与回报的比例，如使他人多付出一些或少得到一些报偿。(4) 改变认知方式，即改变比较方法，如不与比自己得到报偿多的人比较，而与那些不如自己的人比较，以求得自我安慰而心理平衡。(5) 采取不正确的方式发泄不满，如发牢骚、造谣中伤别人等。(6) 选择离开工作场所或单位，如辞职、跳槽等。显然不公平感会降低人们工作或学习的积极性。

在学校情景中，要采取措施预防教师和学生不公平感的产生。(1) 学校管理者，要尽量做到客观和公平。领导应使每个教师都感觉受到公平的评价和肯定，教师让每位学生都觉得受到相应的尊重和赏识。也可采取具体措施，尽量在条件不相等的成员间减少“比”的机会，如不按学生的考试分数排名次等。(2) 学校及教师、学生个人要加强思想修养方面的教育，防止贬低他人，抬高自己，甚至左右舆论，挑拨是非，制造矛盾等不良情况发生。(3) 从教师和学生个人来讲，全面地衡量别人和自己的付出与回报，不要简单地与别人比较。因为每个人的机遇不同，具体条件不同，所以要认识到，人们之间付出与报偿存在一定差异是正常的事情。(4) 最重要的是，教师和学生自身更要努力完善自己，切实改进自己的“付出”条件，增强自身实力。

（四）强化理论

强化理论是哈佛大学心理学家斯金纳提出的。斯金纳认为，人的行为是受其所受到的刺激影响的，不同的刺激会使行为加强或削弱，甚至消失。因此，这种理论又称为行为修正理论。通过对取得成绩的人加以赞扬，对成绩差的人加以惩罚，使人们受到激励。对于加强或削弱成员的行为，这是简单但却有效的激励方法。所以，管理者就可以通过强化的手段，营造一种有利于群体目标实现的环境和氛围，以使成员的行为符合群体的目标和要求。强化可分为正强化和负强化两种类型。

所谓正强化，就是通过奖励那些符合群体要求和目标的行为，使这些行为得以进一步加强并重复地出现，从而有利于集体目标的实现。正强化的方法既包括物质奖励，也包括精神奖励。需要强调的是，正强化工作要注意强化方法，不科学的强化方法可能会使强化得不到应有的效果。强化理论指出，正强化的科学方法是，应使其强化的方式保持间断性，强化的时间和数量也不固定，管理者应根据组织的需要和成员的行为状况，不定期、不定量地实现强化。实践证明，采用这种方法的效果更好。那种连续的、固定的正强化，效果不一定好，因为久而久之，会使群体的成员感到组织的正强化，如物质的或精神的奖励，都是理所当然的，甚至进而会产生越来越高的期望和要求。

所谓负强化，就是通过惩罚那些不符合群体目标的行为，使这些行为削弱甚至消失，从而保证群体目标的实现。负强化的方法也包括物质惩罚和精神惩罚两方面，如罚款、减少工资和奖金、批评、处分等都是负强化常用的方法。另外，对某人不进行正强化，也是一种负强化的表现方式。同样要强调的是，与正强化相反，负强化要维持其连续性，即对每一次不符合群体要求的行为都应及时予以惩罚，从而消除人们的侥幸心理，减少甚至完全消除这种行为重复出现的可能性。

强化理论认为，管理者应把重点放在积极强化（正强化）上，而不是简单的惩罚（负强化）上，因为惩罚产生的作用可能很快，但效果可能仅是暂时的，还可能产生不愉快的消极作用。这是学校管理工作应注意的。教师对学生的管理应以正面表扬、积极肯定为主，批评和处分等惩罚为辅，从而激励学生活动和学习的活力与积极性。

综合练习

一、概念解释

1. 需要　2. 动机　3. 内驱力　4. 诱因　5. 价值观　6. 信念　7. 理想

二、填空

1. 人的需要主要有________、________、________和________等特征。

2. 根据需要的起源把需要分为________和________；根据需要对象的性质把需要分为________和________。

3. 马斯洛依照需要力量的强弱和先后出现的次序，提出________、________、________、________和________等五种具体的需要。

4. 我国大学生的 6 类需要，由强到弱依次为________、________、________、________、安全需要和________。

5. 动机对活动的作用表现为________、________、________三种功能。

6. 根据动机的起源把动机分为________和________；________、________和________是三种重要的社会性动机；根据引起动机的原因可把动机分为________和________。

三、判断

1. 需要是个体活动的最基本的动力源泉。（　）
2. 需要是以动机为基础的。（　）
3. 动机的强度与活动效率始终成正比关系。（　）

四、问答和简述

1. 研究学生的需要有什么教育意义？
2. 马斯洛需要层次理论有哪些方面的含义？
3. 动机是怎样形成的？内驱力和诱因各起什么作用？
4. 影响动机的因素有哪些？它们是怎样影响动机的？
5. 试用期望理论和双因素理论谈谈如何激发人的活动动机。

第四章　感觉与知觉

本章学习指导

1. **识记**:感觉及其种类、知觉及其种类、绝对感受性和绝对感觉阈限、差别感受性和差别感觉阈限、感觉适应、感觉对比、联觉、知觉的特征。
2. **理解**:感知觉对人的心理发展的意义、感知觉的规律、错觉发生的原因、韦伯定律、知觉的特征与规律。
3. **应用**:① 根据错觉发生的原因,尽量避免在教学中使学生产生错觉。② 按照感知觉的一般规律进行教育和教学。

第一节　感觉与知觉概述

一、什么是感觉与知觉

(一) 感觉

感觉是人脑对直接作用于感觉器官的客观事物某一个别属性的反映。

感觉的这一定义包含着多层含义。其一,感觉是客观的。感觉的对象是客观的,没有客观对象,也就没有感觉可言。引起人们感觉的客观对象是多种多样的,既有来自周围环境中的具体事物,也有来自人体自身的各种刺激。比如人既可以感觉外界的声、光、色,也可以感觉自身的痛痒、自身的躯体姿势和运动状况等。其二,感觉是对直接作用于感官的客体的反映。感觉反映的这种直接性,意味着人对客观世界的认识是以直观的感觉为开端的。其三,感觉是脑的机能,是客观作用于人的感官而最终在大脑中产生的。人的大脑乃至整个神经系统和各个感觉器官,是感觉的生物物质基础。从生理水平上说,感觉是把外界的物理能量转换为体内的神经化学能量,并在大脑中产生映象的过程。其四,感觉所反映的是客观事物的个别属性。任何事物都有很多可以被我们同时感觉的方面,每一个可被我们感觉到的方面就是一个属性。例如一个苹果,有颜色、滋味、气味、大小、形状等多方面属性,感觉就是对这些个别属性的反映。

感觉虽然是一种最简单的心理现象,但它在人的心理活动中却起着十分重要的作用。首先,感觉是一切高级心理活动的基础。人们高级的认知活动是在感觉的基础上逐渐发展而来的,没有感觉就不可能产生想象、思维、记忆、情绪等一系列复杂的心理现象。其次,感觉是人们认识客观世界的开端,是一切知识的源泉。人们认识客观世界是从感觉开始的,只有通过感觉,我们才能认识客观事物的各种属性,从而获得感性材料。再次,感觉是人们正常心理活动的必要条件,没有感觉,心理活动就不能正常进行。“感觉剥夺”实验表明,如果感觉被剥夺,人的注意、想象、记忆、思维、情绪等心理活动均会受到严重影响，需要经过一段时间的调整才能逐渐恢复正常的心理活动。

知识链接 4-1

“感觉剥夺”实验

加拿大心理学家赫布(D. O. Hebb)和贝克斯顿(W. H. Bexton)首先做了感觉剥夺实验。实验方法是：让被试分别单独一人关闭在隔音暗室里，为了尽量减少刺激，被试戴着手套，蒙上眼睛，堵住耳朵，不允许自由活动。在这种情况下，被试的视、听觉被完全剥夺了，触觉也在一定程度上被剥夺了。实验最初两天，被试多数时间睡觉，随着时间的延长，许多被试产生了心理障碍，思维紊乱，无法集中精力思考问题，注意力不集中，出现幻觉等心理现象。实验结束后对被试的心理进行测试表明，他们的精细活动能力、识别图形的能力、连续集中注意的能力以及思维的能力等均受到了严重的影响，而且许多天以后还不能进行正常的学习。

——选自叶奕乾等的《普通心理学》，华东师范大学出版社 1999 年版

（二）知觉

知觉是人脑对当前直接作用于感觉器官的客观事物的整体的反映。

我们生活在一个丰富多彩的世界，几乎每时每刻都有许多刺激作用于我们的感官，我们的感官也在不断地感知客观事物的各个属性，物体的具体属性并不能脱离具体的物体而独立存在，人对物体个别属性的反映是作为物体的一个方面而与整个物体同时被反映的。当物体直接作用于人的感觉器官时，人不仅能够反映这个物体的个别属性，而且能够通过各种感觉器官的协同活动，在大脑里将物体的各种属性按其相互的联系整合成一个整体，从而形成该事物的完整映象。这个信息整合的过程就是知觉。

知觉是在人的实践活动中发展起来的。刚出生的婴儿既不能把握物体的远近、大小，也没有关于时间的概念。这些知觉是随着他后天的生活实践才发展完善起来的。

感觉和知觉是既紧密联系又有区别的心理过程。感觉是知觉的基础，没有感觉就没有知觉，感觉越精细、越丰富，知觉就越正确。但两者又分属于两种不同的认识阶段，感觉是一种最简单的心理现象，知觉是一种较复杂的心理现象。感觉所反映的是事物的个别属性，而知觉反映的却是事物的整体。通过感觉我们可知事物的属性，通过知觉可认识事物的整体，揭示事物的意义。因此，感觉和知觉是两种既存在差异又相互联系的心理现象。

二、感觉与知觉的分类

（一）感觉的分类

人们通过不同的感觉器官来获得外界或自身的各种信息。根据感觉刺激来自有机体外部还是内部，可把感觉分为两大类：外部感觉和内部感觉。外部感觉接受机体外的刺激，主要有视觉、听觉、嗅觉、味觉和肤觉等。内部感觉接受机体内的刺激，主要有运动觉、平衡觉、机体觉等三种(见表 4-1)。

表 4-1 感觉种类一览

感觉名称		感受器	适宜刺激
外部感觉	视觉	眼球视网膜上的视细胞	光
	听觉	内耳耳蜗的毛细胞	声
	嗅觉	鼻黏膜中的嗅细胞	气体
	味觉	舌头味蕾中的味细胞	液体
	肤觉	皮肤上的外黏膜中的各种专门感受器	物体的机械、温度或电的作用
内部感觉	平衡觉	内耳前庭器官中的毛细胞	身体运动引起位移变化
	运动觉	肌、腱、关节中的神经末梢	身体位置变化和运动
	机体觉	内脏器官壁上的神经末梢	化学刺激、机械刺激

（二）知觉的分类

知觉可以分为两大类：物体知觉和社会知觉。

1. 物体知觉

（1）视知觉、听知觉等。根据知觉过程中起主导作用的感受器不同，可把知觉分为视知觉、听知觉等。人们在观光时主要依靠视觉器官来获得信息，这是视知觉；听音乐时主要靠听觉器官获得信息，这是听知觉。但在日常生活中，我们知觉到的大量信息往往是多种感受器同时在起作用，这是复合知觉。

（2）空间知觉、时间知觉和运动知觉。根据知觉对象的不同，可以把知觉分为空间知觉、时间知觉和运动知觉。空间知觉是物体的空间特性在人脑中的反映，包括形状知觉、大小知觉、深度知觉、方位知觉等。空间知觉是人们通过后天学习和实践获得的。中小学生经常参加各种实践活动有利于空间知觉的形成。

知识链接 4-2

经验与空间知觉的形成

19 世纪末，施特拉顿做了一个经验与空间知觉形成的实验。他在眼睛上戴了一个一端开小孔的圆筒，根据小孔成像原理，眼睛视网膜上的视像与外界事物一样是正立的（正常视网膜上的视像是倒立的）。开始他非常不适应，视觉和触觉、动觉之间不协调，用手触摸物体时动作会发生方位错误。如想拿下面的东西，手却伸向了上方。写字也不能依靠视觉而只能靠触觉和记忆来写。这种异常的体验使人感到头痛和恶心。几天以后，他的视觉逐渐与触摸觉、动觉协调起来，不再感到外部是一个颠倒的世界，周围的景象看起来正常了，行动也自如了。但摘掉圆筒后，他又重新经历了同样痛苦的适应空间环境的过程。

——选自 M. 艾森克的《心理学——一条整合的途径（上册）》

时间知觉是客观事物发展变化的延续性和顺序性在人脑中的反映。时间知觉也是后天习得的一种条件反射。实验表明，对于一小时这段时间估计的正确性，初中生明显高于小学生。这与生活经验有关，同时也受人的兴趣、态度、情绪和知识经验的影响。

运动知觉是人脑对空间物体位置移动的反映，它也是多种感觉器官如视觉、动觉、平衡觉等多器官协同活动的结果。

2. 社会知觉

社会知觉是个体在社会生活实践过程中对他人、对群体及对自己的知觉。它包括三种：对他人的知觉、自我知觉和人际知觉。

对他人的知觉是指通过与他人接触，感知他人的外部特征，了解他人的内心世界，从而形成对他人的知觉。我们感知一个人往往通过两个途径：一是对外部特征的了解，包括了解他的仪表、风度、言行、举止、表情等，这些内容常常给人们留下第一印象。二是对内心世界的了解，包括了解他人的需要、动机、兴趣、信念、世界观等，这需要人们在长期接触过程中逐步认知。

自我知觉是一个人对自己的知觉。认识别人容易，正确地认识并恰如其分地评价自己却很困难。一个人只有全面了解自己，才能克服缺点，使自己更加完善。

人际知觉是指人们交往时对人与人之间关系的知觉。人际知觉有鲜明的情绪色彩，表现为亲近、疏远等形式。人际知觉有两个方面：一方面是对自己与别人相互关系和作用的知觉；另一方面是对他人之间的相互关系和作用的知觉。

三、错觉

错觉是指人对客观事物的不正确的知觉。错觉产生的原因很复杂，常常是由生理和心理等多种因素共同作用引起的，只要产生错觉的条件具备，任何人都可能会产生同样的错觉。但是，有些错觉是可以避免的。教师在教学中可以巧妙地利用错觉活跃课堂气氛，调整学生的情绪，达到教学目的。

错觉包括两种：对物的错觉和对人的错觉。

（一）对物的错觉

对物的错觉主要包括视错觉、形重错觉、时间错觉、运动错觉等。

1. 视错觉

视错觉是在某些视觉因素的干扰下而产生的错觉。图 4-1 是常见的几种几何图形错觉。

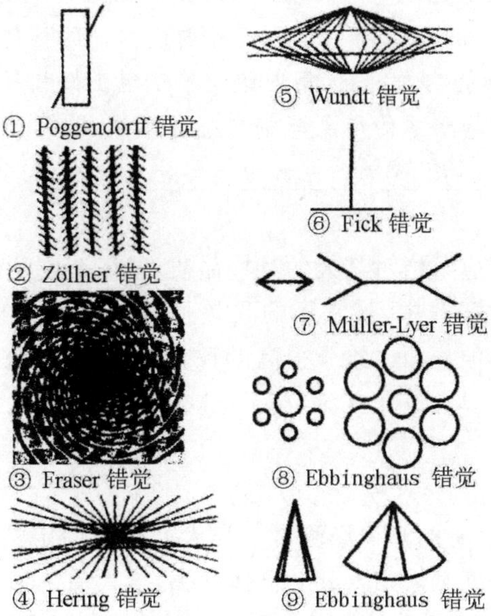

图 4-1　常见的几种几何图形错觉

2. 形重错觉

形重错觉是由不同感官之间的相互作用而产生的错觉，如“一斤铁比一斤棉花重”的错觉，它受经验和定势的影响。

3. 时间错觉

时间错觉是指在相同的一段时间内会发生估计错误，有时估计得快，有时估计得慢。时间错觉受兴趣、态度、情绪影响很大。紧张有趣的课程安排常常使学生觉得时间过得快，而枯燥的活动会使人觉得时间过得慢。

4. 运动错觉

运动错觉指对主体或客体在运动方面的错觉。如在黑夜中，人走路时总觉得月亮跟人走。

（二）对人的错觉

对人的错觉主要是因为受某种因素的影响，不能真实地再现一个人。这些因素包括以下几个方面：

1. 首因效应

它是指与陌生人初次交往时给自己留下的印象。首次形成的印象，往往影响对一个人的看法。如对某人的第一印象良好，人们就愿意接近他，容易信任他，对于他的言行能给予较多的理解。教师在上第一节课时要善于给学生留下美好印象，同时要避免对某一个学生形成不良的第一印象。

知识链接 4-3

首因效应试验

鲁钦斯 1957 年设计了一个实验，证明首因效应的存在。他编了两段描绘一个名叫吉姆的学生的材料。其中一段把吉姆描绘成一个热情友好、性格外向的人；另一段正好相反，把吉姆描绘成一个性格内向、冷漠孤僻的人。他把这两份材料重新组合后分给四组学生：第一、二组只读吉姆外向或内向的材料，第三组先呈现吉姆的外向材料、再呈现吉姆的内向材料，第四组与第三组正好相反。结果第一组、第二组的学生 95%左右对吉姆形成的印象与材料描述基本一致，第三组 78%的学生认为吉姆是外向的，第四组只有 18%的人认为吉姆是外向的。

2. 光环效应

光环效应又称“晕轮效应”，指对某人的某些品质、特征形成的清晰鲜明的印象掩盖了对其品质、特征的知觉。在教学实践中，最常见的是教师对“好学生”的评价。一个学生学习成绩好，教师往往对这个学生其他方面也给予很高的评价，尽管这些评价是不客观、不真实的。有时教师对他们的缺点视而不见，放任自流，甚至把缺点也看成优点。这对学生的健康成长非常不利。

3. 刻板印象

刻板印象指人们根据已有的知识经验对一类人产生的固定的看法。一旦形成刻板印象，人们就会不自觉地、简单地把某人归入某一群体中去，给人的认知带来偏差。教师在对学生的管理中也常出现这种情况，教师心目中的“好学生”与“差学生”发生矛盾时，常归责于“差学生”，这就是刻板印象的作用。

4. 近因效应

近因效应是指最近形成的对某个人的印象会改变长期以来对他的认识。如一个人最近犯了错误，人们可能会对他的过去全盘否定，这就是近因效应的作用。教师在教学中，要用发展的眼光看待每一个学生，避免近因效应的出现。

第二节　感觉与知觉的一般规律

一、感受性及其变化

（一）感受性和感觉阈限

感受性是指各种感觉器官对刺激的感觉能力。感受性的高低是用感觉阈限来度量的。感觉阈限是指能引起感觉并持续一定时间的刺激量。

每一种感觉都有两种形式的感受性和感觉阈限，即绝对感受性和绝对感觉阈限，差别感受性和差别感觉阈限。

并不是任何强度的外界刺激都能引起我们的感觉。刺激强度过弱，如落在皮肤上的尘埃，我们是觉察不到的，只有当外界刺激达到一定强度时才能被我们觉察到。这种刚刚能引起感觉的最小刺激量，称为绝对感觉阈限。对这种最小刺激量的感觉能力，称为绝对感受性。绝对感受性与绝对感觉阈限在数量上成反比例关系，即绝对感觉阈限的值越小，感受性越高；绝对感觉阈限的值越大，绝对感受性越低。它们之间的关系可以用公式表示为：

$$E=1/R$$

公式中 E 代表绝对感受性，R 代表绝对感觉阈限。

在刺激物能引起感觉的基础上，如果刺激量发生了变化（刺激量增加或减少），也会引起感觉的变化。但是，并不是刺激物的所有变化量都能引起感觉，刺激量的变化必须要达到一定的强度，个体才能觉察出来。如原刺激量是 100 克，当增加 1 克重量时，个体觉察不到刺激量增加；当增加 3 克重量时，个体才刚刚能感觉到刺激量增加。这种刚刚能够引起感觉差别的最小刺激量叫差别感觉阈限。对这种最小刺激量的感觉能力叫差别感受性。差别感受性和差别感觉阈限之间也成反比例关系。

德国心理学家韦伯（E. H. Weber）在研究差别感觉阈限时发现；差别感觉阈限（用 ΔI 表示）与原刺激量即最初的标准刺激强度（用 I 表示）的比值是一个常数（用 K 表示），即

$$\Delta I/I=K$$

这个公式称为韦伯定律，该公式表明当 I 的大小不同时，ΔI 的大小也不同，但 K 是个常数。如 100 克重量加上 3 克可感受到重量变化，那么在 200 克重量之上要加上 6 克才能感受到重量的变化。后来的研究表明，韦伯定律只适用于中等强度的刺激。

（二）感受性的变化规律

人的感觉器官在感受外部刺激时并不是一成不变的，由于某种因素的作用，感受性会出现暂时提高或降低的现象，这就是感受性变化。感受性的变化规律表现有以下三方面：

1. 感觉适应

由于刺激物的持续作用从而使感受性发生变化的现象叫感觉适应。这是在同一感受器中,由于刺激在时间上的持续作用而导致对后续刺激感受性发生变化的现象。适应表现为感受性的提高或降低。

适应现象是感觉中的普遍现象,但感觉器官不同,适应的速度和程度也有差异。

视觉的适应可分为暗适应和明适应。从明亮的阳光下进入暗处,开始什么也看不清楚,过一段时间之后,我们就能分辨出物体的轮廓来了,这种现象叫暗适应。同样,从暗处走到明亮的阳光下,开始感到耀眼目眩,过几秒钟后,就能清楚地看到周围的事物了,这种现象叫明适应。

嗅觉的适应也非常明显,"入芝兰之室,久而不闻其香;入鲍鱼之肆,久而不闻其臭",就是嗅觉的适应。嗅觉的适应具有选择性,对某种气味适应很快,但对于带有强烈刺激的气味难以适应,甚至完全不能适应。

适应对人类有重要的意义,可以使人类依靠感受性的变化去适应外界环境的不断变化,使人与环境保持平衡,便于生活和工作。

2. 感觉对比

同一感官接受不同的刺激而发生变化的现象叫感觉对比。感觉对比有同时对比和继时对比两类。

同时对比在人的视觉中表现得很明显。如一位肤色较白的人穿一件黑色的衣服会显得更白,这是肤色与衣服的颜色同时作用于人的视觉器官引起的对比结果。

继时对比在味觉上表现得比较突出。如吃了苦药以后,接着喝白开水也觉得有点甜味;负重跑步训练,当去掉重物后顿感轻松,这都是继时对比产生的结果。

3. 联觉

联觉是一种不同感觉间相互作用的现象,它是一种感觉引起另一种感觉的心理现象。一种感觉兼有另一种感觉的印象,时而近似感觉,时而近似表象,好像是与直接感觉一起产生的。

生活中联觉的现象相当普遍。色彩感觉是最容易引起联觉的。红、橙、黄等颜色,常引起人们温暖的感觉,被称为暖色;蓝、青、绿等颜色,往往引起寒冷、凉爽的感觉,被称为冷色。联觉在绘画、建筑、室内环境布置等领域广泛得到应用。

二、知觉的特征与规律

(一)知觉的整体性

客观事物是由许多属性、部分组成的,各部分具有不同的特征,但是人并不是把对象感知为许多个别的孤立部分,而总是把它知觉为一个统一的整体,这就是知觉的整体性。

人的知觉是一个主动加工处理感觉信息的过程,当作用于感官的刺激不完整时,人可以根据自己的知识经验,对刺激信息进行加工整理,使自己的知觉保持完整的映象。

格式塔心理学派曾对知觉的整体性作过很多研究。该学派认为,人们在知觉外部世界的时候是把外部世界作为整体进行感知的,是按照一定的规律把对象的特征组织起来的。知觉内容不是被知觉对象的简单相加,而是各部分的有机结合。该学派总结出了知觉整体性的几条原则。

1. 接近原则

在时间和空间上接近的部分容易形成一个整体。图 4-2(a)中的四条直线,由于每两条在距离上接近，则被知觉为一个整体。

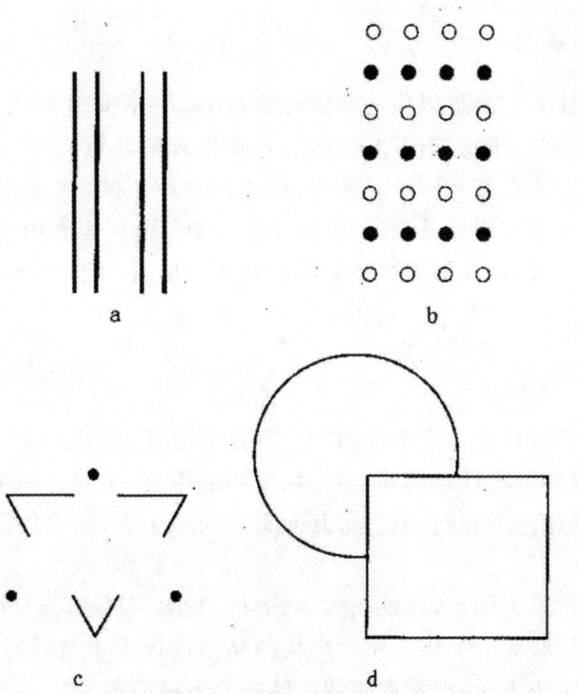

图 4-2　知觉的组织性

2. 相似原则

被感知事物的相似部分容易被看作整体。图 4-2(b)中空心圆和实心圆虽然交叉排列，但人们在感知的时候，常把相似的部分看成一个整体。

3. 闭合原则

知觉经验帮助人们完善知觉过程中缺失的部分。图 4-2(c)中的线和点，我们在感知时会因闭合因素而忽略三角形轮廓所缺少的部分，而知觉为一个整体的图形。图 4-2(d)中的圆因闭合因素常被看成一个完整的圆。

4. 经验因素

过去经验是知觉整体化的重要因素。在图 4-3 中，如果上下看，中间看起来是字母“B”；如果与左右数字一起看，就是数字 13，这主要是受经验的影响。

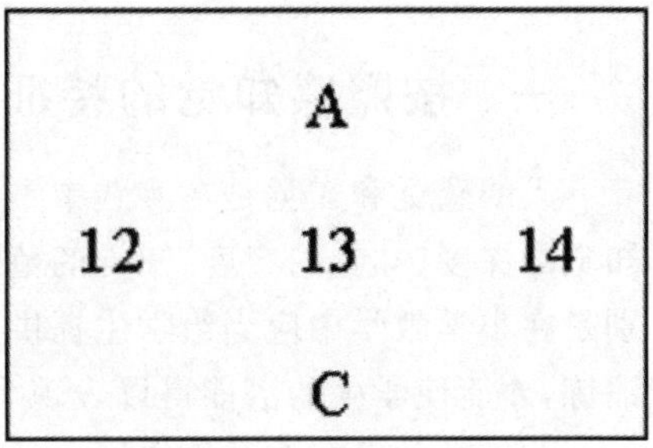

图 4-3　对中央刺激的知觉依赖于背景
（竖直方向和水平方向）

（二）知觉的选择性

知觉的选择性是指对知觉对象的某部分对象知觉得特别清晰，其余的对象则作为背景而知觉得比较模糊。

影响知觉选择的因素是多方面的，既有客观方面的因素，也有主观方面的因素。客观方面包括知觉对象和背景差异是否明显，对象是静止的还是移动的，对象的特征是否明显等。主观方面包括目的、兴趣、爱好、情绪等。

知觉过程中，对象和背景是相对的，可以相互转换。在一定情况下是知觉对象的刺激物，在另一种情况下则成为知觉的背景，而原来是背景的刺激物则反而成为知觉的对象。

（三）知觉的理解性

知觉的理解性是指人们根据以往的知识经验对事物进行理解和补充。人的知觉总是根据已有的知识经验，对感知的事物进行加工处理，直觉地理解其意义，并运用词的形式把它揭示出来。不同知觉经验的人在知觉同一对象时，他们的理解不同，知觉的结果也不同。例如，成人与儿童对一幅画的知觉有很大差别，年龄较小的儿童只能说出画中主要构成，而成年人则既能掌握画面上的每一个细节，又能把握整幅画的意义。显然，不同的知识背景和理解力影响着对同一对象的知觉。

（四）知觉的恒常性

当知觉对象的物理特性在一定范围内发生变化的时候，知觉形象并不因此发生相应的变化，这种特性称为知觉的恒常性。例如，当你从不同的距离、不同的角度看到你比较熟悉的同学，虽然视网膜上的物像各不相同，但仍将其知觉为同一个人，不会因距离和角度的变化而产生高低、胖瘦的变化。

恒常性在视知觉中最为明显，表现在大小、形状、亮度、颜色等知觉中，形成大小恒常、形状恒常、亮度恒常、颜色恒常等。如阳光照射煤块的亮度远远大于黄昏时粉笔的亮度，但我们仍能把阳光下的煤块知觉为黑色，把黄昏时的粉笔知觉为白色。

知觉的恒常性主要是过去经验作用的结果。人总是在自己知觉经验的基础上感知对象的，当外界条件发生一定变化时，人们已经形成的印象不因条件变化而变化，在变化的条件下仍能获得近似条件变化前实际的视觉形象。因此，知觉主体的知识经验越丰富，越有助于产生知觉的恒常性。

第三节　感知觉规律在教学中的应用

一、按照感知觉的特征及规律培养学生的感性认识

人的感觉和知觉是在实践中不断形成、丰富的，直观的活动形式有助于感知觉的形成。如知觉的深度、知觉的广度、知觉的范围、知觉的准确性等都与实践密不可分。因此在教学中，特别是在小学教学中应当给学生提供更多的、丰富的实践机会。只有认真组织学生参加实践和锻炼，才能使学生的潜能得以表现为现实能力。

感知觉的发展有其规律性。低龄儿童，感知觉往往模糊、粗糙、片面，并带有偶然性、随意性和不精确性。随着年龄的增长、生理的发育和儿童感知经验的积累，他们感知事物的精确性有了很大提高，不仅能够感知事物的表面特征，而且能由表及里、去伪存真、去粗取精，精确、细致、深刻地去感知事物。

二、按照感知规律进行直观教学

（一）直观教学的形式及其特点

直观教学是使学生获得感性知识所采用的一种教学方式，它包括实物直观、模具直观、言语直观等。直观教学能够向学生提供各种感性材料，可以增加学生的知识和经验，使其加深对教材的理解，而且还可以通过直观教学揭示客观事物的本质特征和规律。直观教学在中小学教学中占有极其重要的地位，发挥着极为重要的作用。

1. 实物直观

实物直观就是通过实物、标本、演示实验、教学参观等方式，向学生真实、全面、生动地反映事物的本来面目，使学生感知正确。这种形式具有生动、形象、逼真等特点，但是也受时间、空间的限制，受事物内在规律性的限制。

2. 教具直观

教具直观是通过模型、仪器、图片、图表、人物塑像等手段，根据教学需要运用着色、放大、缩小等方式向学生展示事物的本质特征。这种方式可以人为地突出事物的重点与本质，且操作方便，不受时间和空间的限制，但是不如实物真实、全面和亲切，与实物之间总有一定距离。

随着科学技术的发展，多媒体技术被广泛运用于课堂教学。多媒体吸收了电影、录音、录像、幻灯片技术手段的优点，具有方便、简捷、概括等特点。高水平的多媒体制作，对于提高课堂效果，帮助学生掌握知识有重要作用。

3. 言语直观

言语直观是指教师通过语言对事物作形象生动的描述和举例。这种形式不受时空和设备条件的限制，使学生在头脑中形成事物的表象，具有一定的概括性，并且灵活、经济、方便。但是言语直观所反映的事物形象在完整性、鲜明性、正确性方面不如直接感知。

（二）遵循感知规律，提高直观教学效果

感觉器官在一定范围内对适宜刺激将会表现出良好的感受能力。教学中，教师的音量既不能太低，也不能太高。声音太低，学生听不到，容易引起注意力转移；声音太高，学生听着刺耳，容易引起疲劳。教师要做到语言表达清晰，语调柔和亲切，声音适中，这样更能引起学生的感知。

知觉中对象与背景的关系表明，对比越明显越容易知觉。教师在绘制图表、实验操作过程中应尽量使对象与背景有明显的差别，使知觉对象能被清晰地感知。在教学中，凡要求学生重点感知的对象都必须突出强调，如教师把重点内容用对比度较大的线条标示出来，这样做可以提高教学效果。

学生的知识水平和接受能力参差不齐，教师的讲课也应从知觉的理解性特征出发。脱离学生的理解水平，学生难以接受；反复讲述学生早已掌握的知识，则学生不感兴趣。因此，教师要充分利用学生实际已有的知识经验，正确引导学生全面、准确地理解和掌握系统知识。

三、运用感知规律，培养学生的观察力

观察比一般知觉有更强的理解性，思维在其中起着重要的作用，因此观察也叫“思维的知觉”。

观察是指有目的、有计划、有思维参加的比较持久的知觉。观察在人的学习、工作实践中具有重要意义。科学研究、艺术创作和教育实践都需要对对象进行周密、精确的观察，获得有价值的第一手材料，从而探索事物发展变化的规律。科学家、教育家、作家、画家的成就，在很大程度上是与观察力的高度发展分不开的。巴甫洛夫一直把"观察、观察、再观察"作为座右铭，并告诫学生，不学会观察，你们永远当不了科学家。因此，教师在教学中要不断培养学生的观察能力和观察技巧，培养学生的观察兴趣。

提高学生的观察水平，应做好以下几个方面的工作：首先，要明确观察的目的和任务。观察的效果如何，取决于目的和任务是否明确。观察的目的和任务越明确，观察者对知觉对象的反映就越完整、越清晰；相反，目的和任务不明确，学生就会东张西望，抓不住要领。例如，组织学生进行社会调查，就必须向学生提出明确的目的和要求，只有这样学生才能有针对性地感知需要的内容。再如，为解决地理课上的某个问题需要到大自然中去观察，也同样要有目的性。向学生提出观察目的和任务并使目的具体化固然重要，但更加重要的是培养他们能独立地给自己提出观察目的和任务。如果学生过分依赖教师的指导，观察力是培养不起来的。教师要注意引导学生学会观察，培养他们的观察兴趣，使其养成自觉观察事物的习惯。

其次，要制订行动计划。详尽的计划可以避免观察时容易产生的盲目性和偶然性。没有计划的盲目的观察，学生就必然会受到兴趣、情绪等因素的影响，而且还会受到各种各样的干扰，不可能把注意力集中到所要观察的某一活动的本质上去，所观察的内容就不完整。

再次，要学会观察方法。观察方法有很多种，其取舍会受观察的目的、任务、观察对象及个人习惯的影响，可以按照"整体—部分—整体"的顺序，也可以按照"部分—整体—部分"的顺序。方法是多样的，每个人都可以在已有知识经验的基础上形成自己独特的观察方法，多角度多层次地观察客观事物，这样才能对客观事物认识深刻、全面、系统。

综合练习

一、概念解释

1. 感觉　2. 知觉　3. 感受性和感觉阈限　4. 错觉　5. 适应　6. 感觉对比　7. 观察

二、填空

1. 根据感觉刺激来源的不同，可将感觉分为两大类，即________、________。

2. 知觉的特征有________、________、________和________四个方面。

3. 观察离不开思维，因而观察也叫______________。

4. 教学中常用的直观教学形式有________、________、________等几种。

三、选择

1. 反映事物个别属性的心理现象是________。

A. 感觉　　B. 知觉　　C. 观察　　D. 表象

2. 在旅游业中加强导游工作是为了增加游客知觉的________。

A. 选择性　　B. 整体性　　C. 理解性　　D. 恒常性

3. 教学中，重点部分要加大声音，放慢速度，以使之从其他内容中突出出来，这是利用了知觉的________。

A. 选择性　　B. 整体性　　C. 理解性　　D. 恒常性

4. 在学习中读到残缺的句子，我们能根据经验补充其残缺部分，这是因为知觉具有________。

A. 选择性　　B. 整体性　　C. 理解性　　D. 恒常性

5. 据研究，黄色表示甜，绿色表示酸，茶色表示苦，这种现象属于________。

A. 适应　　B. 对比　　C. 感觉的相互作用　　D. 联觉

四、问答

1. 引起感受性变化的主要因素有哪些？

2. 怎样培养学生良好的观察力？

3. 如何运用感知规律进行直观教学？

第五章　记　　忆

本章学习指导

1. **识记**:记忆的概念、记忆的基本过程、记忆表象、记忆的分类、记忆的品质。
2. **理解**:记忆的过程、记忆的三种系统、艾宾浩斯遗忘曲线及其揭示的遗忘规律、记忆的内容和形式对记忆的影响。
3. **应用**:① 按照识记的规律帮助学生掌握知识。② 运用保持与遗忘的规律,使学生巩固知识,增进记忆力。

在生活实践中,我们不仅通过感觉和知觉来认知客观事物的基本特征和联系,而且还要把它保留在头脑中,在一定条件下,把它再现出来为我们所用,这就是记忆。

记忆是人类知识储存和智力活动的仓库,与人类生活的各个方面都密切相关。研究记忆的规律,对于有效地避免和减少遗忘,提高记忆效率,有着非常重要的意义。

第一节　记忆概述

一、什么是记忆

(一)记忆的含义

记忆是人脑对经历过的客观事物的反映。经历过的事物主要指人们在实践中曾感知过的事物、思考过的问题、做过的动作、体验过的情感等,它们都会在头脑中留下一定的痕迹,经过一段时间后,在一定条件下,这些痕迹便会复活起来,这种心理现象就是记忆。

记忆是人脑对客观现实的反映,是比感知觉更为复杂的心理现象。感知过程是反映当前作用于感官的对象,记忆则是反映过去的经验,是人脑积累经验的过程;感知是感性认识,记忆兼有感性与理性认识的特点。

(二)记忆的基本过程和环节

记忆是一个复杂的心理活动过程,它包括识记、保持、再认和回忆三个基本阶段。识记是记忆过程的开端,是对事物的认识和了解,并在头脑中形成一定印象的过程。保持是在识记基础上的进一步强化,是识记内容在头脑中进一步巩固和加深的过程。再认和回忆是对过去经验进行提取时的两种不同形式。再认是经历过的事物再一次出现在面前时,人能够辨认出来。回忆是经历过的事物不在面前,由于某种刺激的作用,能够在头脑中重新呈现出来。

记忆过程的基本环节相互联系和相互制约。识记是保持的前提；保持是记忆过程的中心环节；识记和保持是再认和回忆的前提和保证；而再认和回忆是保持的结果和证明，并检验着识记和保持的效果。

从信息加工的观点来看，记忆是对输入信息的编码、储存和提取过程。识记是信息的输入和编码过程，保持就是信息的储存，再认和回忆则是提取和输出信息的过程。三者是相互制约、相互联系的不可分割的统一过程。

（三）记忆的意义

记忆是心理活动在时间上的延续。有了记忆，前后经验才能联系起来，从而加深人的认识，丰富和发展人的心理活动。这样，个体心理发展才成为连续不断和逐步深化的过程。所以，记忆是人们心理发展的必要条件。没有记忆，个体的心理将永远停留在初始的水平上。

记忆是人实践活动的保证。人们认识、改造自然和社会，总是在以往经验的基础上进行的。没有记忆就没有以往的经验，人的实践活动就不可能顺利进行。这样，人类就只能永远处在野蛮混沌的状态，也不可能出现文明的人类社会。

记忆是任何教育和发展的必要条件。在教育过程中，要以科学的、系统的、巩固的知识武装学生，就必须加强学生的记忆。教师只有根据记忆的规律组织教学，才能使学生获得巩固的知识，并以此为基础，循序渐进，日积月累，掌握更多、更深的科学文化知识。离开记忆，人的复杂的心理活动将不复存在，知识经验的积累和学习也就无法进行。

二、记忆内容储存的形式

大量的研究结果证明，记忆信息储存的形式主要有语词和表象两种。

（一）语词

语词记忆是信息以语言符号的形式被储存在人脑中。在记忆中储存的语词，是客观世界中的某种事物或现象的符号、信号。它的符号作用是在长期的社会历史发展过程中逐步形成并为大家所公认的。一般认为，语词是客观事物简略化的记忆内容，人们经历的事物是多种多样的，经过思维加工就能够以抽象化、概括化的语词的方式在头脑中保持下来，需要时又能在头脑中重现出来。

对语词的记忆是一个相对复杂的过程。研究表明，语词由字形、字音、字义三部分构成，这些信息进入大脑进行编码，分别编为形码、声码、意码。经过编码后的语词信息，可以储存在记忆中。人们在记忆语词时，声码优先，形码和意码次之。所以人类学习语言的顺序是先学口语，后学文字。

（二）表象

1. 什么是表象

过去感知的事物不在面前时在头脑中再现出来的该事物的形象叫表象。例如，去过太阳岛的人回忆时，在头脑中出现水阁云天的景象，就是表象。表象是记忆的重要内容和形式，所以表象又叫记忆表象，其产生的基础是感知。没有感知，人脑中就不能产生有关客观事物的形象，表象就不可能形成。

2. 表象的特征

表象虽然是在感知的基础上形成的，但它又摆脱了感知的局限，有自己突出的特点。

(1) 形象性。头脑里保持的表象是客观事物的具体形象,它以生动具体的形象的形式浮现,和过去感知该事物时的形象非常相似性,"如临其境"、"如闻其声"。由于表象是感知过的事物经过加工后在头脑中保留下来的形象,因此表象与感知形象还是有区别的。其区别主要表现在:表象不如感知形象完整,具有片断性;没有感知形象鲜明、生动、具体,具有暗淡性、模糊性;不如感知形象稳定,具有动摇性。

(2) 概括性。表象所反映的事物形象是同一事物或同一类事物共有的特点,是一种类化了的事物形象。例如,每次感知树后,在头脑里产生的形象都不完全相同,表象正是在多次感知的基础上所产生的概括的形象。所以,当我们回忆树的形象时,并不是某棵树的具体形象,而是树的共同特点。同样,学生关于书的表象,并不一定是指那一本书,而是书的概括形象。表象的概括性不同于思维的概括性,前者是对一类事物的形象概括,属于感性认识;后者是对事物本质规律的概括,是抽象的概括,属于理性认识。

3. 表象的意义

表象的形象性和概括性是密切联系在一起的。从表象的形象性来看,它具有感知的特点;从表象的概括性来看,它具有思维的特征。所以,表象是介于感知和思维之间的中间环节,是从感性认识过渡到理性认识的桥梁。因此,表象在人的认识过程中起着重要作用。

表象是记忆的重要内容与形式。据有关专家推测,在人的记忆中,语词信息量与表象信息量的比例是 1∶1000。丰富的表象储存是人们理解抽象知识的基础,也是人们处理日常事务的重要心理依据。表象的积累和丰富对人的心理发展是非常重要的。实验证明,儿童表象的缺乏会影响到他们想象和思维的发展。

表象是学生学习的基础。学生必须广泛地运用记忆表象才能理解和获得知识;反之,则会造成学习落后。因此,在教学过程中,教师要注意发展和丰富学生的表象,特别是要设法使他们的表象具有鲜明性、完整性和稳定性。

三、记忆的分类

(一) 根据记忆的内容,可把记忆分为四种

1. 形象记忆

形象记忆是以感知过的事物形象为内容的记忆。事物的形象有视觉的、听觉的、触觉的、味觉的和嗅觉的。形象记忆的显著特点是保存事物的感知形象,具有典型的直观性。在日常生活中,正常人的视觉和听觉方面的形象记忆起着主导作用。

2. 语词逻辑记忆

语词逻辑记忆是以概念、公式、定理、规律等为内容的记忆,如对数学定理、哲学命题的记忆。这是对事物本身的性质和意义以及事物的关系或联系高度理解的记忆。其特点是以抽象逻辑思维为基础,具有高度的概括性和逻辑性,为人类所特有。

3. 情绪记忆

情绪记忆是以过去体验过的情绪情感为内容的记忆,例如学生对接到理想大学录取通知书时愉快心情的记忆。情绪记忆的映象有时比其他形式的记忆映象更持久,往往是一次形成而经久不忘,甚至终生难忘。

4. 运动记忆

运动记忆是对过去所做过的动作和运动的记忆,如游泳、骑车、体操、打球等。这种记忆对

人的动作的连贯性、精确性等具有重要意义，是动作技能形成的基础。

（二）根据信息保持时间的长短，把记忆分为三种系统

1. 瞬时记忆

瞬时记忆也叫感觉记忆，指刺激物作用于人的感觉器官后，刺激信息在感觉通道内的短暂保留。信息保存的时间很短，一般是 0.25～2 秒。瞬时记忆最明显的例子是视觉后象。其特点是：保存的信息具有鲜明的形象性，保持时间很短，记忆容量大于短时记忆。在瞬时记忆中的信息如果没有受到注意就很快消失，如果受到注意就会转入短时记忆。

2. 短时记忆

短时记忆指信息保持的时间大约在 1 分钟之内的记忆。如打电话，刚刚看过并拨出这个号码，打完之后则记不住这个号码了。因此，也有人将其称之为电话号码记忆。

短时记忆的特点：(1) 信息的容量有限，比瞬时记忆容量小，大约是 7±2 个记忆组块。“组块”即记忆单位，组块的大小因人的知识经验而异，知识经验越丰富，组块也越大。有这样排列的十六个英文字母“THANKYOUVERYMUCH”，对一般的中国老百姓来说，这是十六个记忆单位，很难记住。而对懂英文的人来说就变成了 THANK YOU VERY MUCH 四个组块。可见扩大短时记忆容量的办法是加大记忆单位。(2) 短时记忆以听觉编码为主，兼有视觉编码，容易受干扰，不易恢复。(3) 记忆内容保持时间较短，一般为 1 分钟，经过复述进入长时记忆。

3. 长时记忆

长时记忆指信息经过充分和有一定深度的加工后，在头脑中长时间保留下来的记忆。一般来说，信息保持的时间超过 1 分钟，甚至更长的时间。长时记忆的容量很大，没有限制。信息输入经过意义编码，这种编码受个人知识经验的制约，因此长时记忆具有个体特点。

以上三种记忆系统各自有着对信息加工的特点，彼此联系，从时间上具有顺序性(图 5-1)。

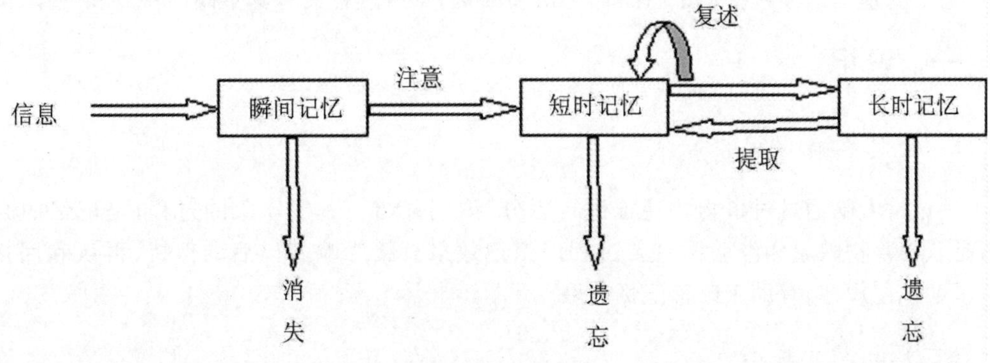

图 5-1 记忆系统模式

由图可知，外界刺激引起感觉，它留下的痕迹就是感觉记忆，如果不注意便消失；如果注意，就转入短时记忆。对短时记忆的信息，如果不及时加工或复述，痕迹也会消失或被新的信息所取代，经复述，就转入长时记忆。信息在长时记忆中被编码、储存，在一定的条件下可以提取出来。

四、记忆的生理机制

记忆是脑的机能，它的生理机制是相当复杂的。一般认为，客观刺激作用于分析器，在大脑皮层上就会形成暂时神经联系，这些暂时神经联系在刺激物作用终止以后以某种痕迹的方式保留在头脑中，它在一定的条件下又重新活跃起来。依据巴甫洛夫的分析，记忆就是大脑皮层暂时神经联系的建立、巩固和恢复过程。遗忘是暂时神经联系的消退和被干扰。识记是暂时神经联系的建立。保持是经过复习和强化，暂时神经联系的巩固。在刺激影响下，暂时神经联系又恢复起来，就是再认和回忆。这就是记忆的生理机制。

现代科学研究进一步证明，脑的许多部位都参与记忆活动。首先，大脑皮层颞叶和额叶同记忆有关。加拿大医生潘菲尔德用电刺激癫痫病人颞叶外侧部，引起了患者对往事的回忆，这种回忆多半是视、听觉方面的形象记忆。其次，海马与短时记忆有关。把两侧海马都切除，则最近的记忆消失，但从前的记忆和学会的技能却不丧失。再有，乳头体病变的患者也会有记忆障碍的症状。

通过对脑电现象和神经结构的研究，人们还发现，记忆会使神经结构和神经化学物质发生一系列变化。瞬时记忆是神经细胞的惰性作用。短时记忆是神经系统反响回路中的反响效应机制。长时记忆与神经元的结构变化有关，当反响回路的活动十分持久时，突触会发生结构变化，形成复杂网络。因而兴奋活动能保持较长时间，以后相同刺激的作用，就会激活复杂网络的复杂活动，重现过去的经验。

第二节　记忆的基本过程及其规律

记忆的基本过程包括识记、保持、再认和回忆，每一过程又有其不同的特点和规律。

一、识记

（一）什么是识记

识记是人脑通过对事物的特征进行区分、识别并留下一定印象的过程，是记忆的起始环节，是获得事物映象和经验的首要过程。识记效果直接影响着以后的保持、再认和回忆。因此，了解识记规律，有助于改善记忆效果。

（二）识记的种类

1. 无意识记和有意识记

根据识记的目的性、自觉性及意志努力的程度，可把识记分为无意识记和有意识记。

（1）无意识记。无意识记也叫不随意识记，是没有明确的目的，也不需要意志努力，自然而然发生的识记。在日常生活中，有时虽然没有给自己提出明确的识记目的和任务，也没有付出特殊的意志努力和采取专门的措施来识记某些事物，但这些事物会自然而然地保留在大脑中，成为一个人知识经验的组成部分，这就是无意识记。所谓“潜移默化”、“耳濡目染”等都是无意识记的结果。

无意识记在人的实际活动中具有积极的意义和作用,人的相当一部分知识经验都是通过无意识记获得的。在教学中正确组织学生的无意识记,让学生轻松愉快地学习,可收到良好的记忆效果。因此,在教学中教师正确地组织和适当地运用无意识记是必要的。

无意识记具有极大的选择性。一般情况下,进入无意识记的内容具有两个特点:一是作用于人的感觉器官的刺激具有重要的意义;二是符合人的需要、兴趣以及能产生较强烈情绪体验的内容。具备这些条件的信息才能进入无意识记,所以无意识记具有极大的偶然性、片面性,单凭无意识记不能迅速获得系统的知识经验。

(2) 有意识记。有意识记也叫随意识记,是事先有预定目的,必要时还需要一定意志努力的识记。识记的目的性决定了识记过程是对识记内容的一个积极主动的编码过程。在教学中教师给学生提出识记某些定理、公式、历史事件或外语单词的任务,这时学生不仅有了明确的识记目的,而且会采用一定的方法和措施,经过一定的努力进行识记,这种识记就是有意识记。人们掌握系统的科学知识,主要靠有意识记,所以有意识记在学习和工作中占有重要的地位。

人的知识经验都是通过有意识记和无意识记获得的。就识记效果而言,有意识记优于无意识记。作为教师,了解识记的这一规律,有助于在教学过程中加强对学生的学习目的性教育,合理地给学生布置任务,使有意识记和无意识记结合起来,以达到良好的教学效果。

2. 机械识记和意义识记

根据理解的程度,可把识记分为机械识记和意义识记。

(1) 机械识记。机械识记是在识记材料本身无内在联系或对识记材料没有理解的情况下,按照材料的顺序,通过机械重复的方式而进行的识记。机械识记的基本条件是多次重复或复习,如对无意义的音节、人名、地名、历史年代、数字、不理解的词语等的识记。这种识记具有被动性,但能够防止对记忆材料的歪曲。对学生而言,这种识记是必要的,因为有些学习内容,如历史名称、专有名词等,需要以机械重复的方式才能记住。也有些内容,由于学生知识经验的局限性,暂时不能完全理解,也必须进行机械识记。机械识记在学生学习中有着突出的意义。

(2) 意义识记。意义识记也称理解识记,是在对识记内容理解的基础上,依据事物的内在联系所进行的识记。意义识记的基本条件是理解。理解是对材料的一种加工,根据人已有的知识经验,通过分析、比较、综合、概括,来反映识记材料的内涵以及各部分之间的关系,并将其纳入已有的知识体系之中。理解了的识记材料,记得快,记得牢,也容易提取。

实验研究证明,意义识记优于机械识记。所以在教学过程中,教师应该引导学生理解教学内容,尽量进行意义识记。但最好布置一些机械识记的内容作为必要补充,使意义识记与机械识记结合起来。

二、保持和遗忘

(一) 保持及其变化规律

保持是识记过的知识经验在头脑中的积累、储存和巩固的动态过程,是记忆过程的中心环节。从信息论讲是信息的编码、储存过程。识记的内容被储存后,并非一成不变,其变化有质变和量变两种形式。

1. 保持内容在质的方面的变化

记忆内容质的变化主要指由于主体已有的知识经验以及对材料的认识、加工能力的影响而发生的改变，表现为：(1) 内容更加简洁、概括，不重要的细节被省略。如让一位同学复述所看过的一部电影的故事情节，一般只能讲个大概。(2) 内容变得更加完整、具体、合理和有意义。如有人在续成故事实验中发现，被试在复述时增加了识记时没有的细节，使故事内容更绘声绘色，更接近具体事物。(3) 内容变得更为夸张和突出。如巴特莱特曾用图画复绘方法测验保持情形，结果发现，经过十位被试者的轮流复绘，枭鸟竟变成了猫的形状。

2. 保持内容在量的方面的变化

记忆内容的量变包括记忆回涨和遗忘两个方面。

记忆回涨也称记忆恢复，指识记某种材料经过一段时间后测得的保持量大于识记后立即测得的保持量的现象。这种现象儿童比成人明显；无意义材料比有意义材料明显；完全不熟悉的材料比不够熟悉的材料明显。

记忆的恢复现象发生的原因比较复杂，一般认为：(1) 学习者理解水平低。识记时不能立即把新知识纳入已有的知识体系中，通过知识经验的逐渐积累，新旧知识间才建立了内在联系。(2) 材料的相互干扰。识记后的即时测验由于受前后材料的相互干扰，各部分之间不易建立有机联系，形不成对材料的整体认识。过一段时间后，干扰消失以及材料间联系增多，整体性加强，识记的材料变成了一个有机的整体。(3) 识记时的累积抑制。连续学习产生了神经疲劳，出现了累积抑制，经过一段时间的恢复后，疲劳解除，抑制消失，引起回忆量的回升。

保持内容量变的另一种情况就是遗忘。

（二）遗忘及其规律的应用

1. 遗忘的含义

遗忘是识记过的材料不能再认和回忆，或者发生错误地再认和回忆，是与保持相反的过程，是记忆内容的消失。

遗忘是一种自然的正常合理的心理现象。因为感知过的事物没有必要全部记忆，任何识记的材料都有时效性，同时遗忘也是人心理健康和正常生活所必需的。在学生的学习生活中，也不是一切都需要记忆的，记忆的内容应具有选择性，正像清代郑板桥所说："当忘者不容不忘，不当忘者不容忘耳。"

2. 遗忘的分类

根据不同的标准可把遗忘分为不同的种类：(1) 根据遗忘时间的长短，可把遗忘分为暂时性遗忘和永久性遗忘。暂时性遗忘指遗忘的发生是暂时的，在适当的条件下还能重新回忆起来，如提笔忘字，一时想不起熟人的名字等；永久性遗忘指不经过重新学习，识记的内容就不能恢复的遗忘现象。(2) 根据遗忘的内容，可把遗忘分为部分遗忘和整体遗忘。部分遗忘是指对识记材料部分内容的遗忘，如对材料细节的遗忘；整体遗忘是指对识记材料整个内容的全部遗忘。

3. 遗忘的原因

遗忘既有生理方面的原因，如因疾病、疲劳等因素造成的遗忘；也有心理方面的原因。关于遗忘的原因，主要有以下四种学说：

(1) 消退说。这种理论认为，记忆痕迹如果得不到强化，就会逐渐消退。遗忘就是记忆痕迹消退到不能再激活的程度下发生的。这种理论一般用以解释永久性遗忘。

(2) 干扰说。这种理论认为，遗忘是由于所识记的先后材料之间的相互干扰造成的。暂时性遗忘多属于材料或情绪的干扰所致。前摄抑制和倒摄抑制都是支持干扰说的有力证明。

前摄抑制是指先前学习的材料对识记和回忆后学习的材料的干扰作用。例如，学生学习了汉语拼音，当他们学习英语时，经常用汉语拼音的发音来代替英文字母的发音，这就是前摄抑制。倒摄抑制是指后来学习的材料对保持和回忆先前学习的材料的干扰作用。例如，学生回忆以前所学的数学公式时，最近学习的新公式总是不断地出现，从而影响了对前者的回忆，这就是倒摄抑制的表现。由于这两种抑制是引起遗忘的重要原因，因此受到许多心理学家的注意。大量研究不仅证明了这两种抑制的存在，而且对造成这两种抑制的原因进行了探讨。研究者认为，抑制的原因主要有三个方面：① 材料的相似性，即先后学习的两种材料在意义上、组成上或排列的顺序上有某些相似或相同的成分，会产生较大的抑制效果。② 学习的巩固程度。先后学习的两种材料的巩固程度也是影响抑制的重要因素。如果其他条件相同，插入材料所产生的抑制作用，将随着原材料学习的巩固程度的提高而减弱。③ 先后两种学习的时间安排。实验证明，先后两种学习之间的时间间隔越大，倒摄抑制的作用则越小。

(3) 压抑说。压抑说也叫动机性遗忘说。这种理论认为，遗忘是由于某种动机的压抑作用造成的。如人总是想法忘记那些给人带来不愉快、痛苦、忧愁的往事，往往把它们压抑到潜意识中去。有人认为，人对愉快事的回忆明显高于对不愉快事的回忆就是压抑的结果。

(4) 同化说。这种理论认为，遗忘是知识的组织和认知结构简化的过程。当人们学到了更高级的概念与规律之后，高级的观念可以代替低级的观念，使低级观念遗忘，从而简化了认识并减轻记忆负担。在真正的有意义学习中，前后相继的学习不是相互干扰而是相互促进的，因为有意义学习总是以原有的学习为基础，后面的学习则是对前面学习的加深和补充。

4. 遗忘的规律

遗忘是有其规律的，主要表现在以下几方面：

(1) 先快后慢的遗忘进程。艾宾浩斯最早对遗忘现象进行了研究。他用无意义音节作实验材料，自己作被试。在识记材料后，每隔一段时间重新学习，以重学时所节省的时间和次数为指标，测量遗忘的进程。他将实验结果绘制成一条曲线，这就是心理学上著名的艾宾浩斯遗忘曲线(见图 5-2)。该曲线反映了遗忘变量和时间变量的关系，揭示了遗忘的规律：遗忘的进程是不均衡的，在识记后的最初阶段遗忘速度很快，以后逐渐缓慢，即遗忘的进程是先快后慢。

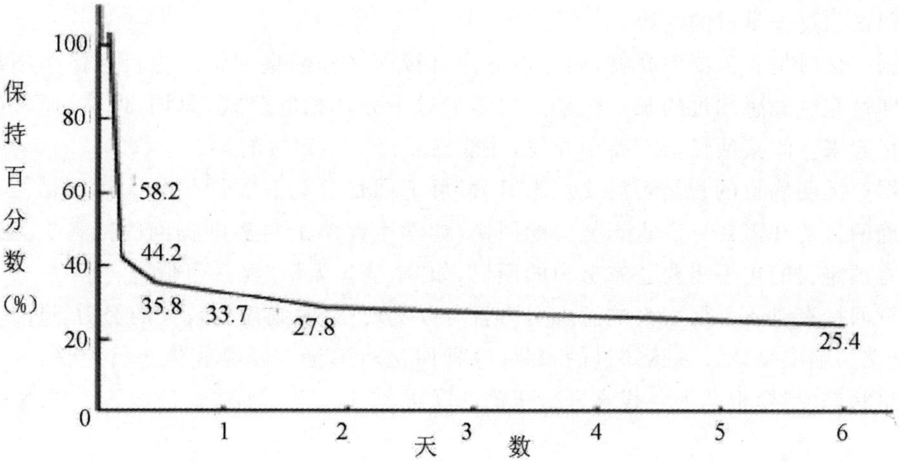

图 5-2 艾宾浩斯遗忘曲线

(2) 识记材料的特点对遗忘有显著影响。熟练的技能遗忘得最慢；形象材料比抽象材料容易长久地保持；有意义材料比无意义材料遗忘慢些；理解了的内容遗忘慢，不理解的内容遗忘快;识记材料很多时遗忘快,较少时遗忘慢。对于系列材料,首尾容易记住,中间部分容易遗忘。这是因为开头部分只受倒摄抑制的影响,结尾部分也只受前摄抑制的影响,所以首尾容易记住。中间部分同时受前摄抑制和倒摄抑制的影响,所以保持的效果最差。

(3) 学习程度对遗忘的影响。学习程度越高,遗忘得越慢。对材料记得越牢固,遗忘得自然就越慢。研究证明,过度学习能提高保持的效果,减少遗忘。所谓过度学习是指在学习进行到刚刚能回忆起来的基础上进一步地学习。一般来说,过度学习所用时间以150%效果最佳。这样既不浪费学习时间,也能取得好的保持效果。

三、再认和回忆

(一) 再认及其规律

再认是指过去经历过的事物再次出现时能够识别出来的过程。再认是一种比较简单的心理过程,不同的人对不同材料的再认速度和正确程度有一定的差异,这与影响再认的因素有关。一般认为影响再认的因素有三:一是对事物识记和保持的程度。识记得越清楚,保持得就越牢固,再认也就越容易。识记模糊,当然保持也不稳定,再认时必然会发生困难。二是当前出现的事物和经历过的事物之间的相似程度。如果当前出现的事物和过去的印象完全相同,便可以立即再认出来;如果当前的事物和过去的印象不完全相同,就不易把它再认出来。三是当前呈现事物的环境与过去被识记时环境的相似程度。一般来说,当前出现的事物的环境与过去感知它时的环境差别越小,越容易再认;否则,就会给再认带来一定的困难。时过境迁,对往事难以识别就是这个道理。

线索是再认的支点,当再认出现困难时,人们往往需要寻找再认的线索,通过线索达到对事物的再认。如对久别重逢的朋友的再认,一般要以身体的某些特征作为再认的线索。

(二) 回忆及其规律

回忆是指在一定诱因的作用下,过去经历的事物在头脑中再次呈现出来的过程,如学生根据考题回忆起过去学过的内容。

根据回忆时是否需要中介物,回忆可分为直接回忆和间接回忆。直接回忆指不需要中介物直接回忆起过去感知过的某一事物。如学生对十分熟悉的公式、单词、课文,通常都可以直接地回忆起来。间接回忆指需要中介物,才能想起过去感知过的某一事物。

根据有无明确目的和是否需要意志努力,可把回忆分为有意回忆和无意回忆。有意回忆指有明确的目的并需要一定意志努力的回忆,如学生课堂上对教师提问的回答。无意回忆指事先没有预定目的也不需要意志努力的回忆,如“睹物思人”、“触景生情”。

有意回忆有时不需要太大的意志努力就可以实现;有时则需要较大的努力,进行复杂的思索,才能在头脑中呈现过去感知过的事物,这种回忆叫追忆。要顺利地进行追忆,一要保持平静的情绪状态,二要根据中介线索进行正确的联想。

(三) 再认与回忆的关系

再认和回忆统称再现,它们都是过去知识经验的恢复过程,二者之间没有本质的区别,但在保持的巩固程度方面还是存在一定差异的。一般情况下,能回忆的一定能再认,能再认的不一定能回忆。因此,再认容易,回忆困难。

第三节 记忆的品质与知识巩固

一、记忆的品质

人们的记忆存在着极大的差异，主要体现在记忆的以下四个方面的品质上：

（一）记忆的敏捷性

记忆的敏捷性是指识记速度快慢方面的特征。识记敏捷的人，在一定时间内，记住的内容多、速度快。“过目成诵”指的就是记忆敏捷。著名科学家茅以升，小时候旁观祖父抄《东都赋》，刚抄完，他就能全文背出来，这表明他的记忆非常敏捷。

提高敏捷性要求在识记时必须抓紧时间，专心致志，聚精会神地学习。

（二）记忆的持久性

记忆的持久性是指识记事物保持时间长短方面的特征。记忆持久的人，记忆知识的巩固程度好，能保持较长时间。宋相王安石的好记性遐迩闻名。一天，一位朋友想测试他的记忆力，就从他的书架上取出一本“积满灰尘”的书，随便翻到一页，刚报完页码，王安石就一口气背了下来，可见其记忆的持久性是惊人的。

加深理解和合理进行复习，是提高记忆持久性的重要措施。

（三）记忆的准确性

记忆的准确性是指对记忆内容的识记、保持和提取的精确程度方面的特征。记忆准确的人，回忆起来的事物与原来识记过的材料完全相符，没有歪曲和遗漏，也没有减少或增多。这是最重要的记忆品质。如果缺乏记忆的准确性，那么记得再快、再牢也是无意义的。汉末学者蔡邕的400篇作品，是他被害后，女儿蔡文姬准确无误地背出来，才得以流传至今。

记忆的准确性依赖于对事物是非的辨别能力。因此，识记时要准确识别事物的本质属性。

（四）记忆的准备性

记忆的准备性是指从记忆中提取所需知识速度快慢方面的特征。准备性强的人，记忆的知识处于活跃状态，能随时提取出来用以解决有关问题。在知识竞赛中，虽然大家都掌握了回答某些问题的有关知识，但有的人反应很快，有的人反应很慢，这就是记忆准备性品质的差异。

记忆的准备性取决于记忆内容的组织性、系统性和熟练化程度。

记忆的各种品质在不同人身上有不同的组合。有的人记得快忘得慢，而且记得正确；有的人记得慢忘得也慢；有的人记得快忘得也快；有的人记得慢又忘得快。教师应根据学生的不同情况，采取不同的方法，帮助他们克服自己的缺点，从而不断提高学生的记忆能力。

二、知识的巩固

每个学生都希望所学的知识能够较长时间地保存，而实际上遗忘却在经常不断地发生。

作为教师，根据记忆的一般规律，对学生的学习给以指导，提高记忆效果，巩固已有知识，对于教学任务的完成具有重要意义。

（一）科学识记

记忆效果的好坏在很大程度上受识记的影响。教师在教学过程中，指导学生科学地识记，不仅有助于提高记忆效果，而且也能发展学生的记忆能力。

1. 识记的目的任务

有无明确的识记目的和任务对识记效果有重要的影响。因为有了明确的识记任务，人们就会把全部的识记活动集中在所要识记的对象上，而且会采取各种各样的方式和方法去实现它，所以识记的目的越明确，识记的效果越好。实验证明，长久的记忆任务比短暂的记忆任务巩固性要好得多。依据这一规律，教师在教学实践中，不仅应当使学生知道要记什么，记到什么程度，保持多长时间，而且应当使他们知道长久记忆学习材料的必要性。或者实行一种定期检查的制度，使学生主动地设定长期记忆的任务。否则，学生会平均使用力气去识记一切东西，影响学习效果。

2. 识记材料的数量和性质

材料的数量对识记效果有明显的影响。一般来说，识记需要的时间常常随着材料数量的增加而增加。要达到一定目标的识记水平，材料愈多，所用的平均时间和次数也就愈多。

根据这一规律，教师在教学中应注意适当地安排学生识记材料的数量，在一定时间内要求识记材料的数量不宜过多。如果过分加大数量，会降低识记效果，也影响学生的积极性。

材料的性质对识记效果也有很大的影响。一般来说，识记效果直观形象材料优于抽象材料，视觉优于听觉。

3. 识记的方式和方法

首先，无论是无意识记还是有意识记，识记材料是直接操作或活动对象时，识记的效果就大为提高。有人做过编写识记提纲和不编写识记提纲的对比实验。识记同一段文章，九天后检查，不编写识记提纲组遗忘 43.2%，编写提纲组只遗忘 24.8%。因此，教师应设法把要求学生识记的材料组织成学生活动的对象，并要求学生积极参加活动。其次，多种感官协同参与识记活动能提高识记效果。每种分析器都有专门的神经通道。识记中有多种分析器协同活动，把眼、耳、口、手、脑等的活动结合起来，可以使同一内容在大脑皮层建立多个通道联系，从而大大提高识记效果。例如，在学习地理时，如果学生仅看现成的地图，往往难以记住山脉、河流、城市等的名称。如果让学生在独立绘制地图的活动中来记，那就容易多了。最后，识记方法直接影响识记效果。不论是在全面性和深刻性上，还是在精确性和长久性上，以理解为基础的意义识记比机械识记效果为好。因为只有理解了的材料才能在头脑中长期保持，才能在以后运用它们时很快地被提取出来。这是因为理解了的东西与过去巩固了的知识经验建立了内在的联系。相反，不理解的东西即使暂时记住了，也会很快遗忘。

表 5-1 三种识记方法的效果比较

识记方式	识记效果（%）
视觉方式	70
听觉方式	60
视听结合方式	86

根据这些规律，教师在教学活动中应根据学生的年龄、个性差异以及学习科目和记忆材料

的不同，指导学生运用正确的识记方法，增强识记效果。

4. 适度地进行“过度学习”

对于过度学习，心理学家进行了大量的实验，认为在一般情况下，过度学习的程度达到150％时，记忆效果最好；超过150％，记忆的效果并不会有太大改进。所以不能单纯依靠过度学习，还要采取其他的策略。

（二）合理地再现

再现是指对知识的提取，对知识的提取是巩固已有知识的最好手段。要做到合理地再现应注意以下几点：

1. 防止或减少前摄抑制和倒摄抑制的影响

根据前摄抑制和倒摄抑制的特点，前后学习的两种材料应合理安排。例如，两种前后学习的材料应有较大差异，尽量避免学习两种相似的材料。若是必须学习的话，对这两种学习材料应做精细加工，即找出两种材料的相似之处和两种材料的差异处，着重对差异进行分析。同时学习两种材料的时间间隔应适当增大，这样有利于知识的再现。

2. 善于运用回忆策略

（1）联想。联想是回忆的基础，是指在心理上由一事物想起他事物的活动。根据联想内容的关系，可把联想分成四种：

① 接近联想：指因事物时间上、空间上的接近所发生的联想。如想起天安门，会想起天安门广场、人民英雄纪念碑、人民大会堂等，由河想到桥，由笔想到墨，由春想到夏等。

② 对比联想：指因事物存在明显的对比关系而发生的联想。如由大想到小，由高想到矮，由黑暗想到光明，从上想到下，从好想到坏，从错误想到正确等。

③ 因果联想：指因事物存在因果关系所产生的联想。如由春天想到百花盛开，由下雪想到寒冷，由勤奋想到成就，由生病想到吃药等。

④ 类似联想：指因事物之间存在相似之处所产生的联想。如从季节变化想到人情冷暖，从一片片不同的树叶想到人们相貌与心理的差异，由李白想到杜甫，由严冬想到冷酷。文学中常用的比喻就是类似联想。

（2）运用推理。即依据事物之间的本质联系和规律进行推理，为回忆提供线索。研究表明，提供可利用的线索越多，越有利于回忆。

（3）心理放松。因为紧张，回忆失败而产生的焦虑情绪等都会对回忆起干扰作用。在这种情况下，最明智的办法就是暂时停下，过一段再回忆。

（三）科学复习

科学复习，可以避免遗忘。复习是巩固知识、防止遗忘的有效手段，而且可以理解以前所没有理解的内容，同时为新知识的学习奠定基础。但复习并不是对已学习内容的简单重复，而应根据记忆规律，采取如下有效措施：

1. 及时复习与经常复习相结合

根据遗忘先快后慢的规律，及时复习能够阻止识记后立即出现的快速遗忘。原因是及时复习能及时强化暂时神经联系。如果复习不及时，识记的材料遗忘后再去恢复，就要花费更多的时间和精力。可见，及时复习，“趁热打铁”，可以收到事半功倍之效。及时复习后并不能万事大吉，还应有计划地经常复习，这样才能使暂时神经联系易于复活，更好地巩固知识。

2. 集中复习与分散复习相结合

研究表明，在时间和条件大致相同的情况下，分散复习的效果优于集中复习。当然，合理分配复习时间要视复习材料的特点而定。数量少、难度小的材料应当集中复习；数量多、难度大的材料可以分散复习；属于思考式的材料，宜集中复习。

3. 反复阅读与尝试回忆相结合

在对复习材料没有完全熟记之前不宜采用一遍又一遍地单纯诵读，而是要积极地试图回忆，即读几遍后合起书来回忆其中的内容或尝试背诵，遇到回忆不起来的部分再阅读，这就是反复阅读与尝试回忆相结合的方法。实验证明，这种方法比一遍一遍地阅读，省时省力，效果更好。因为这是一种积极主动的复习方法，能够及时发现哪些记住了、哪些没有记住，使复习更有目的性，可以看到成绩，增强信心。

4. 复习的方式要多样化

单调的复习方法，会使学生产生疲劳和消极的情绪。多样化的复习方式可以使学生感到新颖，激发学生积极地从事智力活动，从而提高复习的效果。在复习时也要尽可能调动多种分析器参与活动。如复习英文单词时，要仔细看字母组合，留心听发音，认真读单词，反复书写练习，专心记词义等，通过多种感官协同活动，能够大大改善复习的效果。

5. 科学用脑，劳逸结合

学习时间长了，就会引起大脑神经疲劳，从而降低记忆的效率。这时如果让大脑积极休息一下，就会迅速提高大脑活动的机能，从而防止遗忘。研究证明，学生如果在课间有十分钟的积极休息，便可以使脑力活动的效率提高30%。另外，适当睡眠也是科学用脑、提高学习效率的必要措施。

综合练习

一、概念解释

1. 记忆 2. 识记 3. 记忆表象 4. 遗忘 5. 追忆 6. 前摄抑制和倒摄抑制 7. 记忆回路

二、填空

1. 信息加工理论认为，记忆过程是对输入的信息进行编码、________和________的过程。

2. 表象的基本特征是________和________。

3. 按照记忆内容，记忆可以分为________、________、________、________四种；按照信息保持时间的长短，可将记忆分成________、________和________三种。

4. 意义识记是以________为基础的。

5. 保持内容的量变有________和________两种情况。

6. 根据联想内容的关系，可把联想分为________、________、________、________。

三、判断

1. 识记是记忆过程的开端，也是记忆过程中最关键的成分。 ( )

2. 机械记忆是一种无用的识记。 ( )

3. 遗忘是一种正常的心理现象。 ( )

4. 过度学习量越多越好。 ( )

5. 有的学生在考试时想起一种解题的方法，尽管这种方法不适用，可它偏反复出现在脑海中，妨碍选用其他的方法，导致问题不能及时正确解决。这种现象就是回忆中的情绪紧张的

知识链接 5-1

你知道常用的记忆方法有哪些吗

一、直观形象记忆法

把抽象的材料加以直观形象化进行记忆的方法，叫直观形象记忆法。例如，特级教师斯霞在给学生讲“办”字时说“办事要出力，出力要出汗”。边讲边在“力”字的两边各添加一点表示出汗，给学生留下深刻印象。

二、歌诀记忆法

在各科教学中，如果把识记的材料编成合辙押韵的歌诀，能够收到极好的记忆效果。例如，把全国部分省、自治区、直辖市编成：“京沪津、蒙藏新，辽吉黑、川贵云，晋冀鲁豫、陕甘宁青，两湖两广、苏浙皖赣闽。”

三、特征记忆法

在记忆时，对某些无意义的材料，可采用寻其特点的方法进行记忆。例如，马克思诞生于1818年5月5日，可记为“两个18两个5”。

四、归类比较法

有比较才能鉴别。对那些在认识上易产生泛化的相似材料，通过归类比较，分辨其细微的差别，使其在认识上产生分化，在储存上系统化，从而保持牢固记忆。

五、重点记忆法

将复杂的识记材料进行简化，先记住要点，然后依次作为记忆的支撑点再逐渐扩大重现范围的方法叫重点记忆法。例如，在历史课上讲授秦末农民战争的原因，可概况为“税多、役多、法酷”。重点记忆法是一种经济的记忆法，它往往通过“重点”，使思维获得发散，把“浓缩”的知识再“稀释”到原来的状况。

六、联想记忆法

通过某一事物的回忆而引起对另一事物的回忆方法，称联想记忆法。例如，孙敬修在给儿童讲解“国家”和“世界”这两个抽象概念时，就采用空间上的接近联想的方法。他从我们住的地方讲起：“左右邻居住的一长排房子叫胡同或街道，许多街道合起来叫区，许多区合起来叫县或市，许多县、市合起来叫省，许多省合起来叫国家，各个国家都合在一起叫世界。”

——选自韩永昌的《心理学》，华东师范大学出版社1990年版

干扰。 （ ）

四、选择

1. “一朝被蛇咬，十年怕井绳”是________。

A. 情绪记忆 B. 动作记忆 C. 形象记忆 D. 逻辑记忆

2. 无意识记具有极大的________。

A. 目的性 B. 自觉性 C. 选择性

3. “触景生情”是________。

A. 再认 B. 有意回忆 C. 无意回忆

4. 要达到良好的追忆效果，主要方法有________。

A. 联想　　　　B. 推理　　　　C. 幻觉

5. 一个人很有知识，但到用的时候却不能及时地提取出来，这说明此人记忆的________差。

A. 持久性　　　　B. 准确性　　　　C. 准备性　　　　D. 敏捷性

五、问答

1. 如何提高记忆的效果，巩固已学的知识？

2. 常用的记忆方法有哪些？

第六章　思维与想象

本章学习指导

1. **识记**：思维的概念及种类、思维的心智操作、想象的概念及加工、思维的品质、发散思维、集中思维、创造力的概念。
2. **理解**：思维和语言的关系、思维与感知觉的关系、问题解决的过程、影响问题解决的因素、创造性思维的过程、想象的功能、创造力的特征。
3. **应用**：① 应用问题解决的策略解决问题。② 按照思维的规律培养学生的创造性思维。

第一节　思维概述

一、什么是思维

思维是人脑对客观事物的本质属性和内部规律性的间接的、概括的反映。人们平常说的“考虑”、“设想”、“预计”、“深思熟虑”等都是思维活动的表现形式。

思维是在感知的基础上实现的高级的认识活动过程，具有间接性和概括性两个特征。

所谓思维的间接性，是指思维总是以一定事物或已有经验为媒介来反映事物的。例如，我们根据火星的照片，进一步认识和了解火星，来推测火星的形成以及何时开始有水；通过对行星的观测，开普勒发现了行星运动的三大定律，为“天空立法”；人们不能直接感知猿人的生存状态，但是考古学家通过化石和其他考古资料，可以复现猿人的形象和当时的生活情景；医生根据病人的体温、血液、脉搏、血压的变化，就能对无法直接观察的病人内部器官的状态做出诊断；科学工作者可以根据气候、动物、磁场等自然界的异常变化，对地震灾害做出准确预测。正是由于思维的间接性，人们才可能超越时空的限制和人类感官机能的局限，在已有经验的基础上，认识那些无法直接感知的事物，揭露事物的本质和规律。

所谓思维的概括性，是指思维能够把同类事物的共同的、本质的属性抽取出来加以概括，反映事物间的规律性联系。思维的概括性包括两层含义：第一，思维所反映的总是一类事物的共同的本质特征。如通过感知，我们可以认识到人的类别是多种多样的，有男人、女人、儿童、老人、黑人、白人、富人、乞丐；通过思维，我们舍弃人的年龄、种族、性别、贫富这些具体个别的特征，认识到所有人类共同的、本质的特征：有意识和语言，能够制造和使用工具。这一结论正是思维概括性的表现。第二，人通过思维能从部分事物相互联系的事实中找到事物普遍或必然性的联系，并将其推广到同类事物中去。如借助思维，人可以认识温度的升降与金属胀缩的因果关系，并将其规律应用到生产和生活实践中去。这种概括，促使人们对客观事物的内在关系与规律的认识，有助于人们对现实环境的控制与改造。一切科学的概念、定义、法则，都是人对事物的本质和规律概括反映的结果。

思维的间接性和概括性是相互联系、相互促进的。思维的间接性是以人对事物的概括性为前提的，人们通过抽象、概括，反映事物的本质属性及内在的规律性联系，然后再依靠 获得的概念、法则、理论，通过推理判断，对事物进行间接深入的反映，从而使人的认识更加深刻，实现推测过去、认识现在、预见未来的目的。

二、思维与感知觉的关系

思维与感知觉虽然都是人脑对客观事物的反映，但它们分别属于对客观事物不同角度和不同水平的认识过程。从反映的内容来看，感知觉反映的是事物的个别属性、表面现象及事物间的外部联系，而思维反映的是事物共同的、本质的属性和内部规律性。从反映的形式来看，感知觉属于感性认识，是对客观事物外部特征的直接反映；而思维则属于理性认识，是对客观事物内在的必然联系的间接反映。

总之，感知是认识的低级阶段，是思维的源泉和基础；而思维则是认识的高级阶段，是感知的进一步深化，在人的认识过程中处于核心地位。我们通过思维，才可能对由感知得来的各种感性材料进行去粗取精、去伪存真、由此及彼、由表及里的加工，实现从感性认识到理性认识的飞跃，达到对事物更深刻、更准确、更全面的反映。

三、思维的种类

根据思维的发展和解决问题的内容，可把思维分为如下三类：

（一）直观动作思维

直观动作思维又称实践思维或操作思维，是凭借直接感知，以实际动作为支柱去解决问题的思维活动。从发展的角度看，3 岁以前的儿童的思维主要属于这种形式。他们的思维活动往往是在实际操作中，借助触摸、摆弄物体而产生和进行的。例如，幼儿在学习简单计数和加减法时，常常借助于数手指进行计算。实际活动一停止，他们的思维便立即停下来，他们在感知和动作之外进行思考感到相当困难。成人也有动作思维。如技术工人在动手拆卸和安装机器过程中，边操作边进行思维；体育运动、艺术表演中也常常使用动作思维。不过成人的动作思维是在经验的基础上，在第二信号系统的调节下实现的，有明确的计划性和目的性，这与尚未完全掌握语言的儿童的动作思维相比有着本质的区别。

（二）具体形象思维

它是指运用头脑中的具体形象（表象）为支柱来解决问题的思维活动。这种思维往往是通过对表象的联想与推理来进行的，在幼儿和小学低年级儿童身上表现得非常突出。如幼儿计算 3+5=8，其运算过程往往习惯于在头脑中呈现相同数量的手指、苹果等实物的表象，然后相加而计算出来。无论种系心理的发展还是人类个体心理的发展，都要经过具体形象思维发展的阶段。成人的思维虽然主要是抽象思维，但仍不能完全脱离形象思维，特别是在解决复杂问题时，鲜明生动的形象有助于思维的顺利进行。不过成人的形象思维与儿童的有很大不同，它往往是一种概括化了的形象思维。

（三）抽象逻辑思维

它是以语词为基础，利用概念、判断和推理的形式而进行的思维。抽象逻辑思维有时虽然也需要具体形象的参与，但它主要以概念作为思维的支柱，揭示的是事物的本质特征及规律性联系。小学高年级学生抽象思维得到了迅速发展，初中生这种思维已开始占主导地位。如初中各门学科中的公式、定理、法则的推导、证明与判断等，都离不开抽象逻辑思维的参与。

儿童思维的发展，一般都要经历直观动作思维、具体形象思维和抽象逻辑思维三个既相互独立又相互联系的发展阶段。成人在解决实际问题时，这三种思维往往是相互联系、相互渗透的。如进行科学实验时，既需要高度的科学概括，又需要展开丰富的联想和想象，同时还需要在动手操作中探索问题症结所在。

此外，从其他角度还可以把思维分为各种不同的类型。如根据探索问题答案的方向不同，可把思维分为发散思维和集中思维；根据解决问题的创造性，可把思维分为习惯性思维和创造性思维；根据解决问题时是否有明确的逻辑步骤和清晰的意识，可把思维分为直觉思维和分析思维；根据解决问题的指导思想，可把思维分为经验思维和理论思维等等。

四、思维和语言

语言是一种以词为基本单位、以语法为构造规则、社会约定俗成的符号系统。个体掌握和使用语言的活动过程则称为言语。语言是人类的基本交际工具，也是人类思维的重要武器和载体。思维和语言的关系是比较复杂的，也是学术界长期以来争论不休的焦点问题之一。准确把握两者之间的辩证关系，对于我们认识思维的本质是有帮助的。

（一）思维和语言的联系

1. 语言是思维活动的载体

人的思维活动是以感性材料为基础，凭借语言为载体而实现的。语言之所以能成为思维的载体，是因为语言有如下特征：

（1）语言具有概括性。语词作为一种符号系统，其主要特点就是它的概括性。每一个词都有它特定的意义，标志一类事物。人掌握了大量具有高度概括性的词语，就可以凭借语词实现认识活动质的飞跃，摆脱具体事物形象的束缚进行相应的抽象思维。因此，人类思维的概括性只有借助语言的概括性才能顺利实现。

（2）语言具有物质性。语言具有声、形的物质形态，是具有一定物质外壳的刺激物。人的思维活动需要借助于语言作为物质载体来进行。例如，我们看书，离不开语言的视觉刺激；听讲，离不开语言的听觉刺激；思考问题，离不开默默无声的内部语言的帮助。

2. 语言是交流思想的工具

人不仅运用语言为载体进行思维，而且人的思维成果与思维产物，必须借助语言才能记载、巩固和保存下来，使人类的知识经验得以积累。同时，我们还以语言为媒介，在人与人之间进行心理的沟通和思想的交流，实现经验的传递。

（二）思维和语言的区别

思维和语言虽然有着统一而又不可分割的关系，但它们绝非等同，二者的区别主要在于：

1. 本质属性不同

思维是一种心理现象，是人脑揭示客观事物的本质及规律的心理活动过程，以意识的形式存在；语言是一种社会现象，是由一定的物质形式和一定的概括内容所构成的符号系统，它是人们进行思维和思想交流的工具，以声、形的物质形式存在。

2. 与客观事物的关系不同

思维与客观事物之间是反映与被反映的关系，二者存在着必然的联系。如红薯，通过思维被概括为“以块根为主要收获的一年或多年生草本植物”。这个概念揭示了红薯这类农作物的本质属性。而语词与客观事物之间则是标志与被标志的关系，二者没有必然的内在联系。它是约定俗成的，不同地域的人们对同一事物可以赋予不同的语词标志，如红薯又可称为甘薯、白薯或番薯、山芋、地瓜等。概念是用词表达的，但一个概念可以用不同的词来表述，同一个词也可以表示不同的概念。

3. 思维规律与语法结构虽有联系，但又有区别

思维具有全人类性，只要是大脑发育正常的人，不分国籍、种族、性别、职业，都遵循着共同的思维规律，都通过从感性到理性、从具体到抽象的过程来认识事物；而语言具有民族性，不同国度和不同民族，语法结构有相当大的差异。

总之，思维和语言关系非常密切。虽然学术界对思维与语言的发生是否同步、孰先孰后以及是否可分的问题上分歧很大，但不可否认的是，对于已经掌握语言的人来说，思维和语言是紧密交织在一起的。没有思维，语言就像鹦鹉学舌一样，成为毫无意义的声音和符号。反之，没有语言，人类的思维就会停留在感性水平上，而且无所依附，妨碍思维活动的正常开展。思维的发展丰富了语言的内涵，语言的发展又会促进思维水平的提高，两者紧密交织，相辅相成。当然，语言并不是思维的唯一工具，人们可以利用其他符号系统和表象来思考，用手势、表情来表达思想。但是，由于语言本身的特性和独特功能，从某种意义上讲，语言是思维最合适的物质外壳，是人类最重要、最有效的交流思想的工具。

第二节　思维的过程

思维是一个非常复杂的心理活动过程，它是通过一系列既相互区别又相互联系的心智操作来实现的。思维的心智操作主要表现为分析、综合、比较、分类、抽象、概括、系统化、具体化等具体过程。其中，分析与综合是思维的基本过程，它贯穿于人的整个思维活动过程之中，其他过程都是由分析综合派生出来的具体环节。

一、分析与综合

分析是在头脑中把事物的整体分解为各个部分、个别方面或个别特征的思维活动。如把动物分解为头、尾、足、躯体，把一个人的心理现象分解为心理过程和个性心理等均属于分析。

综合是在头脑中把事物的各个部分、方面和特征结合起来进行考虑的思维过程。如把机器的各种零配件结合成一个整体来考虑其性能；把一个学生的思想品德、智力水平、学业成绩、健康状况等各方面联系起来加以评价，做出整体结论等，这些就是综合过程。

思维过程一般是从对问题的分析开始的。分析可分为过滤式分析和综合式分析。过滤式分析是通过尝试的方法对问题情境进行初步的分析，淘汰无效方法，寻找有效方法。综合式分析是把问题的条件和要求综合起来实现目标的分析方法，这种分析带有指向性，是抽象思维分析的主要方法。分析为了综合，分析才有意义；分析基础上进行综合，综合才更加完备。二者只有有机结合，才能使问题的解决更加迅速准确。

二、比较与分类

比较是在头脑中把各种事物或现象加以对比，确定它们的异同点的思维过程。比较的基础是客观事物间的差异性和同一性。正因为事物或现象之间存在着性质上的异同、数量上的多少、形式上的美丑等，我们才有可能在思维活动中进行比较。比较可以在同一事物或现象之间进行，也可以在不同类但具有某种关系或联系的事物或现象之间进行。

比较是以分析为前提的，只有在思想上把不同对象的部分特征区别开来，才能进行比较。同时，比较又要确定它们之间的关系，所以比较又是一个综合过程。例如，人欲购买计算机，就要了解其各种型号的特点、性能、外形以及价格等，这就是分析。当把不同型号的计算机一一进行对比时，还要把各种特性结合在一起进行比较以做出正确的选择，这就是综合的比较。

比较是思维的重要过程，也是重要的思维方法，在人们的认识活动中有着极其重要的作用。有比较才有鉴别，只有通过比较才能找到事物间的共同点和差异点。教学活动中，教师应尽量运用变式教学，使学生能更多地利用比较的方法，正确理解知识，辨析概念，合理归类，突破教学上的难点。

分类是在头脑中根据事物或现象的共同点和差异点，把它归入适当的类别中去的思维过程。分类是在比较的基础上，将有共同点的事物划为一类，再根据更小的差异将它们划分为同一类中不同的属，以揭示事物的一定从属关系和等级系统的思维活动。如学生掌握数概念时，把数分为实数和虚数，又把实数分为有理数和无理数，有理数又可分为整数、小数和分数等。

三、抽象与概括

抽象是在头脑中把同类事物或现象的共同的、本质的特征抽取出来，并舍弃其个别的、非本质特征的思维过程。如我们从手表、怀表、电子钟、闹钟、座钟、挂钟等对象中，在头脑中舍弃它们大小、形状、构造、颜色等方面的非本质特征，抽取出它们“能计时”的共同本质特征，这就是思维的抽象过程。

概括是在头脑中把抽象出来的事物的共同的、本质的特征综合起来并推广到同类事物中去的思维过程。如通过抽象得出“有生命的物质叫生物”的结论，并把这个结论推广到植物、动物和微生物等一类事物中去的思维过程就是概括。

抽象、概括同分析、综合及比较紧密联系着。抽象主要是在分析、比较的基础上进行的；概括主要是在抽象、综合的基础上进行的，没有抽象和综合就不可能进行概括。

概括有两个层次：初级经验的概括与高级科学的概括。前者是在感知与表象水平上对事物的外部特征的概括，如幼儿把穿白大褂的人都当作医生；后者是对事物内部的、本质特征进行的概括，如一切定理、定义、概念等都是高级概括的产物。概括是一种特殊形式的综合，是概念形成的重要基础。

四、系统化与具体化

系统化是在头脑中根据事物的一般特征和本质特征，按不同的顺序与层次组成一定系统的思维过程。例如，生物学家按界、门、纲、目、科、属、种的顺序，把世界上千千万万的生物分类，同时揭示出各类生物之间的关系和联系，这就是人在头脑中对生物种类系统化思考的过程。

系统化是在比较和分类的基础上进行的，也是思维过程中不可缺少的环节。系统化的知识便于在大脑皮层上形成广泛的神经联系，因此系统化在学习过程中有着非常重要的意义。

具体化是人脑把经过抽象、概括而获得的概念、原理和理论，应用到某一具体对象上去的思维过程，即用一般原理去解决实际问题，用理论指导实际活动的过程。具体化在人的思维过程中有着重要作用，它能把抽象的理性认识同具体的感性认识结合起来，是启发思考与发展认识的重要环节。通过具体化的思维过程，人们可以更好地理解一般的原理和规律，还可以使已经总结出来的原理得到检验，并不断深化和发展。

第三节　问题解决的心理分析

问题解决是由一定的情境引起，按照一定的目标，通过各种认知操作活动，使问题得以解决的过程，如对几何题的证明、解决生产中的难题等。问题解决是人类思维活动最普遍的方式之一，它突出表现出个体心理活动的智慧性和创造性。问题解决是一个非常复杂的心理活动过程，受到多种因素的影响，如问题的性质、个人的情绪、动机和能力等。其中，思维活动是解决问题活动中的关键和核心成分。研究问题的解决，可从问题解决的思维过程、影响问题解决的因素以及问题解决的策略等方面加以探讨。

一、问题解决的思维过程

问题解决的思维过程一般分为四个阶段：

（一）发现问题

问题就是矛盾，在人的活动中矛盾是普遍存在的。发现问题就是认识到矛盾的存在，并产生解决矛盾的需要和动机。发现问题是解决问题的开端，只有发现问题，才能产生强大的动力，激励和推动人们投入解决问题的思维活动之中。爱因斯坦认为："提出一个问题比解决一个问题更重要，因为后者仅仅是方法和实践的过程，而提出问题，则要找到问题的关键要害。"

能否发现具有重大社会价值的问题，取决于多种因素。首先，依赖于个体的活动积极性。古人云："学贵多疑。"只有勤于思考、善于钻研的人，才能从细微平凡的事件中发现关键性问题，思想懒汉和因循守旧者都很难发现问题。琴纳能够找到天花的克星——牛痘，从而遏制了天花的蔓延，挽救无数人的生命，正是与他勤于思考的心理品质有关。其次，依赖于个体的态度。人的活动态度越认真负责，越是容易在人们熟视无睹的事物中发现问题。再次，依赖于个体的兴趣、爱好和求知欲。兴趣广泛、求知欲强烈的人，不满足于对事物一般的、表面的解释，而是力求探究事物的内部原因，能够见人所未见，想人所未想，发现事物发展的内在奥秘。最后，依赖于主体的知识经验。一般说来，知识渊博、经验丰富的人，能够提出深刻而有价值的问题；而知识贫乏的人提出的问题肤浅幼稚，没有很高的科学价值。

（二）明确问题

明确问题就是要从笼统、混乱、不确定的问题中，找出问题的主要矛盾、核心与关键，把握问题的实质，使问题的症结明朗化，从而确定解决问题的方向。

迅速而准确地明确问题依赖于两个条件：一是全面系统地掌握感性材料。问题总是在具体事实上表现出来的，只有当具体事实的感性材料十分丰富且符合实际时，才能通过分析和综合、抽象和概括，充分揭露并抓住隐蔽在其中的问题。二是已有的知识经验。知识经验越丰富，越易从一系列的问题中区分出主要的问题。

（三）提出假设

问题明确之后，解决问题的关键就是根据问题的性质，运用已有的知识经验，找到解决问题的方案、策略，推测出解决问题的途径和方法，这就是提出假设。假设是科学的侦察兵，是解决问题的必由之路，科学理论正是在假设的基础上，通过不断的实践发展和完善的。提出假设，为解决问题搭起了从已知到未知的桥梁，离开了合理的假设，人就无法去正确地解决问题。

假设的提出依赖于已有的知识经验。假设不是随心所欲的主观臆测，它是建立在大量的事实和高度概括的知识的基础之上，并通过对丰富的感性资料进行深入细致的研究而形成的。此外，科学假设的提出，常常需要经过多次尝试性的实际操作和创造性构想的积极参与才能完成。

（四）检验假设

问题解决的最后步骤是检验假设。假设是否正确，需要借助一定的手段来检验。有效的检验假设方法有两种：一种是直接检验，即通过实验和实践活动来检验。实践是检验真理的唯一标准，这是假设检验最根本、最可靠的手段。另一种是间接检验，即在头脑中，根据已掌握的科学原理、原则，利用思维对假设进行论证。对于那些不能立即通过实践直接检验的特殊活动中的假设，常采用间接检验。如医生设计的治疗方案，军事指挥员提出的各种作战方案等，都总是先在头脑中加以反复推敲、论证，而后付诸实际。当然，任何假设是否科学合理，最终都要接受实践标准的检验。

二、影响问题解决的因素

问题解决受很多因素的影响，既有社会因素和自然因素，也有客观因素和心理因素。我们着重从心理学的角度，分析探讨影响问题解决的因素。

（一）知识表征的方式

知识的表征与思维之间的关系，就像数字与数学、文字与语文之间的关系。

知识表征的方式影响问题的解决。例如，九点连线图问题（图 6-1）：

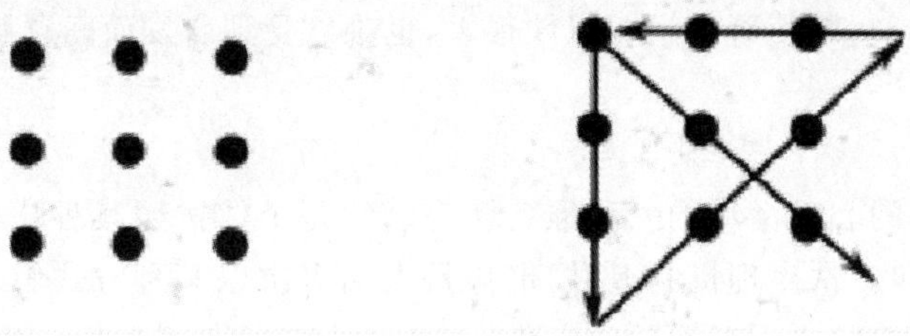

图 6-1　九点连线

实验时要求将图中的 9 个点用不多于四条的直线一笔连在一起。人们常常不能成功地解决这一问题。其原因在于，9 个点在知觉上组成了方形，人们总是试图在这个方形的轮廓中连线，这样，知识的表征方式就阻碍了问题的解决。如果在实验前告诉被试连线时可以突破方形的限制，被试的成绩就会得到很大的提高。

再如，在下面例子中，已知一个圆的半径是 2cm，问圆的外切正方形的面积有多大（图 6-2）。图中用不同的方式画出了圆的半径。a 图与 b 图比较，由于 a 图中较难看出圆的半径是正方形的一部分，因此解决 a 图表征方式下的问题难于解决 b 图表征方式下的问题。

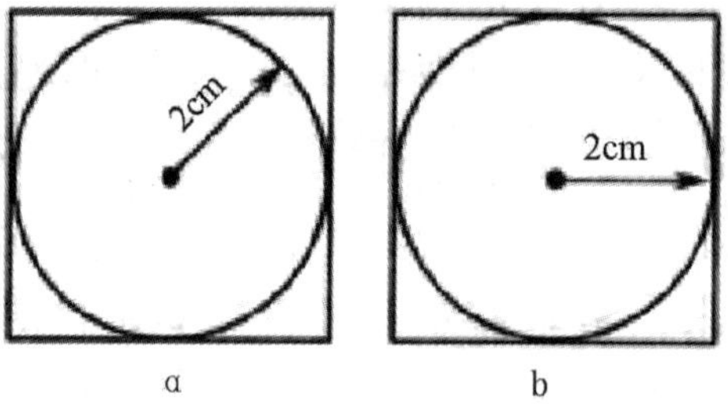

图 6-2　不同表征方式对解决问题的影响

（二）迁移作用

迁移是指已有知识经验对解决新课题的影响，或者说是一种学习对另一种学习的影响。这种影响可能是积极的，即已有知识经验能促进新课题的解决，我们称之为正迁移。如数学比较好的学生，其物理成绩一般也比较出色。这种影响也可能是消极的，即已有知识阻碍着新课题的解决，我们称之为负迁移。如一个方言很重的人，学习汉语拼音和国际音标就比较困难。在教学过程中，教师应充分发挥正迁移的作用，防止负迁移的发生。为此，首先，应发展学生的概括能力。概括能力越强，迁移的范围就越广泛，容易举一反三，触类旁通；其次，应利用比较的方法，帮助学生找到知识间的共同因素，几种知识间的共同因素越多，迁移的作用就越大；其三，应帮助学生深刻理解和牢固掌握知识。一个人掌握的知识越牢固，越能顺利地实现迁移。

（三）原型启发

在解决问题的过程中，因受到某种事物（原型）的启发而找到解决问题的途径和方法的现象叫作原型启发。原型启发在创造性解决问题中起着很大的作用。如某橡胶厂，因受面包放入发酵剂而多孔、松软的启发，制成了泡沫橡胶；鲁班因毛草划破手，受茅草叶齿的启发而发明锯子等，都是这方面的具体例证。

原型对解决问题能否起到启发作用，一是看原型与要解决的问题有无特征上的联系或相似性，相似性越强，启发作用越大。二是看主体是否处于积极的思维状态。若主体不能积极主动地联想、想象和类比推理，即使事物间相似性很大，也难以受到启发而问题解决。

（四）定势的影响

定势又称心向，是人的心理活动的一种准备状态。它是个体按照某种比较固定的方式去解决问题的一种心理倾向。从生理机制上讲，定势是人们多次以某种方式解决问题所形成的动力定型的结果，它影响着解决后继问题的态势。定势的影响表现为：当解决相似或相同的课题时，定势有助于人们对问题的适应而提高反应的速度；但对变化了的情境或课题，定势常有消极作用，它往往阻碍人们产生更合理有效的思路，影响解决问题的速度和效率。如数学教师在课堂上讲了一种例题的解题方法，学生对与例题类似的练习做起来非常容易，而对解答与该例题差别较大的习题就感到困难。在学习过程中，那些死记硬背缺乏灵活性的学生，在解决问题时易受定势的消极影响。要解除定势的消极影响，就要改变思维方式，运用多路思维或逆向思维，以达到问题的顺利解决。

（五）动机和情绪状态

一个人的动机状态，对解决问题起着不同的影响作用。就动机的性质而言，如果一个人的动机越积极、越有社会价值，它对人的活动推动力就越大，人们为解决问题而进行的探索就越积极、越主动，活动效率就越高。就动机的强度而言，它对人解决问题的思维活动的影响比较复杂。一般情况下，在解决问题的过程中，动机强度太弱，人的兴奋性过低，达不到相应的唤醒水平时，个体的注意力涣散，思维难以集中，人的生理和心理潜能很难发挥，易产生畏难、退缩行为，活动效率很低。随着动机强度的增强，个体心理激活水平提高，思维活跃，活动效率会逐渐提高。但动机超过适宜强度，人们容易出现情绪紧张、思维紊乱、注意范围狭窄、动作紊乱、失误增多的现象，急于求成反而欲速则不达，问题很难解决。研究认为，动机的强度与解决问题的效率呈倒“U”字曲线（如图 3-3）。

动机强度过低或过高均不利于问题的解决，只有适宜的动机强度，才能使人保持振奋而又镇静从容的状态，冷静决策，提高问题解决的效率。

情绪对解决问题有重要影响。紧张、焦虑、烦躁、压抑等消极情绪会降低问题解决的效率；乐观、镇静、愉悦、轻松的情绪有助于激发人的潜能，使智力活动处于积极、敏锐、灵活状态，提高问题解决的效率。

（六）个性特征

能否顺利地解决问题与一个人的个性特征有密切关系。研究证明，一个具有远大理想、意志坚强、勇于进取、富于自信、有创新意识、人际关系良好、果断、勤奋等人格特征的人，常能克服各种困难，善于迅速而有效地解决问题。而一个鼠目寸光、意志薄弱、畏缩、懒惰、拘谨、自负、自卑与人际关系不良的人，往往会使问题的解决半途而废。此外，一个人的智力水平、气质类型也直接影响着解决问题的方式和效率。

三、问题解决的策略

任何一个问题的解决，总要应用某种策略。采用什么样的策略去解决问题，是影响解决问题效率的重要心理因素。专家认为，选择何种策略是由问题的性质、内容以及人的知识和经验决定的。人们解决问题的策略通常可以分为两大类：算法与启发法。

（一）算法

算法就是在问题空间中随机搜索所有可能的解决问题的方法，直至选择一种有效的方法解决问题。这种策略需要大量的试误过程，即把解决问题的方法一一进行尝试，最终找到解决问题的答案，因此比较费时费力。此外，算法也是解决问题的一套规则，其优点是只要我们按照一定的规则进行操作，就能够获得问题的最终解决。例如，我们在走“八卦阵”、解九连环时，往往会用到这一策略。但是，如果问题太复杂，又没有现成的算法可以借鉴时，用算法解决这类问题是无效的。

（二）启发法

启发法是个体凭借一定的经验，在问题空间进行较少的搜索以解决问题的方法，有时也称之为经验规则。启发法解决问题的效率常常较高，比较省时省力，但不能保证所有问题一定都能得到解决。人类在解决复杂的问题上，启发法的应用更为广泛。例如在下象棋、围棋等的活动中，我们如果按照某种算法进行下棋几乎是不可能的，人们只能根据自己的经验，运筹帷幄，随机应变，用启发法来下棋。人类下棋的计算机程序的编制，实际上也是模拟人们棋类博弈时的启发式策略。常用的启发性策略包括：

1. 手段—目的分析

所谓手段一目的分析就是将需要达到的问题的目标状态分成若干子目标，通过实现一系列的子目标最终达到总目标。它的基本步骤是：(1) 比较初始状态和目标状态，提出第一个子目标；(2) 找出完成第一个子目标的方法或操作；(3) 实现子目标；(4) 提出新的子目标。如此循环往复，直至问题的解决。如"河内塔问题"就是手段—目的分析的经典案例。

在日常生活中，手段—目的分析是人们比较常用的一种解决问题的策略，它对解决复杂的问题有重要的应用价值。

2. 逆向搜索

逆向搜索就是从问题的目标状态开始，倒退搜索找到通往初始状态的通路或方法。例如，人们要去城市的某个地方，往往是在地图上先找到目的地，然后查找一条从目的地退回到出发点的路线。公安人员往往会用这种方法侦破案件。又如几何证明中的反证法也是采用这一策略。逆向搜索更适合于解决那些从初始状态到目标状态只有少数通路的问题。

3. 爬山法

爬山法是类似于手段—目的分析法的一种解题策略。它是采用一定的方法逐步降低初始状态和目标状态的距离，以达到问题解决的一种方法。这就好像登山者，为了登上山峰，需要从山脚一步一步攀登，逐步接近目标。爬山法与手段—目的分析法的不同在于后者包括这样一种情况：有时人们为了达到目的，不得不暂时扩大目标状态与初始状态的差异，以有利于最终达到目标。

知识链接 6-1

解决问题中的专家与新手

专家与新手在解决问题时的质和量有很大差异。研究表明，两者在知识的数量以及知识的组织方式上的不同，可能是造成问题解决效率不同的主要原因。齐格拉泽和法尔列举了7个专家工作的关键特征：1. 专家主要在其所从事的领域内表现出色；2. 专家能够在其所从事的领域内知觉大量有意义的模型；3. 专家的反应敏捷，能更快地操作该领域技能，能更快地解决问题；4. 专家表现出非凡的短时记忆和长时记忆能力；5. 在专业领域内洞察和表征问题时，专家比新手具有更高的原则性水平，新手的问题表征往往停留在表面水平；6. 专家把更多的时间用于分析问题的质的方面；7. 专家具有高度的自控能力。

——选自 S. lanRobertson 的《问题解决心理学》，中国轻工业出版社 2004 年版

第四节　想　　象

一、什么是想象

想象是人脑对已有表象进行加工、改造而形成新形象的心理过程。

想象最突出的特征是形象性和新颖性。形象性表现在想象处理的主要是直观生动的图形信息，而不是词和符号；新颖性表现在它是在已有表象的基础上产生的有关事物的新形象，这些新形象不同于亲身感知过的、简单再现于头脑中的记忆表象，它可以是个体从未亲身经历过、现实中尚未存在或者根本不可能存在的事物的形象。例如，我们没有机会亲自看到秦朝阿房宫的景象，但当我们读完杜牧的《阿房宫赋》之后，头脑中就会浮现出规模宏大、气势雄伟、建筑风格奇特的阿房宫的形象。又如，机械设计师绘制的新机器的图纸、建筑师设计新型建筑的蓝图、文学作品中千姿百态的人物形象等，都是大脑对原有表象加工改造的产物。

乍一看来，想象的形象新颖、离奇，很难在现实中找到其具体的“蓝本”。其实想象同其他心理现象一样，都不是凭空产生的，其构成新形象的原型大多来源于客观现实。如吴承恩对头脑中已有的“肥胖的人体”、“猪头”、“钉耙”等储备的表象进行加工改造后，形成了猪八戒的人物形象。因此，想象也是对客观现实的反映，已有表象是形成想象的基础。

想象与思维关系密切。它们同属于高级的认知活动，都产生于问题的情境，都由个体解决问题的需要推动，并能预见未来，是对事物的一种超前反映。但两者又有一定区别。人们解决问题的过程中，头脑中一般存在两种超前反映系统：一种是以形象的形式出现的想象系统，一种是以概念的形式出现的思维系统。在活动中，由于问题情境具有不同程度的确定性，两种系统所起的作用是不同的。如果问题的条件是已知的，解决问题的方向是基本明确的，解决问题的进程主要服从于思维规律；如果问题的情境具有很大的不确定性，情境提供的信息不充分，解决问题的进程需要依赖于想象的参与。这两种系统在解决问题时相互依赖，协同活动。

二、想象的加工方式

人们对头脑中的表象加工重组的方式是极其多样的，通常主要表现为黏合、夸张、拟人化、典型化等。通过这些方式，产生新的事物形象。

（一）黏合

黏合就是把事物的不同方面和不同特性结合在一起形成新的形象，如文学艺术中，人们创造的许多神话与童话形象——美人鱼、狮身人面像、蜘蛛侠、科技发明中的水陆两栖坦克等。黏合一般不是按照事物特征的固有关系进行的，而是从事物已有的表象中分析出某些要素，按照人们的构思加以重新配置。

（二）夸张

夸张就是改变事物的正常特点，对某些要素进行夸大和强调，以产生新形象的过程，如李白的名句“飞流直下三千尺，疑是银河落九天”，神话中的千手观音、小人国等。

（三）拟人化

把人类的某些特点、习性加在外界事物之上并使之人格化的过程称之为拟人化，如雷公、龙王、米老鼠与唐老鸭等艺术形象。

（四）典型化

典型化是根据一类事物的共同特征创造新形象的过程。典型化在文学艺术创作中有着广泛的应用。例如，鲁迅先生认为自己作品中的人物形象是“往往嘴在浙江，脸在北京，衣服在山西，是一个拼凑起来的角色”；高尔基在创作中为了塑造某个商人形象，往往需要观察、分析几十个不同年龄、不同身份商人的行为、举止、性格与神态，找出他们的共性与个性。通过创作活动的典型化过程，创造出来的人物形象更加深刻、感人和具有普遍代表性。

三、想象的功能

（一）预见功能

人类活动同动物本能的根本区别就在于活动的目的性、预见性和计划性，也就是说人能实现对客观现实的超前反映。人类的任何实践活动，无论是制造简单的工具，还是进行艺术创作与科学发明，在活动之前，人们总是先在大脑中形成未来活动过程和结果的形象，并利用这些预见指导和调节活动，实现预定的目的和计划。思维对事物的超前反映是借助概念的形式实现的，而想象是以形象的形式实现对事物的超前反映。科学家的发明创造、工程师的工程设计、理发师和化妆师的工作都是想象预见功能的体现。

（二）补充功能

人脑能够通过感知揭示作用于感觉器官的事物的属性和意义。但是，在社会实践中，由于时间、空间及主客观条件的制约，我们常常遇到一些靠感知无法直接认识的东西，如宇宙间的天体运动、原始人类生活的情景等。这些空间上遥远的东西和时间上久远的事物，我们要直接感知很困难，甚至是不可能的。但我们可以借助想象的补充功能，超越个体狭隘经验的范围，弥补人类认识活动的时空局限和不足，对客观世界产生更充分、更全面、更深刻的认识。

（三）代替功能

现实生活中，由于各种因素的制约，人们的某些需要和欲望不可能满足或全面实现时，可以通过想象的方式，从心理上得到一定的补偿和满足。如在游戏活动中，儿童借助想象，满足其模仿成人的愿望，增长了知识和才干，象征性地实现自己参与社会生活的愿望。又如海伦·凯勒在《假如给我三天光明》中的描述，正是她运用自己丰富的想象来表达对生活的热爱和渴望。

四、想象的种类

根据想象活动是否有自觉的目的性，我们可把想象分为无意想象和有意想象。

（一）无意想象

无意想象是没有预定的目的，在一定刺激的作用下，自然而然产生的想象。例如，当我们抬头仰望天空变幻莫测的浮云时，脑中可能产生起伏的山峦、柔软的棉花、活动的羊群、嘶鸣的奔马等事物形象；当我们看到北方冬季玻璃上的冰花时，就会觉得它像梅花或树叶。还有，精神病患者的幻觉也是无意想象的具体表现。

梦是在睡眠状态下产生的一种正常的心理现象，是无意想象的极端形式。人在睡眠时，整个大脑皮层处于一种弥漫性的抑制状态，但仍有少部分神经细胞兴奋活跃，由于意识控制力的减弱，这些记载着往日经验的细胞便不随意地、不规则地结合在一起，形成了一个个离奇古怪、荒诞绝伦的梦境。不过，“日有所思，夜有所梦”，无论梦境多么离奇，仍然来源于客观现实，是一种对个体生活隐晦曲折的反映。

根据脑电波的表现特点，人的睡眠可以分为慢波睡眠和快波睡眠，是两个相互转化的时相。一般成人睡眠时，首先进入慢波睡眠，持续 90～120 分钟，然后进入快波睡眠状态，时间在 20～30 分钟，接着又转入慢波睡眠，整个睡眠期间这种反复转化约 4～5 次。人的梦境大多发生在快波睡眠期间，而且内容古怪生动，直觉形象性强。也有一些概念性较强、与现实生活联系紧密的梦发生在慢波睡眠期间。

关于梦的心理学解释众说纷纭，有人认为梦与人的智力活动有关，是人脑的一种工作程序，是对白天接受的信息进行筛选和贮存的过程，而且梦里的隐喻和联想能帮助做梦者处理发展中的个人问题。有些学者认为梦境能诱发创造想象，给人以创造灵感的启迪，促进发明创造活动的顺利进行。精神分析学派则认为，做梦可以使人在现实生活中不能实现的愿望或需求，得以象征性地满足。

（二）有意想象

有意想象是根据一定的目的，在意识的控制下，自觉进行的想象。科学家提出的各种假设，文学艺术家在头脑中构思的人物形象，都是有意想象的结晶。按有意想象的新颖性、独立性和创造性程度的不同，又可以把想象分为再造想象和创造想象。

1. 再造想象

再造想象是根据语言的描述或非语言的描绘，在头脑中产生事物新形象的心理过程。如当我们读到“日出江花红胜火，春来江水绿如蓝”诗句时，虽未到过江南，但脑海中已经出现了美丽的南国风光；当看到“茅檐低小，溪上青青草。醉里吴音相媚好，白发谁家翁媪？大儿锄豆溪东，中儿正织鸡笼，最喜小儿无赖，溪头卧剥莲蓬”时，我们的脑海中又会出现一幅恬静的村居图。我们看鲁迅先生的《孔乙己》时，头脑中出现穿长衫、站着喝酒的人物形象；机械工人根据图纸想象出机器的主要结构；人们看到祖国地形图，头脑中产生我国山川、湖泊、河流、高原、平原的形象等，这些都属于再造想象。

再造想象产生的新形象是相对的，虽然对于想象者来说是新颖的，而实际上是生活中已经存在了的事物形象，我们只是根据外界的提示或描述再造出来而已。不过，从某种意义讲，再造想象仍然具有一定的创造性。由于每一个人的知识、经验、个性特征等主观因素的不同，再造想象的内容和水平必然有一定的差异。

再造想象对人类的各种实践活动，尤其是学习活动具有重要的意义。再造想象可以帮助人们摆脱狭小的生活圈子，生动形象地认识自己没有感知过或不可能直接感知的事物，扩大认识范围，丰富我们的知识。在教学过程中，教师通过生动形象的语言表述或图表、模型的演示，可以使学生借助再造想象，在头脑中形成与概念相应的形象，从而深刻地理解教材，牢固地掌握知识。

形成正确的再造想象有赖于两个条件：一是正确理解语词描述和图形符号标志的意义。不懂外语的人，无法在头脑中形成外语原版作品中描绘的人物与场景的形象。教学时教师一方面要正确地运用语言，形象生动地描述事物或现象；另一方面还要有意识地进行各种符号的教学，促使学生把符号与相应形象结合起来。二是丰富的表象储备。人们有关事物的表象储备越丰富，再造想象就越准确和充实。教师要有计划地组织学生做好参观、访问、调查、实验等实践环节，并创造条件尽可能使用现代化教学手段，以丰富学生的表象储备。

2. 创造想象

创造想象是根据一定的目的、任务，独立地在头脑中创造出事物新形象的心理过程。飞机设计师在头脑中构思一架新型飞机的形象，作家在头脑中塑造新的人物典型，都属于创造想象。

创造想象具有独立性、首创性、新颖性的特点，是人类创造性活动不可缺少的心理成分。无论是科学发明，还是文艺创作，都必须借助创造想象。创造想象是创造性活动的必要环节，没有创造想象，创造性活动就难以顺利进行。

创造想象是一种比再造想象更复杂的智力活动，它的产生有赖于社会实践的需要、创造者强烈的创造欲望、丰富的表象储备、高水平的表象改造能力以及积极的思维活动等主、客观条件。

3. 幻想

幻想是与个人的生活愿望相结合并指向未来的想象。幻想是创造想象的准备阶段和特殊形式。它不同于再造想象，因为它比再造想象有更多的创造成分。它也不同于一般的创造想象，一方面，一般的创造想象不一定是主体所追求、向往的形象，而幻想往往是个人所追求、向往和憧憬的事物；另一方面，幻想一般不与当前的创造活动直接发生联系，不一定产生现实的创造成果，仅是未来创造活动的前奏和准备，而一般的创造想象与创造性活动紧密相关。

根据幻想的社会价值和有无实现的可能性，可把幻想分为积极的幻想和消极的幻想。积极的幻想符合事物的发展规律，并具有一定的社会价值和实现的可能，又称为理想。它能使人展望到未来美好的前景，激发人的信心和斗志，鼓舞人顽强地去克服困难。而消极的幻想则违背事物的发展规律，且毫无实现的可能，又称为空想。它是一种无益的幻想，常使人脱离现实，想入非非，以无益的想象代替实际行动，害怕艰苦的劳动和逃避困难。因此，在教学过程中，应力戒空想，重视培养青少年的远大理想。

第五节 思维的品质与创造性思维的培养

一、思维的品质

人与人之间的思维活动有着明显的个别差异，这些差异具体表现在思维品质方面。

（一）思维的广阔性与深刻性

思维的广阔性是指一个人思维的广度方面的特点。思维具有广阔性的人，善于全面地看问题，能够抓住事物间各方面的联系和关系来思考，他们不仅善于抓住整个问题的基本轮廓，而且也不遗漏问题的重要细节，同时还善于在不同知识和实践领域内从多方面创造性地进行思维。古今中外的大思想家、科学家都具有突出的思维广阔性品质。与思维的广阔性相反的是思维的狭隘性。思维狭隘的人往往片面地看问题，只凭有限的知识经验去思考问题，抓住一点不及其余，一叶障目，只见树木，不见森林。

思维的深刻性是指一个人思维深度方面的特点。思维深刻的人在活动中能够透过问题的表面现象，深入到问题的内部核心，发现其本质规律，善于揭露现象产生的原因，预见事物的进程及发展结果。具有思维深刻性的大思想家、科学家能"落一叶而知秋"，在普遍的、人们司空见惯的现象中发现重大问题，并从中揭示出最重要的规律。与思维的深刻性相反的是思维的肤浅性。思维肤浅的人在思维过程中往往被事物的表面现象所迷惑，看不到问题的本质，时常对重大问题熟视无睹，轻易放过，满足于一知半解，缺乏洞察力和预见性。

（二）思维的独立性与批判性

思维的独立性是一个人独立思考方面的特征。具有思维独立性的人，不依赖于现成的答案，善于独立思考，独立发现问题、分析问题，并善于运用新方法、新途径去解决问题。他们对问题抱有科学态度，凡事均从客观实际出发，善于自己开动脑筋，并根据客观性原则检验自己思维的正确性，做出合理的评价，并使之符合实际。与思维独立性相反的是思维的依赖性。具有思维依赖性的人，遇事不能独立思考，缺乏主见，易受暗示，过分崇拜权威，盲目迷信，人云亦云，常轻易放弃自己的观点。

思维的批判性是指一个人能否依据客观标准进行思维并解决问题的品质。具有思维批判性的人，有明确的是非观念，善于根据客观指标和实践观点，检查评价自己和他人的思维活动及其结果。他们既能正确评价他人的思维成果，又富有自我批判性；既能坚持正确的东西，又能随时放弃自己曾坚持的错误观点。与思维的批判性相反的是思维的随意性。思维具有随意性的人，考虑问题时往往主观自负，自以为是，随心所欲地得出结论，评判事物不能坚持客观标准，缺乏自我批判性，易受个人情绪左右，或者遇事随波逐流。

（三）思维的灵活性与敏捷性

思维的灵活性是指思维活动的灵活程度方面的品质。具有思维灵活性的人，有很强的应变能力，不受固有模式和成规的束缚，能根据客观条件的变化及时打破思维定势，摆脱偏见，因人、因事、因地制宜地调整方案，采取有效措施解决问题。与思维灵活性相反的品质是思维的固执性。具有思维固执性的人，表现为刻板，思想僵化，墨守成规，固执己见。

思维的敏捷性是指思维活动速度方面的品质。具有思维敏捷性的人，思路流畅，有较强的直觉判断能力，对复杂的问题能进行周密的思考，很快地理出思路，抓住问题的关键，得出符合实际的结论。与思维敏捷性相反的品质是思维的迟钝性。这种品质表现为思路堵塞，优柔寡断，在新的情况面前束手无策，一筹莫展。

（四）思维的逻辑性

思维的逻辑性是指一个人思维条理性方面的特点。思维逻辑性强的人，能够严格遵守逻辑规律进行思维，提出的问题明确而不含混，考察问题遵循逻辑顺序，进行推理合乎逻辑规则，论证有条不紊，层次清晰，有理有据，结论有充分的说服力。缺乏思维逻辑性的人，思路混乱且跳跃性大，论述缺乏证据，推理易出现逻辑错误，陈述无顺序性，常出现语无伦次的现象。

知识链接 6-2

认知类型

认知类型(cognitive style)是指个体在认知活动中所表现的行为特征。因个体的认知活动系以其能力为基础,而在活动时表现在行为上的特征又与其性格和习惯有关,故而某个体之所以具有某种认知类型,乃是在其性格与能力两因素影响下,经与环境交互作用的学习历程而形成的。因此,认知类型又称认知学习类型,也称学习类型。认知类型是个体认知活动的个别差异。这种个别差异在各种认知活动的表现上,有很多不同的类型。以下的分类,是按个体应付环境要求,在认知活动中所表现的不同特征。这些特征可归纳为八大类,每类包括两种性质相对立的认知类型。

1. 沉思型与冲动型:沉思型的人,处事沉着,先思考后行动,表面慢条斯理,实则因失误较少而工作效率高。冲动型的人,常是未了解情况即率尔行动。手忙脚乱的结果,不是事倍功半,就是徒劳无功。

2. 场独立型与场依赖型:场独立型的人,知觉判断时较少受周围刺激的干扰,能专注而不易分心。场依赖型的人则相反,知觉判断不能独立,易受周围事物干扰,待人处事也有依赖倾向。

3. 敏锐型与平稳型:敏锐型的人,思想灵活,反应敏锐,对是非之辨除通识外能见及问题核心,守成之外敢于作新的尝试。平稳型的人,对任何事物均以平常习惯方式处理;思路偏重在问题的共同性,难免忽略其特殊性。这种人长于守成,短于创新。

4. 分析考量型与囫囵吞枣型:分析考量型的人,遇事善思考,行为独立。囫囵吞枣型的人,容易接受别人意见,多听命行事。

5. 冒险型与谨慎型:冒险型的人,性格独立,喜新奇,对成功机会少而成功后报酬高的工作有兴趣。谨慎型的人则相反,只对成功机率高但成功后报酬较低的工作敢于尝试。

6. 认知繁化型与认知简化型:认知繁化型的人,对事观察细微,能见及问题之深处。认知简化型的人,对事只看表面,对问题的判断不能深入。

7. 宽容型与偏执型:宽容型的人,性格开放,较易接受反对意见。偏执型的人,性格保守,对新事物、新观念与不同意见不易接受。

8. 统观策略型与集中策略型:统观策略型的人,对事从大处着手,决策从整体考虑。集中策略型的人,只注意到问题的重点,难免忽略全局,头痛医头、脚痛医脚的做法是这一类型的特征。

——选自张春兴的《现代心理学》,上海人民出版社 1994 年版

二、创造性思维及其培养

(一)什么是创造性思维

创造性思维是指以新颖独特的方法去解决问题,并产生首创的、具有重大社会价值的思维成果的思维过程。创造性思维是人类思维能力的最高体现。通过这种思维,人们可以在已有

科学成果的基础上，揭示事物或现象的本质特征及规律性，形成新的认识结构，并使认识超出现有水平，从而达到探索未知、创造新知的境界。创造性思维的特征如下：

1. 新颖性

与一般思维相比，创造性思维最突出的特征是新颖性。这是因为，创造性思维不仅遵循事物发展的最普遍、最一般的规律，而且要另辟蹊径，超越甚至否定传统的思维模式，冲破旧理论的束缚，异乎寻常地提出具有重大社会价值、前所未有的思维成果。如哥白尼的“太阳中心说”、伽利略的“自由落体定律”及达尔文的“生物进化学说”等划时代的理论，都体现了创造性思维的这一基本特征。

2. 发散思维和集中思维的有机结合

发散思维又称求异思维、扩散思维、辐射思维，是指从已知信息中产生大量变化的、独特的新信息的一种沿不同方向、在不同范围、不因循传统的思维方式。它是从多种联系、多种角度，沿着不同的方向去思考可能存在的各种答案，寻找解决问题的方法和途径的思维形式。比如说出一块砖的用途，我们可能会想到盖房子、垫床腿、砸核桃、打狗、练字……集中思维又称求同思维、收敛思维、聚合思维，是指从已知信息中产生逻辑结论，从现成资料中寻求正确答案的一种有方向、有范围、有条理的思维方式。比如在多项选择题中选出一个适当的答案。与集中思维相比，发散思维具有三个重要特征：流畅性、变通性和独特性。流畅性是指在短时间内能连续地表达出的观念和设想的数量，比如在规定时间内说出所有坚果的名称。变通性是指多角度、多方向思考问题的灵活程度，比如对于刀子的用途，不仅可以切菜和水果，还可以写字、做演出道具、装饰……独特性是指解决问题与众不同的新奇程度，比如一个人思考砖的用途时，能想出许多砖头的用途，也能从不同角度列举，即流畅性和变通性都很好。但如果所想的这些用途都太一般、太普通，我们仍不能说他的创造性思维是高品质的。创造性思维要解决的是没有现成答案的问题。由于发散性思维具有流畅性、变通性和独特性的特点，通过发散思维可打破原有模式，拓宽思路，产生新颖、独特的思想，因而发散性思维是创造性思维的主要心理成分。但发散性思维不能离开集中思维而单独发挥作用，它必须与集中思维结合起来，依据一定的标准，从众多选择中寻找最佳方案，以利于问题顺利解决。在创造过程中，发散思维与集中思维是相辅相成、交替进行的。一个创造性思维的全过程，往往要经过从发散思维到集中思维，再从集中思维到发散思维的多次循环才能完成，任何创造性思维都离不开发散思维和集中思维的有机结合。

3. 创造想象的积极参与

创造想象的积极参与是创造性思维的重要环节。因为创造想象可以弥补事实链条上的不足和尚未发现的环节，提供未知事物的新形象，并使创造性思维成果具体化。所以，文艺作品中新形象的创造、科学研究中新假说的提出、新机器的发明等都离不开创造想象的参与。创造想象的过程，在一定程度上就是形象思维的过程，而形象思维常常是创造性思维的重要组成部分。想象力是创造性思维的重要品质，是非逻辑思维的一种形式，它能带领我们超越时间和空间的限制，超越以往的视野，超越逻辑思维的束缚，使我们的创造力永不熄灭。

4. 灵感状态

灵感状态是创造性思维活动的又一典型特征。所谓灵感，是指人在创造性思维过程中，对某种新形象、新概念和新思想突然产生的心理状态。灵感是人集中全部精力解决问题时，由于偶然因素的触发而突然出现的顿悟现象。在灵感状态下，人的注意力完全集中在创造对象上，此时，人的创造欲望非常强烈，创造意识十分清晰和敏锐，思维极为活跃，往往伴随着情绪的巨大紧张和高涨。灵感是人高度积极的精神力量的集中体现，在灵感状态下，人的创造性思维活动的效率极高。

（二）创造性思维的基本过程

创造性思维是一个极为复杂的心理活动过程，在它的运行中又有独特的思维活动程序和规律。英国心理学家瓦拉斯(G. Wallas)研究了各种类型的创造经验，提出了创造性思维的四阶段论，反映了创造性思维的基本活动程序。

1. 准备阶段

这是围绕问题积累素材，收集资料和前人对同类问题的研究成果，理出问题的头绪的过程。收集资料越丰富、越充分，越有利于开阔思路，从而受到启发，发现和推测出问题的关键之所在，顺利解决问题。因此，在这一阶段中，应努力创造条件，广泛收集资料，有目的、有计划地为所规划的创造项目作充分的准备。

2. 酝酿阶段

这是在积累一定的知识经验的基础上，在头脑中对问题和资料进行周密细致的探索和思考，力图找到解决问题的途径和方法的阶段。这一阶段从外表上看没有明显的活动，创造者的观念仿佛处于“冬眠”状态，但实际上在潜意识中断断续续地进行着思维活动，有时可在从事一些无关活动中受到启发，使问题获得创造性的解决。

3. 豁朗阶段

这是经过充分的酝酿之后，新思想、新观念、新形象在脑中突然呈现，使问题有可能得到顺利解决的阶段。这时，事物间的各种联系和关系意想不到地、闪电般地联系起来，头脑似乎从“踏破铁鞋无觅处”的困境中摆脱出来，有一种“得来全不费工夫”的感觉，并显示出极大的创造性。这一时期往往有灵感、顿悟的参与，是创造性思维的关键时期。

4. 验证阶段

这是对新思想或新观念进行验证、补充和修正，使其趋于完善的阶段。这个过程中，经过理论和实践的多次反复论证和修改，无数次地汰劣存优，使创造性活动获得圆满的结果。

（三）创造力

1. 创造力的定义

“我创造，所以我生存”，创造力是创造活动中最积极、最活跃的因素。创造力是一个十分复杂、颇具争议的概念。目前，由于研究观点的分歧和侧重点的不同，关于创造力的定义多达百余种。有的侧重目的，有的侧重过程，有的侧重结果，有的侧重人格，而有的侧重认知。因此人们对创造力的认识还不统一。

目前较一致的看法是把创造力定义为：根据一定的目的，运用一切已知信息，产生出某种新颖、独特、有社会或个人价值的产品的能力。这里的产品是以某种形式存在的思维成果，它既可以是一种新概念、新设想、新理论，也可以是一项新技术、新工艺、新产品。

2. 创造力的特征

创造力是创造主体与社会环境的相互作用的结果，是创造性思维与创造人格的结晶，它受创造者的自然特征、个性特征、思维特征、所处的环境特征影响。由此我们可以看出，创造力具有以下特征：

(1) 普遍性。创造力本身就是人的大脑长期进化的产物，是人类大脑的自然属性，它随着人的大脑的存在而存在，随着大脑的进化而进化，创造力是每个正常人的一种自然属性。日本医学博士春山茂雄在《脑内革命》中提出关于左右脑功能新说，认为人的右脑里以 DNA 形式储存着祖先在漫长的进化过程中积累的、需要留给后代的最重要信息，创造潜力就是这些信息之一。从医学的角度而言，停止创造力的生活和停止用脑的生活是差不多的事情。创造力的自然属性是创造力形成和发展的基础及前提，它以直接或间接的方式影响着个体创造力发展的过程与水平。著名教育学家陶行知先生曾经说过："人类社会处处是创造之地，天天是创造之时，人人是创造之人。"创造力人人都有，只是程度有所不同，普通人和天才之间并无不可逾越的鸿沟，创造力在人群中呈正态分布，很强或很差的人是少数，大多数人的创造力处于中等水平。

(2) 社会性。人类的创造力是其在不断社会化的基础上逐步开发出来的，它不仅是人的自然属性，而且是人的社会属性。有史以来，人类的创造力主要是在群体的社会实践中表现出来的，只有生活在人类社会中的人才能有所发明和创造。社会环境为创造力的发挥提供了物质和精神的条件，社会生产力水平、知识水平、工具与工艺水平、社会状况、社会风尚和社会舆论都会影响个体的创造力水平。同时，人类的创造成果总是适应一定时代的需要，比如活字印刷术的发明提高了印刷的速度，人工接种牛痘技术的出现遏制了天花的蔓延。

(3) 个体性。创造力与人的思维密切相关。心理学家吉尔福特(J. P. Guilford)和霍夫纳尔(R. Hoepfener)将创造力的特征归纳为六点：① 流畅性，即思维敏捷，反应迅速，对特定的问题情境能顺利产生多种反应或提出多种答案；② 灵活性，即具有较强的应变能力和适应性，具有灵活定向的能力，能发挥自由联想；③ 独创性，即产生新的非凡思想的能力，表现为产生新奇、罕见、首创的观念和成就；④ 再定义性，即善于发现特定事物的多种使用方法；⑤ 敏感性，即容易接受新事物、发现新问题；⑥ 洞察性，即能够通过事物的表面现象，认清其内在含义、特性和多样性，能进行意义转换。这其中就包括发散思维的三个特征，而发散思维与聚合思维构成了创造性思维。

同时，吉尔福特等人将富有创造性的人格特征概括为：① 有高度的自觉性和独立性，不与他人雷同；② 有旺盛的求知欲；③ 有强烈的好奇心，对事物运动的机理有深究的动机；④ 知识面广，善于观察；⑤ 工作中讲求条理性、准确性与严格性；⑥ 有丰富的想象力，直觉敏锐，喜好抽象思维，对智力活动与游戏有广泛的兴趣；⑦ 富有幽默感，表现出卓越的文艺天赋；⑧ 意志品质出众，能排除外界干扰，长时间地专注于某个感兴趣的问题。

(4) 可开发性。创造力作为人的一种自然属性，其潜能普遍存在，具有可开发的优势。创造性的思维方式在创造活动中起着主导作用。思维的物质基础是人脑，大脑皮质是思维的器官(表面约集中了 140 亿个神经细胞)，人脑的记忆容量相当于 7 亿多册书籍，单项记忆可保持 80 余年。众所周知，著名科学家爱因斯坦的大脑潜力比正常人开发得多，但也仅达到了 30% 的水平。同时，影响创造力的创造性思维方式是可以通过教育来培养的，因此创造力是可以开发的。

(四) 创造性思维的培养

创造性思维在人类的创造活动中起着重要作用，培养大批有创新意识和创造能力的人才，是教育工作的一项重要任务，"为创造性而教"已成为当前教育界一句盛行的口号。创造不是少数天才的专利，而是人类普遍存在的一种潜能。如何培养学生的创造性思维呢？

1. 保护好奇心，激发求知欲

好奇心是人对新异事物产生诧异并进行探究的一种心理倾向。求知欲又称认识兴趣，它是好奇心的升华，是人渴望获得知识的一种心理状态。好奇心和求知欲是推动人们主动积极地观察世界、进行创造性思维的内部动因。具有强烈好奇心和求知欲的人，对事物有着执着的追求和迷恋，不会感到学习和创造是一种负担，而会在活动中获得极大的精神鼓舞和情感满足。在教学中，教师应通过启发式教学或创设问题情境，使学生面临疑难产生求知的需要和探索的欲望，主动提问和质疑。要有意识地强化他们对一切事物的兴趣，以保护其好奇心和求知欲。

2. 创设有利于创造精神形成的氛围

教师既是知识的传授者，也是创造教育的实施者。为了培养学生的创造性，教师应为学生创造一个能支持或高度容忍标新立异者和偏离常规者的环境，让学生感受到"心理安全"和"心理自由"。教师在教学工作中，应善于提出问题，启发学生独立思考，寻求正确答案；要鼓励学生质疑争辩，自由讨论；要指导学生掌握发现问题、分析问题和解决问题的科学思维方法。心理学家托兰斯提出创造性的教师应当遵守的五条原则：(1) 尊重与众不同的疑问；(2) 尊重与众不同的观念；(3) 向学生证明他们的观念是有价值的；(4) 给以不计其数的学习机会；(5) 使评价与前因后果联系起来。只有这样，才能够真正创设一个有利于激发学生创造欲望的宽松环境，调动学生创造活动的积极性和主动性。

3. 加强发散思维和直觉思维的训练

发散思维是创造性思维的主要成分，因此训练发散思维对培养创造性思维有重要作用。实验证明，通过有目的、有意识地训练，可以发展学生思维的流畅性、变通性和独特性。例如，通过一题多解和一题多变的练习，培养学生思维的灵活性和变通性；鼓励学生自编应用题，以发展学生思维的独特性和新颖性。通过课外活动也可发展学生的发散思维。例如，可以给学生提供某些原材料和元部件，鼓励他们按自己的设计进行组装活动；也可在课外文学小组活动中，鼓励学生进行填对联和猜谜语活动等。在发展学生的发散思维能力的同时，我们也不能忽视学生集中思维能力的培养。

直觉思维是创造性思维的一个重要成分。在创造活动中，由直觉思维所产生的想法尽管还只是一种未经检验与证明的猜测或假设，但它就像智慧的火花，能推动人们继续深入思考，从而成为发明、创造的先导。为了培养学生的创造性思维，有意识地培养和发展学生的直觉思维能力是一个重要环节。可靠的直觉思维来源于丰富的知识，直觉思维总是以熟悉的知识为依据的。因此，教育学生认真掌握每一门学科的基本理论(概念、结构、原理)，是发展学生直觉思维的前提。教师要鼓励学生对问题进行大胆的推测、猜想、应急性回答或提出各种不合常规的怪念头，以培养他们敢于猜想的良好直觉习惯，使学生有更多的机会获得新观念、新设想、新闪念，并注意保护学生的自尊心和勇气。当然，直觉思维与分析思维在创造性思维中是有机结合在一起的，教师在教学中应注意两者的协调发展。

4. 培养创造型的人格

创造性思维的发展不仅与人的智力因素有关，而且还和个体的一系列非智力因素和人格特征密切联系，这些人格因素是促进儿童创造思维发展的必要条件。综合国内外的研究成果，学术界认为，创造型人格一般具有以下特征：具有浓厚的认知兴趣、旺盛的求知欲和强烈的好奇心；有敏锐的感知能力，富于想象，有捕捉机会的能力；有较强烈的进取心理和较高的抱负水准，自信心强，且能有效地进行自我激励；有较强的独立性，从众行为少，有开拓革新精神，不受传统观念的束缚，很少考虑自己在他人心目中的印象；勇敢，敢冒风险，喜欢富有挑战性的工作；热情，勤奋，有献身精神；具有幽默感、审美感，浪漫，直率，感情开放；坚韧顽强，目标明确，有锲而不舍的精神等。除了这些共同的创造性人格特征外，艺术、自然科学、社会科学、管理等不同类型的创造性人才，还具有一些与本领域特殊要求有关的人格特征。

培养具有创新意识和创造能力的全面发展人才，是新世纪教育面临的迫切任务。创造型的人格是在教学和实践活动中逐渐形成的。要培养学生的创造力，就必须改变传统的教育观念，在教学活动中全面贯彻素质教育的要求，不能只是把培养守纪律、听话、应试分数高的学生作为教育的终极目标。我们应结合教学实际，加强学生良好个性特征的培养，正确对待创造型的学生，使每一个学生的创造潜能都得以充分的展现。

5. 善于培养、激发和捕捉灵感

前已述及，灵感是创造性思维活动中的一种重要表现，它的出现对于创造性思维活动的进行有着巨大的推动作用，因此我们要善于培养、激发和捕捉灵感。(1) 长时期艰巨、紧张的劳动是灵感产生的最基本条件。正如柴可夫斯基说的那样："灵感是这样一位客人，他不爱拜访懒惰者。"灵感状态总是产生在热烈而顽强地致力于创造性地解决问题的人身上，是艰巨劳动的结晶。(2) 对问题的强烈迷恋以及浓厚的兴趣是灵感产生的催化剂。(3) 灵感的发生受主体良好、乐观的情绪状态的影响。有人研究，灵感既不是在主体体力和脑力极度疲劳时发生，也不是在心情烦闷和沮丧时发生，保持良好的情绪和心态有利于灵感的培养。还有人认为，灵感常会出现于紧张工作之余的放松转换的情境。(4) 养成随身携带纸笔的习惯。由于灵感状态的发生具有突发性和不可预见性，有时像电光石火，稍纵即逝，因此养成随身携带纸笔的习惯，有利于随时捕捉灵感。

知识链接 6-3

"头脑风暴法"训练

在创造性思维的培养方面，心理学家提出了很多具体的训练方法，其中"头脑风暴法"是一种影响较大的方法之一。

"头脑风暴法"是奥斯本(Osbum)于 1957 年提出来的。其基本原则是：在集体解决问题的课堂上，暂缓做出评价，以便学生踊跃发言，从而引出多种多样的解决方案。为此，教学活动要遵守以下规则：(1) 禁止提出批评性意见(暂缓评价)；(2) 鼓励提出各种改进意见或补充意见；(3) 鼓励各种想法，多多益善；(4) 追求与众不同的、关系不密切的甚至离题的想法。为了便于主持人启发大家思考，防止冷场，研究人员将启发性问题排列成表，在讨论中使用。例如，有一个启发性问题表上列出了这样 9 个项目：(1) 提出其他用途，如教室不仅可用做学习场所，也可以用做招待所；(2) 应变，从不同方面想问题，如管理学校可以同管理工厂或监狱一样；(3) 改进，如改变班级的构成，改进教学方法或改进处理纪律问题的方法；(4) 扩大，如班级和教师人数、作业和奖罚的量都可以增加；(5) 缩小，如班级规模、作业量可以减少；(6) 替代，如一位教师可以被另一位教师替代，整个班级或其中部分学生可以与其他班级交换；(7) 重新安排，如座位可以重排；(8) 逆转，如可以让学生担任教学工作；(9) 合并，如将前面几个人的意见综合成一种解答方案，或者教学可以与娱乐合二为一。研究表明，通过"头脑风暴法"的训练，学生在创造性测验中的分数确实有所提高。

综合练习

一、概念解释

1. 思维　2. 想象　3. 幻想　4. 创造性思维　5. 定势

二、填空题

1. 思维具有________与________的特征。根据思维的发展和内容，可把思维分为________、________和________三种。

2. 根据目的性把想象分为________和有意想象。根据创造性程度后者又可分为________和________。

3. 解决问题的思维过程可分为________、________、________和________四个阶段。

4. 思维的过程包括________与________、________与________、________与________、________与________。

三、选择

1. 人脑通过一定的事物为媒介来反映客观事物的本质属性，这充分体现了思维的________。

A. 间接性　　B. 概括性　　C. 抽象　　D. 系统化

2. 在头脑中把一类事物的共同特征抽取出来，而舍弃其非本质属性的思维过程叫作________。

A. 分析　　B. 综合　　C. 抽象　　D. 概括

3. 我们看了鲁迅先生的《孔乙己》，在头脑中产生穿长衫、站着喝酒的人物形象，这种心理过程叫作________。

A. 无意想象　　B. 有意想象　　C. 再造想象　　D. 创造想象

4. 有些人在思考问题时往往主观自负，自以为是，随心所欲地得出结论，缺乏自我批判性，这种人缺乏思维的________。

A. 深刻性　　B. 批判性　　C. 灵活性　　D. 逻辑性

四、判断

1. 思维赋予语言以意义和内容，没有思维，语言就成了毫无意义的符号和声音。（　）

2. 梦是无意想象的一种极端形式。（　）

3. 幻想是对未来的设想，常常使人想入非非，以想象代替现实，因此应竭力避免学生产生幻想。（　）

4. 思维定势十分有害，解决问题时应克服定势的出现。（　）

五、问答和简述

1. 什么是思维？思维与感知有什么联系和区别？

2. 什么是想象？再造想象、创造想象及幻想三者的区别何在？

3. 影响问题解决活动的因素有哪些？

4. 简述解决问题的策略。

5. 创造性思维的特征是什么？如何培养学生的创造性思维？

第七章 意识与注意

本章学习指导

1. **识记**：意识的概念、注意的概念、意识的水平、注意的功能、注意的种类。
2. **理解**：意识的特征、注意和意识的关系、注意的生理机制与外部表现、注意的品质和注意的规律。
3. **应用**：① 按照注意的规律组织教学。② 根据注意的品质结构发展学生良好的注意品质。

第一节 意识概述

一、什么是意识

（一）意识的概念

意识一直以来是哲学研究的内容，哲学上所讲的意识是指与物质世界相对立的精神世界，强调的是意识的内容。心理学的研究主要在于揭示心理活动的规律，它所提到的意识和哲学上的意识内涵是不一样的。

心理学上所讲的意识有两种含义：一种是把它当作心理的同义词使用。例如，构造主义的创始人冯特分析意识的结构，机能主义心理学家詹姆斯强调意识的功能，华生等行为主义心理学家否认意识的作用，他们所提到的意识都是这层含义。另一种含义是说，意识是人类所特有的，是一种高级的心理过程。例如，我们承认动物也有心理（感知觉、记忆、情绪反应等），高等动物还有简单的思维活动，但是它们没有意识，因为它们没有语言，不能进行抽象逻辑思维，不能进行有目的有计划的复杂活动。我们所讲的意识就是第二种含义。

意识是人类所独有的高层次的心理活动，一般认为意识是个人对内部和外部刺激的觉知，具体说来有对外部事物、内部刺激、自身以及由这些体验所引起的思维活动等方面的觉知，如听到一段优美的音乐，看到同学的新发型，觉察到疲劳、饥饿，认识到自己的学习不够努力，决心改变现状，认真学习等。

（二）意识的基本特征

1. 意识的觉知性

觉知性是意识的最基本的特征。人能够意识到自身的存在，意识到周围世界（包括自然现象和社会现象）的存在，也能意识到自己和周围世界的复杂关系以及自己的心理活动、行为评价等。所有的这些意识活动都是通过言语加工、言语表达而实现的,意识的基本标志是言语觉知。当我们的心理活动在言语水平上被加工时,这种心理活动就成为意识活动。

知识链接 7-1

面容失认症

有一种罕见的脑病变所引起的疾病叫面容失认症。患者各方面都正常,只是不能识别熟悉的面容,包括家庭成员和亲密朋友的面容,甚至不能识别镜中的自己,也就是说对熟悉的面容丧失了意识。患者在见到熟悉的面容时虽然口头报告说不认识,但却有较强的生理反应:排汗量增多或皮肤电阻下降。这说明,患者对熟悉面容在自主神经系统的活动水平上有加工,似乎能识别熟悉的面容,但却不能在言语水平上加工,因而与他的口头报告的体验不一致。在心理学和精神病学中“意识”这个概念通常都是在觉知性这一基本特征上加以使用。

——选自黄希庭的《心理学导论》,人民教育出版社 2004 年版

2. 意识的能动性

意识的另一个基本特性是能动性。列宁说:“人的意识不仅反映客观世界,并且创造客观世界。”人的意识具有能动地反映客观世界和创造客观世界的能力和作用。

人是现实世界的积极活动者,人对现实的反映不是消极被动的,而是积极主动的。对周围纷繁复杂的事物,有选择地进行反映,首先反映那些对他来说有意义的、符合活动目的的东西。动物没有意识,它只能适应环境。而人有意识,能在活动之前,提出活动的目的,并制订计划,指导自己的活动,以便达到预期的目的,实现对客观现实的改造。

3. 意识的社会历史制约性

从意识的发生发展和内容来看,意识不能脱离社会,意识具有社会历史制约性。人在社会中生活,掌握了人类的语言和知识经验,认识、情感和意志得到发展,形成了能力、性格等个性心理特征,从而产生了人的意识,可以说人的意识是社会的产物。离开人类社会就不能产生人的心理、意识,个人的意识受到社会历史条件的制约。不同时代、不同社会、不同民族、不同阶级,人们的思维方式、性格特征、价值观、职业观等存在着一定的差异,人类意识的内容随着社会历史的发展而发生变化。

二、意识的水平

意识具有各种不同的水平,意识水平是个人在某一时刻对自己的活动及其状态能够觉知的程度。

(一)非意识水平

非意识水平是指个体对有些活动或刺激从来不可能意识到。例如,自己的脑电活动、内分泌腺体的分泌活动、肝功能的变化等是不可能被个体觉知到的。另外,还有超声波、X 射线等超越感受器接受能力的刺激物,个体也不能觉知到。这时个体就处于非意识水平。当然,对于这些活动或刺激所引起的效果,也许个体能觉知到,但对于这些活动本身是觉知不到的。

(二)前意识水平

前意识水平是指保持在人脑中的经验或信息,当前未被意识到,但很容易意识到。处于这

一水平上的信息资料要比任何时刻意识水平上的信息资料数量都多得多。大量的记忆资料处于这一水平，我们平时并没有觉知到众多信息的存在，当需要时提取使用，对它们产生意识。除了记忆，人们对客观世界的假设和推理也是在前意识水平上操作的。

（三）无意识水平

无意识并不是没有意识，无意识水平是指在意识层之下的，被压抑和控制的观念、情绪、愿望等难以被个体觉知。这些经验或信息虽然在当时没有被觉知，但是对个体的记忆、情绪、动机等心理及行为会产生影响。有人把这种状况称为潜意识，也有人认为这是两个不同的概念。我们对这两个概念不作严格的区分，视为同义词。

三、意识与注意

意识与注意既有联系又有区别。

一方面，意识与注意并不完全相同。意识主要是一种心理内容或体验，而注意是心理活动或意识在某一时刻所处的状态，表现为对一定对象的指向与集中，是一种心理活动或“心理动作”。假如把人脑比喻为一台电视机的话，注意就是对电视节目进行选择的过程，而意识则是出现在电视屏幕上的内容。在大多数时候人们可以控制自己的注意方向。

另一方面，意识与注意密切联系。有时我们用注意来描述意识，解释意识。比如我们说“我没注意到你走了”、“我没意识到你走了”，这时的注意和意识是一个意思。注意是一种心理状态，一种比较紧张、积极的心理状态，它是意识的基本特征。注意决定意识的内容，注意决定什么东西可以成为意识的内容，什么东西不可以。注意是意识聚焦的过程，当人们处于注意状态时，意识内容或对象清晰明确。注意依赖于一定的唤醒水平，唤醒水平同样也是意识水平的指标，但是过高的唤醒水平又会导致注意狭窄。

第二节　注意概述

一、什么是注意

注意是心理活动或意识对一定对象的指向和集中。注意是大家都熟悉的一种心理现象，平时人们常说的“聚精会神”、“全神贯注”、“精力集中”、“专心致志”等就是描述人注意时的状态。指向性和集中性是注意的两个基本特征。

注意的指向性是指心理活动有选择地反映一定的对象，而离开其余的对象。在大千世界，每时每刻都有大量的信息作用于我们，但我们不可能对所有的信息都做出反映，只能选择其中某些信息进行反映，才能获得清晰的映象。注意的指向性表现出人的心理活动具有选择性，可以保证我们的心理活动去清晰而准确地把握某些事物。注意指向的对象可以是外部的事物或现象，如日月山川、江河湖海、花草树木、房屋人群等；也可以是人自身的内部世界，如内脏器官的活动、肌肉关节的活动、自身情绪的变化和意志努力的程度等。

知识链接 7-2

意识的研究历史

认知神经科学家们从各个不同的角度研究了意识现象。在 20 世纪五六十年代，对快速眼动睡眠的发现使人们十分激动，认为从此就可能了解不同意识“状态”的生理基础。六七十年代，开始出现了对意识的一种新的、令人惊喜的研究，那就是对联合部切开术的研究和对割裂脑病人的观察。以斯佩里、伯根和加扎尼加的研究为代表，关于割裂脑病人的研究取得了显著的成绩，研究结果支持了这样的可能性：在大脑的两个半球中存在独立的意识系统。这些观察为意识的理论——虽然这些理论有许多还仅是思辨的或推论性的——为神经科学、心理学和哲学等领域的发展打下了丰厚的基础。

在人们为六七十年代的割裂脑病人研究兴奋不已时，70 年代后期及 80 年代发现的另一现象也引起了认知神经科学家的注意。各种不同的脑损伤病人虽然意识和外显的知识受到深度破坏，但他们依然能够获得无意识的或内隐的知识。“盲视”是最典型的、引人注意的一个例子。那些大脑纹状皮质受到损伤的病人否认对视觉刺激有有意识的感知，但他们却能够“猜测”出此刺激的位置和其他特征。类似的例子还有那些丧失了近期经验的、外部记忆或有意识记忆的健忘症病人，他们对这些经验的某些方面却保留了无意识的或内隐的记忆。在失语症、失读症、单侧性忽略和其他一些病人中也发现了类似的分离现象，并且导致了对正常人的同质现象的发现。这些分离现象的发现促使研究者们提出了关于意识的性质、功能和生理机制等方面的各种理论。

在 20 世纪 80 年代，另一种对意识的研究具有重要意义的现象重新引起了人们的注意，这就是对疾病的无觉察，又叫疾病感失认症。有一些脑损伤病人声称完全没有觉察到自身病症的存在，而这些病症在他人看来已是非常明显。对这些现象的报道最早见于 19 世纪末和 20 世纪初。然而，或许是由于用心理动力学来研究这一现象风靡一时，人们没有系统地探讨这种现象对理解意识的本质的意义。但是，受到比夏克和他的同事研究的影响，疾病感失认症的重要性以及相关现象对意识理论的意义受到了更广泛的关注。

——选自 Gazzaniga(沈政等译)的《认知心理学》

注意的集中性是指心理活动停留在被选择的对象上的强度或紧张度，它使心理活动离开一切无关的事物，并且抑制多余的活动。注意的集中性使我们把选择的对象置于心理活动的中心，进而对其进行鲜明而清晰的反映，而其余的事物则处于注意的边缘或注意的范围之外，只能被模糊地意识或意识不到，如高度集中注意时的聚精会神、全神贯注、专心致志、一心一意，而对其他事物视而不见、听而不闻的现象。注意的集中性保证了我们对注意对象有更深入完整的认识。

注意的指向性和集中性表明注意具有方向和强度的特征，两者统一于同一注意过程中，保证了注意的产生和维持。离开指向就不会有集中，没有集中指向就毫无意义。可以说，指向是集中的前提和基础，集中是指向的体现和发展。

注意不是一种独立的心理过程，而它又不能离开心理过程而独立存在，注意与心理过程密切相关。可以说，任何心理过程都开始于注意，注意始终伴随着心理过程，以保证心理活动的顺利进行。注意本身没有反映的内容，它只是将我们的心理活动集中到所指向的事物上，同时伴随着认识过程、情感过程、意志过程而产生，是心理过程的一种共同的特性。平时所说的“大家注意了”、“注意黑板”、“注意铃声”等，是把中间的看、听给省略了，应该是“注意听铃声”、“注意看黑板”。人们在注意的时候，往往在感知着、记忆着或思考着。注意保证了人们对事物更清晰地认识和更准确地反映，它是人们获得知识、掌握技能、完成各种智力活动和实际操作的重要心理条件。注意是一切心理过程的开端，并始终伴随着心理活动的过程。正如俄国教育家乌申斯基所说：“注意是我们心灵的唯一门户，意识中的一切必须要经过它才能进来。”

二、注意的种类与功能

（一）注意的种类

根据产生和保持注意时有无目的和意志努力的程度，可以把注意分为无意注意、有意注意和有意后注意。

1. 无意注意

无意注意也称不随意注意，是没有预定目的、也不需要付出意志努力的注意。例如，学生正在听课，忽然有人推门进来，大家都不由自主地转头看他；课堂上的一声巨响，会使大家不自觉地注意巨响产生的地方，这时的注意都是无意注意。无意注意的产生和维持，不受意识的控制，而是人们自然而然地对那些强烈的、新颖的和感兴趣的事物而产生的。它是人和动物都具有的一种初级的注意形态。

2. 有意注意

有意注意又称随意注意，是有预定目的、需要付出意志努力的注意。如学生在学习时，认识到学习的重大意义，积极主动地将注意力集中于学习上，当遇到困难时，能通过意志努力，克服各种干扰和困难，专心学习，这就是有意注意的表现。有意注意受意识的调节和支配，是人类特有的心理活动。人的心理活动对特定客体的指向和集中，不仅取决于特定客体本身的特点，而且还取决于自觉确立的目的和自觉提出的任务。正因为有自觉的目的和任务，才能产生排除一切干扰使注意得以维持的意志力量。这种注意显示了人的心理活动的主动性、积极性。

3. 有意后注意

有意后注意又称随意后注意，是指有预定目的但不需要意志努力的注意。例如，大学生上课记笔记、司机开车、钢琴家弹奏等，都是在有意注意的基础上，经过学习、训练或培养个人对事物的直接兴趣达到的。当人们在实践活动中，提高了某一活动的熟练程度，使注意过程不再需要意志的努力而成为一种有自觉目的注意的时候，就达到了有意后注意。例如，一个人在初学弹钢琴时，需克服各种困难，还是有意注意，很容易感到疲倦；随着练习的深入，演奏水平不断提高，能够毫不费力地弹一首曲子，弹钢琴成了生活中的一部分，可以说这达到了有意后注意的状态。

有意后注意是注意状态中的一种高级形式，有一定的目的性，也不需要意志努力，在活动进行中不容易感到疲倦，这对完成长期性和连续性的工作有重要意义，它保证了人们用较少的精力去完成持续的工作。但有意后注意的形成需要付出一定的时间和精力。

有意注意和有意后注意的区别在于：前者需要意志的努力，排除干扰，克服动摇，而把注意坚持下去；后者无需意志努力，紧张程度大大减轻了，使活动达到了自动化的程度。

（二）注意的功能

1. 选择的功能

注意使心理活动对信息进行选择，选择有意义的、符合需要的和与当前活动相一致的刺激，避开与之无关的、干扰当前活动的各种刺激并抑制对它们的反映。

注意的选择功能使心理活动具有一定的指向性，保证了心理活动的目的性和方向性。许多心理学家把注意视为认识选择性的高度表现。

2. 保持的功能

外界大量信息输入后，各种信息必须经过注意才能被清晰地反映，进而得到保持。如果不加注意，就不会有清晰的映象，而信息会很快消失，任何智力操作都无法完成。因此，需要将注意对象的映象或内容保持在意识之中，一直到完成任务、达到目的。注意的保持功能使注意对象的映象或内容维持在意识中，得到清晰、准确的反映。

3. 调节和监督的功能

注意控制心理活动向着一定的方向或目标进行。在注意状态下，一旦心理活动偏离目标或方向，我们就会及时予以调节和矫正。同时，根据活动变化的需要，能适时转移注意，以提高活动效率。工作和学习中的错误和事故一般都是在注意分散或注意没有及时转移的情况下发生的。苏联心理学家加里培林把注意称为“智力监督动作”，就是强调了注意的调节和监督功能。

知识链接 7-3

社会训练的注意

一个人缺乏控制自己注意的能力是有害的。

例如，一人被车撞倒了，很快就有一群游手好闲的人密密地包围了上来。这些人并不能对此有所帮助，而他们未经社会训练的注意只会给受害者带来妨碍，甚至阻碍医生的工作。幸好这个医生年轻又有训练，不易于激动，他才能尽量地不去注意这些人，以便尽他最大可能去对伤者进行初步的处置。因此，受害者的生命常常有赖于医生的社会训练的注意。

又如，一个人因某事而发怒，既厉害又感觉正当。他的全部注意都集中在发怒这件事本身上，完全没有想到自己也可能有错。他反复回忆惹他发怒的情景，于是更发现了许多证明自己正确的事实。这样他的朋友就逐渐变成了他的敌人。由于不能控制自己的注意，难以把思想暂时转换到其他的对象，以前所喜爱的人就会变成了厌恶的人。但是，如果发怒时能控制自己的注意，有意地把它转到其他问题上，他就可以改用另外一种不同的眼光来看待这个事件。他就会对朋友继续保持友谊，他所喜爱的人就会继续受他喜爱。

控制自己的注意，不仅意味着把注意指向某种应该指向的事物，而且也意味着让注意避开不应该注意的事物。只有在后一种情况下，一个人的注意才被称为社会训练的注意。

——选自普拉图诺夫的《趣味心理学》，吉林人民出版社 1984 年版

注意在人的心理活动中占有非常重要的位置，它对人类具有十分重要的意义。注意使心

理活动处于积极状态，保证人们对事物进行清晰、准确的反映。它是人们细致观察、良好记忆、充分想象、创造性思维的重要条件。学生的学业成绩、劳动者的工作效率、科学研究者的实验成败，都依赖于个人良好的注意品质。注意能使人的感受性提高、知觉清晰、思维敏捷，从而使行动准确、及时。在任何实践活动中，只有集中注意，才能顺利地、有效地完成工作任务。

三、注意的生理机制与外部表现

（一）注意的生理机制

注意从其发生方式来说是有机体的一种定向反射，是以定向反射为基本机制的。定向反射是由新异刺激物引起的，如果刺激持续作用或多次反复，定向反射就会消失。定向反射发生时，人的身体会产生一系列的变化，如感觉器官朝向新异刺激的方向，四肢血管收缩而头部血管舒张，呼吸缓慢，瞳孔扩散和脑电反应。

注意必须在有机体觉醒状态下才能进行，可以说没有觉醒就不会有注意。脑干网状结构引起大脑活动的激活，使脑处于觉醒状态，注意便成为可能。但是，觉醒并不等于注意，大脑的普遍激活无法解释注意的选择性。人选择一些刺激，离开其余的刺激，必须有更高级的脑组织——边缘系统和大脑皮层的参与。

边缘系统既是调节皮层紧张性的机构，又是对新旧刺激物进行选择的机构。在边缘系统存在大量的神经元，称作注意神经元。它们对刺激的变化或新异刺激做出反应，习惯化了的刺激不再进行反应。它们对信息进行选择，从而保证有机体实现精确选择的行为。如果这部分组织受到损伤，将引起整个行为选择的破坏。

产生注意的最高部位是大脑皮层。大脑皮层调节、控制皮层下组织，并主动地调节行动，对信息进行选择。可以说，注意是刺激引起的一种大脑皮层上的优势兴奋中心的负诱导。当刺激作用时，大脑皮层相应区域产生一个优势兴奋中心，邻近的区域就处于不同程度的抑制状态，使得人对客观事物产生清晰和完善的反映，并且不容易受到干扰。也就是说，只有在优势兴奋中心的刺激才能引起注意，在其周围处于抑制状态的刺激则不能引起注意。所以，注意集中于某事物时，对其他事物则表现出“视而不见”、“听而不闻”。注意的生理机制决定了注意的两个特点——指向性和集中性。另外，大脑皮层的额叶在调节有意注意上有着重要的作用。大脑额叶严重受损伤的病人对新异刺激和环境干扰过分敏感，容易分心，无法完成有目的的行为。有意识地、持久地集中注意需要大脑额叶的作用。

（二）注意的外部表现

人在集中注意某对象时，常常伴随着特定的生理变化和外部表现。如汉乐府《陌上桑》中有这样一段描述：“行者见罗敷，下担捋髭须。少年见罗敷，脱帽著帩头。耕者忘其犁，锄者忘其锄。”描绘了各种人物注意美丽的罗敷时的表现。具体来说，注意最显著的外部表现有以下几种：

1. 适应性运动出现

人在注意时，有关的感觉器官朝向刺激物，产生一系列积极的适应性运动。例如，人在注意观察某个物体时，目光盯着该物体，即所谓“举目凝视”；注意听声音时，把耳朵转向声音发出的方向，即所谓“侧耳倾听”；当沉浸于思考或想象时，眼睛常常是“呆视着”或“紧锁双眉”、“俯首沉思”等。

2. 无关运动的停止

人在高度集中注意时，有关的肌肉处于紧张状态，与当前注意活动无关的运动会暂时停止或消失。例如，当一个人看精彩的电视节目入迷时，眼睛会一动不动地看着电视屏幕，手和脚等动作会停止下来。

3. 呼吸运动的变化

人在集中注意时，呼吸变得轻微而缓慢，呼与吸的时间比例也会发生变化，吸气时间缩短而呼气时间延长。当注意力高度集中时，有时甚至会出现呼吸暂时停止的状态，即所谓"屏息"现象。

此外，在注意紧张时还会出现心跳加速、牙关紧闭、握紧拳头、目瞪口呆等现象，有时会情不自禁地发出感叹声。

可以根据一个人的外部表现来推断他的注意情况。一般来说，姿态端正、面部表情严肃、目光注视老师的学生是集中注意的表现，而懒洋洋的状态、东张西望的眼神或表情凝滞、呆若木鸡、毫无表情地端坐着，常常是不注意的表现。但有时注意的外部表现和注意的真实情况不相符合。例如，貌似注意一件事，实际上心理活动却指向和集中在另一件事上。因此，判断一个人是否注意，要细心观察，认真分析。

第三节 注意的规律与组织教学

一、无意注意的规律与组织教学

（一）无意注意的规律

无意注意时心理活动对一定事物的指向和集中是由一些主客观条件所引起的。

1. 刺激物本身的特点

（1）刺激物的强度。刺激物的强度是引起无意注意的重要原因。刺激物的强度可以是绝对强度，也可以是相对强度。强烈的刺激物，如一道强光、一声巨响、一种浓烈的气味，都会引起人们的无意注意。有时刺激物的物理强度很弱也会引起人们的注意。如轻微的耳语声不能算是强烈的刺激，但在安静的图书馆或寂静的夜晚能引起人的无意注意。无意注意中，起决定作用的往往不是刺激的绝对强度，而是刺激的相对强度，即刺激强度与周围物体强度的对比。

（2）刺激物的新异性。新异的事物很容易成为注意的对象。千篇一律的、刻板的、司空见惯的、多次重复的事物，很难吸引人们的注意；而外形新奇、功能独特的事物常会成为人们关注的焦点，引起人们的无意注意。刺激物的新异性是指刺激物的异乎寻常的特性。新异性可以分为绝对新异性（人们从未经历过的事物及其特征）和相对新异性（刺激物特性的异常变化或各种特性的异常结合）。研究表明，刺激物的相对新异性更能引起人们的注意。

（3）刺激物与背景之间的对比关系。刺激物在形状、大小、颜色和持续时间等方面与周围环境和其他刺激物存在显著差异时会引起人们的无意注意。例如，"万绿丛中一点红"、"鹤立鸡群"等，由于刺激物与背景之间的对比鲜明，极易引起人的无意注意。

（4）刺激物的活动和变化。活动的、变化的刺激物比静止的、无变化的刺激物更容易引起人们的注意。在相对静止的背景上，运动变化的刺激物容易引起注意。例如，霓虹灯一亮一暗、音乐演出中乐团指挥的手势、活动的玩具、夜空中的流星、教师在讲课时抑扬顿挫的语调等都很容易引起人的注意。而在运动变化的背景上，相对静止的刺激物也会引起人的注意。如在教师在讲课中，如果有一个短暂的突然停顿，就会引起学生的注意。

2. 主观条件(即人本身的状态)

无意注意虽然主要是由外界刺激物的特点引起的，但也取决于人本身的状态。所以，有时同样的刺激物可能会引起某些人的注意，而不会引起另一些人的注意。引起无意注意的主观原因有：

(1) 需要和兴趣。凡是能够满足人的需要特别是当前需要、符合人的兴趣特别是直接兴趣的事物，都会使人产生期待的心情和积极的态度，从而引起无意注意。例如，体育比赛的信息容易引起体育爱好者的注意，音乐会的广告往往引起音乐爱好者的注意，食物更容易引起饥饿人的注意。一般来说，无意注意同由于刺激物的特点和活动过程本身激起的直接兴趣有关。

(2) 情绪和精神状态。人的情绪状态在很大程度上影响着人的无意注意。一个人心情愉快，心胸开朗，周围的事物很容易引起他的注意，注意也容易集中和持久；相反，一个人心情郁闷，郁郁寡欢，闷闷不乐，注意范围狭窄，平时容易引起注意的事物，这时也很难引起他的关注。

人在过度疲劳或患病时，就不如在精神饱满时容易对新鲜事物发生注意。因为人当时的精神状态也对无意注意有影响。

(3) 知识经验。刺激物的出现能否引起人的注意，还取决于人已有的知识经验是否被理解或理解到什么程度。一般来说，和已有知识经验相联系，又增加新知识的事物容易引起无意注意。例如，外文材料不会引起不懂外文的人的注意，电视中精彩的围棋讲座不会被对围棋一窍不通的人所关注。

无意注意因为无需意志努力，所以在工作、学习中可以减少脑力的消耗，避免身心过度疲劳。但这种注意是自发产生的，因此仅靠无意注意人们不可能获得系统的知识和完成艰巨的工作任务。

(二) 运用无意注意规律组织教学

无意注意主要是受外部事物的刺激作用不自觉地产生的。它可以为教学活动服务，使学生在课堂上轻轻松松地集中注意听讲，有一定的积极作用。但它缺乏目的性，不需要意志努力，常会导致学生上课分心，干扰了正常的教学活动，也有一定的消极影响。在具体教学工作中，教师应该利用无意注意的规律加强教学过程，避免无意注意的消极因素的作用，发挥它的积极影响。

1. 创设良好的教学环境，避免分散学生的注意

创设良好的教学环境是避免无意注意产生干扰作用的有效策略。为了使学生在学习过程中不受外部无关刺激的干扰，应该创造一个安静、整洁的教学环境。如教室要保持相对安静，排除周围嘈杂的声音；教室要保持干净整洁，桌椅排列整齐；避免过于华丽、繁杂的室内布置，保持简洁朴素；教师的着装要得体大方，发型要端庄素雅，不要有口头禅和过度的表情。这样就减少了课堂上的各种干扰因素。另外，直观教具的使用要适时适当，及时收取，避免分散学生的注意力。

2. 合理安排教学内容，采用多样化的教学方式，吸引学生的注意

少年期学生有旺盛的求知欲，凡是能满足其需要、兴趣的刺激物很容易引起他们的无意注意。因此，教师在组织教学内容时，要考虑到学生的需求，进行合理安排。教材要有科学性、趣味性和实践性。学生认为有趣的、有用的知识才愿意去学，也才能引起他们的注意。教材的深度、难度要适当。过深过难的内容，学生会因难以弄懂而却步；过于简单的内容，会因缺乏挑战而使学生失去兴趣。所以，要结合学生实际，和已有知识建立一定的联系，把教学内容安排得合理、丰富、新颖，激起学生的求知欲，吸引学生的注意。实际教学中，有的教师怕学生听不懂，不厌其详地重复学生已熟知的东西；有的教师讲授的内容超出学生所能接受的水平，与学生已有的知识经验没有任何联系。这些做法都不能使学生的注意保持在教学内容上。

呆板单调的教学，由于长久的接受单一的刺激，降低了神经活动的兴奋性，而不能引起学生对学习的兴趣。生动、灵活、多样的教学方法，会使学生精神振奋，提高学习的积极性。以启发式作为教学指导思想，使学生既动脑又动手，把课堂讲授、集体讨论、个别提问、角色扮演、动手操作等结合起来，充分挖掘学生的潜力，激起他们探究知识的兴趣，从而组织学生的注意。另外，在教学中教师还要借助新颖直观的教具、清晰醒目的板书，利用抑扬顿挫的语言、适当的手势和表情等，引起学生的无意注意。

利用无意注意规律，可以有效地强化教学的艺术性，引起学生积极的无意注意，提高教学效果。同时要避免那些教学上的形式主义。有些教师为了引起学生的注意，把大量无关的资料、故事、游戏插入教学中，此时所引起的只是消极的无意注意，学生的注意指向集中在无关紧要的对象上，破坏了教学内容的思想性、科学性和系统性，降低了教学效果。

二、有意注意的规律与组织教学

（一）有意注意的规律

有意注意的发生和维持，虽然与主体的需要、兴趣、情感、知识经验有关，但这些主观因素的作用是间接表现出来的，它们都受主体当时确定的活动目的所制约。具体来说，引起和保持有意注意的条件包括如下几个方面：

1. 对目的、任务的理解

有意注意是一种有预定目的的注意，对活动的目的、任务及重要意义的理解程度对保持有意注意有一定的影响。对这些理解得越清楚、越深刻，完成任务的愿望越强烈，对完成任务的有关事物越容易保持有意注意。心理学实验表明，若被试对活动要求不明确、目的不清楚，常容易分神，不能长时间维持有意注意。

2. 合理地组织活动

活动组织得是否合理关系到有意注意的保持。研究表明，形式单调、内容枯燥、缺乏实际操作的活动容易使人疲劳和厌倦，很难使人长久保持有意注意。所以，我们在活动的目的任务明确的前提下，合理组织活动，采取多种形式，把智力活动和实际操作结合起来，手脑并用（如听课或读书时做笔记，课堂中的小实验，增加讨论和竞赛等），都有利于保持有意注意。同时，一个人养成良好的工作、生活习惯，也有利于在规定时间内全神贯注地完成任务。

3. 稳定的间接兴趣

直接兴趣是引起无意注意的主要原因，而间接兴趣则是保持有意注意的重要因素。间接兴趣是对活动的目的和结果的兴趣。有了这种间接兴趣，尽管活动本身枯燥，但有意注意仍能保持很长时间，使人长久地从事这种活动，直到完成任务。间接兴趣往往是激发人们从事工作的一种动力。如当前有很多人虽然觉得外语的学习单调、枯燥，但都能克服困难，长久地坚持下去，是因为他们认识到掌握外语的重要意义，对学习外语的结果感兴趣。间接兴趣，特别是稳定的、持久的间接兴趣，是有意注意保持的重要条件。

4. 坚强的意志力

有意注意保持中常会遇到各种干扰和困难。有外部干扰，如与活动内容无关的声音和视觉刺激；也有内部干扰，包括主体生理上的疲劳、疾病以及心理上消极的思想和情绪。这些都可能干扰正在进行的活动，影响有意注意的保持。因此要采取措施，排除干扰。关键的是培养抗干扰的能力，以坚强的意志与内外干扰做斗争，从而克服分心，集中注意，全身心地投入到学习和工作中去。

有意注意是进行一切工作和学习的前提和保证，是任何伟大思想和科学创造产生的重要心理因素之一。

（二）运用有意注意规律组织教学

学习是一种复杂的、艰巨的甚至是枯燥的活动，学习过程中难免会遇到很多困难和干扰。如果学生只凭借无意注意是难以完成学习任务的，学习活动的顺利进行更多地需要有意注意的调节和控制。有意注意的活动并不总是符合个体的兴趣和心理需要，因此有时个体不免产生厌倦和疲劳。在教学中，教师要保证学生有良好的有意注意，应注重以下四个方面：

1. 明确学习的目的和任务

有意注意是服从于预定目的和任务的注意。学生确立明确的学习目的，有一个正确的学习态度，是保证持之以恒地学习的前提。要经常对学生进行目的性教育，明确为什么学习、每一部分学习内容的具体要求是什么，目的越明确，注意就越容易集中。如在每节课的开始，教师要给学生明确本节课的教学目标和应掌握的知识点，以增强学生学习的自觉性，唤起和维持有意注意。学生对学习的目的、任务认识得越清楚、越深刻，保持有意注意的能力就越强。

2. 培养间接兴趣

学生不能单凭兴趣学习，他们常常必须学习那些虽然不感兴趣但又必须学习的知识。学生要保持有意注意就必须了解本学科知识学习的意义和重要性。因此教师在知识教学中要渗透一定的思想教育。特别是在一些内容枯燥、难度稍大的科目学习中，要使学生了解掌握知识后的功用和社会价值，引起他们对学习结果的间接兴趣，这样可以使他们进入有意注意的学习活动。历史上有些科学家一生从事生物、化学研究，一开始并不一定是其兴趣所在，但为了使国家富强、科技繁荣，能够兢兢业业全身心地投入学习和工作中。

3. 合理组织教学活动

学习活动需要学生维持有意注意，但人的注意力又很难长久地集中。所以教师的教学过程要根据教学原则，严密组织课堂教学，一环扣一环，使教学的每个环节都有丰富充实的内容，以集中学生的注意力。但教学内容不能安排过满，教学节奏不能过于紧张，以防学生因疲劳而注意力分散。教师在教学中还要注意提出具有启发性的问题，引导学生积极思考，以维持学生的注意。另外，教师可以运用多种教学手段，采取生动活泼的形式，把学生的智力活动和实际操作结合起来，降低和消除学生的疲劳感，维持其较长时间的有意注意。

可以说，课堂教学组织越合理，越符合学生的心理特点和内在需要，学生越不容易分心。分心是与注意相反的心理表现。为了避免学生分心，要采取一些具体的措施。

(1) 超前控制。对有不良的学习习惯、上课爱做小动作的学生，要有针对性地调查分析，分别进行一定的教育或特殊的安排，采取防治措施，做到防患于未然。

(2) 信号控制。教师在教学过程中通过面部表情、手势动作、语言变化等信号来暗示分心的学生，提醒他们集中注意。

(3) 提问控制。根据教学内容，针对个别分心的学生点名提问，以达到控制分心的目的。

(4) 表扬(批评)控制。不失时机地表扬专心听讲、正确回答问题的学生，给分心的学生树立榜样，进而使其自我改正错误，自觉转入注意状态。同时也可适当地对分心的学生进行批评，以起到加强注意的效果。不过，要注意适度，点到为止，不要使其变成引起其他学生分心的因素。

4. 严格要求学生，加强意志力的培养

有意注意的维持需要意志努力的参与。对学生提出严格而适当的要求，加强组织性和纪律性的教育，是学生形成良好学习习惯和增强意志力的有效途径。如要求学生课前做好准备，上课听讲专心，作业认真，任何活动都要有始有终等。这样既培养了学生严肃、认真的学习态度，也锻炼了学生抗干扰的意志力，有利于增强学生的有意注意。

三、两种注意相互转化的规律与组织教学

(一) 两种注意相互转化的规律

无意注意与有意注意是两种不同性质的注意。无意注意的发展水平较低，是没有预定目的、被动的、不由自主产生的注意；有意注意的发展水平较高，是有预定目的的、主动的、必要时需要一定意志努力来维持的注意。但是在社会实践中，两种注意很难截然分开，它们密切联系在一起，是可以相互转化的。无意注意可以转化为有意注意。例如，一个人开始因为兴趣而学习英语，后来通过活动认识到它的重要意义，就会自觉、积极主动地学习英语，遇到困难时能够付出意志努力，这时无意注意就转化为有意注意。同样，有意注意也可以转化为无意注意。如果一个人开始学习英语时，对它并不感兴趣，往往需要付出一定的意志努力。后来经过一段时间的学习，掌握了学习方法，扫清了困难，学习变得轻松了许多，不再需要意志努力了，这时有意注意就转化成了无意注意，更准确地说是转化成了有意后注意。

我们要完成一定的活动，需要无意注意和有意注意的共同参与，两者的不断相互转化是注意在活动中的正常状态。任何一项有意义的活动，单凭无意注意是难以完成的。因为所有的活动都不可能仅仅是兴趣而没有困难，要使活动顺利进行下去，必须有有意注意的参与。而只凭有意注意，活动也难以坚持长久。因为长时间的紧张的意志努力，容易使人产生疲倦而导致注意分散，同样不能实现预期的目的，所以又必须有无意注意的参与。可以说，两种注意在从事任何一项活动时几乎都存在，且在一定条件下可以相互转化。

(二) 运用两种注意相互转化的规律组织教学

在教学中，如果过分地要求学生以有意注意进行学习，学生需要意志努力的参与，容易引起疲劳；反之，如果学生只凭借无意注意来学习，由于目的性不强，不利于克服学习过程中的困难去完成学习任务。所以无论在整个教学活动中，还是在一堂课上，需要两种注意的协同作用。如在一堂课中，上课之初教师就应采取措施，通过组织教学、检查提问把学生的注意力转移到本节课上来，唤起学生的有意注意。在讲授新的教学内容时，教师可以通过生动形象的实例说明、灵活多样的教学方式、丰富的表情等，使学生对教学内容产生无意注意。当讲授教学内容的重点、难点时，可有意重复或强调，让学生保持有意注意，充分理解和思考问题。随着教

师由浅入深的分析，学生对所学内容逐步理解，轻松愉快地学习，也就自然而然地转为有意后注意。在新课结束后，教师要巩固新课，布置作业，提出明确的复习和预习要求，使学生保持有意注意。在整个教学过程中，有意注意和无意注意有节奏地交替，使学生的学习有张有弛，这样既能始终把注意指向学习活动，又不会引起过分紧张与疲劳，从而顺利有效地完成学习任务。

第四节　注意的品质

一、注意的范围

（一）注意的范围的概念

注意的范围（也称注意的广度）是指在同一时间内，人们能够清楚地把握的注意对象的数量。按人们平常的体验，好像在同一时间内可以感知许多对象。但仔细分析，在这些被感知的对象中，完全清楚的为数不多，许多对象则是不完全甚至很模糊的。心理学家很早就开始研究注意广度的问题了。1830 年，心理学家汉密尔顿最先做了这方面的实验，他在地上撒了一把石子儿，发现人们很难在一瞬间同时看到六颗以上的石子儿。如果把石子儿两个、三个或五个组成一堆，人们能同时看到的堆数和单个的数目一样多。这可以用速示器（一种能控制刺激物呈现时间的仪器）测定出来。根据实验研究，成人在 1/10 秒时间内，一般只能注意到 3～4 个几何图形、4～6 个毫无联系的孤立的外文字母或 8～9 个黑色的圆点。我国心理学工作者的实验表明，对没有内在联系的单个汉字只能看清 3～4 个。一般人的眼睛在 1/10 秒内是来不及转动的，因此被试对刺激的知觉几乎是同时的，人能清楚知觉到的对象是有限的。

（二）影响注意范围的因素

1. 注意对象的特点

注意的广度因注意对象的特点的变化而有所不同，注意对象的排列方式、颜色、形状的异同等影响着注意的范围。注意对象愈相似，排列愈集中或愈有规则，越能成为相互联系的整体，注意范围也就愈大；反之，注意范围则愈小。研究表明，人们对形状相同或颜色一样的对象，其注意范围比形状不同或颜色不一样的对象大一些；对排列规则的对象，又比随机分布的对象注意范围大一些。

2. 活动的性质和任务

同样的注意对象，每个人的活动性质和任务不同，注意的范围会有不同的变化。阅读同一篇文章，担任编辑任务的人与从事校对工作的人，注意范围就不一样，前者较大，后者较小。用速示器呈现一些英文字母，要求一组学生在短时间内判断哪些字母书写有误，并报告字母的数量；要求另一组学生只报告所有字母的数量。结果，前者知觉到的字母数量要比后者少得多。可见，活动任务越复杂，注意的范围会越小。

3. 知识经验

一般来说，个体的知识经验越丰富，整体知觉能力越强，注意的范围就越大。经验愈多，知识愈广，就愈善于组织所感知的对象，把它们联系成一个整体来感知。文化水平较高的人，阅读时的注意范围比刚识字的人要大得多。不识字的人，是以一个字或一个笔画为一个知觉对象的，故对字的注意范围较小；有一定知识经验的人，常常是以一个词或一句话为一个知觉对象，因而注意范围就大。这就是说，要想扩大注意的范围，其根本途径是增加知识和丰富经验。

在现实生活中，排字工人、打字员、汽车驾驶员、飞行员及球类比赛的裁判员等都需要有较大的注意广度。可见，扩大注意广度，可以提高工作和学习的效率。

二、注意的稳定性

（一）注意的稳定性的概念

注意的稳定性也称为注意的持久性，是指注意在同一对象或活动上所持续时间的长短，这是注意在时间上的特征。持续时间愈长，注意就愈稳定。但衡量注意的稳定性，不能只看时间的长短，还要看这段时间内的活动效率。

注意的稳定性有狭义与广义之分。狭义的稳定性是指注意在某一事物上所保持的时间，如长时间看电视、读一本书等。广义的稳定性是指注意在某项活动上保持的时间。在广义的稳定性中，并不是说注意总是指向或集中于同一对象，而是指注意的具体对象可以变化，但注意指向的总方向始终不变。例如，学生在听课的时候，跟随教师的教学活动，一会儿看黑板，一会儿记笔记，一会儿读课文，虽然注意的对象不断变换，但这些活动都服从于听课这个总任务。在许多学习和工作中，我们都强调广义的注意的稳定性。

人的注意很难长时间地保持固定不变。例如，把表放在耳边，保持一定距离（5～10 厘米）听表的声音，能隐约听到表的滴答声，表的声音是均匀的，但被试时而听到表的滴答声，时而又听不到，时强时弱。注意的这种周期性变化的现象，叫作注意的起伏，也称为注意的动摇。在注视双关图时，可以明显体验到注意的起伏（如图 7-1）。注视时会觉得图中的小正方形时而凸起，时而凹陷；图中立方体的个数一会儿是六个，一会儿是七个。人的注意并不是静止不动的，存在起伏现象，这是正常的注意现象。短时间的注意起伏不会影响活动的完成，不会破坏注意的稳定性，因为这是有机体神经机能活动的节奏性引起的。

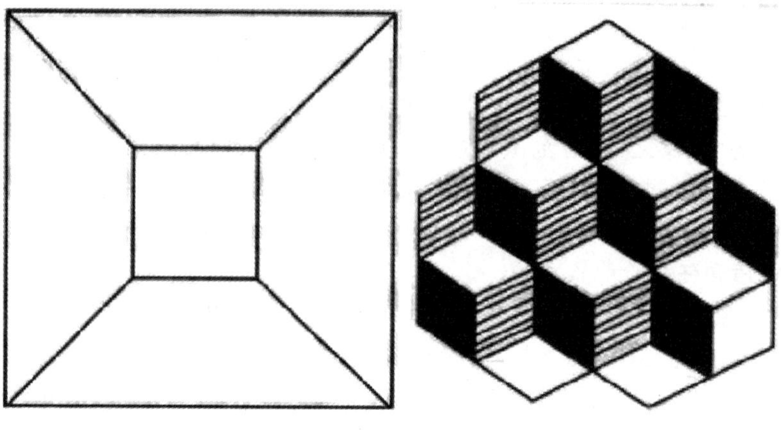

图 7-1 注意的起伏

同注意的稳定性相反的表现是注意的分散。注意的分散，又称分心，是指在注意过程中，由于无关刺激的干扰或者单调刺激的长时间作用引起的，注意离开当前应当完成的任务的现象。无关刺激的干扰容易引起无意注意，妨碍有意注意的活动。单调刺激的作用是指有意注意的活动如果千篇一律，毫无新意，会引起主体的疲劳和精神松懈，也会产生分心。如果一个人经常发生注意分散的现象，就不能很好地获得客观事物的清晰而完整的映象。所以，我们必须和注意的分散做斗争，克服分心，保持注意的稳定性。

（二）影响注意稳定性的因素

1. 注意对象的特点

简单而无变化的对象，注意集中的时间就很短。因为人们既不容易也没有必要长时间去注意一个毫无内容和变化的对象。内容丰富的、复杂的、活动的对象比内容贫乏的、单调的、静止的对象更能维持注意的稳定性。实验证明，在被动和无目的地去看一个单调而没有变化的事物时，要想注意集中 5 秒钟都很困难。这是大脑皮层保护性的表现，它可以使人们避免不必要的精力消耗。反之，复杂而多变的事物，则可延长注意集中和稳定的时间。维持时间的长短又取决于事物的复杂程度和变化程度。但并不是说事物越复杂，刺激越丰富，注意力就越稳定。过于复杂、变幻莫测的对象反而容易使人产生疲劳，导致注意的分散。

2. 人的主体状态

一个具有坚强的意志力、善于控制自己、又能同各种干扰做斗争的人，注意就比较稳定。一个身体健康、精力充沛、心情愉快的人，就会在学习和工作中不知疲倦，全力投入，长久保持注意。一个人处于疾病、过度疲劳或情绪低落等情况下，注意就无法保持稳定，活动效率也会大大降低。

在实际工作和学习中，如果允许在 10～20 分钟的集中注意之后，松弛几秒钟，并动员多种分析器参加活动，那么注意的稳定性就可保持数小时之久。

研究表明，注意的稳定性和学生的学业成绩有很高的相关。科学研究、外科手术、速记工作等都要求有高度的注意稳定性。注意的稳定性对每个人都有重要的意义。

三、注意的分配

（一）注意分配的概念

注意的分配是指在同一时间内把注意指向两种及其以上不同对象或活动上。在一般情况下，人们的注意在一定时间内只能指向和集中于一定事物，这就是所谓的“一心不能二用”。心理学实验和日常生活经验都证明，一心二用是会影响学习和工作效果的。例如，要求一个人一边做数学习题，一边又去学习外语，结果是两种事都做不好。但是，在日常生活中，却经常要求人们同时去注意更多的事物，即所谓“眼观六路，耳听八方”，这就是注意的分配。如教师讲课时，边板书，边观察学生；学生听课时，边记笔记，边思考；司机开车时，边驾车，边观察路况，这些都是注意力分配的表现。事实证明，注意的分配是可行的，人们在生活中可以做到“一心二用”甚至“一心多用”。有史料记载，苏联一位国际象棋特级大师，可以同时和五十多位高手对弈保持不败。

（二）影响注意分配的因素

注意的集中和分配显然有一定的矛盾，但在一定条件下，注意的集中和分配可以统一起来，为达到总的目标服务。影响注意分配的因素，主要包括以下两种情况：

1. 同时进行的多种活动必须有一些应是高度熟练的

在同时进行的多种活动中，必须有一些活动是非常熟练的或已达到“自动化”的程度，它们不需要给予更多的关注，个体就可以集中大部分精力去关注比较生疏的活动，这样才能保证几种活动同时进行。学生上课时可以边听讲边记笔记，这显然是由于写字已经达到熟练甚至自动化的程度，注意力主要集中在听讲上。司机开车，只有在驾驶技术非常熟练的情况下，才能把注意力集中到观察汽车前进的道路上，并且根据马路情况来操纵汽车的行驶。如果同时进行的活动都是生疏的，都需要高度的注意力，结果就会顾此失彼。

2. 同时进行的几种活动必须有内在联系

有内在联系的活动才便于注意的分配。同时进行的几种活动在性质和内容上有一定的联系，通过训练，这些活动之间已经形成了某种反应系统，即已组合成一个整体的操作系统，这时注意的分配就能顺利进行。一个有经验的教师在课堂上一边讲课一边观察学生的听课情况，同时还可以板书和把握上课时间。他之所以能同时顺利地进行几种活动，是因为他经过长期的教学，这些活动已经形成系统。如演员的边弹边唱、边歌边舞等都是由于长期的训练，使弹和唱、歌和舞等成为一个完整的行为模式，注意分配便成为可能。

注意分配的能力是因人而异的。有人能够毫不紊乱地同时进行几种活动，有人则感到很困难。其关键在于是否通过艰苦练习，大脑皮层上形成各种各样稳固的暂时性神经联系。从事某些对于注意的分配要求较高的职业，如汽车司机、航空及航海驾驶员、交通警察、教师、演员等等，都应有意识地经过练习，达到“眼观六路，耳听八方”，合理地分配注意力，从而保证工作顺利地进行。

四、注意的转移

（一）注意的转移的概念

注意的转移是指根据活动任务的要求，主动地把注意从一个事物及时地转移到另一个事物上。在日常学习、工作和生活中，人们常常要把自己的注意不断地从一个对象转移到另一个对象上去。例如，学生在学校的学习，第一节语文课，第二节数学课，根据学习的需要，学生把注意主动及时地从语文课转移到数学课。

注意的转移是主动进行的，不是被动发生的。注意的转移不同于注意的分散。前者是根据任务需要，有目的地、主动地把注意力转向新的对象，使一种活动合理地为另一种活动所代替，目的是提高活动效率，保证活动的顺利完成，如看完一堂录像教学课，要求学生转而互相讨论。后者是由于外部刺激或主体内部因素的干扰作用引起的，使自己的注意力离开了需要稳定的对象，而不自觉地转移到对完成工作有不良影响的无关的活动上，是消极被动的。注意的分散违背了活动任务的要求，偏离了正确的注意对象，降低了活动效率。如果两个学生在看教学录像的过程中交头接耳，互相说笑，而没有关注录像的内容，显然是注意分散的表现。

良好的注意转移表现在两种活动之间的转换时间短，活动过程的效率高。

（二）影响注意转移的因素

注意转移的快慢和难易，取决于以下几个方面的因素：

1. 原来注意的紧张度

原来注意的紧张度高或个体对原来活动的兴趣浓厚，注意力集中，注意的转移就困难。一个沉迷于电脑游戏的孩子很难让他转移注意力，去拿起书本温习功课。刚参加完一场重要考试的学生，很难转移注意力学习新的内容。当然，如果原来注意的紧张度很低，对原活动的注意力本来就不够集中，就比较容易随活动任务的要求而迅速转移注意。

2. 新的注意对象的性质和特点

新的注意对象能引起个体的兴趣，满足他的心理需要，注意转移就容易和迅速；反之就困难和缓慢。

3. 神经系统的类型

大脑皮层神经兴奋过程和抑制过程相互转换灵活的人比不灵活的人更容易实现注意的转移。

4. 明确的信号提示

在需要注意转移的时候，事先发出的明确的信号提示可以帮助个体的大脑处于兴奋和唤醒状态，使个体有心理准备，从而灵活迅速地转换注意对象。文艺演出中报幕员的角色，其实也发挥着这方面的作用。这种提示信号，既可能是物理刺激（如铃声、号角），也可以是他人的言语命令，甚至是自己的内部言语的提醒。

敏捷地转移注意是一种良好的品质，当外界环境发生变化或个体自身面临任务发生变化时，这种注意的调整不仅是恰当的，也是有生存意义的。许多工作都要求在短时间内对各种新刺激做出迅速准确的反应，需要迅速转移注意力。一个优秀的飞行员在起飞和降落的5～6分钟内，注意的转移就达200余次之多；如果注意的转移不及时，其后果是不堪设想的。我们每天要上好几门课程，这便要求及时转移注意。

综合练习

一、概念解释

1. 意识　2. 注意　3. 无意注意　4. 有意注意　5. 有意后注意

二、填空

1. 意识的基本特征有________、________和________。

2. 意识的水平有________、________和________。

3. 注意是心理活动或意识对一定对象的________与________。

4. 注意的两个基本特征是________和________。

5. 注意的外部表现主要有________、________、________。

6. 注意的功能是________、________、________。

7. 根据有无明确的目的和意志努力的程度，可以把注意分为________、________和________。

8. 引起无意注意的客观条件有________、________、________和________。

9. 保持有意注意的条件有________、________、________和________。

10. 注意的品质有________、________、________、________。

三、判断

1. 注意是一种非常重要的心理过程。（　　）

2. 无意注意就是没有注意。（　　）

3. 无意注意、有意注意、有意后注意在一定的条件下可以相互转化。（　　）

知识链接 7-4

检测自己的注意力

1. 下面表格中所列的数字为 10 至 59，如果能在 30 秒内找到 3 个连续的数字（如 12、13、14 或 37、38、39 等），说明你的注意力水平属中等；如果能在 15 秒内找到，说明你的注意力水平属上等；如果需要 1 分钟才能找到，说明注意力集中性较差。

15	27	49	33	59
34	19	42	54	45
26	16	39	28	57
40	35	14	56	30
12	29	44	51	23
50	43	36	24	11
37	20	55	32	47
25	41	17	53	38
52	18	21	31	46
13	22	48	10	58

2. 请用你的眼睛尽可能快地追踪下图中所示的每一条曲线，然后，在图的右面每条线终止的那个长方形上写下线条的号数。如果你能在右面方格完全无误地写出每一条线的号数，就说明你的注意是稳定、持久和高效率的。

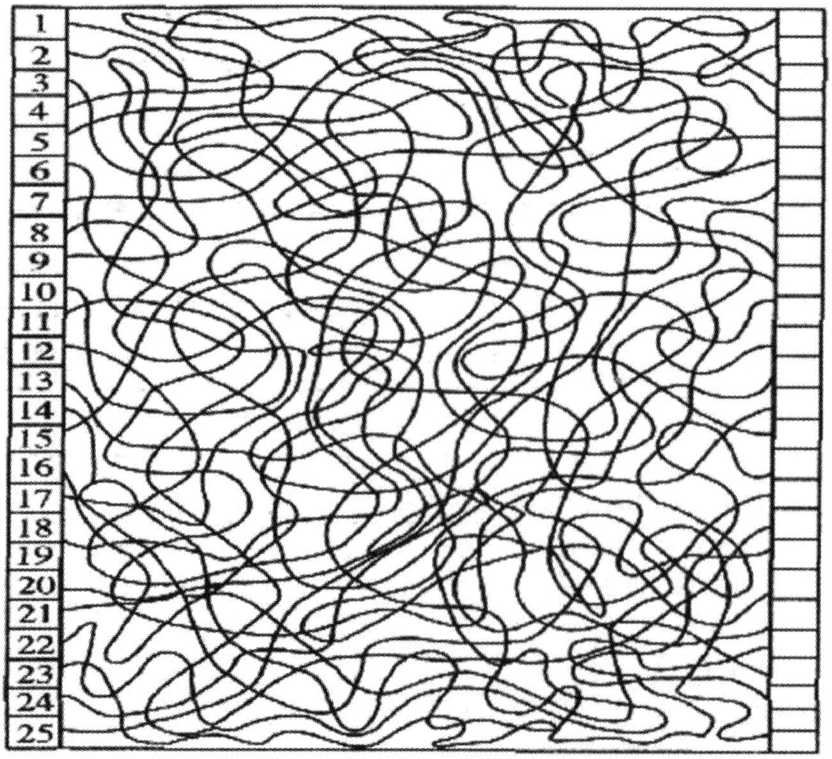

——选自王雁的《普通心理学》，人民教育出版社 2002 年版

4. 注意的起伏与注意的分散是一回事，都是不良的注意品质。 (　　)

5. 有意注意不能直接转化为无意注意。 (　　)

6. “一目十行”、“一览无余”等都说明人注意的范围大。 (　　)

7. 有的学生在上课时边听课边做小动作，这是注意的分配。 (　　)

8. “一心二用”指注意的分配是有条件的。 (　　)

四、选择

1. 注意是一种________过程。

A. 独立的心理活动　B. 非独立的心理活动

C. 感知活动　D. 思维活动

2. 在安静的教室里，突然一位同学的铅笔盒掉在地上，大家都会不由自主地向他望去，这种现象是________。

A. 无意注意　B. 有意注意　C. 有意后注意　D. 有效刺激物

3. “视而不见，听而不闻”的现象，典型地表现了________。

A. 注意的指向性　B. 注意的集中性　C. 注意的稳定性　D. 注意的分配

4. 作为心理活动顺利进行的重要条件，对心理活动具有选择功能、维持功能、调节功能的是________。

A. 注意　B. 记忆　C. 表象　D. 想象

5. 间接兴趣是引起________的原因。

A. 无意注意　B. 有意注意　C. 有意后注意　D. 不随意注意

6. 在同一时间内把注意指向不同的对象和活动是指________。

A. 注意的分配　B. 注意的转移　C. 注意的稳定性　D. 注意的整合

7. 根据新的任务，人有意识地把注意从一种活动和对象指向另一种活动和对象，这是注意的________。

A. 分配　B. 分散　C. 选择　D. 转移

8. 注意的两个基本特性是________。

A. 选择性和整合性　B. 指向性和集中性

C. 集中性和维持性　D. 指向性和选择性

9. 喧嚣的闹市中大声的叫卖未必能引起别人的注意，但在安静的阅览室中小声交谈就可能引起别人的注意，这是因为________。

A. 刺激物的相对强度对注意产生的影响

B. 刺激物的新颖性对注意产生的影响

C. 人的感觉阈限在不同的环境中是不同的

D. 注意具有选择性

10. 事先没有预定目的，不需要意志努力的注意是________。

A. 有意注意　B. 无意注意　C. 有意后注意　D. 随意性注意

11. 公共汽车司机在驾车时，眼、耳、手、脚并用的现象是________。

A. 注意的分散　B. 注意的分配　C. 注意的转移　D. 注意的范围

12. 学生上课时想着课外的事是注意的________。

A. 分散　B. 分配　C. 转移　D. 范围

13. 注意强度在某种情况下能发生周期变化，这是注意的________。

A. 分散　　B. 分配　　C. 转移　　D. 起伏

五、问答和简述

1. 意识与注意的关系是什么？
2. 什么是注意？注意有哪些功能？
3. 无意注意产生的条件是什么？
4. 引起和维持有意注意的条件是什么？
5. 影响注意范围的因素是什么？
6. 注意分配依赖的条件有哪些？
7. 简述课堂教学中如何运用注意规律组织教学。

第八章　情绪与情感

本章学习指导

1. **识记**：情绪与情感的概念、情绪的外部表现、情绪与情感的功能、情绪与情感的分类。
2. **理解**：情绪与情感的关系、情绪与情感的不同类型的特点与规律、心理压力与身心健康的关系。
3. **应用**：① 利用情绪与情感的规律调节自己的情绪。② 运用情绪与情感的规律进行教学。

我们生活在如此多彩的世界，是因为自然给了我们色彩；我们感受如此多的人间悲喜，是因为我们有丰富的情感。人们在与自然界相互作用的过程中，通过认识活动实现对客观事物发生发展规律及其内在联系和关系反映的同时，还会产生相应的喜、怒、哀、乐等情绪和情感体验。美国学者丹森曾说："没有情感，日常生活将会是一种毫无生气、缺乏内在价值、缺乏道德意义、空虚乏味而又充满无尽交易的生活。一个真正意义上的人，必须是一个有情感的人。"是的，人若无情，对五光十色的大千世界会觉得平淡无奇，对千变万化的社会生活会觉得索然无味。它的产生和形成，既影响着人们的心理和行为活动，也影响着人们的生理活动。深入研究情绪、情感产生和发展变化的规律及机制，对提高人们的实践活动效率及身心健康水平都有着极其重要的意义。

第一节　情绪与情感概述

一、什么是情绪

（一）情绪的含义

常言道："人非草木，孰能无情？"情绪与认识过程一样，也是人的一种心理活动方式，是人类生活的动力源泉之一。人生在世，有生、老、病、死，有荣、辱、得、失，所以就有与之相应的喜、怒、哀、惧。喜怒哀惧是人类情绪的不同表现形式。

那么，人的情绪究竟是什么呢？情绪是指人对客观事物是否符合自己的需要而产生的主观态度的体验。其实，人类的情绪现象也是一个复杂的系统，它应该包含以下几个层次和维度：首先，人的情绪不是凭空产生的，而是由一定的刺激引起的。世界上没有无缘无故的爱和恨。引起情绪的客观事物是多种多样的，有外部的也有内部的，如春光明媚、空气清新，使人感到振奋、舒畅，这是由自然现象引起的情绪；美好的事物令人爱慕，丑恶的现象使人憎恶，这是由社会现象引起的情绪；我们为事业的成功而高兴，为工作中的失误而懊悔，这是由人的行为本身所引起的情绪；疾病缠身，久治不愈，会使人心情不畅、情绪抑郁，这是由机体内部因素引起的情绪。

其次，情绪是人的主观体验，即人对自己心理状态的自我感觉。情绪不同于认识过程，认识过程是客观事物与人的需要之间的关系的反映，而情绪则是对客观事物与人的需要之间的关系的反映。认识过程通过形象和概念来反映客观事物，而情绪则是通过主观体验来反映客观事物与人的需要之间的关系。

最后，情绪的产生是以能否满足人的需要为中介的。情绪是由客观事物引起的，但却不是由客观事物本身决定的，决定人情绪性质的是客观事物与人的需要之间的关系。凡能满足人的需要，符合人的愿望的客观事物，就能使人产生满意、愉快、喜爱等积极的内心体验；凡不能满足人的需要或违背人的愿望的客观事物，就会使人产生忧伤、不满、厌恶等消极的内心体验；与我们的需要没有什么关系的事物，也就不会引起什么体验。因此，情绪也是人脑对客观事物的反映，但它反映的不是客观事物本身，而是客观事物与人的需要之间的关系。

（二）情绪与情感的区别和联系

情绪和情感是两个既有区别又有联系的概念。情绪和情感的区别表现在：第一，从稳定性程度看，情绪具有较大的情境性、激动性和暂时性，它往往随着情境的改变和需要的满足而减弱或消失。而情感则具有较大的稳定性、深刻性和持久性，是人对事物稳定态度的反映。第二，从表现特征看，情绪具有冲动性，且常伴随着有机体的生理变化和明显的外部表现，如高兴时手舞足蹈，愤怒时咬牙切齿。情绪一旦产生往往难以控制，而情感则比较内隐、含蓄，常以内心体验的形式存在，始终处于意识支配的范围内。第三，从需要的角度看，情绪一般与机体生理需要相联系，如由饮食需要能否获得满足而引起的愉快和不快的体验。情绪既然与机体生理需要相联系，由于动物也有机体的生理需要，因此动物也有与机体生理需要相联系的情绪，情绪为人和动物所共有。情感是与社会需要相联系的体验，它为人所独有。如浓厚的友谊会带来愉快，学习失败会带来懊丧。即使人和动物所共有的情绪，它在人身上也表现有人的特点。例如，在危及生命的情况下，动物和人都会产生恐惧的情绪，这是和自我保存的机体生理需要相联系的。但许多革命先烈在敌人屠刀下临危不惧，说明与机体生理需要相联系的情绪也具有社会内容，并改变了原始情绪的表现形式。

情绪和情感的区别是相对的。从本质上说，它们都是人脑对客观事物与人的需要之间关系的反映，是人的主观心理体验，在具体人身上它们又互相依存，密切联系。一方面，情绪是情感的外在表现。稳定的情感是在情绪的基础上形成起来的，而且是通过情绪的形式表现出来的。情感离不开情绪，离开了情绪，情感既无从形成，也无法表现。另一方面，情感是情绪的本质内容。在情绪发生过程中常常包含着情感，情感的深度决定着情绪表现的强度，情感的性质决定着情绪表现的形式，因此情绪和情感是不可分割的。所以，有些心理学家对情绪和情感不加区分，统称为感情。

二、情绪、情感与认识

情绪和情感不同于认识过程。认识过程是人对客观事物本身的反映，而情绪和情感则是对客观事物与人的主观需要之间关系的反映；认识过程通过形象或概念来反映客观事物，而情绪和情感则是通过主观体验来反映客观事物与人的需要之间的关系；认识过程的发生和改变在一定程度上具有随意的性质，而情绪和情感的发生、改变则具有不随意性。

情绪和情感与认识又是有联系的。一方面，认识是情绪和情感产生的基础。人对客观事物的认识、评估是产生情绪、情感的直接原因。例如，清新的空气，人们认识到它有利于人体的健康，就喜欢它；被动吸烟，人们没认识到它对人体健康的危害时，就觉得无所谓。同一事物，由于在不同的时间、不同条件下出现，我们对它的认识、判断和评价也不同，从而所产生的情绪体验也就不同。如在野外看到一只老虎，我们会感到害怕，而在动物园里见到笼中的老虎就无怕的体验，其原因就在于认识起着关键的作用。“聋者不觉噪声之可厌，盲者不觉丽色之可喜”，就是这个道理。另一方面，情绪和情感也影响认识过程。人的情绪和情感不仅以认识为基础，而且反过来又会影响人的认识过程。一般来说，积极的情绪或情感对认识活动具有促进作用；消极的情绪或情感对认识活动具有阻碍作用。心理学研究表明，积极的情绪或情感，可使人产生超强的记忆力、活跃的创造思维和丰富的想象；而焦虑不安、忧郁苦闷、愤怒等不良情绪，则会降低智力活动，影响认识活动的效率。

三、情绪和情感的生理变化和外部表现

（一）情绪和情感的生理变化

随着情绪和情感的发生，有机体会产生一系列的生理变化，这主要表现在呼吸系统、循环系统、消化系统和腺体活动的变化上。这些变化可作为情绪状态变化的客观指标。在不同的情绪状态下，呼吸的频率会发生明显的变化。人平静时平均每分钟呼吸 20 次，高兴时每分钟呼吸 17 次，悲伤时每分钟呼吸 9 次，愤怒时每分钟呼吸 40 次，恐惧时每分钟 呼吸高达 64 次。心血管系统在不同情绪状态下也会发生一系列变化。人在愉快和满意时，心跳正常，血管舒张；惊恐时，心跳加速加强，血输出量增加，收缩压升高。人在羞愧时面红耳赤，气愤时脸色铁青，就是由于面部血管的舒张和收缩造成的。消化系统的活动也会随情绪的变化而发生变化。人在愉快时胃肠的蠕动和消化腺的分泌会加强，消化系统的功能会提高；人在悲伤时，胃肠蠕动功能下降，消化液分泌减少，造成食欲减退。至于不同情绪引起的泪腺、汗腺分泌的改变，更是我们能一目了然的。高兴、激动或悲伤时禁不住流泪；羞愧时汗流满面；恐惧时一身冷汗。

由于情绪和情感发生时总要引起一系列人体生理机能的变化，所以情绪和情感与人的健康密切相关。乐观开朗、心情舒畅能促使各种内脏功能正常运转，增强对疾病的抵抗能力，有利于保持身心健康。而不良情绪和情感状态，则会损害人的身心健康，使人得病或病情加重。大量实验和临床研究证明，极度紧张和过分激动的情绪对人的身心健康十分有害，甚至可危及人的生命。

（二）情绪和情感的外部表现

当情绪和情感发生时，不仅身体内部器官有一定变化，而且身体各部位的动作、姿态也会发生明显变化，这种变化称为表情，即情绪和情感的外部表现。人的表情极其丰富，主要表现在以下三个方面：

1. 面部表情

面部表情是指由面部肌肉和五官的变化所表示的情绪状态。愉快和不愉快是两种最基本的面部表情，愉快时面肌横伸，面孔较短；不愉快时面肌纵伸，面孔较长。眉也是表现面部表情的主要部位，展眉表示欢欣，皱眉表示愁苦，扬眉表示得意，竖眉表示愤怒，低眉表示慈悲。嘴

也参与表情动作，哭与笑是面部表情最明显的表现，哭与笑都离不开嘴的动作。

在面部表情中，最值得注意的是目光的运用。俗话说“眼睛是心灵的窗户”，所谓“眉目传情”、“暗送秋波”、“瞠目结舌”、“怒目而视”都是说不同的目光所表达的不同情感。

2. 姿态表情

姿态表情是指借助全身姿态和四肢活动来表达情绪和情感，在表演艺术中又称身段表情。例如，常常用扬头表示高傲，点头表示赞同，摇头表示反对，垂头表示丧气。从全身姿态看，高兴时手舞足蹈，愤怒时暴跳如雷，恐惧时不寒而栗，悔恨时捶胸顿足，惊慌时手足失措。有些成语，如卑躬屈膝、趾高气扬、正襟危坐、呆若木鸡等，都是用来形容伴随情绪和情感所产生的体态变化的。

3. 言语表情

言语表情是指由言语的音调、音色、节奏、速度等方面的变化所表示的情绪状态。俗话说的“言为心声”，是说不同的言语表情反映出不同的心理状态。如悲哀时语调低沉，语速缓慢，语音高低差别不大；喜悦时，语调高昂，语速较快，语音高低差别较大，音色悦耳；恐惧时，音调高尖急促，声音刺耳颤抖。根据心理学家和语言学家的研究，在许多场合，“怎么说”，也就是说话时运用怎样的语气、语调往往比“说什么”更为重要。因为言语表情所传达的信息比言语本身更为可靠。俗话说“听话听音”，同一句话，由于语调不同，所代表的意思可能大相径庭。比如说“这是怎么回事”这句话，既可以表示和颜悦色的疑问，也可以表示指责和鄙视。据研究，人在说谎时的音调比说真话时要高一些。在日常生活中，我们通常会觉得说话深沉的人更诚实和稳重一些。

人的这些表情是从动物表情演化而来的，是人类祖先在生存斗争中适应环境的结果。原来一些与特定生存活动有关的身体变化，逐渐成了人们下意识的习惯，成为表情的构成成分。如动物祖先耸鼻皱眉是防臭气入鼻，演化至今就是人们表示讨厌的表情；而愤怒时咬牙切齿则是从动物祖先的齿战发展来的。这说明了表情是具有生物性的，许多表情是先天的、跨文化的，不同民族的人的表情具有相似性。但作为社会的人，表情与其他行为一样都受着社会生活条件的制约，表现出它的社会性。儿童通过后天的学习，逐渐学会多种丰富细腻的表情。表情既受社会行为准则的制约，也受不同民族、风俗、个性和文化教育的影响。由于人的意识的作用，常有意识地调节和控制自己的表情，以假象掩蔽其真实的内心体验。例如，欧美人在大庭广众之下亲吻拥抱是很自然的，中国人则多采用比较内在含蓄的方式来表达友情。一个孩子跌了一跤，痛得要掉泪，可想到哭会引起别人的轻视，就忍住了。成人甚至会以截然相反的表情来掩盖自己真实的情感。如一对正在谈恋爱的青年男女，在同事们面前故意表现得格外冷淡。这些都是常见的现象。因此只凭外部表现去判断他人的情绪情感，往往会不那么全面和正确。

表情在人类社会活动中具有重要意义。首先，表情具有信息传递和社会交际功能。言语本身是人类特有的交际工具，它表达思想和感情，而言语的语音、声调、节奏等也可称为“情绪语言”，它与面部表情和姿态表情一起成为辅助言语交际的有力工具。有时人们觉得用言语表达情意嫌得过于直爽、唐突或难以启齿时，就求助于表情。国外有关研究也表明，在进行口头沟通的过程中，接受信息的人从发出信息者那里获得的信息，其中38%来自发信息者的语调，55%来自其面部表情，只有7%来自语词本身。表情负载着大量信息，在人际交往和沟通中具有极其重要的作用，是人们交往和沟通的重要渠道。一个人要顺利与他人进行交往，既要善于表情，又要善于识别表情。其次，表情也是判断人的内心体验的标准之一。在日常生活中，根据一个人的面部变化和姿态动作，能够帮助了解他当时的情绪和情感状态。教育工作者可以通过自己的身体动作、言语声调等表情活动吸引学生的注意，鼓励或制止学生的行为，表明自己的态度。同时，通过观察学生的各种表情，也可了解学生的理解程度和情绪状态。

然而，人的情绪和情感的表现是可以控制的，如不喜欢可以装出笑脸来，真正气愤也可以心平气和，“喜而不乐，打而不怒”等情况亦是常见的。因此，要正确了解人的情感也很不容易，单凭外部表现有时还是很不够的。尤其是教师，必须长期、全面地了解学生，才能通过表情正确判断他们的情绪体验。

四、情绪和情感的功能

（一）动力功能

情绪和情感的动力功能是指情绪和情感能够驱使个体进行某种活动，也能够阻止或干扰正在进行的活动。喜悦愉快的情绪会激励人去从事引起这些愉快情绪的那些活动，而恐惧厌恶的情绪则使人远离引起这些不悦情绪的事物或活动。对此，美国心理学家奥尔兹的动物心理实验给出了有力的证明。他将生物电极埋入大白鼠下丘脑内的快乐中枢，并让大白鼠学会压杠杆以获得生物电刺激，引起快乐冲动。于是，大白鼠会竭尽全力去按压杠杆，追求快乐。大白鼠按压杠杆的次数每分钟可高达100次，持续时间可达15～20小时，直到筋疲力尽进入睡眠状态为止。

（二）信号功能

情绪和情感的信号功能是指个体能以体验的方式表达自己对周围事物的认识和态度，并对他人施加影响。人的各种情绪、情感无不具有各自特定的表情。心理学家和语言学家把表情称为非语言性言语。人们在相互交往中，不仅利用语言，而且利用表情把自己的需求、愿望、态度、观点以十分微妙的方式表达出来，使自己对事物的认识和态度更易为别人感知和接受。例如，喜悦的表情可以表达对事物的爱慕，愤怒的表情可以表达对事物的不满，点头微笑表示赞赏，皱眉摇头表示否定。所有这些都说明表情具有传递信息的作用，它使人不通过言传就能理解别人对事件的认识和态度。

（三）感染功能

情绪和情感的感染功能是指个体的情绪和情感可以感染别人，使别人产生强烈的内心体验，形成与之相应的情感。在一定情景下，人的情绪会不自觉地受到影响和感染，而产生共鸣现象。例如，在一片欢乐的气氛中，人的愉快心情会油然而生。演员演戏时也能使观众产生情感上的共鸣，主人翁的悲惨遭遇能赢得观众的同情和眼泪。

第二节　情绪与情感的分类

根据我国古代传统和国外资料，可从不同角度、不同方面把情绪和情感分为不同的类别。

一、原始情绪

人的情绪和情感是较为复杂的，自古以来许多学者就试图对情绪和情感进行分类。根据《礼记》记载，情绪可分为喜、怒、哀、惧、爱、恶、欲，即“七情”。到了近代，西方学者常把情绪分为快乐、愤怒、悲哀、恐惧，它们通常被认为是最基本的情绪形式或原始的情绪。

（一）快乐

快乐是指人们盼望的目的达到后，或者某种需要得到满足时产生的情绪体验。如高考时取得了好成绩，买了一件自己喜爱的衣服，都会产生快乐的体验。快乐可以有满意、愉快、欢乐、狂喜等不同的程度之别。快乐的程度取决于愿望满足的意外程度，目的突然出乎意料地实现会引起极大的快乐。

（二）愤怒

愤怒是人们在实现某种目的的过程中受到了挫折，或者愿望不能够得到满足时产生的情绪体验。愤怒的程度可以有不满、生气、愤怒、暴怒几种。一般来说，当人们遇到挫折时，都会产生一定的不满情绪，但不一定会发怒。如果人们意识到这种挫折是由于他人的恶意中伤造成的，那么，怒气就会油然而生。特别是当人的自尊受到伤害，人格受到侮辱时，往往会产生激烈的愤怒情绪，甚至勃然大怒。愤怒是一种不良情绪，它会破坏人的心理、生理平衡，从而诱发各种疾病。因此容易发怒的人，一般体质都欠佳。

（三）悲哀

悲哀一般是与所热爱的事物丧失和希望破灭有关的情绪体验。如亲人去世、升学考试失意都属这种情况。悲哀也有遗憾、失望、难过、悲伤、哀痛等程度的不同，悲哀的强度决定于个人所失去事物的价值。由悲哀引起的紧张的释放就是哭泣，通过哭泣，人们的悲哀就会得到缓解。哭不仅是表达感情的一种方式，也是一种心理保护措施。当人遭遇到极大的委屈或亲友亡故时，都会情不自禁地哭起来。

（四）恐惧

恐惧是人们面临危险的情景，或预感到某种潜在的威胁时产生的情绪体验。它往往是人们无力摆脱困境时的表现。如大难临头，又无路可走时，人们的恐惧心理就会油然而生。一个人夜间单独行走，本无危险，但想象到某种可能的危险也会产生恐惧。恐惧可分为程度不同的怕、惧怕、惊恐和恐怖几种。人在恐惧时，脸色苍白，反应迟钝，有时还会浑身发抖。“心惊肉跳”就是形容人在恐惧时的精神状态。可见，恐惧也是一种消极情绪。恐惧有常态和变态之分。对陌生的东西产生恐惧乃常态恐惧，如原始人害怕雷电。变态恐惧则是五花八门，千奇百怪。人的恐惧心理大多都是后天习得的。

在上述四种基本情绪形式的基础上，又能派生出许多情绪，组成各种复合的形式。与对他人评价有关的有爱慕、厌恶、怨恨等，与对自我评价有关的有谦虚、自卑、悔恨等，都包含着快乐、愤怒、悲哀、恐惧等因素。

二、情绪状态

根据情绪发生的强度和持续时间的长短，可把情绪分为激情、心境、应激三种情绪状态。

（一）激情

激情是一种强烈的、短暂的、爆发性的情绪状态，如狂喜、暴怒、绝望等。

激情具有冲动性，发生时强度很大。在激情状态下，机体内部伴随有强烈的生理变化，并有明显的外部表现，如狂喜时手舞足蹈，暴怒时面红耳赤。激情还具有爆发性，发生的速度很快，持续的时间很短暂，一旦离开引起激情的具体情境，会很快冷静下来或转化为心境。

引起激情的原因很多。首先，对人具有重大意义的突发事件可以引起激情，如重大的喜讯、亲人的亡故等。其次，对立意向的冲突或过度的兴奋与抑制也容易引起激情。如对某种痛苦忍耐过久，抑制过度，一旦爆发出来，就会成为十分强烈的、难以控制的激情。此外，激情的发生还和一个人的修养程度有关。那些缺乏教养、不讲礼貌或患有歇斯底里症的人，可以在毫无理由的情况下引起激情的爆发。

激情对人的活动有很大的影响。积极的激情常常能调动人身心的巨大潜力，成为激励人行为的强大动力。而消极的激情则会使人出现“意识狭窄”现象，即认识范围缩小，不能正确评价自己行为的意义和后果，做出一些鲁莽的行为，甚至铸成千古之恨。当然，消极的激情也并非不可控制，事实证明，人能意识到自己的激情状态，并可有意识地调节和控制。

控制激情的方法有很多。首先应尽量避开引起激情的环境刺激。其次是转移注意力，干一些自己感兴趣的事。再次是合理地有节制地发泄。此外，还可以借鉴前人的经验，由发怒转为发奋。如生活中遭到挫折，受到他人讽刺嘲笑，心中不平时，要化愤怒为力量，变压力为动力，发愤图强，做生活的强者。当然，控制激情最根本的方法还在于加强思想修养。

（二）心境

心境是一种微弱、平静而持久的情绪状态。如一段时间之内心情总是舒畅或忧郁寡欢，总是兴高采烈或无精打采等。

心境具有弥散性，它不是关于某一特定事物的体验，而是由一定的情境唤起后在一段时间内对各种事物态度的体验。一个人的某种心境一旦发生，常常会以同样的情绪状态看待周围的一切事物，使自己的一切活动都染上某种情绪色彩，影响着人的全部行为表现。例如，在舒畅的心境下，会觉得事事顺心，处处快乐；在悲伤心境中，一切都令人烦恼。所谓“情哀则景哀，情乐则景乐”，说的就是对于同一件事，不同心境的人体验是不相同的。

心境产生的原因是多方面的，既有客观原因，也有主观原因。第一，激情的余波。激情过后往往会转为心境。如狂喜过后，心情舒畅；暴怒过后，闷闷不乐。第二，生活中的重大事件。社会地位的变迁、经济条件的变化、工作和学习的顺利与受挫、事业的成功与失败等都会引起不同的心境。第三，人际关系。一个人与家人、邻里、同事关系融洽，就会有愉快的心境。相反，家庭关系紧张、邻里关系不和、同事之间矛盾重重者，心情就抑郁苦闷。第四，自然环境变化。冬天寒冷，雨雪纷纷，道路泥泞，心境容易抑郁；夏日炎热，心境容易烦躁；春光明媚，秋高气爽，心境就快乐、舒畅。环境清静优美，使人舒畅；环境嘈杂，会使人厌烦。第五，生理状况。身体健康，情绪就饱满；疲劳、失眠、疾病，会使人情绪低落。

除上述原因外，每个人还有自己独特的比较稳定的心境。如有的人乐观，有的人多愁善感。决定人心境的主要原因是一个人的人生观和信念。乐观主义者即使在极端不利的条件下也能保持良好的心境。

心境对生活、工作、学习和健康有很大的影响。良好的心境能使人更好地发挥积极性、创造性，提高工作效率，有益于健康。不良的心境则会使人消极颓废，降低工作效率，有损于健康。因此，在日常生活中，我们应当培养积极的心境，防止消极的心境。

（三）应激

应激是出乎意料的紧迫情况引起的急速而高度紧张的情绪状态。在日常生活中，人们遇到某种意外危险或面临某种突发事变时，必须迅速而及时地做出决定，采取有效措施应付紧急情况，此时人的身心处于高度紧张状态，即为应激状态。例如，正在行驶的汽车突然遇到障碍物，司机紧急刹车，还有突然发生的火灾、地震等。在这些情况下人们所产生的特别紧张的情绪状态就是应激状态。

在应激状态下，人可能有两种表现：一种是急中生智。此时，应激引起的身心紧张，可使个体集中自己的智慧和经验，调动全身力量迅速而及时地做出决定，解决当前的紧急问题。在这种应激状态下，人的思路清晰，反应迅速，判断准确，动作有力，能够化险为夷，做出平时做不到的事情。另一种是惊慌失措。应激所造成的高度紧张情绪，使个体行为失调，思维混乱，分析判断能力减弱，注意的分配和转移发生困难，甚至会使身体各部分的机能失调，出现暂时休克现象。在自然状态下，应激更容易导致消极反应。若要强化积极反应的倾向，必须经过训练。通过训练，培养思维的敏捷性，提高意志的果断性，增强动作的灵活性，加强技能的熟练性，提高在意外情境下迅速决断的能力。这样，遇到突发事件，就能镇定自若，当机立断，摆脱困境，转危为安。如军人的实战训练，居民的防空演习，学生的模拟考试等，都是不同形式的训练。由于应激状态中会出现一系列激烈的生理反应，若长时间处于应激状态，则会破坏人的生物化学保护机制，使人抵抗力降低，易受疾病侵袭。

三、社会情感

情感是与人的社会性需要相联系的体验，是人类所特有的。社会情感按其内容可分为道德感、理智感和美感。

（一）道德感

道德感是根据一定的道德标准去评价人的思想、意图和言行时所产生的情感体验。人生活在社会上，在与周围的人交往中掌握社会道德标准，并转化为自己的道德需要。人类根据已掌握的道德标准去评价自己或别人的思想、意图和言行时，认为符合自己的道德需要，就会产生肯定性情感；如果不符合自己的道德需要，就会产生否定性情感。例如，对别人大公无私的行为产生敬佩之情；对别人损人利己的行为产生愤怒、蔑视的情感，自己尽到了社会责任感到心情舒畅，未尽到责任则感到内疚惭愧等，都属于道德感。

道德感具有社会性。不同的社会、不同的历史时期、不同的社会集团或民族，有着不同的道德标准和行为规范，不同的人们对这些标准和规范又有着不同的理解，于是就会产生不同的道德需要，因而也就有着不同的道德感。例如在婚姻观上，封建社会认为“父母之命，媒妁之言”是合理的，男女自己做主谈情说爱则是伤风败俗；现代人看来，没有爱情的婚姻是不道德的。社会主义社会，道德感的内容非常丰富。道德感在社会情感体系中占有特殊地位，对人的活动具有重要的指导作用。

（二）理智感

理智感是人在智力活动过程中，对认识活动及其成果进行评价时产生的情感体验。它是与人的好奇心、求知欲、探求和热爱真理的需要相联系的。

理智感的表现多种多样。它体现出人对自己智力活动过程与结果的态度。如发现问题时的惊奇感、疑虑感，百思不解时的焦虑不安与苦闷，获得结论时的喜悦、陶醉与自信，以及对真理的维护与热爱和对偏见、谬误的鄙视与痛恨等，都属于理智感。

理智感是在人的认识和实践活动中产生和发展起来的；反过来，它又成为人认识和实践活动的动力。任何学习活动、科学发明、艺术创造都与理智感分不开。一个人的思想只有被深厚的情感渗透时，才能引起积极的注意、记忆、思维，并获得克服困难的力量。正如列宁所说："没有人的情感，就从来没有也不可能有人对真理的追求。"

（三）美感

美感是人们根据自己的审美标准对自然或社会现象及其在艺术上的表现予以评价时产生的情感体验。如人对浩瀚的大海、蔚蓝的天空、秀美的田园、漂亮的容貌、名胜古迹、艺术珍品等表示的赞美、喜爱等，都是美感的表现。

美感是内容美和形式美的统一。美感具有直觉性，就是它总是在接触事物时立即直接发生的。因此，物体的外表形式对美感有很大的影响，物体的形状、颜色及声音、气味方面的特点在美感产生中起着重要的作用。但美感也依赖于事物的内容，且起决定作用的是事物的内容。苍蝇的外形和蜜蜂相似，前者往往使人产生厌恶之感，而后者则可以使人产生美感。对于人来说，仪表是给人以美感的重要条件，但更重要的是心灵美，那些人格高尚、心灵美好的人，即使身残貌丑也会受到人们的敬佩和赞赏。

美感具有社会性。同道德感一样，美感也受社会历史条件的制约，不同的社会、不同的时代、不同的民族、不同的阶级，人们的审美标准各不相同，因而也就有不同的美感。例如，在封建社会里人们认为弱不禁风的窈窕淑女是美；在资本主义社会里人们认为袒胸露背、放荡不羁是美；而我们则认为健康、大方、自然、协调是美。

美感具有个体性。对于同一客观对象，不同的人可以产生不同的美感，有人觉得美，有人觉得不美。当然，人类也有共同的美感，鲜艳的花卉、秀丽的风景、动听的音乐、优美的诗歌、雄伟的建筑，任何人都认为是美的。桂林的山水、西湖的风光、八达岭的长城、北京的故宫，常常使中外游人流连忘返。这说明虽然人们的生活地域不同、种族各异，但人们的审美观点存在着相同之处。

第三节 心理压力与情绪调节

心理压力是造成身心疾病的主要原因之一，是影响人们心理健康的最主要的因素。在日常生活中，我们每个人都会不同程度地感受到心理压力的存在。过度的心理压力会影响一个人的精神面貌，使人看上去无精打采；会破坏一个人的生活情趣，使人觉得周围的事物都没有什么意思；会损害一个人的心理健康，乃至整个机体的有效运作；会影响一个人的生活意义和生活质量。

一、心理压力的概念

心理压力是一种持续存在的消极情绪体验。情绪的产生必须具备两个条件：一是引起认知的刺激情境；二是个体对刺激的认知。二者兼备时才会产生情绪。以路遇暴徒产生恐惧情绪为例，如果当事人认识不到暴徒的威胁性，不会产生压力；也许个体确知暴徒具有威胁性，但如果他的能力和经验足以对付时，对他也不会构成压力。只有当事人既认识到生活情境中存在着对自己具有威胁的刺激，又认识到自身条件无法将之消除，只得任其存在时，才产生压力。如借贷无力偿还者，在面对债权人限期归还的威胁时，就会产生压力。像这种长期处于威胁性刺激情境下的个人，由刺激情境引起的情绪状态一直不能恢复平静，具有威胁性的刺激情境成了当事人生活中长期存在的事件，此种事件随时使他心理上感到很大的压力，这就是所谓的心理压力。简言之，心理压力就是个人处在威胁性刺激情境中，一时无法消除威胁、脱离困境时的一种被压迫的感受。

二、心理压力的来源

在现实生活中，由生活事件所形成的心理压力多种多样。有人因晋升不成而有压力，有人因健康不佳而有压力，有人因人际关系紧张而有压力等等。归纳起来，心理压力的来源主要有以下几个方面：

（一）生活改变

生活改变是指个人日常生活秩序上发生的重大变故。这里所说的生活改变主要是指生活中带给人们负面情绪的事件。

（二）生活琐事

烦心的生活琐事，日积月累也会给人造成压力。所谓生活琐事指的就是日常生活中经常遇到且无从逃避的琐事。此等琐事在性质上其严重性均不足危害于人，但积累的结果，就会对人的身心造成不良影响。日常生活中造成心理压力的琐碎事件主要包括家用支出、工作职业、身心健康、时间分配、生活环境及生活保障等方面。

（三）心理挫折

在日常生活中，随时随地都可能遇到挫折情境，因而产生挫折感。因挫折情境对人的阻碍，使人的生活目标无法实现所产生的挫折感就属于心理压力。

（四）心理冲突

冲突是一种心理困境，而此种困境的形成，乃是由个人同时怀有两个动机而无法兼得满足所致。人在现实生活中经常会遇到需要个人做出选择判断的问题。在选择判断时，有的重在感情，有的重在理性，更有的患得患失，不得不考虑利害关系。这种在日常生活中在所难免的心理冲突也会构成心理压力。

三、心理压力与健康

当我们面临和承认心理压力时，我们的身心系统会随之发生一系列的变化。这是人们在心理压力下为应付压力刺激所发生的自然反应。比如当一个被陌生人跟踪的女孩意识到了危险，感到了紧张，就会心跳加快。心跳加快可以促进血液循环，以便给肌肉和大脑输送更多的能量，从而使人更有力量。这也就是人们在紧急情况下，表现出超乎寻常的力量的原因。比如,人在救火时会抬起平时根本抬不动的物体,人在紧急情况下会比平时跑得更快。

人们的这种超常表现,是人们把身体及心理的能量积聚起来应付压力事件的缘故。但是,人的这种压力状态不能持续太久,因为人体内没有取之不竭的动力源泉。如果人所承受的心理压力过多、过久,人的储备能量就会大量消耗,从而降低抵抗疾病的能力,影响人的身体健康。此外,长期的心理压力引起的心理上的负面情绪反应,是形成心理适应困难甚至心理疾病的原因之一。

四、心理压力的化解与情绪调节

任何人一生都会遇到压力,压力在一定条件下起着积极的作用。比如一些运动员越是在重大比赛中比赛成绩越好,就与压力的激励有关。但许多压力是无益的。持续的压力会造成紧张过度,甚至把人压垮。对付压力的最佳办法是要有正确的观念与态度,尽量避免心理压力,或者学习情绪调节的方法,尽快减轻心理压力。

(一)如何避免心理压力

1. 养成正确看待问题的视角

能避免压力的人有个共同点,就是他们不管在什么情况下都能保持一种正确的视角。心理卫生学家告诫人们,个体在认识、思考和评价客观事物时,要从多方面看问题。如果从某一角度来看,可能会引起消极的情绪体验,产生心理压力,这时只要能转换一个看问题的角度,常常会发现另一番景象。“当针刺了你的手时,你应该高兴,因为它没有刺着你的眼睛。”

2. 不必追求尽善尽美

追求完美也许是最容易形成压力的因素。其实,完美并不存在,追求完美只不过是自寻烦恼罢了。因为不管你把手头上的事情干得多好,你那颗追求完美之心,总使你觉得不够完美。对自己要公正一些,不要力争不现实的东西,既然你无论如何都得不到它们,又何必自寻烦恼呢?

3. 给别人留有余地

处于紧张状态的人往往企图处处争先,事无巨细,就连在马路上骑自行车也不甘人后,对他们来说,一切都是竞争,非赢即输。生活不需如此,竞争是易传染的,而合作也是同样。你给别人留有余地,自己也往往更加从容。别人不再感到你对他的威胁时,他也就不成为你的威胁了。

4. 学会休闲

不少人总感到忙得不可开交。对这样的人来说,规定出一个固定的休闲时间将会大有益处。应该培养一种业余爱好,使自己的业余时间有所寄托。你可以将全部身心投入其中,得到乐趣,暂时把工作统统忘掉,这几乎对所有的人都是可取的。

(二)情绪的调节

人要减轻和化解心理压力,还要学会情绪的自我调节。情绪调节的方法主要有以下几种:

1. 理智调控

理智调控就是用合乎原则和逻辑性的思维去调控情绪。当过于强烈的情绪出现时,往往会使人思维狭窄,判断偏颇,以致言行失措。这种情绪状态就需要用理智调节。先用意志控制住过强的情绪,再冷静地分析,合乎逻辑地推理,澄清激情产生的原因,想想自己的言谈举止是否得当、后果如何。要头脑清醒地回顾矛盾的来龙去脉，属于他人的责任，要尽量考虑到事出有因，情有可原，人无完人，不必苛求，“得饶人处且饶人”。属于自己的过失，要总结经验，吸取教训，“吃一堑，长一智”，不过分自责、悔恨不已，损失已经造成，可以进行自我安慰，“塞翁失马，焉知非福”。这样就会感到天地广阔，心情舒畅。

2. 合理宣泄

合理宣泄就是把自己压抑的情绪向合适的对象释放出来，使情绪恢复平静。消极的情绪虽然可用理智暂时约束压抑它，但不能彻底消除。这种心理能量的积聚，如果超过一定的负荷，就会破坏心理平衡，引起心理疾病。采用适当的途径，合理宣泄，能消除不良情绪。合理宣泄的途径主要有：(1)倾诉。有了困扰、不满和痛苦等心理压力，可以向知心朋友或信任的人倾诉，请他们开导，也可以用写信、记日记的方式来倾吐心中的不快。(2)哭泣。在极度伤悲、委屈的时候，不论男女都不必强忍眼泪，尽情地痛哭一场，必定会感到心理上轻松、平静。(3)剧烈地活动。如较大运动量的体力活动、激烈的快节奏喊叫等，亦有助于释放紧张的情绪，消除烦闷和抑郁。情绪的宣泄要做到适时适度，注意时间、场合和方式方法，既不影响他人的工作、学习和生活，也不能有损于自己的身心健康，更不能触犯法律、危害社会。

3. 心理放松调节

当人感到身心疲惫、情绪紧张、焦虑不安、心理压力过重时，采用放松技术进行自我调适，可以有效地缓解心理压力和消除不良情绪，达到身心放松的目的。

心理放松的方法主要有：(1) 冥想法。可先选择一个比较安静的环境，然后全身放松，闭上眼睛，开始进行冥想。一般是想象一些美好的景物、愉快的经历，如想象自己在海边散步，繁星满天，脚下是柔软的沙滩，这时你可以充分发挥自己的想象力，体会海浪的哗哗声、海风拂面的凉爽和潮湿、脚下踏着沙砾和贝壳的感觉。接着想象自己在海边小憩，深呼吸数次，然后慢慢睁开眼。此法刚开始时心里不易宁静，但坚持下去大有裨益。(2) 音乐调节法。音乐对人的生理和心理都有明显的影响，优美的乐曲可以使人血压正常、肌肉松弛、脉搏放慢，使人感到心情宁静、轻松愉快。不同的音乐会引起不同的情绪反应，因而可以根据自己的情绪状态有选择地欣赏音乐。当心情烦躁、焦虑时，旋律优美、柔和、悦耳的音乐，能够使人情绪安静，感到轻松愉快；而当忧郁、消沉时，听听节奏鲜明、雄壮有力的音乐，能够使人情绪振奋，激昂奋进。(3) 肌肉放松法。可采用站、坐、卧的姿势，但以卧为主，在放松之前，先充分体验全身紧张的感觉，然后从头到脚依次放松。同时可以伴以想象，如想象一股热流从头顶流向全身。肌肉放松可以使人全身松弛，轻松舒适，内心宁静。

五、情感与学校教育

情感是影响人的身心各方面的强大的精神力量，它在人们的学习、工作中有多种功能。在学校教育中，无论教师和学生，若能很好地把握控制自己的情感，发挥积极作用，将能极大地提高教育和教学效果。

（一）情感与教学

在教学过程中，教师的情绪对课堂气氛、教学效果有直接的影响。

教师在良好的心境下上课，思路开阔，反应敏捷，言语富有表现力。在教师的和颜悦色、满腔热情之下，学生的紧张情绪得以缓和，对立情绪得以淡化，自卑情绪得以扭转，学习动机得以激发，师生关系融洽、协调，信息交流畅通无阻，出现积极的生动活泼的课堂气氛，教学效果会随之提高。

相反，如果教师在低沉郁闷的不良心境下上课，则思路阻塞，思维迟钝，甚至语无伦次，水平难以发挥。由于不良心境的渲染，教师看学生会感觉不顺眼。相应地，学生也会情绪紧张，甚至感觉恐慌，大脑皮层处于抑制状态，师生间心理距离拉大，造成课堂气氛沉闷、压抑，信息沟通堵塞，影响学生对知识的接受和理解，教学质量难以提高。

为此，学校教学应实施"快乐教学"、"愉快教学"，即教师以愉快的心情、饱满的热情感染学生，激发学生的学习兴趣和自觉性，激发学生的求知欲，使学生充满信心，在愉快的情绪中进行紧张、复杂的脑力劳动。

这就要求教师们带着微笑走进教室，少些训斥，多些鼓励；少些照本宣科，多些灵活发挥；少些居高临下，多些平等探讨，让课堂充满宽松愉快的气氛，进而激发学生学习的成功感和上进心。

情绪的变化，一般受已经形成的情感的制约。教师在教学过程中的愉快情绪和饱满的热情来自于对教育事业、对学生的深厚执着的爱。教师的职业道德是教学情绪产生的基础。

（二）情感与育人

要让学生保持积极情绪，单靠"愉快教学"是不够的，因为情感是情绪的本质内容。我们应实施情感教育，培养学生高级的、深厚的、稳固的情感，充分发挥情感在全面发展教育中的作用。

苏霍姆林斯基指出："学校中心任务之一就是培养道德的、理智的、审美的、高尚的情操……实际上，教育就是培养真诚的关切之情——即对周围世界所发生的一切都是从由衷的思想和情感上的反响开始的。真诚的关切——这是和谐发展的一般基础，在这个基础上人的各个品质——智慧、勤勉、天才——都会获得真正的意义，得到最光辉的发扬。"苏霍姆林斯基从自己的这种认识出发还分别论述了情感在德育、智育、美育、体育中的作用。

关于情感和德育，苏霍姆林斯基认为，学生精神世界的最复杂的那些过程之中，居于首要地位的是个人信念的形成过程。而"认识转化为信念并不是靠行为的频繁重复完成的……认识，只有在行为能给孩子带来正义感，能使他激动，能使他心灵上产生欢乐感和兴奋，并能振作精神的情况下，才能转化为信念"。

关于情感和智育，苏霍姆林斯基认为，情感是获取知识的土壤和动力。他写到："情感如同肥沃的土壤，知识的种子就播种在这个土壤上。种子会萌发出幼芽来：儿童边认识边干的越多，对劳动快乐的激动情感体验得越深，他就想知道的更多，他的求知渴望、钻研精神、学习劲头也就越强烈。"

关于情感与美育，苏霍姆林斯基明确地指出："审美教育认识过程也是情感过程。在这个过程中，概念、观念、判断，即全部思维的这个方面与体验与情感的另一个方面，是紧密相连的。""美育这个领域带有很强的个人的、个别化的性质。没有单独的个人情感，就没有审美素养。"

关于情感与体育，苏霍姆林斯基强调地指出："不能把运动从全体儿童的体育手段变为个人争夺成绩的手段……只有当运动成为每个人都喜爱的活动时，它才能成为教育手段。"

因此，我们应把情感的培养看作教育的一项重要任务和内容。同时，应该把"动之以情"作为教育人的一项有效方法和手段。"人非草木，孰能无情"、"精诚所至，金石为开"，情感是开启学生心灵的钥匙，是协调、融洽师生关系的纽带。只有"亲其师"，才能"善其道"，情通才能理

知识链接 8-1

情绪智商

1990 年,美国心理学家萨罗维(P. Savloey)和梅耶(D. J. Mayer)正式提出"情绪智商"一词,用于描述准确评价和表达情绪的能力、有效地调节情绪的能力以及将情绪的体验用于驱动、计划和追求成功等动机和意志过程的能力。在日常生活中,我们常常遇到这样的现象:一个智商很高的人在事业上并无多大的成绩,一个在事业上取得一定业绩的人都在一定程度上可以说是一个"人情练达的"的人,而一个"人情练达"者必定是"情商"较高的人。客观上说,情商高的人不仅有丰富而稳定的情感,还有良好的情绪自控能力,能清醒地处理各种事物,并且能适应环境,人际关系融洽协调,容易得到他人的帮助、支持和回报,为其提供物质、精神、机会等方方面面的有利条件,这是人成功的客观因素。反之,低情商者情感贫乏,情绪自制力差,缺乏交际能力,难以适应社会,表现为易与人闹矛盾,搞内耗,这就为自己的成功之路设下了障碍,难以实现目标。研究表明,一个人成就的大小,智商只起前提和基础作用,关键的因素是社会因素和人格因素,即情商。有人对 1450～1850 年中的 301 位科学家进行研究,发现这些人不但智商高,而且在青年时期都表现得十分坚强,有独立性,充满自信心,有进取心和百折不挠的精神。美国心理学家对 800 名男性进行了 30 年追踪研究。研究表明,在成就最大与最小的人之间,最明显的差异不在于智商高低,而在于是否有自信心、进取心、坚持性、不屈不挠等良好的性格品质,即情商的高低。另有大量研究表明,一个人在学校成绩优异并不能保证他以后事业的成功或达到专业的领域的高峰。在现代社会,尤其是处于目前复杂而又多变的时代,如果只有高智商而情商贫乏是极易迷失方向的。在美国企业界,流行着这样一句话:"智商使人被录用,情商使人得以晋升。"由此看来,人们应采取适当方式提高情绪智力——情商,以促进事业的成功。

达。

综合练习

一、概念解释

1. 心境　2. 激情　3. 应激　4. 道德感　5. 理智感　6. 美感　7. 情绪调节

二、填空

1. 情绪、情感是人对客观事物是否符合自己的________而产生的主观态度体验。

2. 认识过程是人对客观事物本身的反映,而情绪、情感过程反映的是客观事物与人之间的________。

3. 人对客观事物的________是决定情绪情感性质的直接原因。

4. 情绪与情感之间相互依存,紧密联系,情绪是情感的________,情感是情绪的________。

5. 情绪、情感的功能有________、________、________。

三、判断

1. 根据表情动作可以准确地判断人的内心体验。（　　）
2. 学生取得优异成绩之后的自豪感是理智感的表现。（　　）
3. 激情是一种消极的情绪状态。（　　）
4. 人在应激状态下都会出现惊慌失措，陷入窘境。（　　）

四、选择

1. 伴随着情绪、情感发生的身体动作、姿态叫作________。

A. 情绪　　B. 情感　　C. 感情　　D. 表情

2. 情绪、情感是在人的________的过程中产生的。

A. 认识　　B. 意志　　C. 个性

3. 应激往往是由________情况引起的。

A. 愤怒　　B. 狂喜　　C. 紧迫

五、问答和简述

1. 如何进行情绪的自我调节和控制？
2. 论述情感规律在教学中的运用。

第九章 意　志

本章学习指导

1. **识记**：意志的概念、意志行动的基本特征、动机斗争、心理冲突、挫折承受力、心理防御机制。
2. **理解**：意志与认识、情绪的关系，意志行动的心理过程，意志的品质，心理冲突与挫折。
3. **应用**：① 联系实际分析心理冲突的类型和挫折的心理防御机制。② 结合自己的实际概括出提高挫折承受力的策略。③ 培养良好意志品质的方法。

第一节 意志概述

一、什么是意志

意志是指一个人自觉地确定目的，并根据目的来支配、调节自己的行动，克服各种困难，从而实现目的的心理过程。人在反映客观世界的过程中，不仅接受内外刺激的作用，产生认识和情绪，而且还要采取行动，反作用于客观世界。人根据对客观事物的认识，先在头脑中确定行动的目的，然后根据这个目的来支配自己的行动，并力求实现此目的，这种心理活动就是意志。

意志是人类所特有的心理现象。它是在人类认识世界和改造世界的需要中产生的，也是随着人类不断深入地认识世界和更有效地改造世界的过程中得到发展的。所以，意志是人的主观能动性的最突出的表现，这也是人和动物在本质上相区别的特点之一。恩格斯说："……我们并不想否认，动物是具有从事有计划的、经过思考的行动能力的……但是一切动物的一切有计划的行动，都不能在自然界上打下它们的意志的印记。这一点只有人才能做到。动物仅仅利用外部自然界，单纯地以自己的存在来使自然界改变，而人则通过他所做出的改变来使自然界为自己的目的服务，来支配自然界。这便是人同其他动物最后的本质的区别，而造成这一区别的还是劳动。"①可见，动物作为自然界的一部分，以自身的活动适应周围环境，动物的活动虽然也改变环境，但它在自然界并没有留下意志的痕迹。人类则是通过自觉的活动来改造自然，在同自然界进行物质和能量的交换中，支配自然界为人类服务。在改造自然界的活动中，人类也发生着各种社会关系，并不断地改变着这种关系。人类的历史正是改造自然和改造社会的历史，而历史的每一步都留下了人的意志的痕迹。也就是说，人类通过意志，通过内部

---

① 马克思，恩格斯：《马克思恩格斯选集》(第三卷)，人民出版社，1972 年版，第 516～517 页。

的意识向外部动作的转化，达到认识世界、改造世界的目的。因此，意志集中地体现出人的心理活动的自觉能动性。

二、关于"意志自由"问题

关于人的意志的本质，长期以来在心理学、哲学乃至生理学家中存在着尖锐的争论。争论的焦点是人类究竟有没有所谓的"意志自由"。

西方行为主义心理学完全否认意志的存在。它把人的行为归结为"刺激—反应"(S—R)的简单公式，认为人的反应是机械地被外界刺激物所决定的。因此它不但否认意志，而且根本否认人的意识。这种对待意志的取消主义观点是不符合事实的。

事实上，人的行为有高度的自主性。就一定条件下的具体行动而言，它的确是受个人的主观意愿所左右的。面临同样的情景，人可以产生这样的动机，也可以产生那样的动机；可以采取这个行动目的，也可以采取那个行动目的。也就是说，人的行为不是被动地、单纯地受外部情境所决定的，它也受着主体内部意识状态的调节。而这种调节，正是人的意志具有某种自由的证明。

唯心主义者从另一个极端片面夸大"意志自由"，把意志看成一种独立于客观现实的、纯粹的"精神力量"，看成一种超越于物质之上并不受客观规律制约的"自我"的表现。这种意志观同样是错误的。意志是决定人的活动的直接原因，但不是终极原因。意志受人的目的所指引，受人的动机所推动，但目的和动机是由人的需要所决定的，而人的需要最终必须受制于物质世界的因果制约性。

辩证唯物主义认为，人的意志是自由的，但又是不自由的。说它是自由的，是因为在一定的条件下，人可以按照自己的意愿自主地选择和确立目的，发动或制止某种行动，按某种方式、方法行事；说它是不自由的，是因为人的一切愿望、一切行动都必须符合客观规律，否则就会在实践中碰壁。因此，在相对的、有条件的意义上，意志是自由的；在绝对的、归根结底的意义上，意志又是不自由的。正如恩格斯在《反杜林论》中所指出的："自由不在于幻想中摆脱自然规律而独立，而在于认识这些规律，从而能够有计划地使自然规律为一定的目的服务……因此，意志自由只是借助于对事物的认识来做出决定的那种能力。"①一个人掌握的自然科学和社会科学的知识越多，越善于利用客观规律，那么，他对客观世界的改造也就越主动、越自由。同时，知识和能力的获得又依赖于人的意志努力，依赖于人自身的勤奋、刻苦以及克服各种困难和障碍的意志力。

三、意志与认识、情绪的关系

(一) 意志与认识的关系

意志和认识过程有着密切的联系。

首先，意志的产生是以认识过程为前提的。意志的一个特征是具有自觉的目的性。人的任何目的，都是在认识活动的基础上产生的。因为目的虽然是主观的东西，但它却来源于对客观现实认识的结果。对于目的的选择以及用什么样的方式来达到目的，也是在认识活动的基础上产生的。人在确定目的、选择方法和步骤时，要审度客观形势，分析主观条件，回顾过去的

---

① 马克思，恩格斯：《马克思恩格斯选集》(第三卷)，人民出版社，1972年版，第153～154页。

经验，设想将来的结果，拟订方案，编制计划，并对这一切进行反复权衡和斟酌，所有这些都必须通过感知、记忆、思维、想象等认识过程才能实现。可见，意志行动离不开认识过程，意志是在认识活动的基础上产生的。

其次，意志对认识过程也有很大的影响。人在进行各种认识活动时，总会遇到一定的困难。要克服这些困难，就需要做出意志努力。如观察的组织、有意注意的维持、有意识记的进行、创造想象的实现、解决问题的思维活动的展开等，都离不开人的意志努力。可见，没有意志行动，不可能有认识活动，也不可能进行有效的社会实践活动。

（二）意志与情绪的关系

意志和情绪也有密切的联系。

首先，情绪既可以成为意志行动的动力，也可以成为意志行动的阻力。当某种情绪对人的活动起推动或支持作用时，这种情绪就会成为意志行动的动力。当某种情绪对人的活动起阻碍或削弱作用时，这种情绪就会成为意志行动的阻力。消极的情绪对意志行动的干扰作用，取决于一个人的意志力的水平。意志坚强者可以克服消极情绪的干扰，把意志行动贯彻到底；意志薄弱者则可能被这些消极情绪所压倒，使意志行动半途而废。

其次，意志能够控制情绪，使情绪服从理智。在日常生活中，对不利于工作和学习的消极情绪，意志坚强者能用意志力加以控制，使自己的行动服从于理智的要求。如意志坚强者能够调节和控制由于失败而带来的痛苦和愤怒，也能够控制和调节由于胜利而带来的狂喜和冲动。

总之，认识、情绪和意志是密切联系的。认识过程、情绪过程包含着意志的成分；同样，意志过程也包含着认识和情绪的成分，只是为了研究的需要，我们才对统一的心理过程从不同侧面进行分析。在对人的统一的心理活动进行分析时，必须注意它们之间存在的密切关系。

第二节　意志行动过程分析

意志是意识的能动方面，是人的积极性的特殊形式。意志总是表现在人的实际行动之中，人的行动也总是受到意志的支配。但并不是人的一切行动都是意志行动，意志行动是具备一定要求和特征的行动。

一、意志行动的基本特征

（一）意志行动是自觉地确定目的的行动

自觉地确定目的是意志的主要特征。意志是在有目的的行动中表现出来的，没有目的，也就不会有意志行动。人在活动之前，活动的结果已经作为行动的目的而观念地存在于人脑之中了；在活动中，方法的选择、步骤的安排等始终从属于目的，并以预先所确定的目的为标尺来评价自己活动的结果。因此，意志行动是和目的分不开的。

人的活动和行为始终是在有自觉目的的意志过程支配和调节下进行的，所确定目的水平的高低也与意志行动效应的大小直接有关。在崇高理想支配下所确立的目的，能有效地调节人的行为，并在实现目的的过程中，表现出积极的、顽强的和进取的精神，其行为结果就有较大的社会价值和效应。

（二）意志行动是以随意运动为基础的行动

随意运动是意志行动的最基本单位，意志行动表现在随意运动中。人的各种运动分为随意运动和不随意运动。随意运动是指受到意识调节和支配的，具有一定目的方向性的或习惯性的运动，如长跑、写字、操作劳动工具等。不随意运动是指不受意识支配的运动，如心脏跳动、瞳孔反射运动等。意志行动是以随意运动为基础的，但是随意运动也并不总是意志行动。因为，意志行动除了要以随意运动为基础外，还与克服困难相联系。

（三）意志行动是与克服困难相联系的行动

克服困难是意志行动的核心。在人的活动中，有许多是具有自觉的目的性和以随意运动为基础的活动。但是，有些行动（如饭后散步、闲时聊天、观鱼赏花等）并没有克服困难，所以它们不是意志行动。只有那些与克服困难相联系而产生的行动，才是意志行动，如身体欠佳时坚持工作、为按时完成某项任务而奋斗拼搏等。一个人意志坚强的水平往往以困难的性质和克服困难的努力程度加以衡量的。

意志行动中所遇到的困难有两种：内部困难和外部困难。内部困难是指内存于人脑中的某些不利因素，如消极的情绪、信心不足、态度犹豫、知识经验不足、性格上的胆怯等。外部困难是指由于客观条件而造成的某些不利因素，如环境条件恶劣、缺乏必要的工作条件、周围人的冷嘲热讽以及政治经济方面的落后等。一个人在实现自觉确立的目的的过程中，都有可能遇到内部困难和外部困难，正是在克服各种困难的过程中才表现出一个人的意志力量。

二、意志行动的心理过程

意志行动的心理过程是指意志对行动的积极能动的调节过程。这一过程有它发生、发展和完成的历程。它可分为两个阶段：采取决定阶段和执行决定阶段。

（一）采取决定阶段

采取决定阶段是意志行动的开始阶段，它决定着意志行动的方向以及意志行动的动因。一般来说，这一阶段要经过动机斗争和确定行动的目的等环节。

1. 动机斗争

人的意志行动是由一定的动机引起的。动机是引起人的行动的内部原因和推动力量。人的任何意志都存在着动机激活水平和行为效率之间的关系。由动机激活水平而产生的心理压力对行为效率有一定的促进作用，同时也会产生阻碍作用。动机激活水平、行为效率和任务难度之间的关系，可用叶克斯—多德森定律说明，即在简单易为的任务情境中，较高的动机水平会产生较佳的行为效率；在复杂困难的任务情境中，较低的动机水平会提高行为效率，一般认为这是因为动机激活水平过强会使情绪扰乱认识活动所致。

动机是激起人去行动或抑制这个行动的愿望和意图。它是在需要的基础上产生的，有了对某种事物的需要，就会激起人们产生一种希望满足并实现它们的愿望，当人的愿望指向行动并成为推动行动的一种心理驱力时，就变成活动的动机。但由动机过渡到行动的过程是不同的。在简单的意志行动中，动机是单一的、明确的，通过习惯的行为方式就能直接过渡到行动，因此一般不存在明显的动机斗争。在较复杂的意志行动中，行动虽然由多种动机所引起，但如果它们之间不矛盾,就不会发生动机斗争。如一位大学生努力学习,既可以是对学习本身有兴趣,也可能是为了满足个人的荣誉感或家长的期望;既可能是为考研作准备,也可能是为将来的就业打好基础。虽然这些动机对学习活动及相应的行动有不同的推动力量,但没有根本对立的冲突,是协调地结合在一起发生作用的。但是这种相互统一是相对的、有条件的。

意志行动中的动机斗争是指动机之间相互矛盾时,对各种动机权衡轻重,评定其社会价值的过程或解除意志的内部障碍的过程。动机斗争就内容来说,可分为原则性动机斗争和非原则性动机斗争。涉及个人愿望与社会道德准则相矛盾的动机斗争属于原则性动机斗争。如当涉及国家、集体、个人三者利益的矛盾时,如何摆正自己的位置,解决这类原则性动机斗争,就要经过激烈的思想矛盾,因此也最能体现出一个人的意志品质。一个意志坚强的人善于有原则地权衡和分析不同的动机,及时地选择正确的动机,并确定与之相适应的目的。而意志薄弱者则会长久地处于犹豫不决的矛盾状态,甚至确定目的后也不能坚持,会在其他动机的影响下而改变自己的目的。不与社会准则相矛盾,仅属于个人爱好、兴趣、习惯等方面的动机斗争属于非原则性动机斗争。如星期六是看电影还是看小说,是参加体育活动还是复习功课等,这些矛盾并不涉及原则,也不会有激烈的思想斗争。

2. 确定行动的目的

确定目的在意志行动中非常重要。是否能通过动机斗争而正确地确立行动的目的,表现出一个人的意志力量和水平。

目的在意志行动中起着极其重要的作用。目的越深刻、越具体,目的的社会意义越大,由这个目的所引起的毅力也越大,就越能表现出一个人的意志力量。相反,一个没有明确目的而盲目行动的人,往往会患得患失,斤斤计较,因此便无成就可言。但是,目的的确立并不是一件容易的事情。通常,一个人在行动之前往往会有几个彼此不同,甚至是相互抵触的目的,因此需要对其进行分析比较,根据目的的意义、价值、客观条件和自身特点最终确定一个目的。如果有几种目的都很适宜和诱人,就可能会发生内心冲突或动机斗争,难以下决心做出抉择。这就需要主体进行比较,权衡其轻重缓急,做出合理安排,即先实现主要的、近期的目的,后实现次要的、远期的目的。或者先实现次要的目的,创造条件,然后再集中力量实现主要的目的。一般来说,有一定的难度、需要花费一定的意志努力后可以达到的目的,往往是比较适宜的目的。一旦这一目的得以实现,可以给人带来心理上的满足感和成就感,并能弥补由于在目的确立时发生的内心冲突所带来的损害,更好地为实现下一个目的作好准备。

在几个目的中,选择确定一个目的的过程,是一个决策过程。决策是意志行动中的重要成分。在整个决策过程中,人的心理过程和个性特征都起着一定的作用。在决策实行之初,必须探讨目的实现的意义、价值及各种方案,同时搜集各种情报,从中选出一种最可行和最有前途的方案。在决策的执行阶段,必须建立一套信息反馈系统,以便有效地修正行动,使目的顺利地达到。

(二)执行决定阶段

执行决定阶段是意志行动的关键阶段。意志行动只有经过执行决定阶段,才能达到预定的目的。一般来说,执行决定阶段要经历行动方法和策略的选择、克服困难实现所做出的决定等环节。

1. 行动方法和策略的选择

选择行动方法和策略是在目的确定之后由实现目的的愿望所推动的。它是一个人根据欲达目的的外部条件和内部规律，适当地设计自己行动的过程。这一过程既能反映一个人的经验、认识水平和智力，又能反映一个人的意志水平。如果是简单的意志行动，行动的目的一经确定，方式方法很快就可以拟定。如果是复杂的意志行动，又有较长远的目的，就要选择行动的方法和策略。在这期间会遇到各种阻力和困难，如能选择出合理的优化行动模式，就能促使目的顺利实现；如选择不当，就可能导致意志行动的失败。在这些过程中都表现出了人的意志。

行动方法的选择、策略的确定和计划的拟订，要满足两个方面的要求。第一方面，为实现预定目的的行为设计是合理的；第二方面，行动的方式方法符合客观事物发展的规律和社会准则的要求，是合法的。只有把这两个方面有机地结合起来，才能使预定目的顺利实现。在行动方法和策略的选择中能体现出个人意志努力的方面有：分析、比较和判断各种方式方法的优缺点及可能导致的结果；有时选择的方式方法是符合个人意愿的，但可能与社会的道德规范发生矛盾；有时某种方式方法要消耗较大的时间和精力，但是与社会道德规范相符合等等。

2. 克服困难实现所做出的决定

克服困难实现所做出的决定是意志行动的关键环节，因为即使行动的动机再高尚，行动的目的再美好，行动的方法和策略再完善，如果不付诸实际行动，这一切也就失去意义，意志行动也不能完成。

执行决定时最突出的特点是在行动中会遇到许多困难，而克服困难就需要更大的意志努力。这是因为：第一，执行决定的行动要求必须承受巨大的智力或体力上的负荷，并要忍受由行动或行动环境带来的种种不愉快的体验；第二，积极而有效的行动要求克服原有知识经验及内心冲突对执行决定所产生的干扰；第三，在意志行动中一旦出现新情况、新问题与预定目的、计划和方法等发生矛盾时必须努力做出果断决断；第四，在意志行动中遇到来自外部的预料不到的情况而主体又缺乏现成的解决问题的手段时必须咬牙坚持；第五，在意志行动尚未完成之时，还可能产生新的动机、新的目的和手段，它们会在心理上同既定目的发生冲突，需要根据新情况来修正原来的行动方案，以便更好地实现目标。

所有这些困难的克服，取决于一系列条件。坚定的信念和世界观是有效地克服困难的基本条件，当人具有清晰的行为准则并坚信其正确时，就能坚决地同困难做斗争。另外，人所确定的目的的性质，对于困难的克服也有着重要意义。“伟大的目的产生伟大的毅力”，目的越重大、越崇高，就越能动员人的力量克服所遇到的困难。当然，所确定的行动目的必须明确而适当。

第三节 心理冲突与挫折

一、心理冲突及其表现

中国寓言中有一个故事，讲一头毛驴站在两捆草之间，不知该先吃哪一捆，最后活活饿死。这个故事从一个极端的角度说明选择的困难。社会充满着矛盾，生活是由一系列机会组成的，当一个人在众多机会中做出选择时，常常会出现冲突情境。选择越多，冲突就越多。

（一）什么是心理冲突

心理冲突是指两种或两种以上不同方向的动机、欲望、态度、情绪、目标和反应同时出现，在人们内心进行斗争，既无法抛弃任何一方也无法把它们协调统一起来而引起的紧张状态。心理冲突是心理失衡的重要原因，也是产生挫折感的重要来源。

一般来说，人人都有心理冲突，但冲突的时间、频率对人的影响是不同的。心理健康的人，心理冲突不尖锐、不持久，而且心理冲突会成为建设性和创造性活动的动力。哲学家的心理冲突可能迸发出智慧的火花，文学家的心理冲突可能产生出撼人的作品。但是，心理不健康的人，心理冲突是破坏性的，尖锐而持久，并反复出现，形成恶性循环，长此下去会使心理、生理、社会功能受到损害，导致心理疾病。

（二）心理冲突的类型

心理学家勒温(Kurt Lewin)根据人类的趋避行为把心理冲突分成四种形式。

1. 双趋式冲突

双趋式冲突是指同时存在两个对个体具有同样吸引力的目标物，而两者不可兼得，难以取舍的心态。在日常生活中，这种双趋式冲突出现的机会很多，对人的影响有大有小。如晚饭后是看体育频道的甲A足球赛，还是看电影频道的获奥斯卡电影奖的电影，不知如何选择，内心会产生冲突。这类冲突一般对人不会有很大影响，因难以抉择而产生的焦虑情绪也不会持久。但是，对那些面临人生发展的关键选择，则会出现左右为难、难以抉择的情境。如是出国留学还是留校攻读研究生，是选择薪水高的职业还是选择自己喜欢并能发挥自己专长的职业等矛盾和冲突，对人的影响就会很大。

2. 双避式冲突

双避式冲突是指同时有两个可能对个体具有威胁性、不利的事发生，两种都想躲避，但受条件所限，必须接受一种时内心产生的矛盾和痛苦，即前有悬崖、后有追兵时的心理矛盾。一个被猛虎追赶的人，跑到了悬崖边，无路可走，退回去会被老虎吃掉，往前走必然跌落悬崖，粉身碎骨。两种结果都将威胁生命，都想避开，但是他只能逃避其中之一。

3. 趋避式冲突

趋避式冲突是指同一目标对于个体同时具有趋近和逃避的心态。这一目标可以满足人的某些需求，但同时又会构成某些威胁，既有吸引力又有排斥力，使人陷入进退两难的心理困境。如想谈恋爱，但又怕影响学习，对于恋爱个体就会产生想谈又怕谈的矛盾心情。研究发现，越接近目标物，趋近力越大，但同时逃避力也越大，冲突也越激烈。

4. 双趋避式冲突

双趋避式冲突是指同时有两个目标，存在两种选择，但每一种选择既可能对人有吸引力，同时又会带来不利，使人左顾右盼，难以抉择。如毕业生在选择职业时，既想到国家机关，又想去外资企业。去机关工作稳定，住房等福利条件好，各方面有保障，但收入不高；去外资企业收入高，但管理严，工作不稳定等等。

（三）现代人的心理冲突

1. 容易产生挫折感的心理冲突

美国精神分析学家霍妮(Karen Danielsen Horney)认为，产生挫折感的心理冲突主要有以下三种：

(1) 竞争与合作的冲突。在现代社会中，一方面，无论是求学、就职、婚姻、事业或其他社会活动，事事都有激烈的竞争，往往打败别人才能成功。但另一方面，人们从小受到的教育要求大家协力合作、谦让、牺牲等，由此构成内心冲突。

(2) 满足与抑制的冲突。现代科技的发展、工商的发达，大大刺激了人的各种欲望，并强烈要求获得满足。但经济上的条件限制和道德上的约束又必须抑制一些欲望，由此形成了内心冲突。

(3) 自由与现实的冲突。现代社会大力宣扬自由，误导人们认为任何事情都能以个人的自由意志决定。但事实上无论什么事，都受到现实条件的限制，人们常感到无能为力，难以把握，易形成心理冲突。

这些内心冲突不断加强并积累，结果导致个人越来越难以适应社会和他人，从而产生挫折。

2. 由社会角色引起的心理冲突

现代社会人际交往频繁，每一个人都同时隶属于不同的群体，扮演着数种不同的角色，由此也会产生激烈的内心冲突。常见的角色心理冲突包括：

(1) 新旧角色的心理冲突。它主要指当个体角色改变时而产生的心理冲突。如身居要职、指挥千军万马的将军，因年事已高从领导岗位退下来，成为离休干部，生活节奏从忙碌到悠闲，生活环境从指挥部到家庭，难以适应，内心苦闷，因此出现心理冲突。

(2) 角色间的心理冲突。一个人身兼数种社会角色，而不同的角色对个体有不同的期望和要求，有时互相矛盾，难以协调统一，而出现心理冲突。如一位职业女性成家后既想做贤妻良母，多抽时间照顾家庭，又想在事业上投入力量获得成功和发展，常常为此苦恼。

(3) 角色人格与真实人格的冲突。社会上每种角色都有相应的人格及行为特征。当个体的真实人格与角色人格存在很大差异时，常引起内心冲突。如导游要求有较强的社交能力，善于辞令，机敏灵活，应变能力强，知识面广，外语好等；如果一位大学毕业生性格内向，不善交往，不爱讲话，但为了找收入高的职业而应聘当导游，会对所扮演的角色感到力不从心，从而冲突、焦虑、苦恼。

总之，现代人的生活内容和需要增多，动机和追求的目标更是复杂多样。面临的选择机会多，在选择过程中就难以避免心理冲突的困扰，因此体验挫折感的机会也会越来越多。

二、挫折与挫折承受力的提高

(一) 挫折的含义

挫折是指个体在通向目标的过程中遇到难以克服的障碍或干扰，使目标不能达到、需要无法满足时，所产生的不愉快情绪反应。如一个学业优秀的高中毕业生，刻苦学习，积极努力，准备报考理想中的大学，但考试前几天，一场大病使他住进医院，无法参加盼望已久的高考，报考理想大学的目标受阻，从而使他很痛苦。

挫折包括挫折情境、挫折反应和挫折认知三个方面。挫折情境是指需要不能获得满足的内外环境或干扰等情境因素。如考试不及格，比赛未获得所期望的名次，受到同学的讽刺、打击等。挫折反应是指自己的需要不能满足时产生的情绪和行为的反应，如焦虑、紧张、愤怒、攻击或躲避等。挫折认知是对挫折情境的知觉、认识和评价。不同的挫折认知产生不同的心理反应与体验，因此三个方面中挫折认知是最重要的。即便是没有挫折情境或事件发生，而仅仅由于挫折认知的作用，也可能产生挫折反应。

导致挫折的原因很多，一般可概括为外在因素与内在因素。外在因素主要是指环境方面的，包括自然条件和社会条件，它常常不是个人意志和能力可以左右的。如个人无法预料的天灾人祸、意外事件、社会动乱等。内在因素主要是指由于自身条件的限制阻碍了目标的实现，包括个人的生活条件、心理状态、经济水平等。如自我估计过高的人，因设定的目标不现实，很多愿望常常难以实现。

挫折对人的影响具有两重性，既有利也有弊。法国大文豪巴尔扎克根据自己丰富的人生体验，形象地把挫折比做一块石头。石头本身是中性的，无所谓好坏。但对于不同的人就会产生不同的影响。对于强者它可以成为垫脚石，让人站得更高；对于弱者它可以成为绊脚石，使人一蹶不振。挫折承受力强的人经历挫折，可以使他从失败中吸取教训，磨炼了意志，增加了克服困难的勇气，提高了解决问题、适应环境的能力。相反，挫折承受能力差的人会由此产生心理上的痛苦，情绪不稳，行为失态，甚至导致身心疾病。可见，挫折犹如一把双刃剑，它可以为我们所用，也可以把我们刺伤。

（二）挫折的心理防御机制

当个体面对挫折时，心理平衡往往遭到破坏，出于自我保护本能，个体会自发地唤起心理防御机制，以达到缓冲心理挫折、减轻焦虑情绪的作用。

心理防御机制是指个体处在挫折与冲突的情境时，在其内部心理活动中具有的自觉或不自觉的解脱烦恼、减轻内心不安，以恢复情绪平衡与稳定的一种适应性倾向。心理防御机制在现实生活中是一种相当普遍的心理现象。在充满矛盾、冲突、曲折的人生道路上，如果没有心理防御能力，就很难适应环境。

常见的心理防御机制可分为建设性防御、替代性防御、掩饰性防御、逃避性防御、攻击性防御五大类。具体表现如下：

1. 否认

否认是指拒绝接受不愉快的现实以达到保护自我的目的。如小孩子有时做错事了却硬说自己没做，脱口而出的并非是谎言而只是否认。一些吸烟者认为“吸烟有害健康”没有科学依据，依然我行我素。

2. 幻想

幻想是指通过想象中的成就去满足受到挫折后需要没有得到满足的心理。如一位内向、缺乏魅力的男青年求爱受挫后，想象自己是一个英俊的小伙子，成为许多少女心中的偶像，陶醉在幻想的世界中获得心理满足。幻想可以使人暂时脱离造成挫折的现实情况，但幻想过后仍然要面对现实，因此沉溺于幻想就难以成长，难以适应社会。

3. 压抑

压抑是指把不愉快的经历和体验压抑到无意识中，不去回忆，主动遗忘。如某学生因一时糊涂，偷拿同学的钱物，事后羞愧难当，又没有勇气承认，拼命想把这件事忘掉。但以后每遇到同学丢东西，就怕被怀疑，以致发展到怕见同学。这种失常行为的根源就是过分压抑。

4. 投射

投射是指把自己的不当、失误转嫁到他人身上，或把自己不能接受的欲望归结为他人的。如一位人际关系不好的学生认为自己本来很喜欢同学们，但因为同学们恨自己，所以自己才无法喜欢他们,以此来掩盖自己的孤立。

5. 反向

反向是指将自己不能接受的欲望和行为以截然相反的行为表现出来。如明明内心自卑感很重,觉得事事不如别人,但却总表现出自高自大,骄傲不羁。

6. 转移

转移是指将不满的情绪发泄到较小的对象身上。如受了老师的批评或家长的指责后,把怒气发泄到同学身上,对同学发火,扔东西。

7. 退行

退行是指受到挫折时表现出与年龄不相符的幼稚行为,心理状态像是退回到儿童水平,以此应对挫折情境。如考试不及格就到老师面前哭哭啼啼,苦苦哀求,或者不吃饭,与自己赌气。少年儿童因犯错误受到家长训斥突然出现儿时的尿床行为也是退行。

8. 冷漠

冷漠是指受挫折后表现出毫不在乎,对挫折情境漠不关心、无动于衷。这是一种与攻击相反的行为。表面上不关心,其实内心十分悲愤和痛苦。如集中营的俘虏被奴役时,往往以逆来顺受的态度接受,不反抗,不暴怒,认为自己无能为力;长期处于战争中的人当战争结束和平来到时表现出麻木,不知所措。冷漠反应在那些长期遭受挫折,或现实已表明没有希望的情境下比较多见。

9. 攻击

攻击是指受挫折后为了发泄愤怒情绪而出现的过激行为。攻击可以分为直接攻击和间接攻击、外攻击和内攻击等。直接攻击是指受挫折后,把攻击的矛头直接指向引起挫折的人或物;间接攻击是指受挫折后,把攻击的矛头和不满情绪发泄到和挫折没有直接关系的人和物上;外攻击是指攻击他人和外界事物;内攻击是指将不满情绪朝向自己,甚至自虐自伤。

10. 文饰

文饰是指采用合理的理由来解释所遭受的挫折,以减轻心理痛苦。如考试不及格则说考题太难超出要求,求爱不成则说对方本来就没有什么值得爱的。

11. 补偿

补偿是指通过新的满足来弥补原有欲望达不到满足的痛苦。如学习成绩平平,但体育成绩突出,或因有其他特长,而使自己能够接受。

12. 升华

升华是指把不易直接表现出来的行为或欲望转化为建设性的活动,将低层次的需要和行为上升到高层次的需要和行为。如把失恋的痛苦转化为发奋学习的动力。

心理防御机制的作用有积极与消极之别。一般说来,积极的心理防御机制在缓冲心理挫折时,使人表现出自信、进取的倾向,有助于战胜挫折;而消极的心理防御机制大多表现出退缩、逃避的倾向,虽然能暂时缓解内心冲突,但从长远看,会阻碍个体面对现实、积极进取。如何正确运用心理防御机制,不仅影响个体对挫折的适应,更影响人生的健康发展。因此,我们要准确地认识和把握心理防御机制,适时适度地运用,以发挥它的积极作用,学会更有效地应对挫折。

(三)提高挫折承受力的策略

挫折承受力是指遭受挫折时免于心理失常的能力。它标志着一个人适应环境的能力。这种能力不是先天就有的，是后天学习、实践、锻炼的结果。提高挫折承受力，对于正处在学习、成长中的青少年尤为重要，不仅可以使他们意志更加坚强，人格更趋成熟，而且有能力应付充满挑战和机遇的社会。

1. 正确认识挫折

要提高承受挫折的能力，最重要的是要正确认识挫折，建立一个正确的挫折观。挫折是人生不可避免的。现实生活中，考试不理想、人际关系困难、生活不适应等挫折几乎每个人都曾遇到过。有的人总认为生活中的挫折、困境、失败是消极、令人恐惧的，因此受挫折后消极悲观，沉闷抑郁，个别人甚至丧失了生活的勇气。

事实上，挫折也可以成为自强不息、奋起拼搏、争取成功的动力和精神催化剂。生活中许多优秀人物就是在挫折的磨炼下，在困境中崛起的。可以说，挫折也是一种机会。只要对挫折不害怕、不气馁，能对挫折坦然面对，树立战胜挫折的勇气和信心，就可以适应任何变化中的环境。

2. 改变不合理的观念

所谓挫折其实就是一种心理感受。对于同样的挫折情景，有的人体验到了挫折感，有的人却并不以为然。可见，客观事实并不是导致挫折产生的主要原因，人们对客观事实所持的观念才是引起挫折的关键原因。因此，改变不合理的观念，可以提高挫折承受力。在日常生活中，常见的不合理的观念有以下几种：

(1) 绝对化的要求。绝对化的要求是指人们以自己的意愿为出发点对某一事物怀有认为其必定会发生或不会发生这样的观念。这种观念通常是与"必须"和"应该"这类字眼联系在一起的，比如"我必须获得成功"、"别人必须很好地对待我"、"生活应该是很容易的"等等。怀有这样的观念的人极易陷入情绪困扰。因为客观事物的发生、发展都是有一定规律的，不可能按某一个人的意志去运转。因此，当某些事物的发生与其对事物的绝对化要求相悖时，他们就会感到受不了，感到难以接受、难以适应并陷入情绪困扰。

(2) 以偏概全。有些人常常以片面的思维方式看待事物，简单地以个别事件来断言全部生活，一叶障目。如一次考试不如人意，就认为自己彻底失败，不是读书的料；一次失恋就认为自己对异性没有吸引力等，从而导致自责自怨、自卑自弃的心理。以偏概全不仅表现在对自己的认识上，也表现在对他人、对社会的认识中。如因一事有错而对他人全盘否定；因社会有缺陷，存在阴暗面，就看不到光明，而彻底丧失信心。

(3) 无限夸大后果。有些人遇到的是一些小挫折，却把后果想象得非常糟糕、可怕。夸大后果的结果是使人越想越消沉，情绪越来越恶劣，最后难以自拔。如一门功课考试不及格，就认为自己能力不行，学不下去，毕不了业，找不到工作，人生没前途，生命没价值。这实际上是一种自己吓唬自己，给自己施加压力的做法。

只有改变不良的认知方式，纠正不合理的信念，才能实事求是地评价挫折带来的后果，从困难中看到希望。

3. 调整抱负水平

抱负水平是个体在从事某种实际活动之前，为自己规定的目标水平。挫折就是由有目的的行为受阻，目标没有实现所引起的。一般情况下，抱负水平高的人对待工作自觉，有信心，有毅力，能努力地去克服困难；而抱负水平低的人对工作缺乏自觉性，缺乏信心和毅力。但个人的抱负水平也不能太高，不能严重地脱离自己的实际情况。如果抱负水平过高，超过个体能力所能支持的限度，个体的行为动力反而减小，并导致失败。因此，当个体遭受挫折后，要重新审视一下自己的目标水平，看它设置得是否得当，是否符合客观条件和自己的实际情况。适当的目标应当是具有较大的把握实现，又需要经过一定的努力才可能实现。

4. 建立和谐的人际关系

生活中的挫折实际上是不可避免的，遇到挫折时，朋友、亲人的帮助和支持也是提高挫折承受力的重要因素。因此，个体要克服挫折，增强挫折的适应能力，就要有几个思想上、学习上或生活上志同道合的挚友，并能经常从他们那里获得鼓励、信任、支持和安慰等。在与周围的人相处时，其肯定的态度（如尊重、信赖、友爱等）要多于否定的态度（如憎恶、怀疑、恐惧等）。对其所属的集体，也要有一种休戚相关、安危与共的情感，并愿意牺牲个人欲望或利益去谋取集体的发展。只有这样，他才能被他所处的集体所容纳和认同，避免由于人际关系的紧张而导致的心理挫折，即使偶尔出现某种挫折，也能很快消除。

5. 加强修养，勇于实践

从心理发展的角度看，积极主动的适应、勇敢顽强的拼搏、坚持不懈的磨炼，会使心理更趋成熟，增强承受挫折、化解冲突的能力，促使心理朝着健康、向上的方向发展。因此，为了提高挫折承受力，就应该主动地、自觉地将自己置身于充满矛盾的、复杂的社会环境中去磨炼，向生活学习，而不是逃避社会。同时，必须提高自身的思想修养、道德修养、知识素养，培养自信乐观、自强不息、宽容豁达、开拓创新等良好的人格品质，使自己的心理得到充分、有效的发展，心理健康达到高水平的状态。

知识链接 9-1

酸葡萄心理与甜柠檬心理

读过伊索寓言的人都知道狐狸吃葡萄的故事。狐狸想吃葡萄，但够不着，狐狸为减轻自己达不到目的而产生的焦虑感，自我安慰说“葡萄是酸的”，既然是酸的，那没有什么好吃的，狐狸平静地走了。借用这个故事，心理学把个体所追求的目标受到阻碍而无法实现时，以贬低原有目标来冲淡内心欲望、减轻焦虑情绪的行为称之为“酸葡萄心理”。生活中常常可以见到这类行为。如求爱不成，虽内心深感失望，但却安慰自己，说对方并不那么值得爱；考研失败，说本来就没想上。

当个体所追求的目标受到阻碍而无法实现时，为了保护自己的价值不受外界威胁，维护心理的平衡，当事人会强调自己既得的利益，淡化原来目标的结果，以减轻失望和痛苦，这种心理反应被称为“甜柠檬心理”。就像狐狸找不到可口的食物，却找到一只酸柠檬，于是自我安慰道：“这柠檬正合我的口味，我就喜欢吃酸的。”如联欢会上被人邀请跳舞，其实很喜欢但不会跳，又不愿承认，就说自己喜欢安静，喜欢欣赏舞曲音乐，对自我则安慰道：“跳舞没什么好，出一身大汗，回去还要洗澡。”再如考研究生失利，就说早工作早挣钱，真上研究生经济上亏大了。

酸葡萄心理和甜柠檬心理都是在个体遭受挫折，无法达到目标，不能满足愿望，为减轻痛苦和紧张，保护自尊而采取的心理防御作用，为自己找理由辩护，自圆其说。从心理健康的角度看有一定意义，在某种程度上可以起到缓解消极情绪的作用。但真正应付挫折不能只停留在自圆其说上。当情绪稳定后，应冷静地、客观地分析达不到目标的原因，重新选择目标，或改进努力方式。

——选自张厚粲的《大学心理学》，北京师范大学出版社 2002 年版

第四节 意志的品质及其培养

意志行动在不同的人身上表现不同。有人能独立地采取决定，而有人则易受暗示；有人处事果断，有人则优柔寡断等等。因此，构成一个人行为特点的稳定因素是意志品质。意志品质主要包括自觉性、果断性、坚韧性和自制力，它们在人的意志行动中贯彻始终，并构成人的意志的性格特征。因此，只有培养良好的意志品质，才会使人成为具有坚强意志的人。

一、意志的品质

（一）自觉性

意志的自觉性是指一个人在行动中有明确的目的，并能认识行动的社会意义，使自己的行动服从于社会的要求方面的意志品质。

意志具有自觉性的人，有坚定的立场和信仰，相信自己的目的是正确的，在行动中能够把自己的热情和力量投入到行动中，千方百计地克服困难，忠实自己的目的、计划和方法，也不拒绝一切有益的意见和建议，在思想和行动上表现为既有原则性又有灵活性。

与自觉性相反的意志品质是受暗示性和独断性。受暗示性的人容易接受别人的影响，不加分析地接受别人的思想和行为，轻易改变或放弃自己的决定，表现为盲目行动。独断性的人则盲目地自信，对自己的决定自信不疑，一概拒绝他人的意见和建议。独断性的人表面上看来似乎是独立地采取决定和执行决定，但实际上是缺乏自觉性的表现。这种人固执己见，以自己的意愿替代客观事物发展的规律，当客观环境发生变化时，也不肯更改自己的目的和计划，经常毫无理由地拒绝或考虑他人的意见。受暗示性和独断性的品质都是意志薄弱的表现。

（二）果断性

意志的果断性是指一个人善于明辨是非，抓住时机，迅速而合理地采取决定，并实现所做决定的意志品质。

意志具有果断性的人，能全面而深刻地考虑行动的目的以及达到目的的计划和方法，虽然也有复杂的、剧烈的内心冲突，但在动机斗争时，没有多余的疑虑，在需要行动时能当机立断，但在不需要立即行动或者在情况有所变化时，又能立即停止或改变已经执行的决定。

意志的果断性品质以自觉性品质为前提，并与智慧的批判性和敏捷性相联系。只有目的明确，是非明辨，才能毫不踌躇地采取坚决的行动。但是处在复杂情境中所表现出来的高水平的果断性并不是每个人都会有的。果断性品质必须以正确的认识为前提，以大胆无畏和深思熟虑为条件。

与果断性相反的意志品质是优柔寡断和草率决定。优柔寡断的人在作决定时顾虑重重，犹豫不决，一直处于动机斗争状态而迟迟作不出决定。表现为思想分散，情感矛盾，在各种动机、目的和方法之间摇摆不定，时常对自己已作决定的正确性有怀疑。当不得不做出抉择时，又会任意选择而无信心去完成。草率决定是指对任何事情总是不加思考，既不考虑主客观条件，也不考虑行动后果，选择的目的只是想尽快摆脱由此带来的不愉快的心理状态，主要表现为懒于思考而轻举妄动。优柔寡断和草率决定都是意志薄弱的表现。

（三）坚韧性

意志的坚韧性是指一个人对行动目的的坚持性，即能在行动中保持充沛的精力和毅力的意志品质。

意志具有坚韧性的人，一方面善于克服和抵制不符合行动目的的主客观诱因的干扰，做到目标专一，始终不渝，直到实现目的；另一方面能在行动中做到锲而不舍，百折不挠，勇于克服各种困难。坚韧性是人的重要的意志品质，一切有成就的人都具有不屈不挠地向既定目的前进的坚韧的意志品质。

与坚韧性相反的意志品质是动摇和顽固。动摇是指立志无常，见异思迁，尽管有行动目的，但虎头蛇尾，遇到困难即放弃对预定目的的追求。顽固是指只承认自己的意见或论据，当实践证明其行动是错误时仍固执己见，一意孤行，因而往往受到客观规律的惩罚。动摇性和顽固性虽然表现形式不同，其实质都是不能正确对待行动中的困难，都属于消极的意志品质。

（四）自制力

自制力是指在意志行动中能够自觉、灵活地控制自己的情绪，约束自己的动作和言语方面的意志品质。自制力反映着意志的抑制功能。

意志具有自制力的人，一方面善于控制自己去执行所采取的决定，一般具有较强的组织性和纪律性；另一方面又善于控制自己的情绪和冲动，表现出较强的忍耐性。这种意志品质主要表现为情绪稳定，注意力高度集中，记忆力强和思维敏捷。

与自制力相反的意志品质是冲动性。冲动性是指不能控制自己的情绪，对自己的动作和言语约束力较差的意志品质。这种意志品质主要表现为思想容易开小差，并易受外界的引诱和干扰而不能律己，有时甚至会产生违反纪律的行为。冲动性是意志薄弱的表现。

意志品质都有其自身的具体内容而不能抽象看待。因此对于意志品质的评价，应从社会和道德角度与意志品质的具体内容相联系而进行。由于自觉性、果断性、坚韧性和自制力四种意志品质之间是相互联系的，因此缺少其中任何一种品质，都会给人的性格上带来某种缺憾。

二、意志品质的培养

坚强的意志品质不是天生的，而是在生活和实践活动过程中形成和发展起来的，是人有意识培养的结果。培养优良的意志品质，一般应该从以下四个方面着手。

（一）加强目的性教育，培养道德情感

人的意志行动是为了实现预定的目的。只有确立了高尚而远大的目标，人才会在行动中克服所遇到的各种困难和干扰，从而锻炼和发展自己的意志。因此，培养一个人优良的意志品质，首先应加强目的性教育。要求他（她）树立正确而高尚的行动目的，还要把长远的目标和近期的目标有机地结合起来，既要看到近期行动的目的是为了实现长远目标的一个具体步骤，也要看到具体行动的深远的社会意义，以提高行动的自觉性，更好地达到预定的目的，培养坚强的意志品质。其次要培养道德情感。因为情感在意志的支配下，可以成为行动的动力，促使人去克服困难和坚持实现已确立的目的。而道德情感在实现目的的意志行动中起着促进作用。

因此，要注意培养人的崇高的道德情感。

（二）组织实践活动，获得锻炼意志的直接经验

坚强的意志品质是在克服困难的实践活动中形成和发展起来的。因此，为了培养人的优良的意志品质，就要组织好各项实践活动，使他（她）能在活动中实现意志行动，在实践活动中克服困难，并获得锻炼意志的直接经验。

在组织实践活动时，首先要明确活动的社会意义，要善于把具体活动与远大目标有机地联系起来。其次，确立的目的要恰当，要适合一个人的能力和客观条件。目的超出人的能力或客观条件的许可，会挫伤人的意志，使人丧失信心；目的过于容易，不经意志努力就能达到，也起不到锻炼意志的作用。只有那些经过自己的意志努力才能克服困难并能得以实现的目的或任务，才最能锻炼意志力。最后，在完成活动并实现了预定目的以后，要及时进行总结，分析自己在实践活动中意志品质的实际表现，以取得直接的经验。

（三）发挥纪律对培养意志品质的作用

纪律反映了人们的共同意志，是搞好各项工作的基本保证。纪律不仅约束人们的行动，更主要的是它给社会中的每一个人的行动规定了方向。因此，自觉遵守纪律，可以培养人优良的意志品质，尤其是对意志的自觉性、坚韧性和自制力品质的培养具有明显的作用。

（四）加强意志的自我锻炼

在培养一个人形成良好意志品质的过程中，周围人们的影响都必须通过个体的自我锻炼才能真正起作用。因此，个体要在实践活动中不断地加强意志的自我锻炼，形成坚强的意志品质。首先，要善于自我评价。对自身意志行动的分析和评价，能够使自己既看到意志品质上的优点，以增强自信心，又能注意到自己身上的不足和弱点，以增强自我锻炼的决心。这样能明确自己努力的方向，起到自勉、自策和自励的作用。其次，要善于自我要求。在分析和了解自己的基础上，根据社会要求每个人应具备的优良品质，对自己提出意志行动的具体化要求，如自我控制、信念坚定、勤奋努力、忠诚老实、心胸开阔、谦虚谨慎等。再次，要善于约束自己。优良意志品质的培养离不开自我约束和自我克制，一个人不仅要善于期望并实现目的，也要善于约束和克制影响目的实现的诱因和不良习惯，如严格遵守作息制度，按时完成工作和学习任务，养成良好的生活习惯等等。最后，要善于自我督促、自我激励。一般来说，行动中的困难和内心冲突很容易引起人的思想波动和行动上的摇摆，因此要调动内在的潜能来战胜外部困难。如用格言、名人名言、榜样人物的言行来督促自己和激励自己，使自己优良的意志品质逐渐形成。

综合练习

一、概念解释

1. 意志　2. 动机　3. 心理冲突　4. 挫折　5. 心理防御机制　6. 挫折承受力

二、填空

1. 意志行动的特征是________、________、________。
2. 意志对行动的调节作用表现在对人的行为的________和________两个方面。
3. 意志行动可分为________和________两个阶段。

知识链接 9-2

培养学生意志品质的实践模式

北京市石景山区教育科学研究所的王曦、李树义等提出了一个适合培养小学生、中学生意志品质的实践模式。该模式分为三个阶段：

1. 自我分析

学期初，引导学生全面反思自我，正确认识自我。让学生对自己的德、智、体、心理、特长都心中有数，从而明确自己前进的起点。在学生自我分析过程中，教师、家长都参与其中，提出意见，使学生的分析更符合实际。以后每学期初，学生都要针对自己的实际情况修改自我分析。这样做可逐步培养和提高学生的自我分析的意识和能力，锻炼学生的自觉性、果断性、独立性。

2. 自我设计

在自我分析的基础上，学生制定自己的努力目标。努力目标分为近期目标、中期目标和远期目标。近期目标主要指学生半学期或一学期的努力目标；中期目标指学生实现远期目标所必需的教育与训练，要以近期目标的达成为基础并面向远期目标；远期目标指学生的理想，包括人生理想和职业理想，在此前提下充分发挥自己的潜能，实现自己的价值。培养学生的自我设计能力，主要是培养做事情的计划性，逐渐学会设立目标，明确努力的方向和努力的策略，调动学生奋发向上的积极性，培养良好的心态。

3. 自我管理

自我管理是自我控制能力培养的重要内容，可分为课上管理和课下管理。自我管理可锻炼学生的自制力和坚韧性等。

(1) 课上自我管理。这可以通过帮助学生在课堂学习中树立和体现"三个意识"来实现。这"三个意识"是"主体意识"(指学生要明确自己是学习的主人，在课堂学习中要积极思考，主动发言，主动参加课堂学习活动，自觉认真地完成作业，课前准备好学习用品)、"效率意识"(指学生要有当堂任务当堂完成的高效意识，要积累、讲究学习方法，要克服学习中的懒惰情绪，提高学习效率)、"自控意识"(指学生要能控制自己，把自己的身心状态调整到最佳，不做与课堂学习无关的事，集中注意力学习)。为了落实"三个意识"，研究者设计了《课上三个意识评价表》，每周或每月进行互评与总结，以起到督促与检查的作用。

(2) 课下自我管理。研究者要求实验班的学生要做到：遇事有主见，情绪能调节，生活有规律，每周或每月进行互评与总结。

研究者还根据学生自我分析、自我设计、自我管理的实践模式编制了《自我教育手册》。

研究者使用这套实践模式对实验班进行训练，并在一段时间后与对照班比较。结果表明，实验班比对照班在意志品质的很多方面都有显著提高。

——选自郭黎岩的《心理学》，南京大学出版社 2002 年版

4. 意志行动的采取决定阶段包括________和________等环节。

5. 执行决定阶段是意志行动的________阶段。

6. 坚强的意志品质包括________、________、________、________ 四个方面。

三、判断

1. 意志是人类所特有的心理现象，是人的主观能动性的最突出的表现，也是人和动物在本质上相区别的特点之一。（ ）

2. 在相对的、有条件的意义上，意志是不自由的；在绝对的、归根结底的意义上，意志又是自由的。（ ）

3. 挫折对人的影响具有两重性，既有利也有弊。而心理防御机制的作用不具有二重性。（ ）

4. 一个人意志坚强的水平往往以困难的性质和克服困难的努力程度加以衡量。（ ）

5. 前有悬崖，后有追兵属于双趋式冲突。（ ）

四、选择

1. 意志是人类所特有的心理现象，是人________的最突出的表现。

A. 明确的目的性　B. 意识的主观能动性　C. 深思熟虑　D. 历史制约性

2. 意志品质缺乏________的人表现为优柔寡断和草率决定。

A. 自觉性　B. 果断性　C. 坚韧性　D. 自制力

3. 意志行动的关键阶段是________。

A. 心理冲突阶段　B. 采取决定阶段　C. 执行决定阶段　D. 确立目的阶段

4. 魏征曾对唐太宗李世民说："嗜欲喜怒之情，贤愚皆同。贤者能节之，不使过度；愚者纵之，多至失所。"这说的是意志的品质要有________。

A. 自觉性　B. 果断性　C. 坚韧性　D. 自制力

五、问答和简述

1. 意志与认识、情绪的关系如何？

2. 试述意志行动的心理过程。

3. 导致现代人产生心理冲突的原因有哪些？

4. 挫折对心理健康有什么影响？

5. 怎样正确运用心理防御机制？

6. 如何提高挫折承受能力？

7. 怎样培养优良的意志品质？

第十章 能 力

本章学习指导

1. **识记**：能力与智力的概念、能力的种类、能力的差异、创造能力的特点、能力测验公式。
2. **理解**：能力结构的相关理论、能力与知识技能的关系、智力测验的过程与方法、能力培养的方法。
3. **应用**：① 运用能力的结构理论解释不同人的能力或智力现象；② 按照能力的理论和方法，促进学生能力获得进一步发展。

第一节 能力概述

一、什么是能力

（一）能力、才能和天才

能力是指直接影响活动效率、保证活动顺利完成的个性心理特征。在生活中我们经常看到，有的人能歌善舞，有表演能力；有的人善于组织和领导，有管理能力；有的人书面表达准确生动、条理清晰，有写作能力；有的人逻辑性强、善于计算，有数学能力。可见，能力总是和活动联系在一起的，并且是保证活动顺利完成的必不可少的心理特征。但是，影响活动的因素是多种多样的，如人的性格、兴趣、爱好等，但并不是所有对活动产生影响的因素都是能力，只有对活动产生直接影响的因素，也就是说，离开这种因素，活动将无法进行的因素才是能力。例如，作为教师，影响其教学活动的因素是很多的，这些因素对教学活动的影响，有些是直接的，有些是间接的。像教师的内外向性格对教学效率有一定影响，但是并不能决定教学活动能不能进行，它间接地影响教学活动；而像教师的言语表达能力和教学组织能力则直接决定教学活动能否顺利进行。

能力和活动的关系主要表现在两方面：一方面，能力是在活动中形成并通过活动表现出来的。活动是能力产生和发展的基础。人的能力不是天生的，只有在从事某种活动之后，通过经验的不断积累才能获得充分的发展。例如，教师了解学生和组织班集体的能力，是在教师当班主任与学生交往过程中形成的，学生分析问题、解决问题的能力是在学习活动中形成并发展起来的，离开了活动也就无所谓能力。同时，人的能力强弱又是通过活动表现出来的，也可以说，活动是检验人的能力的途径。如教师的教学能力和学生的学习能力只有在教学活动和学习活动中才能得以体现。另一方面，活动的进行和完成又必须以能力为前提和保证。如进行学习研究活动，必须以记忆力、注意力、感知能力及抽象概括能力为前提。此外，像教师的语言表达能力、工程师的技术想象能力等，如果没有这些能力作为前提，教师的教学任务、工程师的技术更新与创造任务就不能很好地完成。不同的人的能力强弱不同，在完成相同的工作任务时的表现及活动的质量是具有极大差异的。正确认识能力与活动的关系，在学校教育中具有重要的价值。

才能是指人们在完成某种复杂的活动时需要具备的多种能力的有机结合而形成的复合能力。人的活动一般都比较复杂，因此只靠某种能力不足以保证活动的圆满完成。例如，要完成教学活动，需要教师同时具有逻辑思维能力、言语表达能力、教材组织能力、管理学生的能力、情绪感染力、教育机智等多种能力。这些能力在活动中是需要有机地结合在一起的，不是简单地机械相加。人们在活动中所表现出来的能力通常是才能，而不是单一的能力。

天才是指一个人能独立地、富有创造性地完成某些活动的能力，是才能的高度发展。例如，华罗庚、钱学森、莎士比亚、爱因斯坦等都是我们所知的某一领域内的天才人物，他们对社会进步与发展做出了巨大的贡献。天才的成长受社会历史条件的制约，进步的社会机制、实践的需要、时代的需要都能促使人的能力得到健康充分的发展，激发天才人物的出现。天才人物一般具有良好的遗传素质，受过良好的环境和教育的影响，具有健康的心理素质和良好的个性特征，个体在生活实践中又经过艰苦卓绝的努力。发明家爱迪生家境贫苦，只受过三个月的学校教育，但他刻苦努力，自学成才，一生约有 2000 项创造发明。所以说天才不是天生的，而是良好的先天素质与后天的勤奋共同造就的。

（二）能力、知识与技能

能力、知识与技能既有明显的区别，又有密切的联系。

1. 能力与知识、技能的区别

知识是人类社会历史经验的概括和总结；技能是由于不断练习而形成的近乎自动化的动作方式；能力则是顺利完成活动所必备的个性心理特征。例如，在篮球活动中，同学们对篮球规则及基本技术理论的了解属知识的范畴；在运动中，同学们传球接球、防守突破、远球投篮等一系列的运动方式是技能技巧的体现；而在比赛时，对双方力量的分析判断，对赛场瞬息万变局势的反应和临时应变，选择谋划战术等则属于能力。由此可见，知识是对经验的积累和概括，技能是对一系列行为方式的概括，而能力则是对思想材料进行加工活动过程的概括，三者是不同的。

2. 三者的联系

能力与知识技能虽有区别，但又是相互联系和制约的。一个人能力的发展直接影响着他掌握知识和技能的快慢、深浅、多少、难易及巩固程度。一般言之，能力发展水平越高，对知识理解得越深刻，知识掌握的质量越高。而知识、技能的掌握又是能力发展的基本条件之一，人们正是在学习知识和技能的过程中发展了各种能力的。一般来说，知识和技能掌握得越多，能力发展就越快。但是能力和知识、技能的发展又不是完全同步的，知识、技能的掌握并不必然带来能力的发展，能力的发展也不必然导致知识、技能的增加。如两个具有同等知识水平的学生，有的能闻一知十，善于迁移；有的只能照葫芦画瓢，就事论事。同样的考试分数，一个学生可能是思维能力较强的体现，另一个学生可能是死记硬背的结果。教师不能单纯以掌握知识的多少和分数的高低来衡量学生的能力水平。因此，教师既要重视知识的传授，又要在传授知识的过程中重视学生能力的培养。

二、能力的分类

能力是一种比较复杂的心理现象，按照不同的分类方法可以把能力分为不同的类型。

（一）一般能力和特殊能力

根据能力表现的活动领域不同，可以把能力分成一般能力和特殊能力两种。一般能力是指在各种活动中必须具备的基本能力，具有普遍适用性，它能保证人们有效地认识世界。一般能力即认识能力，又叫智力。它包括观察力、记忆力、思维能力、想象力和注意力五种，其中核心是思维能力。特殊能力是指完成某种专业活动必须具备的能力。各种特殊能力都有自己的结构。例如，音乐能力包括区别旋律曲调特点的能力、音乐表象能力、节奏感和音乐辨别能力等；飞行能力包括手脚动作协调能力、空间准确定向能力、注意的广度、地标识别和图形记忆能力等。

事实表明，人要顺利地完成某活动，既需要具备一般能力，又需要具备与某种活动有关的特殊能力。一般能力是特殊能力发展的基础，一般能力愈发展，就愈能为特殊能力的发展创造有利条件；特殊能力对一般能力的发展具有积极的影响，人们在从事专业活动中，发展特殊能力的同时，也促进了一般能力的发展。例如，没有听觉能力的发展，就不可能有音乐听觉能力的发展，音乐听觉能力是一般听觉能力在音乐环境中形成和表现出来的；而音乐听觉能力的发展又可以促进一般听觉能力的发展。在活动中，一般能力和特殊能力共同起作用。

（二）再造能力和创造能力

根据活动中能力的创造性大小，可将能力分为再造能力和创造能力。

1. 再造能力

再造能力是指在活动中能顺利地掌握别人积累起来的知识和技能，并按现成模式进行活动的能力，又称模仿能力。如学习绘画书法时的临摹、学习作文时的套路格式、按照学习的数学定理解决同一类型题目的能力等都是再造能力。再造能力是个体学习、生活中必不可少的基本能力。美国心理学家班杜拉（A. Bandura）认为，模仿是人们彼此之间相互影响的重要方式，是实现个体行为社会化的基本历程之一。他认为模仿有三种功能：通过模仿能使原有的行为巩固或改变；使原来潜伏的行为表现出来；习得新的行为动作。

2. 创造能力

创造能力是指在活动中创造出独特的、有社会价值产品的能力，如科学发明、工具革新、小说创作、创造性地解决问题等。创造能力有三个显著特点：

(1) 独特性。独特性是指见解独特，不循常规，能标新立异。这是创造能力最显著的特点。

(2) 变通性。变通性是指不受思维定势的束缚，构思新奇灵活，能举一反三，触类旁通。

(3) 流畅性。流畅性是指心智活动畅通无阻，能在短时间里产生大量想法，提出多种方案。

再造能力和创造能力是相互联系的。人们一般先学会再造、模仿，然后才能创造。再造可以说是创造的前提和基础，创造是模仿、再造的目的。把能力分为再造能力和创造能力是相对的，再造中包含有创造，创造中包含有再造。在实际活动中两种能力是相互渗透的。

（三）认知能力、操作能力和社交能力

根据个体能力的功能不同，可以将能力分为认知能力、操作能力和社交能力。

1. 认知能力

认知能力是指接收、加工、储存和应用信息的能力。它是人们认识客观世界、获得各种知识的最基本、最主要的能力。知觉、记忆、注意、思维和想象的能力都是认知能力。美国心理学家加涅（R. M. Gagne）提出三种认知能力：言语信息，即回答世界是什么的问题的能力；智慧技能，即回答为什么和怎么办的问题的能力；认知策略，即有意识地调节与监控自己的认知过程的能力。

2. 操作能力

操作能力是指操纵、制作和运动的能力。劳动能力、艺术表现能力、体育运动能力、实验操作能力等都是操作能力。操作能力是在操作技能的基础上发展起来，又成为顺利地掌握操作技能的重要条件。

3. 社交能力

社交能力是指人们参与社会群体生活、与周围人们相互交往、保持协调的能力。组织管理能力、言语感染能力、调节纠纷的能力、处理意外事故的能力等都是社交能力。在社交能力中包含有认知能力和操作能力。

人的认知能力、操作能力和社交能力是相互联系的。人的操作能力和社交能力的形成与发展是以认知能力为基础和前提的；同时，人的认知能力的发展又离不开操作能力和社交能力的发展，它在对客观世界的操作活动以及社会群体间的交往活动过程中发展与完善起来。当然，这三种能力在很多情况下并不完全协调一致。比如，有些认识能力较强的人，其实践能力和社交能力却比较差；也有实践能力和社交能力较强的人，其认知能力却一般。

此外，根据个体能力的表现程度和表现方式，还可以把能力分为实际能力和潜在能力。能力的结构是复杂的，它的分类也必然是多种多样的。

三、能力结构理论

能力是构成人的心理现象的重要成分，在人的生活中具有重大价值，因此它成了心理学家高度重视并开展了大量研究的问题。在西方心理学界，对智力、能力并没有进行过细的区分，许多学说是把二者合二为一的。有关能力结构的理论主要有：

（一）独立因素说

美国心理学家桑代克曾对能力作过系统的描述。在他看来，人的能力是由许多独立的成分或因素构成的。不同能力和不同因素是彼此没有关系的，能力的发展只是单个能力独立的发展。这种学说很快受到人们的批评。心理学家们很快发现，当人们完成不同的认知作业时，他们所得到的成绩具有明显的相关。这说明各种能力并不是完全独立的。

（二）二因素论

1904 年英国心理学家斯皮尔曼(C. Spcarnlan)提出了能力的二因素说。他认为一切智力活动都是由一般因素 G 和特殊因素 S 构成的。完成任何一种活动都需用 G 和 S 两种因素。一般因素是指个人的基本能力，是一切智力活动的基础。特殊因素是完成某种性质的作业所

必备的特有因素。例如完成 a 活动需要 $G+S_1$，完成 b 活动需要 $G+S_2$，而完成 c 活动则需要 $G+S_3$，G 因素参与所有的智力活动，而 S 因素根据不同的活动，要求有不同的能力参加。斯皮尔曼认为 G 因素是第一位的、重要的因素，各种智力测验所反映的能力就是 G 因素，G 因素量的多少决定着一个人智力的高低。一般因素和特殊因素的不同组合，构成了某种活动中一个人的智能水平。

（三）群因素论

1938 年美国心理学塞斯顿(L. L. Tharslonc)提出了群因素理论。他凭借多因素分析的方法，突破过去的智力因素理论的框架，提出了基本能力学说。塞斯顿对芝加哥大学的学生进行了 56 个能力测验，发现了七个不同的测验群。所以他认为，智力结构中没有所谓“一般因素”和“特殊因素”，而是存在着七种平等的基本能力（也叫智力活动的七个原始群）。塞斯顿认为能力是由许多彼此无关的原始能力构成的，大多数能力都可以分解为七种原始因素，即数学计算能力、语词的流畅性、语词理解能力、记忆能力、推理能力、空间知觉能力和知觉速度。最初塞斯顿认为这七种能力在功能上是彼此无关、相互独立的。但后来他设计了许多测验，然而他的实验结果和他设想的相反，表明每种能力与其他能力之间都有正相关，这就说明了七种能力因素间并非独立的、彼此无关的，不是绝对割裂的。

（四）三维智力结构理论

20 世纪 50 年代后，美国心理学家吉尔福特提出了三维智力结构理论。他认为人的智力是由操作、内容和结果按照三个维度构成的。智力操作即智力活动的方式，包括认识、记忆、发散思维、辐合思维和评价(判定知识的适合性)五种。智力活动的内容包括图形(通过感官看到的具体信息)、符号(单词和数字)、语意(言语含义或概念)、行为(与人交往的智力)四种。智力活动的第三个维度产品即智力活动的结果，它包括单元(一个单词、数字或概念)、类别(一系列有关的单元)、关系(单元与类别之间的关系)、系统(由逻辑方法组成的概念)、转换(改变，包括对安排、组织和意义的修改)、蕴涵(从已知信息中观察某些结果)六种。吉尔福特认为，三种变项中不同因素相结合，在理论上可以得到 $4\times5\times6=120$ 种结合。每一种结合代表一种智力因素。至 1971 年，吉尔福特宣称，运用测验的方法已经证明了其中的 98 种智力因素的存在。

（五）卡特尔的智力理论

美国心理学家卡特尔(Cattll)和霍恩(Horn)认为，人的智力可分解为两种智力成分：一种是液体智力，一种为晶体智力。液体智力是指不依赖于文化和知识背景而对新事物学习的能力，是受先天遗传因素影响较大的智力，主要表现在对于新奇事物快速地辨认、记忆和理解的能力上。如知觉的广度、记忆的广度、机械记忆力等，这些智力主要受先天遗传制约，较少受到教育和环境的影响。研究发现，液体智力的发展与年龄有密切关系，一般人在 20 岁以前，这种智力的发展达到顶峰，而 20 岁以后随着年龄的增长逐渐下降。晶体智力是指受后天经验影响而发展起来的智力，主要表现为运用已有的知识经验去吸收新的知识或解决问题的能力上。晶体智力与环境、教育有密切关系，知识经验和技能是其基础。

（六）多元智能理论

多元智能理论是美国哈佛大学心理学家霍华德·加德纳(Howard Gardner)于 1983 年提

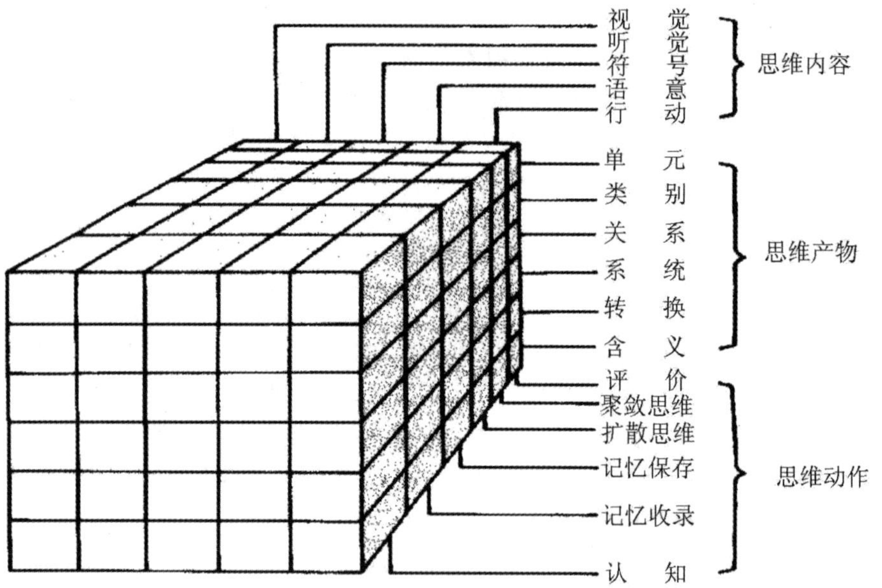

图 10-1 吉尔福特的三维智力结构示意

出的。加德纳通过对脑损伤病人的研究及对智力特征群体的分析，提出人类的神经系统经过100多万年的演变，已经形成了互不相干的多种智力。加德纳认为，智力是在某种社会和文化环境的价值标准下，个体用以解决自己遇到的真正难题或产生及创造出某种产品所需要的能力。智力是由多种相对独立的因素构成的，主要有：(1) 语言智力，包括阅读、写文章或小说以及日常会话的能力；(2) 音乐智力，包括对声音的辨别与韵律表达的能力；(3) 逻辑和数学推理能力，包括术学运算与逻辑思考的能力；(4) 空间能力，包括认识环境、辨别方向的能力；(5) 身体运动能力，包括支配肢体完成精密作业的能力；(6) 人际关系能力，包括与人交往且能和睦相处的能力；(7) 自知力，即个人内部体验自己的情感和理解他人情感的能力。每个人都有自己的优势智力所在。传统的智力测验无法预测孩子在多元智力领域中的表现；相反，多元智力测验可以帮助教师和家长了解孩子将来可能有突出表现的倾向，从而进行适当的教育。加德纳的多元智能理论对于改变传统的学生观、学业成就观和评价观有积极意义。

(七) 三重智力理论

斯腾伯格(Sternberg)从信息加工心理学的角度出发，1985年提出了三重智力理论，主要包括情境亚理论、经验亚理论和成分亚理论。情境性智力是指个体有效地适应环境和改造环境并从中获得有用资源的能力。情境亚理论表明主体所处的社会文化环境决定智力行为的内涵，即周围环境对个体智力具有制约作用。经验性智力是指个体修改自己的经验从而达到目的的能力。经验亚理论讨论个体对任务或情境的经验水平与他的智力行为之间的关系。成分性智力是指个体在解决问题的过程中对信息有效处理的能力。成分亚理论与个体的内部世界相联系，它所回答的问题是：智力行为是如何产生的？即人的智力行为产生的心理机制。三重智能理论强调适应环境和改造经验乃是人类智力的重要表现，这对于引导学生学好课堂内外的知识，让学生接触现实生活，培养适应环境和创造新经验的能力具有启发价值。10年后，斯滕伯格又超越了“三重智力理论”，提出“成功智力理论”。成功智力是个体用以达成人生中主要目标的智力，它能导致个体以目标为导向并采取相应的行动，是对现实生活真正起到举足轻重影响的智力。成功智力包括分析性智力、创造性智力和实践性智力。分析性智力用来解决问题和判断思维成果的质量，创造性智力帮助人们形成好的问题和想法，实践性智力则可将思想及其分析结果以一种行之有效的方法加以实施，成功智力是三者的有机综合体。

第二节　能力差异分析

人与人之间的能力差异，主要表现在能力类型差异、能力发展水平差异及能力表现早晚差异三个方面。

一、能力类型差异

能力类型差异是指构成能力的各个因素存在质的差异，主要表现在知觉、记忆、思维与想象等心理活动方面。

（一）知觉

根据人们知觉时的特点可以把知觉分为三种类型：

1. 分析型

分析型的人，对事物细节的感知清晰细致，有较强的分析能力，但对事物的整体知觉较差。

2. 综合型

综合型的人，对事物知觉时概括性与整体感较强，但对事物的分析能力较弱，对事物的细节注意不够。

3. 分析综合型

分析综合型的人，兼有以上两种类型的人的特点。

（二）记忆

根据人们记忆时的特点可以把记忆分为四种类型：

1. 视觉型

视觉记忆效果好，画家多属于这种类型。

2. 听觉型

听觉记忆效果好，音乐家多属于这种类型。

3. 运动型

有运动参与时记忆效果好，运动员多属于这种类型。

4. 混合型

兼有以上三种类型的识记渠道，记忆时效果较好，大多数人属于这种类型。

（三）思维与想象

根据人的高级神经活动中两种信号系统谁占优势把思维和想象分为三种类型：

1. 艺术型

这种类型第一信号系统占优势。他们在感知方面印象鲜明，容易记图形、颜色、声音等直

知识链接 10-1

成功智力

艾丽斯是一个学习成绩出色的学生，老师认为她是最好的学生，同学们也认为她是最聪明的人。艾丽斯虽然在学业中能出人头地，可她在以后的职业生活中却一直表现平平，同班同学中的70%～80%在工作中都表现得比她出色。这样的例子在许多国家，许多学校都不难发现。中国也开始关注“第10名现象”，发现学习最好的学生不一定是工作最出色的人，而学习排名在第10名左右的学生，可能会在以后的工作中游刃有余。

这一现象说明了学业成就的高低并不百分之百地决定着一个人是否成功，这就涉及成功智力的问题。成功智力(successful intelligence)是一种用以达到人生中主要目的的智力，是对现实生活中真正起到举足轻重影响的智力，因此成功智力与传统IQ测验中所测量和体现的学业智力有本质区别。斯腾伯格将学业智力称之为“惰性化智力”(inert intelligence)，它只能对学生在学业上的成绩和分数做出部分预测，而与现实生活中的成败较少发生联系。斯腾伯格认为智力是可以发展的，特别是成功智力，在现实生活中真正起作用的不是凝固不变的智力，而是可以不断修正和发展的成功智力。

成功智力包括分析性智力、创造性智力和实践性智力三个方面。分析性智力(analytical intelligence)涉及解决问题和判定思维成果的质量，强调比较、判断、评估等分析思维能力；创造性智力(creative intelligence)涉及发现、创造、想象和假设等创造思维的能力；实践性能力(practical intenlligence)涉及解决实际生活中问题的能力，包括使用、运用及应用知识的能力。

成功智力是一个有机整体，用分析性智力发现好的解决办法，用创造性智力找对问题，用实践性智力来解决实际问题，只有这三个方面协调、平衡时才最为有效。一个人知道什么时候以何种方式来运用成功智力的三个方面，要比仅仅具有这三个方面的素质更为重要。具有成功智力的人不仅具有这些能力，而且还会思考在什么时候、以何种方式来有效地使用这些能力。在各个领域中，这三种智力都发挥着作用，在自然科学领域中，分析性智力可以将假设的理论与其他理论进行比较，创造性智力可以形成一种理论观点或设计出一个实验，实践性智力可以将科学原理应用于日常生活或实践领域中；在文学领域中，分析性智力用于分析剧情、主题或人物，创造性智力用来写作诗歌或小说，实践性智力将从文学中汲取的知识与教训应用于每天的生活；在艺术领域中，分析性智力用来分析一位艺术家的教学风格和想传递的信息，创造性智力可以创作艺术作品，实践性智力则可以确定什么样的作品受欢迎；在体操领域中，分析性智力可以分析对手的策略战术，创造性智力可以用来形成自己的战术，实践性智力可以运用心理战术来战胜对手。

——选自彭聃龄的《普通心理学》，北京师范大学出版社2007年版观材料，言语富有形象性和情绪性因素，想象丰富，他们较容易发展音乐、舞蹈、绘画等艺术活动的能力。他们属于以形象思维占优势的类型。

2. 思维型

这种类型第二信号系统占优势。他们倾向于逻辑构思、推理和抽象概括的思维，有利于发展数学、哲学、物理、语言等学科的学习和研究能力。他们属于抽象思维占优势的类型。

3. 中间型

这种类型兼有两种信号系统的活动。在各种心理活动中他们形象的、情绪的因素和抽象的、概括的因素都得到了相对平衡的发展。绝大多数人都属于中间型。

二、能力发展水平差异

能力发展水平主要是指不同人的同种能力在量的方面存在的差异，主要表现为智力发展水平的差异。国内外有关研究表明，智力水平在人口总体中表现为两头小、中间大，呈常态分布，即智力极高和极低的人是少数，绝大多数人的智力处于中等水平。我国心理学工作者对228000名儿童的智力调查表明，智力低常和超常的儿童各占千分之三左右。

（一）超常儿童

超常儿童是指智商大于140，智力发展水平或某种才能显著地超出了同龄人的儿童。国外心理学界常将这种儿童称做天才儿童。

超常儿童一般具有如下特点：感知敏锐、准确，记忆力强，记得快而且持久牢固，注意力集中稳定，有时对所喜欢的事物还能达到入迷的境地，想象力丰富，言语发展早，思维灵活、敏捷，概括性强，求知欲旺盛，兴趣广泛，有强烈的好胜心和顽强的意志，解决问题富有独立性和创造性。超常儿童还有强烈的责任心和较高的创造性，富有进取心，自信。总之，天才儿童不仅具有高智商的特点，同时也具有良好的非智力的心理品质。

智力超常的人是遗传、环境与教育综合作用的结果。先天优越的遗传素质是塑造天才儿童的物质基础，在特殊才能方面的天才，遗传素质更是先决条件。没有颜色的辨别能力和空间想象能力，不可能成为画家；没有好的听力、乐感和优美的嗓音，不可能成为歌唱家。而良好的环境和教育则为其良好的先天素质的发展起到了积极的推动作用。

天才儿童具有极大的发展潜力，在教育他们时应采取与普通儿童不同的措施，促进他们的才能获得更迅速的发展。现在主要采取的教育方式有三种：一是设立天才学校；二是在普通学校设立特殊班；三是在普通学校采取特殊措施，如跳级、单独指导等。

近几十年来，我国对超常儿童的培养也十分重视，自中国科技大学1978年创办少年班后，全国十多所大学陆续建立了少年班，三十多所小学建起了超常儿童实验班。我国已有几千名超常儿童在不同层次上接受超常教育。但这些儿童仍是极少数幸运者。因此，完善超常教育制度，充分开采人才资源中的“富矿”，为我国现代化建设造就第一流的人才是教育工作的重要任务。

（二）低常儿童

低常儿童是指智商低于70，智力发展水平显著低于同龄人的儿童，也称弱智儿童。按程度不同可以将低常儿童分为三级：轻度弱智（智商在50～69）、中度弱智（智商在25～49）和重度弱智（智商在25以下，也称白痴）。

低常儿童主要的心理特征是:感知速度缓慢,注意范围狭窄,笼统不精细,记忆力很差,视觉表象贫乏,言语意义含糊,缺乏连贯性,思维缺乏概括力,计算困难。相比而言,轻度弱智儿童能从事简单的劳动,通过特殊教育,可以掌握小学程度的知识技能。中度弱智儿童经过训练可以达到生活基本自理。重度的低常儿童很难进行教育和训练,有些生活自理都很困难。

造成智力低常的原因很复杂,主要有先天因素和后天因素两方面。先天因素又包括遗传因素和非遗传因素,如近亲结婚所生智力低下儿童的可能性远大于非近亲结婚;后天因素有脑疾病、脑损伤和剥夺学习机会等。

低常儿童在学习、生活中有障碍和困难,但学习上有困难的儿童并不都是智力低常儿童。学习困难儿童中有的是由于情绪不稳定、注意力易分散造成的,有的是由于学习态度不端正、缺乏坚持性、害怕困难等性格上的弱点造成的,也有的是和没有掌握正确的学习方法有关。学习困难不等于智力低下,因此不能对学习困难的儿童随便冠以"低常"、"弱智"之名。但对真正的低常儿童应给予及时的治疗和训练,并对他们进行一定的特殊教育,以培养他们自食其力的能力。杭州大学的心理学工作者曾对杭州市的 11 名弱智儿童(智商在 40~51)进行了两年的矫正,结果使这部分儿童的多数问题得以消除,人际关系有所改善,听课注意力趋于集中,课堂秩序明显好转,学习的效果也随之提高。可见,对低常儿童的教育是必要而且有效的,它能为弱智儿童顺利参与社会生活奠定基础。

三、能力表现早晚差异

能力表现早晚的差异是指在能力发挥并取得社会公认的成就方面的差异,主要有少年早慧和大器晚成,但大多数人成才都在年富力强的中年期。

(一) 少年早慧

有些人在儿童时期就表现出多方面的优异能力,即少年早慧。据我国历史记载,春秋战国时期秦国的甘罗 12 岁出使赵国立了功,被拜为上卿。东汉张衡 10 岁能博览群书,对研究天文地理兴趣浓厚,后来成了我国古代历史上最伟大的天文学家,并在数学、地理、机械、文学、绘画和工艺等方面都有独到的成就,他发明的地动仪远在 1800 年前就能测定千里之外的地震。初唐的王勃 9 岁时能读汉书,13 岁时写出了著名的《滕王阁序》。白居易五六岁时就能即席赋诗,15 岁时便写出了《原上草》。谢彦波小学三年级时掌握了初中数学,四年级时学了高中数理化,五年级时攻读了大学解析几何和微积分,11 岁进入了科技大学少年班,21 岁时就获得了理论物理学博士学位。国外也有一些少年早慧的典型。如高斯 3 岁时就能纠正算账中的错误,7 岁时能用等差数列求和公式计算 1 至 100 的和,9 岁时能解几何级数求和问题,14~17 岁就有了许多重要发现,奠定了现代数学的基础。这些都是早慧儿童的典型。

少年早慧在音乐、绘画等领域中最为常见。据哈克和齐汉的研究,儿童在 3 岁左右开始显示出音乐才能的情况最多(见表 10-1)。

推孟从 1921 年开始选取了 1500 名智商平均为 151 的天才儿童进行了追踪研究,到 1950 年时,其中的 800 个被试中有 78 人得到了哲学博士或同等学位,18 人得到了医学学位,85 人得到了法学学位,74 人在大学任教,科学家中有 47 人被选入 1949 年版的《美国科学家年鉴》。这和随机选择的 800 名相当年龄的一般人比较,取得成功的可能性比一般人大 10~30 倍。由此可见,儿童能力的早期表现对以后能力的发展和事业成就有较大的关系。

表 10-1 最早出现音乐能力的年龄阶段

年 龄	男(%)	女(%)
3 岁以前	22.4	31.5
3～5 岁	27.3	21.8
6～8 岁	19.5	19.1
9～11 岁	16.5	19.6
12～14 岁	10.7	6.5
15～17 岁	2.4	1.0
18 岁以上	1.2	0.5

（二）中年成才

中年是成才和发明创造的最佳年龄，也是人生的黄金时期。不少研究证明，中年期是个人成就最多、对社会贡献最大的时期。据有人对 325 位诺贝尔奖获得者调查发现，其中 30 位是在 30～50 岁出成果的，因此认为 30～50 岁是人成才的最佳年龄，其峰值是 37 岁。

美国心理学家李曼从 20 世纪 30 年代开始对大量的科学家、艺术家和文学家的年龄与成就进行了对比研究，结果发现，25～40 岁是人成才的最佳年龄，而且不同学科领域中人的创造最佳年龄也不同(见表 10-2)。

表 10-2 不同学科领域中最佳创造的平均年龄

学 科	最佳创造的平均年龄(岁)
化 学	26～36
数 学	30～34
物 理	30～34
实用发明	30～34
医 学	30～39
植物学	30～34
心理学	30～39
生理学	35～39
声 乐	30～34
歌 剧	35～39
诗 歌	25～39
小 说	30～34
哲 学	35～39
绘 画	32～36
雕 刻	35～39

少年早慧和大器晚成在人群中的比率是极少数，大多数人都是在中年成才的。因为中年人年富力强，体格健壮，思维敏捷，敢想敢干，极少保守，精力充沛，又渴望事业有所成就，有强烈的成就动机。同时，中年时期既有丰富的知识经验与实践经验，还有较强的记忆力与抽象思维能力，因此是成才的关键期。

（三）大器晚成

有些人在青少年时期并没有出众的智能表现，只是到了中老年才表现出杰出的能力水平，这类人属于大器晚成。如我国的画家齐白石，40 岁才显露出绘画才能；生物学家达尔文 50 多岁才开始出研究成果并写成了《物种起源》；蒸汽火车的发明者史蒂芬逊，17 岁还是个文盲，18

岁才开始念书，至44岁时研制成了世界上第一台蒸汽火车。

大器晚成的原因很多，一是不合理的社会制度及劳动人民子女早期缺乏学习机会；二是小时智力发展相对迟缓，到成年后才华才显露出来；三是少年不努力，后来才知道勤奋；四是和一定的学科领域有关，如音乐、文学、体育等学科人的才能表现较早，而像需要抽象逻辑思维和经验积累的学科（如哲学等），人的才能表现则较晚；五是和一定的社会环境有关，如在社会动荡的年代，人的政治、军事才能表现较早。

大器晚成也说明，人即便到了老年，智力的某些方面也还能增长。有研究表明，人的记忆力35～60岁还为人生记忆力的95%；语言能力在80岁时才稍有衰退。由此可见，不少人在四五十岁时就认为“老了，智力衰退了”是没有科学根据的。

以上三个方面是人的能力差异的基本内容，但是也应该注意到能力差异的其他方面，如性别差异是现代心理学关注的一个重要内容。了解性别差异对学校教育的因性施教，促进男女学生特别是女生的发展具有积极意义。大量的研究表明，男性和女性在能力的许多方面都存在一定差异，在智商分布及智力发展方面，总体上男女平均智商没有什么差异，但女性智商分布比较均匀，智商极高者和智商极低者比例比男性小。日本心理学家用韦克斯勒智力测验量表对16～64岁的1682人进行研究，发现女性在20～24岁，男性在25～34岁智力达到最高点，女性智力的发展和下降都比男性早，除了20～24岁这一年龄段，其他年龄段都是男性智力测验得分高。智力测验的结果还表明，男女两性在智力的各方面也表现出不同的优势，女性在语言表达、短时记忆、形象思维等方面优于男性，男性在空间知觉能力、抽象逻辑思维能力、理解记忆能力等方面有优势。

知识链接10-2

能力发展的一般趋势

人的一生大致可分为八个不同的时期，即乳儿期、婴儿期、幼儿期、童年期、少年期、青年期、成年期和老年期。在人的一生中，能力的发展趋势如下：

1. 童年期和少年期是某些能力发展最重要的时期。从三四岁到十二三岁，智力的发展与年龄的增长几乎是同步的。以后随年龄的增长，智力的发展呈负加速变化：年龄增加，智力发展趋于缓和。

2. 人的智力在18～25岁达到顶峰（也有人说到40岁）。智力的不同成分达到顶峰的时间是不同的。

3. 人的液体智力在中年之后有下降的趋势，而人的晶体智力在人的一生中稳步上升。

4. 成年期是人生最漫长的时期，也是能力发展最稳定的时期。成年期又是一个工作时期。在二十五六岁至四十岁间，人们常出现富有创造性的活动。

5. 能力发展的趋势存在个体差异。能力高的发展快，达到高峰的时间晚；能力低的发展慢，达到高峰的时间早。

——选自彭聃龄的《普通心理学》，北京师范大学出版社2007年版

了解能力差异对学校教育具有重要的价值。一方面，能力的培养应该成为学校教育的基本目标。未来社会将是一个以能力为本位的社会，在学校教育中，在促进学生掌握知识的同时，也应该促进学生能力的发展，为学生的可持续发展奠定基础。另一方面，在教育过程中，要

想提高教育的效率，必须以学生能力差异为基础，因材施教。学生的能力差异是重要的教育资源，教师应该具有这种意识。

第三节 能力的测量与培养

一、能力的测量

不同人之间的能力是有差异的，而差异的大小只有通过测量才能加以确定。能力测量对于人才选拔、智力缺陷的早期诊断及教育活动中的因材施教具有重要意义。目前能力测量主要包括智力测量、特殊能力测量和创造力测量三种。

（一）智力测量

智力测量是指通过测量的方法来衡量人的智力发展水平高低的一种科学方法。

我国古代就有了智力测量的思想，如“权，然后知轻重；度，然后知长短。物皆然，心为甚”。七巧板、九连环等也是最早的智力测量工具。如七巧板，它用大小不同的七块小板能组成近百种生物和事物的图样，又称为“益智图”，它的创用年代早于世界上智力测验中广泛使用的任何机巧板，可看作最早的智力测验工具。但真正将智力进行科学化、数量化测量的人是法国著名心理学家比奈。

1904 年，法国教育部为了鉴别智力落后儿童，成立一个由教育学家、心理学家和医生组成的委员会，比奈是委员会成员之一。1905 年比奈和西蒙合作制定出了世界上第一个测量儿童智力水平高低的量表，叫比奈—西蒙量表。比奈—西蒙量表发表后，引起了全世界心理学家的关注，不少心理学家对此量表进行了修订，以便使量表更适合本国使用。其中最著名的是美国斯坦福大学心理学家推孟于 1916 年进行的修订，推孟修订后的智力测验量表被人称为斯坦福—比奈智力测验量表。此后，该量表于 1937 年、1960 年、1968 年、1972 年几次作了修订。目前，智力测验获得了广泛的发展和使用。智力测验可分为个体测验和团体测验，文字测验和非文字测验。常用的智力测验工具有斯坦福—比奈测验、韦氏测验和瑞文测验。

常用测验介绍如下：

在斯坦福—比奈量表中，首次采用了智商的概念来表示智力发展的水平。智商是智力年龄与实际年龄的比率。为了避免计算中的小数，将商数乘以 100，其计算公式为：

$$\text{智商}(IQ)=\frac{\text{智力年龄}(MA)}{\text{实际年龄}(CA)}\times 100$$

下面以斯坦福—比奈智力量表 1960 年修订版举例说明。

2 岁组：

(1) 形式板：把三个几何体放入三孔形式板中。

(2) 延迟反应：延迟 10 秒后指出隐蔽物体的位置。

(3) 指出洋娃娃面貌的各个部分。

(4) 模仿主试叠好四块积木。

(5) 图形词汇：看图说出普通物体的名称。

(6) 词的连用:自发连用两个词。

10 岁组:

(1) 词汇:45 个词中正确解释 11 个。

(2) 在一个三维图中数出立方体的数目。

(3) 解释抽象词。

(4) 说出理由:说明一种规则和偏好的理由。

(5) 一分钟内说出 28 个词。

(6) 复述 6 位数。

备用:指出一段话的荒谬之处。

在上述两个年龄组中,每一组的题目均为六道,而每道题代表了该年龄段儿童两个月的智力发展水平。以 10 岁年龄组为例,如果一个学生在智力测验时正确地回答了 10 岁的所有题目,此时该 10 岁儿童的智商为 100($IQ=10/10\times100=100$)。

如果这个学生又回答了 11 岁组的两道智力题、12 岁组的一道智力题,则该 10 岁儿童的智力年龄为 10 岁零 6 个月即 10.5,其智商为 105[$IQ=(10.5/10)\times100=105$]。

如果这个学生正确地回答了 10 岁、11 岁、12 岁、13 岁、14 岁组的所有题目,则其智商为 140[$IQ=(14/10)\times100=140$]。

智商和智力发展水平之间密切相关(见表 10-3)。

表 10-3 智商与智力水平关系

智　商	智力水平	比例(%)
140	超常(天才)	1
120～139	优秀	11
110～119	中上	18
90～109	中等	46
80～89	中下	15
70～79	临界	6
<70	低常	3

斯坦福—比奈量表在应用时人们发现了其局限性,因为这种测量是以假定的智力年龄同实际年龄一起增长为基础的。实际上,儿童到了一定的年龄后,智力年龄就不再随实际年龄而增长,而是稳定在一定的水平上,到了老年后还有衰退的趋势,因此它主要适用于 15 岁以下的儿童。现在斯坦福—比奈测验的智商概念已不再是比率智商,而是采用离差智商概念。该测验结果对于预测学生的学业成绩比较有效。

从 1939 年开始,美国的韦克斯勒开始陆续编订了学前儿童智力测验量表、学龄儿童智力测验量表、成人智力测验量表,统称“韦克斯勒量表”。在韦克斯勒智力量表中,每套都由言语量表和操作量表两部分组成(见表 10-4)。言语量表中包括一般知识、理解、能力、词、数字记忆广度、算术推理、识别言语的相似性等分测验;操作量表中包括填图、按照意义排列图片、按照图案搭积木、学习以符号配数字等分测验。因此,韦克斯勒量表又被称为项目量表。韦氏量表的两组测验可单独记分,也可合并记分。因此通过这些分值既可以看到被试智力的某一方面的发展特点,又可以看到被试智力发展的全貌。在韦氏量表中取消了智龄概念,保留了智商概念,是用离差智商来表示一个人在同年龄组正常人中相对位置的。其智商计算公式如下:

$$IQ=100+15\cdot\frac{X-\overline{X}}{a}=100+15\cdot Z$$

其中 X 为个人原始分数，$\overline{X}$ 为团体平均分数，a 为标准差，$Z=(X-\overline{X})/a$。

表 10-4 韦克斯勒儿童智力测验量

词 语 量 表	操 作 量 表
(1) 普通知识 一系列获得的知识范围内的问题，避免专门的知识	(1) 填图 缺少了某一部分（如一个猫的胡须）的图片
(2) 一般理解 解释在一定情况下应当做什么和为什么这样做	(2) 图片排列 展示几套图片给儿童，让他重新编排故事
(3) 算术 不用纸和铅笔解决简单的、口述的算术问题	(3) 积木图案 用积木照摆主试所演示的图案
(4) 找出事物的相似点 例如，一架钢琴和一个小提琴在哪些方面相似	(4) 物体装备 让儿童装配卡片纸板的智力玩具
(5) 词汇解释 把难度逐渐增加的词说给儿童听或写给儿童看，要他说出每个词的意义	(5) 代码配对 代码替换测验，用数字与符号配对
(6) 数字广度 用呈现的数字表，让儿童复述（顺着或倒过来复述）	(6) 迷宫 呈现八个印好的迷宫，儿童必须用铅笔追索正确的出口

韦氏量表是用离差智商来测量人的智力发展水平的，因此它不受人的年龄的限制，是西方国家采用最多也是目前在我国比较流行的智力测验量表。韦氏智力测验一般适用于个别测验。

此外，比较有名的测验还有瑞文推理测验。瑞文推理测验是由英国心理学家编制的一套非文字智力测验。它由易到难分成了三个不同水平的测验：一是瑞文彩图推理测验，适用于幼儿和智力水平较低的人；二是瑞文标准推理测验，适用于所有年龄在 5 岁以上且智力发展正常的人；三是瑞文高级推理测验，适用于在标准测验中得分较高或智力水平较高的人。我国目前广泛使用的是根据《瑞文推理测验》1958 年版修订出的中国常模“瑞文标准推理测验”。

瑞文推理测验不受被测试者文化、种族和语言的限制，既可个别施测，也可团体施测，使用非常方便。其记分方法简单，结果解释直观，特别适用于大面积智力普查或筛选工作。

由于智力是影响人的心理发展的重要因素，特别是在学校教育中，对学生的学业成绩的影响更为明显，因此任何负责任的家长都十分关心孩子的智力是否正常，任何负责任的教师都十分关心学生的智力发展状况，而每一个学生也都愿意了解自己智力的发展水平，同时也由于科学的测验远远胜过一般的观察，因此智力测验目前得到了广泛的使用。智力测验在学校中使用有利于了解学生的学习潜力和智力发展的优势方面，发现超常和低常儿童，便于因材施教。此外。智力测验也常用于理论研究，如收集材料、建立和检验假设、实验分组等。不过，由于智力现象极为复杂，目前智力测验尚不能提供完全准确无误的指标，对于青少年来说，他们的智力和其他能力还在形成过程之中，没有定型，智力测验所测的只是学生现已具有的一般能力。运用目前所测得的智力数据来预测他们未来的发展，不仅不确切，而且也很危险。因此，在使用智力测验时应当十分慎重，具体讲，应该注意以下几个方面的问题：(1) 测验的使用应有正确的使用目的，测验人员应有良好的测验道德，特别是不能以营利为目的，不能以给学生贴标签为目的。(2) 选择适当的智力测验工具。智力测验的种类多种多样,每一种智力测验工具都具有特定的适用对象,因此应选择那些标准化的智力测验工具。同时,注意该测验的适用范围,如某种测验可能适用于城市学生,不适用于农村学生;某种测验可能在个别化测验中效果较好,团体测验时的效果较差等。(3) 提高测验过程的有效性。即使是一个非常好的测验工具,如果测验过程的有效性太差,也会导致整个测验的无效。所以,使用智力测验,必须认真学习测验手册(说明书),严格按照操作要求去做,控制测验过程。(4) 智力测验结果的解释应慎重。尽管人们在理智上知道智力是可变的,智力仅仅是影响学生学业成绩的一个方面,但是在感性上人们却倾向于认为智力是先验的、稳定的。智力测验的结果很容易产生标签效应。因此,在对智力测验的结果进行解释时,应注意既不能伤害受测者的自尊心,又要提高受测者的自信心。把智力测验绝对化和过分贬低智力测验作用的做法都是不科学的。

知识链接 10-3

情绪智力

心理学家常常会面对孩子们的这样一个问题:"你知道我心里想什么吗?"

这是一个充满童稚而又专业化的问题。在日常生活中,人们不仅在反观自己的内心世界,而且还试图走进别人的心理世界,探索他人的想法,感受他人的情感。这就涉及有关"情商"这个热门话题。

情绪智力(emotional intelligence)的概念是由耶鲁大学的萨罗威和新罕布什尔大学的玛伊尔(P. Salovey & D. Mayer)提出的,简称情商,它是指"个体监控自己及他人情绪和情感,并识别、利用这些信息指导自己的思想和行为的能力"。换句话说,情绪智力也就是识别和理解自己和他人的情绪状态,并利用这些信息来解决问题和调节行为的能力。在某种意义上,情绪智力是与理解、控制和利用情绪的能力相关的。

情商是相对智商而言的,是指情感智力的高低。高尔曼(D. Goleman)在其著作《情绪智力》一书中明确提出"真正决定一个人成功与否的关键是情商而非智商"。到目前为止,人们对"情商"的提法存在着分歧和争议,情商能否和智商一样加以定量测量还有待进一步研究。但是,有关情绪智力是决定人们成功的重要因素的思想正逐渐被人们所接受。

情绪智力包括一系列相关的心理过程,这些过程可以概括为三个方面:准确地识别、评价和表达自己和他人的情绪;适应性地调节和控制自己和他人的情绪;适应性地利用情绪信息,以便有计划地、创造性地激励行为。

情绪智力作为人类社会智力的一个组成部分,是人们对情绪进行信息加工的一种重要能力。情绪智力有很大的个体差异。情绪智力高的个体可能更深刻地意识到自己和他人的情绪和情感,对自我内部体验的积极方面和消极方面更开放。这种意识使他们能对自己和他人的情绪做出积极的调控,从而维持自己良好的身心状态,与他人保持和谐的人际关系,有较强的社会适应能力,在学习、工作和生活中获取更大的成功。因此,培养和发展人们的情绪智力对全面提高人的素质具有重要的意义。

——选自彭聃龄的《普通心理学》,北京师范大学出版社 2007 年版

（二）特殊能力测量

这种测量常用于测定人们从事某种专业活动的能力，在人才鉴别和选拔中使用较多。要进行特殊能力测量，先要对这种活动进行分析研究，找出它所要求的心理特征和能力结构，然后根据这些心理特征列出测验项目，进行测验。例如对音乐能力测验，以西肖尔提出的一种测量较为著名。他认为音乐能力包括音乐感觉能力、音乐动作能力、音乐记忆能力、想象能力、音乐智力、音乐情感六个方面，因此列出了六个项目方面的测验，分别测量音高、音强、时间、节律、记忆、和谐等方面的能力。其他如运动能力测量可以从运动的精确性和速度、完成活动时手指和手的灵活性、视觉和运动的协调性等方面设计测验。文学能力测量可从鲜明直观的形象记忆、丰富的想象力、美感的发展水平、语感及对人心理世界的认知能力等方面设计测验。数学能力测量可以从数学材料的概括能力、使数学运算过程的简化能力、思维过程的可逆性能力、演算时思维过程的灵活性等方面设计测验。此外还有美术、机械、飞行、管理、侦察等特殊能力的测量。

学业能力测验作为一种特殊能力测验在学校教育中被广泛地使用，它所测量的是影响学生学业成绩的基本能力。实际上，学校的考试考查也是学业能力测验，但这种测验的时效度和信度较差，而标准化的学业能力测验在西方国家用得较为普遍，在我国使用较少。作为教育工作者应该了解并掌握这种方法。

特殊能力测验主要用于选拔某种专业人才并预测他们今后的职业成就，使各个部门对现有工作人员的能力提出要求和进行训练，在教育上可以及时发现有特殊才能的儿童以便专门培养，也可以使教师了解学生的能力差异，最大限度地促进学生能力的发展。

（三）创造力测量

美国心理学家吉尔福特分析了许多智力测验，发现它们主要测量的是认知和辐合思维能力，而创造性活动虽然需要辐合思维，但更需要发散思维的参与。因此，创造力测量应测试被试的发散思维水平。1962 年盖策尔斯和杰克逊根据吉尔福特的思想设计了一套由五个项目组成的创造力测验。

1. 语词联想测验

要求被试对“螺钉”或“袋子”之类的十分普通的词尽可能多地下定义，根据定义的数目及定义的种类来评分。

2. 物品用途测验

要求被试对一个“砖块”或“牙签”之类的普通物品尽量多地说出它的用途，根据所说用途的数目及首创性来评分。

3. 隐藏图形测验

让被试看一张印有各种图形的卡片，要求找出其中的隐藏图形，按找出的图形的复杂性及隐蔽性评分。

4. 寓言测验

要求被试对缺少结尾的几个短寓言加上三个不同的结尾——道德的、诙谐的和悲伤的，根据结尾的数目、恰当性及独创性评分。

5. 组成问题测验

给被试呈现几篇复杂的短文，每篇短文中包含一些数字说明，要求按照已知的材料尽可能多地组成各种数字问题，根据问题的数目、恰当性、复杂性及独创性来评分。

研究表明，创造力与智力是两种不同而又具有一定程度相关的能力。吉尔福特等学者研究认为，一定水平的智力是创造力发展的必要条件，而智力太低会阻碍创造力的发展。研究表明，低智力者是难以有高创造力的，高创造力者，智商多数在120左右及其以上。但智力又不是创造力高度发展的充分条件，智力高的人创造力不一定就高，智力只是创造力发展的必要条件。理想的状况是高智力和高创造力的有机结合。明确创造力和智力的这种关系，对教育工作是有意义的：我们既不能以智力的培养代替学生创造力的训练，也不能孤立地抓创造力训练而忽视对学生一般智力的开发培养。

能力的测量是一项十分严肃、复杂的工作，为了使测验结果可靠和有效，测验的编制、施测、评分及对分数的解释，都必须遵循严格的程序，切忌乱编滥用，以免产生不良的社会后果。

二、能力的形成和培养

（一）早期教育是能力早期发展的决定条件

童年早期是人生发展的关键期，也是人的能力发展的关键期，良好的早期教育条件对智能的发展具有极大的推动作用。瑞士心理学家皮亚杰指出，人的智力发展的关键期是从出生到4岁。美国心理学家布鲁姆也认为，儿童4岁前智力已经发展了人生智力的50%。由此可见，4岁以前是人生智力发展的关键期。因此要发展智力就要抓紧早期教育，我们前面讲到的许多早慧儿童，都是早期精心培育的结果。早期教育对于那些被认为“迟钝”的儿童也是必要的。如德国的卡尔·威特，八九岁能说六国语言，精通一般自然科学知识，尤其擅长数学。9岁考入莱比锡大学，14岁便被授予哲学博士学位，两年后又被授予法律博士学位。但小卡尔生下来时却被认为是迟钝的孩子。他的父亲老威特并没有悲观绝望，而是按照自己的早期教育观点对他进行了踏踏实实的早期教育，才使孩子成了优秀的人才。推孟和其他心理学家的研究也都表明，早期能力的发展对儿童以后能力的发展和事业的成就有较大相关。不过，应该注意的是，在对孩子进行早期教育时，应具有正确的教育观念和教育行为，不能做拔苗助长的蠢事。

（二）加强知识和技能的学习是培养学生能力的基础

能力是在掌握和运用知识技能的过程中得到发展的。如在语文课学习中，通过听、说、读、写各种练习，能够培养和发展学生的理解力、语言表达能力、记忆力、材料的组织能力；通过数学知识的学习，可以使概括力、空间想象力、计算能力、判断和推理能力等得以发展。可以说，天文、地理、哲学、美学、建筑、机械、物理、化学等任何一门学科，都是训练人的智能的一套形式不同的体操。教师在教学过程中，应注意把传授知识的过程努力转变为学生学习知识的过程，即学生不能只是被动地从老师那里接受知识；否则，获得的知识转变为能力的价值是比较小的。学生应该成为学习过程积极的参与者，知识的获得应是学生积极主动地探索和思考的结果。在我国《基础教育课程改革纲要》中明确提出：“改变课程实施过于强调接受学习、死记硬背、机械训练的现状，倡导学生主动参与、乐于探究、勤于动手，培养学生搜集和处理信息的能力、获取新知识的能力、分析和解决问题的能力以及交流与合作的能力。”

知识链接 10-4

智力发展的关键期与稳定性

人类智力的发展速度有时快,有时慢。在某一个时期,对外界刺激特别敏感,容易接受特定刺激的影响而获得某种智力,这个时期就是智力发展的关键期或敏感期。智力发展的关键期,最先是在动物中发现的。这一发现推进了对人类智力关键期的探讨。

关于人类智力发展的关键期,早在20世纪20年代本特纳就指出:“从出生至5岁,智力增长最快;从5岁至10岁,智力增长虽没有如此之大,但仍旧是固定的,并且是容易测量的。在发展过程中,增长速度逐渐缓慢。”美国著名心理学家、教育家布鲁纳也认为5岁前是人智力发展最为迅速的时期。瑞士心理学家皮亚杰认为,从出生到4岁,是人类智力发展的决定性时期。布鲁姆认为,如果把17岁所达到的普通水平看作100%,那么从出生到4岁就获得50%的智力;4岁到8岁可获得30%;最后的20%的智力则在8岁到17岁获得。

许多研究表明,人的智力发展关键期是在四五岁以前。不同的能力,其关键期也不同:口语发展在2～5岁,书面言语在4～5岁,数概念在5～5.5岁,词汇能力在5～6岁。如果这些能力,在关键期得不到发展,就会使智力的发展受到阻碍。

智力发展有关键期,即发展的最迅速的时期。同时智力的发展也有相对的稳定性,也就是说,一个人的智商是相对稳定的。推孟认为:“一个人的智商经过长时间再测,也不会有什么变动。”如果变动在1/3标准差之内或五个百分点之内可算做测量误差。智力发展是否具有稳定性,许多研究表明婴儿期智力发展尚不稳定,4岁以后智力发展表现出相对的稳定性,对后期具有较可靠的预测性。有人认为这可能是由于这个时期言语机能得到充分发展,言语机能的完善与否是智力发展的一个重要因素。9～18岁智力发展的稳定性进一步提高,20岁智力基本保持在一定水平上,而60岁以后智力水平将逐渐下降。

——选自黄希庭的《心理学》,上海教育出版社1997年版

(三)社会实践活动是培养学生能力的基本途径

能力是在实践活动中形成和发展起来的,离开了实践活动,即使有良好的遗传素质和环境条件,能力也不可能获得发展。只有参与实践活动才能发展能力,在生活中,长期从事某一专业劳动能促使人的能力向高度专业化发展。染色工人的颜色辨别能力强,音乐工作者的音乐听觉能力强,这些都是实践活动的结果。有的学生知识学得很牢固但能力较差,主要是因为参加实践活动不多。因此,在学校教育中,教师应组织和引导学生参与多种活动,如文艺体育活动、文学社团活动、自然科学考察和多种创造性活动等,使学生在读书听讲之余,实际运用书本知识,亲身体验有关理论,并在成功与失败中积累经验,从而发展成为知而多能的人。如果总是懒于或怯于参与实践活动,那么永远也不会成为能力强的人。学生经常参加社会实践活动,也有助于良好个性品质的形成,而动机、勤奋、合作、谦虚和毅力以及对不确定情境的敢为性等对于能力的发展具有重要的影响。

（四）兴趣、爱好、勤奋是学生能力发展的内部动力

在教育活动中，教师应认识到，学生能力的发展与其非智力因素有密切关系。要注重通过各种活动，培养学生的非智力品质，为学生能力发展奠定坚实的动力基础。

人们对某种活动的兴趣和爱好往往是参与活动的内部动力。兴趣和爱好吸引人们在活动过程中把注意力及全部智力倾注于活动的对象上，从而产生紧张、愉快的情感和积极坚强的意志力，最终达到最高活动效率、发展相应能力的目的。勤奋的性格特征对能力的发展有重大意义。因为能力的形成是一个比较长期的学习和锻炼过程，“驽马十驾，功在不舍”，“勤能补拙是良训，一份辛苦一份才”，只有孜孜不倦地勤奋学习才能形成能力。俄国杰出的化学家门捷列夫说得好：“终生努力，便成天才。”因此，教师应该了解学生的兴趣爱好，分析学生兴趣爱好的特点，在教育过程中充分利用、照顾积极的兴趣爱好，纠正消极的兴趣爱好，培养健康的兴趣爱好。同时对学生的勤奋也要进行分析，避免使学生陷入苦学状态。

（五）提高学生的自我效能感，促进学生自我教育

自我效能感是指个人对自己从事某项工作所具有的能力以及对该工作可能做到的地步的一种主观估计，是影响学生能力发展的一个重要因素。自我效能感对能力发展的影响主要是通过影响个体的抱负水平、积极主动精神、坚持性以及良好的自我调节而实现的。在教育活动中，教师应该首先认识到每个学生在能力上是存在差异的，所有学生不可能齐头并进，但任何儿童都有其潜在优势和独特之处。教师可以通过观察、测验等方法了解不同学生在智力、特殊能力及创造力等方面的差异，从而因材施教，帮助学生不断地获得成功，使学生在成功体验中增强对自己的信心，学会客观地评价自己，树立乐观的人生态度。其次，教师不应歧视在某些能力方面有缺陷的学生。教师应当承认任何儿童都有发展某种能力的可能，要鼓励他们树立信心，扬长避短。因此，在能力的培养上，教师既要一视同仁，又要区别对待，采取适当的方法使学生扬长避短，人尽其才。苏霍姆林斯基说：“孩子往往正是在那些能够充分发挥其才能、显示其力量的领域里做出成绩，然后从这些成绩里汲取精神力量来克服自己某个方面(其中包括某门课程成绩低劣)的弱点的。”因此教师的任务首先在于发现学生身上最好的东西并去发展它，而不是用大纲的框框去约束它，而且应当鼓励学生独立工作，支持他的创造精神。再次，教师应帮助学生学会正确归因的方法。自我效能感的产生，不仅与学生的成败体验有关，也与学生的归因方式有很大关系。如一个学生经常把成功归因于运气，则很难通过成功提高自我效能感。如果学生把失败归因于能力差，则会降低该生的自我效能感，容易产生自暴自弃、破罐子破摔的心理。最后，引导学生学会自我分析，提高其自我教育的愿望和能力。教育的目的在于教会学生自我教育，教师应该利用自己的知识优势、经验优势，帮助学生独立地面对问题，面对自己。

综合练习

一、概念解释

1. 能力　2. 智力　3. 智商　4. 创造力

二、填空

1. 创造能力具有独特性、________、________。
2. 能力差异主要表现为能力的________、________和表现早晚差异。

3. 卡特尔认为，根据形态，智力可分为________和________。

4. 斯滕伯格的成功智力包括________、________和实践性智力。

三、判断

1. 人的能力是天生的。 ( )

2. 人的智力差异是不可改变的。 ( )

3. 智力与创造力是同步关系。 ( )

4. 知识、技能的掌握是能力发展的基础。 ( )

5. 智力测验是了解人的智力差异的重要方法。 ( )

四、问答与简述

1. 加德纳的多元智能包括哪些成分？

2. 能力测验包括哪些内容？

3. 试论能力与教育的关系。

4. 试谈如何培养学生的能力。

第十一章 人 格

本章学习指导

1. **识记**:人格的概念与特点、气质与性格的概念、气质的类型、性格的结构、人格测量的种类。
2. **理解**:人格的特质理论、精神分析人格理论、社会学习人格理论、人本主义人格理论、气质与性格的关系、气质的社会意义。
3. **应用**:① 运用性格理论培养学生良好的性格。② 使用人格测验量表对人格进行一定的了解。

第一节 人格概述

在生活中,你经常会问自己:我是什么样的人？那个人为什么值得信任？你最想和谁交朋友？你最无法忍受的人的特点是什么？对于这些问题的回答,最先进入你脑海的应该都是人的特征,如诚实、热情、大方、虚伪、冷漠等等这样的人格特征方面的评价。“人格”这个词,在社会生活中被广泛使用。

在心理学中,人格是一个既复杂又非常重要的研究领域。

一、人格的概念

(一)人格

在我国的《现代汉语词典》中,“人格”词条标出了三种意义:一是指人的性格、气质、能力等特征的总和;二是指个人的道德品质;三是指人作为权利、义务主体的资格。

在《简明不列颠百科全书》中,关于“人格”一词的解释是:“每个人所特有的心理、生理性状(或特征)的有机结合,包括遗传的和后天获得的成分,人格使一个人区别于他人,并可通过他与环境和社会群体的关系表现出来。”相比较看,汉语的“人格”概念较为宽泛,其含义具有较强的适用性。

在西方心理科学研究中,人格也译为个性,其辞源是拉丁文 persona,意指希腊罗马时期喜剧演员在台上带的面具,面具是用来在戏剧中表明人物身份和性格的,这就是人格最初的定义。后来这个词演变为科学领域的一个概念,而在心理学中被看作个人的面具,主要指个人的整体心理面貌,并可以根据一个人的一贯行为模式加以描述。

心理学家从许多角度对人格进行了定义。1937 年奥尔波特就世界各国心理学家针对人格开展的所有研究进行了评论,并发现了大约 50 种不同的人格定义,足见人格的复杂性。但阿尔波特研究发现，在众多的人格定义中，其实包含着三个共同点：一是每个人的人格都是独一无二的；二是个体的人格包含许多不同的特性；三是这些特性在很长一段时间仍保持稳定，即它们前后相当的一致。

综合各家关于人格的看法，我国心理学界一般认为，人格是指个体具有一定倾向性的心理特征的总和。这个定义说明人格具有层次性、结构性和多侧面性，它主要由以下几个复杂的心理特征结合而成：

一是完成某些活动的潜在可能性的特征，即能力。

二是心理活动的动力特征，即气质。广义地说，气质是人格发展的自然基础和内因，使人格带有独特的色彩，是构成人格的一个重要部分。

三是对现实的稳定态度和行为方式方面的特征，即性格。性格是构成人格的一个重要成分，它主要体现人格的社会属性。

四是活动的倾向性特征，如需要、动机、兴趣、理想、信念、世界观等。

（二）人格的特点

为了更清楚地了解人格的内涵，可以从以下几个方面来理解：

1. 人格的整体性

人格的整体性是指人格虽然由很多成分和特质组成，这些成分和特质主要包括能力、气质、性格、情感、需要、动机、态度、行为习惯等，但在个体身上它们不是孤立地存在的，而是相互密切联系的一个有机组织，使个体表现出带有个人整体倾向的整个精神风貌。

2. 人格的独特性

人格是赋予个体一定色彩的东西，是使一个人同周围其他人区分开来的标志。不同的遗传、生活环境，形成了各自独特的心理特点。世界上不存在人格特征完全相同的人，即使是同卵双生子也存在着个性差异。所谓“人心不同，各如其面”，正说明了人格是千差万别、千姿百态的。

3. 人格的稳定性

人格的稳定性主要指，一方面表现为跨时间的持续性，即个体的人格特征在不同的年龄阶段趋于稳定；另一方面表现为人格特征跨情境的一致性，即个体的行为虽然随情境变化而有不同，但内在的人格特点并不因此发生改变。在行为中偶然发生的、一时性的心理特征，不能称为人格。例如，一个人格内向的大学生，在各种不同的场合都会表现出沉默寡言的特点，这种特点从入学到毕业不会有很大变化，这就是人格的稳定性。但也应该看到在强调人格的稳定性的同时，并不意味着它在人的一生中是一成不变的，随着生理的成熟和环境的改变，人格也可能产生或多或少的变化。

4. 人格的社会性

人是生物实体，也是社会成员。每一个人从来到社会的那一天起，就生活在一个具有各种关系的社会环境里，社会使用种种方法对他施加影响，使其成为一个符合该社会要求的成员。个体在形成适应于该社会与文化的人格，掌握该社会所公认的行为方式的社会化过程中，不可避免地使人格具有了社会性。人格的社会性是人格的本质特征。

人格的社会性并不否定人格的自然性。我们在强调人格的社会性时，也不否认人格发展的生物制约性，因为个体的遗传基因和生物特性构成了人格形成和发展的生物学基础，影响人格的形成和发展。但是，遗传基因和生物特性并不能预定人格的发展方向。例如，由野生动物哺育大的人类的婴儿，由于他们很小就脱离人类的社会生活条件，最终也不具有社会性，不具有人的人格。

二、人格理论

人格问题是一个非常复杂的问题，如果没有一个理论性的指导框架，我们很容易在理解时迷失方向。下面介绍几种主要的人格理论。

（一）人格特质理论

1. 奥尔波特的特质理论

奥尔波特(Gordon Allport)认为，特质是人格的基本结构元素。特质就是用来描述某人的人格特点的描述词，即指一个人在大多数情景中表现出的相对稳定和持久的品质，如直爽、乐观、保守和友善等等。

(1) 一般特质和特有特质(共同特质和个人特质)。奥尔波特认为，人的特质单元包括一般特质或共同特质。共同特质是指一种文化背景中的大部分人都有的特质。共同特质表现出一个特殊民族或文化中的相似性，同时也反映了这种文化中所注重的某些特质。在美国整体文化中，“竞争”是一个典型的共同特质；而在中国的整体文化中，“合作”则是所提倡的共同特质。

然而，共同特质并不能反映一个具体的人的人格。个人特质才是个人所特有的，它表现出个人的倾向。例如，在美国文化中，尽管很多人极具有竞争性，但并不是所有的人都有，也有的人表现很平和，无竞争性。个人倾向才是真实存在的特质。

(2) 个人特质的种类。奥尔波特还把个人特质分成三类，即首要特质、中心特质、次要特质，每一类特质都对人格具有不同程度的影响。

首要特质是最基本的品质，决定人在一切活动中的本色，在个人生活中居于统治地位，支配着人性，影响着每个人的所做所为。首要特质只在少数人身上能观察到，因为具有某一首要特质的人常常被看作典型。

中心特质是人格的基本构成单位，它的概括性比首要特质低，是由一些在某种程度上独立而又彼此联系的特质构成。这些特质构成一个人的独特个性。人们常常用这些中心特质描述人的人格特征。

次要特质指的是人的一些表面的特点和不一定很稳定的品质，在特殊的情境中才显示出来，表现对事物的一种暂时状态，如对某事物的偏好、政治偏好、态度和音乐品味等等。它不是人格的重要成分。因此，在描述一个人的时候，使用次要特质的数量可多可少。

例如，我们对某一个学生进行人格描述——某某，19岁，首要特质：无；中心特质：占有欲强，自主性强，引人注目，自我中心，轻信；次要特质：喜欢色彩鲜艳的衣服，喜欢独自学习，主张政治自由，上课有时迟到等。

奥尔波特是研究特质理论的先驱者，他为人格特质的研究提供了一个框架。他试图找到一种办法将观察的结果组织起来，但始终未能摆脱思辨的色彩。

2. 卡特尔的特质理论

卡特尔(Raymond. B. Cattell)用因素分析方法，以特质概念为理论基础，对人格进行了研究，他的特质论又称为“特质因素分析论”。

(1) 表面特质和根源特质。卡特尔认为，仅仅根据特质词对人格进行分类是不够的，应更深入地探索人格，了解这些特质是如何相互联系并组织起来的。卡特尔把人格的“可见部分”称为表面特质，表面特质是经常发生的，它是从外部可以直接观察到的行为表现。卡特尔又通过问卷调查、直接观察和履历研究等方法，对一大批人的表面特质数据进行了分析整理，发现许多表面特质都是以“组”的形式出现的，一些经常同时出现的特质词似乎是同源的，放映着某种更为基本的特质。卡特尔把这类更为基本的人格特质称为“根源特质”，人的所做所为都要受到根源特质的影响。

(2) 16 种人格因素。卡特尔从大量描述人的行为特征的形容词中筛选出 4504 个词进行因素分析研究，确定了 16 个根源特质。他认为，这 16 种特质是描述人格时必须使用的，每个根源特质都是独立的。这 16 种人格特质是 A 乐群性、B 聪慧性、C 稳定性、E 恃强性、F 兴奋性、G 有恒性、H 敢为性、I 敏感性、L 怀疑性、M 幻想性、N 世故性、O 忧虑性、Q1 实验性、Q2 独立性、Q3 自律性、Q4 紧张性。

卡特尔提出的 16 个根源特质可通过“16 人格因素问卷”来测量。与许多同类人格测验一样，该测量可以通过特质图表现出总的测量结果，同时，在每一个特质上的得分也可以从图中看到。特制图不但有助于我们了解一个人的人格“风貌”，也便于对两个人或许多人进行人格比较，从而看出人与人之间在人格结构上的差异。

卡特尔的人格特质论具有许多显著的长处，其中最为重要的是他在努力揭示人格结构时所采用的一般研究方法，即试图通过在字典中寻找所有人格特质术语来覆盖整个人格领域。在这一方面，没有人比他做得更全面。

3. 人格五因素模型

人格五因素模型是当代人格心理学的新型特质理论。20 世纪 90 年代初期，一些人格理论家就存在的五个主要的人格因素达成了共识。五因素模型始于诺曼(W. T. Norman)的工作，他运用卡特尔特质评定量表从学生那里获得了评定数据。与卡特尔不同，诺曼在其数据中寻找正交或独立因素，获得了存在五个人格因素的证据。还有许多学者进一步验证“五种特质”的模型，形成了著名的大五因素模型。这五个因素是：外倾性，如善于交际；宜人性，如合作性；责任感，如负责任；情绪稳定性，如平静；开放性，如好奇、有想象力等。

一个人行为的稳定性、独特性和一致性都可以根据这五种因素来解释。

人格五因素模型的主要优势是它对人格结构进行了良好描述，大量证据支持人格存在着五个主要因素的观点，这些证据至少与五因素模型的描述极其接近。

但是，众所周知，“大五”人格模型是建立在根据人格的“词汇学假设”对英文人格特质形容词的系统搜索和分类的基础上，这种研究的结果必然导致文化或语言的局限性。“大五”人格模型以英文形容词为研究对象，这样的研究结果主要适用于以英语为母语的群体。

(二) 精神分析学派的人格理论

在所有的人格理论中，影响最深远的就是奥地利精神病医生弗洛伊德提出的精神分析理论了，它深深地影响了现代的人格理论研究。

1. 人格的结构

弗洛伊德将人格视为一个动力系统，从潜意识、前意识、意识的垂直层次把人格结构分为伊底(本我)、自我和超我。本我通常被看成追求生物本能欲望的人格结构部分；自我指的是人格积极地控制、观察以及学习的功能；超我指一个人在成长过程中所习得的道德理想、社会戒律和规范。

（1）伊底（本我）。本我是人格的基本结构，是由先天的生物本能和欲望组成的，以追求非理性的、冲动性的和无意识的自我满足为目标进行活动。它遵循“快乐原则”，要求满足基本的生物需要，如果需要得不到满足，就会出现焦虑，而且获得快感和满足欲望的要求更趋强烈，在伊底的推动下会不顾困难、痛苦和挫折去获取满足，或者只能用幻觉降低紧张度。如果每个人的人格都是只受本我控制，每个人都为所欲为，那么这个世界定会处于无法想象的混乱之中。

（2）自我（现实我）。自我是由本我中分化出来的，是被现实了的本我。自我是本我和外界关系的调节者，它既要满足伊底的需要，又要制止违反社会规范、道德准则和法律的行为。所以自我不再遵循“快乐原则”去追求无条件的、即刻的满足，而是按照逻辑接受现实，并在“现实原则”的指导下，力争既不与现实的要求相冲突，又能使自己获得满足。自我是人格结构中的理性部分，它的任务是对外感受现实、认识现实、适应现实，对内负责管理本能冲动和欲望的疏泄。

（3）超我（道德我）。超我是从自我中发展起来的部分，是人格中最高层次和理想的部分，超我对于自我的思想和行动起着判断和监察的作用，是道德化了的自我，反映着一个人的道德标准。它遵循着“至善原则”，使人按照价值观念和理想行事，永无止境地追求完美，因此也是非现实的。弗洛伊德认为，有强大的自我才有健康的人格，现实的自我要同时受到来自本我、现实我和超我三方面的压力。这三者若能保持动态平衡，人就能保持心理健康。平衡失调，就可造成心理冲突，甚至产生异常心理。一个缺乏控制力的超我可能使一个人成为不良少年、罪犯或形成反社会人格，而一个过度严格的超我则可能使人产生压抑感或难以承受的内疚感。

根据弗洛伊德的观点，人的大部分行为是心理冲突的结果。由于本我和超我在潜意识领域中的矛盾冲突是不可调和的，当采用理性的方式不能解除由这种冲突引起的焦虑时，自我常采用非理性的心理防御机制来篡改或歪曲现实，使本我和超我都得到满足。偶尔运用心理防御机制能使人保持心理平衡，但是过分地运用这些机制反而损害它的有效功能，甚至使人陷入更大的挫折或冲突之中。

2. 人格的发展

根据弗洛伊德的理论，人格的发展要经过一系列心理—性欲发展阶段，而人格的核心是在6岁以前形成的。该理论强调儿童早期生活经验对人格发展的重要意义，认为它是构成个体人格的主要原因。

（1）口腔期（0～1岁）。婴儿本我从吮吸等口腔刺激获得满足和快乐。当父母训练婴儿学习自己扶奶瓶吸奶、用杯子喝东西时，个体开始体验本我的期望与现实要求间的冲突，导致婴儿自我的发展。若此时期婴儿口腔活动无法获得满足，则可能会形成将来的“口腔性格”：自恋、被动、依赖、退缩、悲观、猜忌，表现出咬指甲、吃手指、抽烟、酗酒、贪吃等行为问题。

（2）肛门期（1～2岁）。幼儿通过大小便排泄获得满足，得到快感。当父母开始对其进行如厕训练的时候，个体本能欲望开始被规定在何时何处才能获得满足，幼儿自我进一步发展。若此时父母训练如厕过分严格，则可能导致将来的“肛门性格”：冷酷无情、顽固、刚愎、吝啬、暴躁、生活秩序紊乱等。

（3）生殖器期（3～5岁）。儿童以抚弄自己的性器官而获得快乐和满足，爱恋异性父母，体验“恋父情结”或“恋母情结”，同时对同性父母产生敌对和嫉妒。但儿童会压抑这种动机而认同和模仿同性父母的人格，开始其超我的发展。这一时期的发展若无法顺利完成，则可能会因与父母竞争而产生罪恶感，或导致将来性生活失败等不良适应行为。

(4) 潜伏期(6～11 岁)。儿童的性与攻击冲动开始进入潜伏期,转为开始注意学校的活动、嗜好、运动及同性伙伴的友谊,价值观的学习使超我获得进一步发展。

(5) 生殖期(12～18 岁)。由于性器官的成熟,个体由儿童期进入青春期,开始对异性产生兴趣,在心理上逐渐有了与性别相关的职业计划、婚姻理想等,并从自我中心阶段转入利他阶段。至此,个体性心理的发展即告成熟。

弗洛伊德的理论强调潜意识、早期经验在人格发展中的作用,是值得教育工作者重视的观念,对现代心理学产生着巨大的影响。但他的理论缺乏科学实证研究,他的学生在不断地对其理论进行修正。

(三) 社会学习学派的人格理论

社会学习理论认为,学习是人格形成的决定性因素。人的行为是在适应社会环境的过程中产生的反应,在什么样的情境下,就会产生什么样的人格特质,人的许多行为都是通过观察学习而习得的。

这一理论的主要代表人是班杜拉(Albert Bandura)。

(1) 班杜拉强调模仿或观察学习的重要性。他认为,个体只要观察他人的行为表现发生以及行为的后果,就可以获得和亲身经历者同样的经验,即儿童的行为在他人的赞扬、注意或赞同中得到强化。人格就是通过这种主动的观察学习与模仿而形成的。

班杜拉提供了学习中模仿如何起作用的一个早期例子。一群小孩子观看一部电影:一个成年妇女粗暴地对待著名的充气玩偶"波波",打它并坐在它上面("波波"固定在一个坚固的基座上,倒下后还会弹起来)。另一群孩子看另一部电影:同样的主人公温和地对待"波波"。在看过电影以后,让孩子们有机会与"波波"玩。看前一部电影的孩子表现出更多的攻击行为。

(2) 社会学习人格理论强调环境对于人格的形成和改变具有极其重要的作用,尤其是当发展中的个体表现出某种行为后,外部环境,如家庭、学校的老师、同学等,对其行为的反应是鼓励、赞扬,还是排斥、厌恶或反对,在一定程度上决定了个体人格发展的方向。

(3) 这一理论从实验研究中得出的许多学习原理可用于矫正人格不良的行为,有一定的实用价值。

班杜拉对模仿或观察学习的研究及理论非常有影响。这种学习在日常生活中非常重要,以前的研究者很少注意这一点。然而,观察者决不会像班杜拉在许多研究中发现的那样——总是表现出强烈模仿榜样行为的倾向。

(四) 人本主义的人格理论

人本主义心理学主要研究人的主观经验、人的潜能、人生中的问题和人类的理想。人本主义者把积极的自我形象视为一个核心因素,一个决定人的适应行为的因素。人本主义者认为,特质理论是静止的,学习理论是机械的,精神分析理论是悲观主义的。因此他们提出了自己的一套理论。其主要代表人物有马斯洛、罗杰斯。

1. 马斯洛的人格理论

马斯洛的人格理论建立在他的需要和动机学说的基础之上,并以需要为核心,强调个人的潜能、创造力、理想、信念、高级需要的实现与人格的形成有密切的关系。

马斯洛认为,人性是向善的,人格的发展就是去实现人的本质、发挥人的潜能。马斯洛把自我实现者的心理特征概括为 15 个方面:(1) 对现实更有效的知觉;(2) 对自我、他人和自然的接受;(3) 行为的自然流露;(4) 责任感和献身精神;(5) 独处和独立的需要;(6) 自主的活动;(7) 不断更新的鉴赏力;(8) 神秘的或高峰的体验;(9) 对所有人的爱的情谊;(10) 人际关系融洽;(11) 民主的性格结构;(12) 手段和目的、善和恶之间的辨别力;(13) 富有哲理的、善意的幽默感;(14) 创造性;(15) 对文化适应的抵抗。

2. 罗杰斯的人格理论

罗杰斯重视人的自我发展,认为可以通过三种态度帮助个体达到自我的成长:(1) 以敏感和不判断的态度去反映对方的感觉,并深入他人的主观世界,了解他人真正的感受;(2) 真诚而适度的自我开放;(3) 无条件的接纳与正面关怀。

人本主义人格理论以人为中心,以积极健康的态度对待个体,重视人的自我实现,虽然有些观点较为笼统,但仍然有许多值得我们学习和借鉴的地方。

第二节 气　质

一、什么是气质

(一) 气质的概念

气质是一个古老的概念。气质是不依活动目的和内容为转移的典型的、稳定的心理活动的动力特性,即心理活动发生的速度、强度、稳定性、灵活性和指向性等方面的特点。

(二) 气质的基本特点

1. 气质是表现在心理活动的速度、强度、稳定性、灵活性等方面的动力特征

在现实生活中,有的人性情急躁,容易发脾气,即心理活动的速度、强度都高;有的人却是干什么事都慢慢地,不轻易动肝火,心理活动的稳定性较好,但强度较弱;有的人则动作利索,言语迅速而有力量,心理活动的灵活性较好。

2. 气质的稳定性和可变性

气质与能力和性格相比更具有稳定性,不容易改变。心理学家格塞尔曾经对同卵双生儿T和D进行了14年的跟踪研究。经过细致的观察发现,他们的气质发展几乎表现出首尾一贯的个体差异。例如,T敏捷直率,伶俐;而D则慢吞吞,好社交,爱说话。这些差异在14年间几乎没什么变化。

虽然气质是比较稳定的心理特征,但它在生活环境和教育的作用下,在一定程度上也是可以改变的。

3. 气质的天赋性

气质是个体出生之后表现出来的,具有明显的"天赋性"。从乳儿身上就能发现,有的哭声又大又急,而有的则比较平静,哭声很小。这说明气质特征与遗传有很大关系。例如,研究表明,同卵双生子比异卵双生子在气质上要相似得多。

二、气质的类型

气质的类型是指气质特征的特殊组合模式。类型说主张,可根据特殊的相似性对人进行

知识链接 11-1

健全人格的24种要素

1. 诚实——诚实的人拥有真自由;不诚实的人,牺牲明日的信用,滥用于今日。

2. 可靠——说到做到,不论他是汽车工人或公车司机。

3. 公正——抛开私利,远离偏见,对每一个人一视同仁。

4. 慈悲——慈悲是指照顾别人;但教人依赖别人,一点也不能算是慈悲。

5. 勇气——勇气不靠力气,更不分年龄与性别。

6. 谦逊——不吹嘘,不骄傲,不牺牲他人成就自己。

7. 理性——理性使勇气免于鲁莽。

8. 自律——掌握小事,处理大事。

9. 乐观——是的,我们能做!

10. 投入——设定方向,全心投入,实现目标。

11. 主动——去除借口,愿意尝试,不怕别人嘲笑。

12. 工作——每一个工作都是一种喜乐和尊严。

13. 坚毅——成功属于坚持到底的人。

14. 负责——勇于承担责任,并对自己的选择和行为负责。

15. 合作——懂得和谐有效的互助合作,就能成就大事。

16. 管理——“善用”时间、资源和天赋才能,也意味着“好好管理自己”。

17. 鼓励——鼓励必须实际。在他人努力的地方帮助他们,支持他们,就是鼓励。

18. 宽恕——接受自己与他人的不完美。“宽恕就是遗忘”。

19. 服务——爱的果实是服务。每一天每一刻,都有许多机会为他人服务。

20. 捐献——捐献不在于数目的大小,而在于施予者心量的大小。

21. 领导——一辈子不出错、从不冒险、逃避作决定的人,绝对不是领袖。

22. 机会——每个人都能改变,只要他能把握机会。

23. 教育——教孩子分辨善与恶。

24. 友爱——尊敬每一个人的自由与权利,无论种族、肤色、语言或宗教。

——选自狄克·狄维士(吴刚译)的《美国的故事》(上海人民出版社),转自《中外书摘》2002年第9期

分类,这些类别应当互相不重叠,也就是说,类型是全或无的现象,非此即彼,在各种类型中必具其一,而且不同类型之间并无交叉重合。气质类型大多是被设定用来说明某些简单的、极为显见或易于确定的特征与行为之间的关系的。

(一) 体液说

体液说是由古希腊医生希波克拉底(Hippocrates)提出来的。希波克拉底认为,人体内有血液、黏液、黑胆汁、黄胆汁4种基本体液,每种体液对应于一种气质。在体液中,血液占优势的人为多血质,黏液占优势的人为黏液质,黄胆汁占优势的人为胆汁质,黑胆汁占优势的人为

抑郁质。虽然体液说缺乏科学性，但由于体液说对气质类型的划分较客观地反映了人们在气质方面的差异，所以一直沿用到现在。

1. 胆汁质

胆汁质的人在情绪方面，无论是高兴还是忧愁，体验都非常强烈，也进行得非常迅速，暴跳如雷，情绪暴发之后很快又平息下来。智力活动具有极大的灵活性，但理解问题有粗枝大叶、不求甚解的倾向。在行动上生气勃勃，工作表现得顽强有力。

概括地说，胆汁质的人以精力旺盛、表里如一、刚强、易感情用事为特征，整个心理活动笼罩着迅速而突发的色彩。

2. 多血质

多血质的人情绪易表露，也易变化，他们很敏感，遇到不如意的事就会高声痛哭，只要稍加安慰，或者有什么使他高兴的事，马上就能破涕为笑。他们思维灵活，反应迅速，但往往不求甚解。行动迅速，对工作表现有热情，如果不是条件限制，他要参加一切活动，但工作劲头持续不长。对环境易适应，喜交往，但交情粗浅。

概括地说，多血质的人以反应迅速、有朝气、活泼好动、动作敏捷、情绪不稳定、粗枝大叶为特征。

3. 黏液质

黏液质的人情绪兴奋性比较微弱，心情比较平稳，变化缓慢，他们经常心平气和，很难出现波动的情绪状态，不容易发出强烈的不安和激情。他们喜深思，在进行任何工作之前都会细致地考虑。能坚定执行已做出的决定，不慌不忙地去完成工作。往往对已习惯的工作表现出极大的热情，而不容易习惯于新工作。

概括地说，黏液质的人以稳重但灵活性不足，踏实但有些死板，沉着冷静但缺乏生气为特征。

4. 抑郁质

他们的情感生活并不丰富，很少外露自己的感情，但对生活中遇到的波折体验却很强烈。如果没有做好工作，会感到很大痛苦，且经久不息。对事物反应有较高的敏感性，能体察到一般人所觉察不到的事件。他们很少表现自己，尽量摆脱出头露面的活动。动作显得缓慢、单调、深沉。不爱与人交往，有孤独感。

概括地说，抑郁质的人以敏锐、稳重、体验深刻、外表温柔、怯懦、孤独、行动缓慢为特征。

（二）高级神经活动类型说

高级神经活动类型说是由苏联生理学家巴甫洛夫提出的。他认为，神经活动的基本过程是兴奋和抑制。兴奋和抑制过程有三个基本特性：(1) 兴奋和抑制过程的强度；(2) 神经系统的平衡性，即兴奋与抑制过程一致性的程度；(3) 神经过程的灵活性，即兴奋与抑制过程转换得快慢难易。巴甫洛夫指出，这三种维度上的不同表现可以组合成四种神经系统活动类型。这四种类型与体液说的四种类型有很好的对应关系。

1. 强、平衡、灵活型(活泼型)——相当于多血质

这种类型的个体能根据刺激调整自己的活动，适应性较好。巴甫洛夫认为这是一种健康、充满活力的神经系统类型，对恶劣的心理、社会环境有较高的抵抗力。

2. 强、平衡、迟缓(不灵活)型(安静型)——相当于黏液质

这种类型与多血质有许多类似之处，不同的是，这种类型的个体行为惰性较强，因此不太容易适应迅速变化的环境。

3. 强、不平衡型(冲动型)——相当于胆汁质

这种类型的人兴奋强度胜过抑制强度,易冲动,神经质,对自己的行为常常难以控制。

4. 弱型——相当于抑郁质

这种类型的个体的神经细胞显得很脆弱,即使是正常强度的刺激对他们来说也嫌太强,导致神经细胞产生保护性抑制,周围刺激迅速而频繁地变化会使个体在适应生活方面有一定困难,容易表现出神经官能症病状。

高级神经活动类型与气质类型的关系如表 11-1 所示。

表 11-1 高级神经活动类型与气质类型对照

高级神经活动类型			气质类型
强型	不平衡型或不可抑制型(内抑制缺陷)、兴奋型		胆汁质
	平衡型	灵活性高——活泼型	多血质
		灵活性低——安静型	黏液质
弱型	抑制型(被动性外抑制显著)		抑郁质

3. 体型说

体型说是由德国精神病医生克雷奇米尔(K. Kretschmer)研究提出的。他认为,人的气质决定于人的体型。他根据人的身体形式和组织,将人确定了四种基本体型:矮胖型,身体矮胖,善于与人相处,性情开朗,平易近人;瘦长型,身体瘦长,严肃,内向甚至孤僻;强壮型(运动型),肌肉发达,对于新事物的反应较快,易于适应新事物;发育异常型,身体发育不正常,因此产生不正常的心理特性。

体型说的观点在日常生活中很流行。比如,体态丰满,往往被视为具有豁达、开朗的性格;眼睛小、眉毛低而短,被视为"贼相",有心术不正之嫌;天庭饱满、大耳垂轮,被视为富于智慧;剑眉高竖、膀阔腰圆,被视为具有英雄气概。总之,人们习惯在相貌、体格与人格之间寻找对应,以至把相貌、体格看作是人格的标志,是决定人格的因素。

体型说看起来很简明,但这些理论对人格并没有很高的预测效度,并不能从人的体格上预见行为和判定人格。这些人格划分在具体应用时失败的情形远多于成功的情形,而且助长了人们的刻板印象甚至偏见,因此并没有被科学界接受。

4. 激素说

激素说是由伯曼(L. Berman)提出来的。这个理论认为,内分泌腺的活动与人的气质有密切的关系,因为人的情绪性、活动的反应性和冲动性与内分泌因素有关。伯曼把气质分为下列四个类型:

(1) 甲状腺型。这种类型的人感觉灵敏,坚持性强。例如,甲状腺机能不全的人,感觉、智力发育比较迟钝。

(2) 垂体腺型。这种类型的人有耐性,细心,温顺,智慧聪颖,能忍受身心的痛苦。

(3) 肾上腺分泌活动型。这种类型的人情绪激动。

(4) 性腺型。这种类型的人性别角色突出。

把内分泌腺同气质联系起来,是一种很有意义的尝试,它进一步深化了人们关于气质同生理因素相关联的认识。不过,这种学说孤立地强调了内分泌腺的活动,过分扩大了内分泌腺的作用。现代生理学的研究表明,内分泌腺的活动,激素的合成和分泌,都直接或间接地受神经系统所支配,而内分泌腺的活动又反过来影响神经系统的活动。因此,不应该把气质看作仅由内分泌腺决定。

三、气质的意义

由于气质反映了人的活动的能量和时间方面的动力特点，它对人的日常生活、教育工作、生产劳动等有着重要的意义。

(1) 气质的特征只能影响一个人的智力活动特征，决不能影响一个人智力发展的可能性。实践证明，气质不同的学生，都可以获得优异的成绩。

(2) 气质类型无好坏之分。把人们相对地分为不同的气质类型，但不能据此就把人区分为优劣、好坏，因为气质类型并不是人品的标签。任何一种气质类型在此一种情况下都可能是具有积极意义的，而在另一种情况下则可能是具有消极意义的。因此，并不能说这种气质是好的，那种气质是坏的。举例来说，多血质的人情绪丰富，工作能力较强，容易适应新的环境，但注意力不稳定，兴趣容易转换。抑郁质的人工作中耐受力差，容易感到疲劳，但感情比较细腻，做事审慎小心，观察力敏锐，善于体察到别人不易发觉的细小事物。有谁能说多血质就是绝对优良的，而抑郁质则是彻底劣质的呢？

(3) 气质虽然在人的实践活动中不起决定作用，但有一定的影响。它不仅影响活动的性质，而且影响活动的效率。例如，黏液质、抑郁质的人，容易适应持久细致的工作，对要求速度灵活的工作则难以适应。有些工作要求具有灵活、机敏的反应能力，这对于多血质和胆汁质的人很适合。也就是说，不同气质的人可能适合不同的工作。

(4) 气质不决定人的社会价值和成就的高低。在气质和社会价值、成就之间，同样没有对应关系。据研究，俄国的四位著名作家分别是四种气质的典型代表：普希金是明显的胆汁质气质，赫尔岑是典型的多血质，克雷洛夫属于黏液质，果戈理则是抑郁质。他们各自具有不同的气质类型，但他们同样都在文学上取得了令人瞩目的成就，气质并没有决定他们的社会价值的高低。同样气质的人可以是对社会贡献差别极大的人，而不同气质的人也可能在成就上相差无几。“气质只是属于人的各种心理品质的动力方面，它使人的心理活动染上某些独特的色彩，却并不决定一个人性格的倾向性和能力的发展水平。”

(5) 气质与教育活动。在教育教学中，教师必须了解关于气质的基本知识，清楚地知道每个学生的气质特点，从而对他们进行个别的有针对性的教育工作，这是十分有益的。此外，教师对学生的气质不应该有任何的偏见，而应注意发挥各种气质类型学生的优点，注意克服他们的缺点，从而达到因材施教。

第三节　性　　格

一、性格的概念

性格(character)源于拉丁文，是指经由雕刻所留下的印痕、标志、记号。后来不仅用它表示事物的特性，也把它用来表示被“雕琢”了的人的特点。在现代心理学中，各国心理学家对性格概念有着不同的理解，并以不同的意义运用它。

知识链接 11-2

剧院门口的风波

——气质类型与行为表现

某剧院的演出正式开始了……十分钟后，剧院门口来了四位迟到的观众，守门员按照惯例，禁止他们入场。

先到的A面红耳赤地与守门员争执起来。他分辩说，戏院的时钟走快了，他不会影响任何人，打算推开守门员径直跑到自己的座位上去，因而与守门员闹得不可开交。

随后到来的B立刻明白，人家是不会放他进入剧场里去的。但楼厅上还有个检票口，从那里进入或许便当些，就跑到楼上去了。

差不多同时到达的C看到不让他进入正厅，就想“第一场大概不太精彩，我还是暂且去小卖部转转，到幕间休息再入座吧”。

最后到来的D说：“我总是不走运，偶尔来一次戏院，就这样倒霉！”接着就闷闷不乐地回家了。

苏联心理学家达威多娃巧妙设计了看戏迟到这一特定的问题情境，形象地揭示了四种基本气质类型的观众，在面临同一情境时截然不同的行为表现。气质使人的心理活动染上了一种独特的色彩。

——选自韩永昌等的《心理学》，华东师范大学出版社1997年版

我国学者认为，性格是人对客观现实的稳定的态度以及与之相适应的习惯化了的行为方式方面的心理特征。性格是一个人人格中最重要、最显著的心理特征，它在人的人格中起着核心的作用。性格是某些心理特征在一个人身上的有机结合，体现着个人的独特性，标志着人的个体差异性。

性格是后天获得的，是个体与外界环境相互作用的结果。外界环境不断地渗透到个体的生活经历中，影响着个体的生活活动，并通过认识过程、情感过程、意志过程在个体的反映里保存下来，巩固下来，构成个体一定的态度体系，并以一定的形式表现在个体的行为中，构成个体一定的行为方式。这种对客观现实稳定的态度以及与之相适应的习惯化了行为方式就构成了人的性格。而那些在个体生活中一时性的、偶然性的表现，不能被认为是一个人的性格特征。

在美国心理学界，不常用性格一词，欧洲心理学文献中性格一词常等同于人格。不过，西方心理学文献中的“人格”概念与我国文献中的“个性”、“个性心理特征”的概念也不尽相同。大多数西方心理学家的人格概念一般仅指“气质”和“性格”而不包含能力。①

二、性格与气质、能力的关系

能力、气质、性格是人的不同心理特征，它们有着本质上的区别，但相互之间也有着密切的联系。

（一）性格与气质的关系

（1）性格与气质的区别主要表现在：第一，从起源上看，气质是先天的，主要体现为神经类

---

① 黄希庭：《心理学导论》，人民教育出版社，2003年版，第666页。

型的自然表现;而性格是后天的,在个体的生命开始时期并没有性格,它是个体与社会环境相互作用的产物,反映了人的社会性。第二,从可塑性上看,气质的可塑性小,而性格的可塑性较大,环境对性格的塑造作用是明显的。第三,气质所指的典型行为是它的动力特征而与行为内容无关,所以气质无好坏之分;而性格则指向行为的内容,表现为个体与社会环境的关系,因此性格是有好坏之分的。

(2) 性格与气质又是密切联系、相互制约的。一是气质会影响个人性格的形成。例如,有些婴儿安静,有些好动,这些气质必然影响父母或哺育者的不同行为反应。性格就是在这种不同性质的教育和社会环境的相互作用过程中逐渐形成的。二是气质可以渲染性格的特征,从而使性格特征具有独特的色彩。三是气质还会影响性格特征形成或改造的速度。

同时,性格也可以在一定程度上掩盖或改变气质,使它服从于生活实践的要求。事实上,在日常生活中,性格和气质是很难区分开来的。因为人是具有生物社会性的,人的发展是生物和社会因素相互作用的结果。

(二) 性格与能力的关系

性格与能力是两个不相同的概念,但二者的联系非常密切。

1. 性格影响能力的发展方向和发展水平

以天下为己任性格的人,他的社会公益活动就会多于常人,由此他的社交能力和处理社会事务方面的能力就会得到特别的发展。虚心好学、勤奋刻苦性格的人,他的学业成绩就会优异,人也会变得更加聪明。

2. 能力影响人对现实的态度和行为的方式

有才能的人,在待人接物活动中可能是谦逊谨慎、大智若愚,也可能变得趾高气扬、恃才傲物。在某项实践活动中,有较强能力的人,其行为方式就容易表现得"巧"一些;相反,就容易表现得"笨"一些。

三、性格的结构

性格是由许多不同的性格特征按照不同的特点组合而成的。

(一) 性格的态度特征

在现实生活中,人受现实的影响,以一定的态度反映现实生活,由于现实生活多方面的影响,则形成了人对现实生活的态度体系,这种态度体系构成了人对现实的性格特征。性格的态度特征主要表现在:(1) 对社会、集体、他人的态度的性格特征,如爱祖国、爱集体、富于同情心、乐于助人等,相反的是对国家、集体漠不关心和损人利己等。(2) 对劳动、工作、学习的态度的性格特征,如勤劳或懒惰、认真或马虎、细致或粗心、刻苦或敷衍等。(3) 对自己态度的性格特征,主要表现为自信、自尊、自强或自卑、懦弱等。

(二) 性格的意志特征

性格的意志特征是指人对自己的行动自觉调节的方式和水平,主要表现在个体行为的目的性、自制性、果断性和坚韧性等方面。

(三) 性格的情绪特征

性格的情绪特征主要表现在个体的情绪活动的强度、稳定性、持久性和主导心境等方面。

积极的情绪特征，如情绪稳定、情绪深刻、心境愉快等，是使人能发挥其所长的有利条件。而消极的情绪特征，如抑郁的心境、焦虑、情绪不稳定、过分的情绪冲动等，可造成不必要的精力消耗，给人的整个生活带来不利的影响。

（四）性格的理智特征

性格的理智特征主要表现在感觉、知觉、记忆、思维和想象等认知过程中的性格特征。在感知方面主要表现为是主动感知型还是被动感知型、快速感知型还是精确感知型等；在记忆方面主要表现为是主动记忆型还是被动记忆型、直观记忆型还是抽象记忆型等；在思维方面主要表现为是独立思考型还是易受暗示型、求同思维还是求异思维等；在想象方面主要表现为是理想型还是空想型等。

四、性格的形成与培养

人的性格是在长期的生活实践中形成和发展起来的，是社会环境的影响和自我塑造的结果。

（一）家庭在性格形成与发展中起重要作用

家庭是个体最早接受教育的场所，父母是儿童的第一任老师，他们不仅承担着抚养的责任，也承担着教育的责任。首先，家庭教育的方式不同，对儿童性格的影响也不同。例如，民主型教育的家庭能满足孩子的合理要求，对其活动加以保护的同时，给予社会和文化的训练，能够使孩子形成活泼、开朗、谦虚、自信等性格特征。严厉型家庭横加干涉孩子的活动，孩子违背父母的意愿就会受到训斥、打骂，这容易使孩子形成说谎、孤僻、感情淡漠等性格特征。放纵型家庭对孩子过分溺爱、百依百顺，结果容易使孩子形成懒惰、自私、任性、意志薄弱等性格特征。其次，家庭生活气氛对儿童的性格也有明显的影响。研究表明，家庭成员和睦，民主讲理，愉快幸福，有助于形成儿童团结友爱、助人为乐等良好的性格特征。

此外，家庭的政治、经济地位及父母的性格等也都对儿童的性格产生着潜移默化的影响。

（二）学校教育对个体的性格形成和发展起主导作用

(1) 学校的风气、风尚对学生性格的形成与发展具有重要的影响。一般，具有民主氛围、积极向上和学习目的端正、勇于攀登科学文化高峰的学校风气对学生的性格形成起着积极推动的作用；反之，不良的学风、班风则给学生性格的形成带来消极的影响。

(2) 教师的个性特点对学生性格的形成起着极其重要的作用。教师的行为举止、品德风格往往是学生学习的榜样。教师具有良好的性格特征，能对学生性格的形成起着潜移默化的作用；反之，如果教师的性格不好，学生不但听不进去，甚至还和老师对着干，这样非常不利于学生性格的形成。

（三）社会环境对学生性格的形成起着重要的作用

学生生活在社会环境中，社会上的各种因素，如社会风气、大众传播媒体等，对学生性格的形成和发展都产生着重要的影响。例如，社会宣传模范人物的先进事迹，倡导高尚的道德品质，就能促使学生形成良好的性格品质；如果社会宣传思想低下、恶劣的文艺作品，就容易使学生形成不良的性格品质，甚至走上错误和犯罪的道路。

（四）自我教育是性格形成的关键因素

任何一种性格特征的形成都是把所接受的外部社会要求逐步转变为自己内部需要的过程。在这个转变过程中，个人对社会要求的理解和认识、个人进步的需要、动机和态度，起着调节和控制作用。从这个角度上讲，每个人都是在塑造着自己的性格，都是在对自己性格的形成从被控制者转变为自我控制者和自我教育者。教师和家长要积极引导学生形成正确的世界观和价值观，从而提高他们自我控制和自我教育的能力。

知识链接 11-3

为什么一些人会害羞

最近的调查发现，超过 50%的大学生认为他们自己是“经常害羞”的人（Carducci & Zimbardo，1995）。他们中的许多人认为害羞是一种令人不快的状态，与它所带来的积极效果相比，它对人格和社会后果具有更多的负面影响。另一群学生说他们有“情境性害羞”。他们认为，如果他们在一定情境，比如新奇、窘迫、社会压力（如看不到前途，单独被拒绝或在没有准备的情况下被推上舞台给大家表演），“好像”会感到害羞。研究者对成年人的害羞进行了调查，却惊奇地发现，那些不害羞的人在美国和其他受调查的国家中非常少（ Zimbardo，1991）。

害羞可以界定为一种在人际环境中使人感到不舒服和压抑的状态，它影响一个人的人际交往和是否能顺利达到人生目标。害羞作为一种人格特质，是自我概念的核心。他可能使我们中的许多人到新环境后，感到稍微有点沉默寡言和窘迫，但是它也可能会发展成为由于对人害怕而引起的极端恐惧。许多害羞的人同时也是内向的人，他们采用独居的生活方式，没有社会活动。其他一些是“外向性害羞”的人，在公共场合显得活跃但内心是害羞的，他们喜欢参加社会活动，也能用社会技巧来有效地完成这些活动。但是他们仍然担心别人是否真正地喜欢和尊重他们（Pilkonis & Zimbardo，1979）。

为什么有些人害羞，有些人不害羞呢？其中一个解释是天性。研究证据表明，大概有 10%的幼儿生来害羞（Kagan，1994）。从一生下来，这些儿童在与不熟悉的人或环境接触时，显得不同寻常地谨慎和缄默。关于天性的问题，有一个更为复杂的解释：在儿童期，一些人被嘲讽，并且由于一时失误，成为大家取笑的对象。另外一些人生长在这样的家庭，这些家庭认为被爱戴是在竞争中由于外表美丽或在活动中取得了成功带来的给果。

害羞的人在亚洲国家和地区比例最高，这是对 9 个国家和地区研究的结果。最显著的是日本和我国台湾，最不明显的是以色列（Zimbardo，1991）。这些不同，一部分是由文化所强调的内容不同所造成的。在这些亚洲国家里，由于社会活动中的失败而屈从于权威，被认为是一种耻辱；而在以色列，由于冒险仅被表面上责备一番，会被认为是一种鼓励（Pines & Zimbardo，1978）。据美国最近报告，年轻人都被电子产品包围着，他们长时间独自一人看电视，打电子游戏，网上冲浪和发电子邮件，由此产生了社会隔离，减少了与人面对面接触的机会。过量使用网络会使人们

续知识链接 11-3

感觉到孤独、隔离和更加害羞(Kraut etal.,1998;Nie & Erbring,2000)。

当害羞变得更加极端化时,就会迫使人们的生活发生进一步的变化,使得一个人将其社会快乐最小化,使其社会不适和隔离感最大化。这里有几个给害羞学生的简单原则和策略,希望你们深入地思考,并尝试去做(Zimbardo,1991):

◆ 并不只有你一个人感到害羞,每一个你见到的人可能都会比你更害羞。

◆ 即使存在着遗传因素,害羞也是可以改变的。但是这需要勇气和毅力,就像你要改变一个存在了很久的习惯一样。

◆ 尝试对你所接触到的人微笑,并与他们进行目光接触。

◆ 与别人交谈时,大声说话,用最清晰的声音,特别是当你说出你的名字或是询问信息时。

◆ 在一个新的社会环境中,努力使自己第一个提出问题或发表观点。准备一些有趣的东西去说,第一个去说。每个人都会欣赏"破冰者",以后也就不会再有人认为你害羞了。

◆ 永远不要小瞧自己。相反,想一下为了达到你想要得到的成就,下一步你要采取怎样的行动。

◆ 注意要使别人感到舒服,特别是当你寻找其他害羞者时。这样做会降低你的自我意识。

◆ 在你去通常会使你感到害羞的地方之前,练习沉思,放松,使思想集中到理想的状态。

如果你是个害羞的人,我们建议你采用上述办法。一些学生采用了这些方法,已经从害羞的桎梏中摆脱出来,生活中充满了新的自由。这是把一些简单的心理学知识应用到生活中,并确实有所收益的例子。如果你不害羞,可以鼓励那些害羞的朋友,鼓励他们改变其生活方式(Henderson & Zimbardo, 1998)。

——选自理查德、格里格等(王垒等译)的《心理学与生活》,人民邮电出版社2004年版

第四节 人格测量

人格是可以测量的,只不过作比较的标准不如物理学、化学等自然学科那样容易选定而已。人格测量在心理学研究中是一个非常复杂和重要的问题。

一、人格测量的概念

(一) 人格测量及其意义

人格测量主要涉及人的心理状态、情感或行为的非智力方面的人格因素,通常包括对性格、情绪状态、人际关系、动机、兴趣和态度的测量。

目前,人格测量已有几百种,但由于各国人格心理学家对人格的构成分歧很大,没有一致

的看法。而且人格是动态的，不是静态的，常常随着情景的变化而变化。因此，对人格的测量必须交叉使用多种方法，使之互相补充，互相印证，才能达到较好的效果。

人格测量有助于识别被试的人格发展状况，了解被试的性格类型，鉴别变态心理问题的性质和识别情绪障碍的类型，选拔具有特殊能力的人才。

（二）人格测量的信度与效度

一个令人满意的人格测量需要满足两个主要条件：首先，它应该具有好的信度，即它提供的人格测量必须具有一致性；其次，必须有好的效度，即它应该能够测量它想要测量的东西。

1. 信度

信度是指观察或测试结果的稳定性、可靠性以及可重复的程度。对于人格测量，人们认为只有当假定所测量的人格特征在时间和情境上稳定时，不同时间和不同情境下进行的测量才高度一致，那么测验的信度就高。人格心理学家倾向于假定人格特征在一段时间内有较大的稳定性，在大致相似的情境下有较大的一致性。如果没有人格测验的可信度，我们就不能用测验去肯定个体间的人格差异，也不能对不同的研究结果作任何有意义的解释。

2. 效度

效度是指一项测验所测量的东西在多大程度上符合原本要测量的东西。它与测量的真实性或精确性有关。

在心理学中，高信度表示收集数据的系统性强，表示观察结果能够重复，但是它决不意味着所测量的东西是有意义的。有许多测验能满足信度的要求，但它们所测量的人格特质却并非研究者在设计它们时所希望测量的。所以，信度和效度的意义不同，一个测验可以是不准确(无效度)的，但是它却可能是可靠(有信度)的；如果测验是不可信的，那它也就不可能是准确的或高效度的。由此看来，测验的效度显得更为重要。二者具有互补性，并非非此即彼，它们是我们系统而有效地收集资料的必需条件。

二、人格测量的方法

常见的人格测量的方法包括自陈量表测验法、投射测验法、自我概念测验法等。

（一）自陈量表测验法

测量人格最常见也最方便的方法是自陈量表测验法。自陈量表通常都是由一系列问题组成，一个问题陈述一种行为，要求被试按照自己的真实情形来回答。一般自陈量表所测量的是人格特质，在人格理论上是遵从特质理论的。

自陈量表不仅可以测量外显行为(如态度倾向、职业兴趣、同情心等)，同时也可以测量自我对环境的感受(如欲望的压抑、内心冲突、工作动机等)。自陈量表的个性测验往往存在一些问题，即被试是否坦率而真实地回答测题。有些被试在进行该类测验时，往往偏向好的一面，即选择社会所期望的答案，或把自己表现得更好。这样容易造成测验结果的不准确。

目前世界上比较著名的自陈量表有卡特尔 16 种人格因素量表(16PF)和明尼苏达多项人格测验(MMPI)。

(1) 卡特尔 16 种人格因素量表(16PF)是使用因素分析方法来发展人格理论和评估技术的一个实例。这个量表从某种意义上说是标准化的、系统的、非个人的测验。该量表适合 16 岁以上青年及成年人。这套量表在我国使用中，存在某些项目与我国国情不符的情况，那么测验结果的真实性就要进一步探讨。

(2) 明尼苏达多项人格测验(MMPI)于1940年编成,自该量表问世以来,广泛应用于各种领域,如企业管理、教育、司法、医疗等,但它主要还是应用于人格的临床评估。MMPI包括几百个项目,一个项目属于哪一分量表的确定依据是实证经验而不是理论。

尽管MMPI应用广泛,它仍存在一定的问题,如测验项目较多(550个项目),测试需要的时间太长,有些被试不能坚持做完。

(二) 投射测验法

投射测验是以弗洛伊德心理分析的人格理论为依据的。投射法的特点是通过间接的方法来了解人们对某个事物的态度或内心世界,通常是利用某些材料,如一些模糊的人形或墨迹图,或让受试者自己画一个人,或给受试者一个场景,要受试者讲故事等,受测者在自由问答时不知不觉地把自己的思想、情感、态度等流露出来。投射法比自陈法的偏差一般要小些,其原因是受试者根本不知道测量什么,所以无法隐藏或伪装自己的内心世界。投射测验是一种对行为的无意识或隐藏的内容尤为敏感的测验工具。其中著名的投射法有罗夏的墨迹测验和默里的主题统觉测验。

1. 罗夏的墨迹测验

罗夏的墨迹测验是由瑞士精神病医生罗夏创立的。基本测验包括给被试呈现10张墨迹图,由被试回答每一墨迹图可能代表什么。在施测时,还让被试说明墨迹图的哪些部分对他们的影响最大。罗夏的墨迹测验对被试的回答做出解释是很困难的。所以,罗夏本人也认为应该谨慎地看待测验结果,它对人格评定只能作为一种参考资料。但它作为一种心理测验的技术,对心理学的人格理论和临床工作都有着积极的推动作用。

2. 默里的主题统觉测验(简称TAT)

默里的主题统觉测验是由美国心理学家默里(Henry Murray)于20世纪30年代中期编制的。TAT是一套图片,画有人物和情节,共有20张,其中有一张是无图的白片。测验时给被试呈现各种图片,每次一张,请被试描述图片中正在发生什么、已经发生了什么和将要发生什么,即让被试按画面编造故事。被试的人格特点会在编造故事中流露出来,这就为探索他们的人格特点提供了材料。

为了对TAT故事进行系统地评分,默里制订了一个纲领或图式。这种测验对故事的解释是相当麻烦的,要求测验者有丰富的知识和临床经验。所以,默里的主题统觉测验的结果解释的说服力是一个引人争论的问题。

总之,多数投射测验的信度和效度都很差。由于投射测验的非结构性特征,在不同条件下被试倾向于对同一投射刺激做出不同的反应。但许多临床心理学家对投射测验仍抱有积极的态度,因为投射测验对揭示完整的人格是必不可少的。

(三) 自我概念测验法

自我概念的测量是由人格自我理论家罗杰斯等人创立的,又称Q分类法或Q技术。这种技术包括许多写着形容词或句子的卡片,要求被试根据自己的特点或他人的特点把这些卡片进行分类。一般从最不适合的特质到最适合的特质分为九组。这种测验主要测量被试的现实自我和理想自我的概念。

这种人格测量方法较之其他方法简便易行,但是过于依赖被试的自我报告。人在用一种综合的、抽象的方式总结自己的行为时，难免会做出错误的判断，如夸大那些对自己至关紧要的事件或性格，而缩小那些无关紧要的事件或性格，这就会影响测量结果的准确性。但这类测验仍具有实际价值的。

综合练习

一、概念解释

1. 人格　2. 气质　3. 性格

二、填空

1. 古希腊医生希波克拉底根据人体内四种体液的多少不同，把人的气质分为________、________、________和________四种基本类型。

2. 从气质和性格来说，________更多地体现神经系统基本特征的自然影响；________更多地受社会生活条件所制约。

3. 气质表明一个人的心理活动的动力特征，不涉及心理活动的方向和内容，因此气质本身没有________之分。

4. 性格表明一个人对现实稳定的________，并且表现在他的习惯化了的行为方式之中的个性特征。

5. 气质是高级神经活动类型在________上的表现。

三、判断

1. 性格是个人对现实的稳定态度和与之相应的习惯化了的行为方式，是个性核心意义的部分。　(　　)

2. 性格在一定程度上会掩盖或改造人的气质特征。　(　　)

3. 不同气质类型的人不能形成相同的性格特征。　(　　)

4. 教师是学生的楷模，因而应具有多方面的良好性格特征。　(　　)

5. 各种气质类型的人都可能成为品学兼优的人才。　(　　)

6. 气质类型不是意识就能改变的，其实也不需要改变。　(　　)

四、选择

1. 个人心理活动稳定的动力特征，称为________。

A. 能力　B. 气质　C. 性格　D. 兴趣

2. 情绪兴奋快而弱，有明显的外部表现，易于变换印象和心境，行动敏捷灵活，反应迅速。这种人的气质属于________。

A. 胆汁质　B. 多血质　C. 黏液质　D. 抑郁质

3. 情绪兴奋慢而弱，心境平静，沉着冷静，精神状态不易表现于外，行动迟缓，反应较慢。这种人的气质属于________。

A. 胆汁质　B. 多血质　C. 黏液质　D. 抑郁质

4. 神经过强而不平衡，与之相对应的气质类型是________。

A. 胆汁质　B. 多血质　C. 黏液质　D. 抑郁质

5. 勤劳，有责任心，谦虚，自信等，属于人格的________。

A. 态度　B. 意志　C. 情绪　D. 理智

五、问答和简述

1. 简述人格的定义及主要的人格理论。

2. 简述高级神经活动类型与气质的关系。
3. 气质有哪些特征?
4. 简述性格的定义及结构。
5. 气质的实践意义表现在哪些方面?
6. 人格测量的必要条件是什么 ?
7. 试分析自己性格中的优点和缺点。
8. 试根据气质测验结果,分析自己的气质特点。

第十二章 人际交往

本章学习指导

1. **识记**：人际交往及其基本过程、言语交往和非言语交往、人际吸引的条件。
2. **理解**：人际交往的意义、言语交往的规律、非言语交往的规律、影响人际吸引的因素、青少年学生人际交往的特点。
3. **应用**：按照人际交往的规律建立良好的师生关系和同学关系。

第一节 人际交往概述

一、什么是人际交往

每个人几乎天天都要与他人交往，人际交往实际上就是我们的主要生活方式，贯穿人们生命的整个过程。人际交往是人与人之间信息的交流和传递。一个学生向另一学生诉说自己的心事，另一学生在专心地听，这是交往；几个朋友围坐闲聊是交往；甲对乙点头，乙报以微笑也是交往；书信联系是交往，网上聊天也是交往。这些不同形式的交往都实现着人们之间的信息的交流与传递。人们的认识、思想、感情、态度、兴趣、性格特征等等都可以视为信息，都可以进行传递与交流。人际交往是人们之间相互作用的一种特殊形式，它不同于竞争、合作等其他作用形式。

对于人的心理生活与实践活动来讲，人际交往具有重要意义。人类婴儿同动物的幼仔相比，从降生到独立生活所需要的时间是最为漫长的。婴儿在吃、喝、御寒、躲避伤害性刺激等基本需要的满足方面必须依靠父母和其他成人。婴儿表示自己的各种需要，是采用“哭”这一与成人交往的最初的手段。而父母则是凭借婴儿的不同哭声来判断、了解他是饥饿或寒冷、疼痛或潮湿，并采取相应的行为措施。倘若没有婴儿以哭为重要手段同成人交往，没有成人对婴儿发出信息的理解与照顾行为，婴儿的生命就很难维持。

个体在成长过程中，随着活动范围的扩大，逐渐累积了一些经验。然而，对于任何个人来说，个人的经验只占其知识经验总量的极小部分，使人类知识经验变为个人知识经验的唯一途径就是人际交往。儿童正是在不断地同包括父母、教师在内的成人交往过程中，了解关于自然与社会的知识的。一个人如果从降生就离开社会，脱离同他人的交往，就不可能具有人类的知识经验和行为规范。可见，人际交往乃是使人获得知识经验、掌握人类行为规范、适应社会生活，从而由“自然人”成长为“社会人”的基本途径。

人际交往过程是一个复杂的、多结构的过程。它有以下三个层面：

首先，人际交往是人际沟通(interpersonal communication)的过程。不同的人之间要发生接触，其中一方总要传些什么东西给另一方，这就进入了人际沟通的过程。人际沟通是人们之间交流思想、观点、意见、知识、消息、情感、态度、动作等信息的过程。交流信息最重要的手段是语言，人借助语言这个工具把自己的意念、思想、感情、要求等传达给对方。

其次，人际交往是形成人际认知(interpersonal cognition)的过程。人们在交往过程中通过观察了解人的外在特征与外显行为，形成印象，并推测、判断其心理状态、人格特征、行为动机和意向的过程叫作人际认知，包括感知、表象、记忆、判断、推测和评价等一系列复杂的认知活动。通过交往者相互间的认知，双方对彼此产生一定的态度。交往过程中态度可能变化，这种变化也受认知结果变化的制约。人与人之间的相互认知以及由认知而产生的态度，使人们形成这样或那样的人际关系。

最后，人际交往是交往双方相互作用形成人际关系(interpersonal relation)的过程。人际关系指在交往中形成的直接的心理关系，主要表现为心理上的好恶喜厌、远近亲疏等心理距离。以言语方式进行的交流，不仅有语词的交换，而且有思想和动作的交换，即人通过交往，可以去影响对方的观念和行为。即使在不发生言语的情形下也可以发生相互作用。例如，商店里顾客购物付款，营业员向顾客收款和向顾客找零的过程，也是人际交往活动。

交往的三个层面是统一的。交往中人际沟通是最基本的层面，形成人际关系是交往的目标，通过人际认知了解交往对象的各种情况进而形成相应的态度是人际交往的中介环节。没有信息的交流，不可能形成人际关系和相互作用。但若只有信息的交换而没有相互认知和相互作用，则信息的交换就失去了意义。

二、人际交往的过程

(一) 人际交往过程的基本要素

人际交往过程的基本要素有 5 个。

1. 信息发送者

信息发送者也称信源，指拥有信息并具有沟通动机的人，可以是个人或团体。

2. 信息

信息是沟通的具体内容，指人发出的指令、观点、情感、态度等。

3. 信息通道

信息通道指传递信息所使用的载体或媒介。例如，人在面对面的交往中，言语信息通道的媒介是空气，视觉媒介是光线，通信中的信息通道是导线或电磁波。

4. 信息接受者

信息接受者指信息传播的目标，即接受信息的人。

5. 信息反馈

人际交往中的信息沟通多是双向沟通，信息在交往双方之间多次往返传递的过程叫信息反馈。在存在信息反馈的情形下，信息接受者发出反馈信息，这时信息接受者就变为信息发送者，原来的信息发送者变为信息接受者。人的头脑兼有发信和收信的功能。

(二) 交往过程的基本环节

人际交往中的信息交流过程如图 12-1 所示，信息要几经转换。

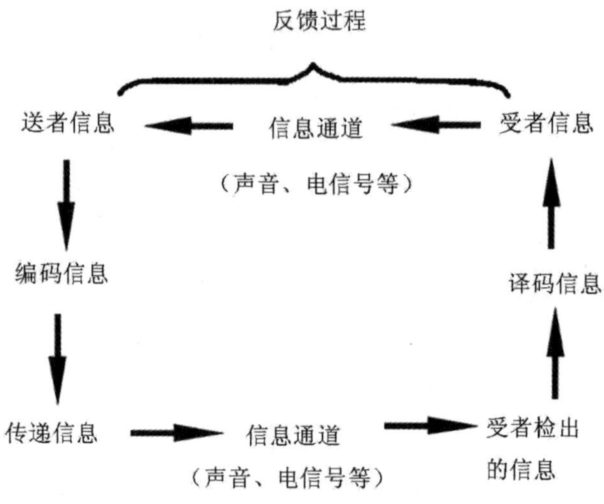

图 12-1　信息交流的过程

1. 送者信息

送者信息指人欲传递的信息(思想或情感)。

2. 编码信息

编码信息是根据信息传送者与信息接受者的共同经验把信息传送者检出的信息、欲传递的思想或感情编码为特定的言语或非言语的信息。

3. 传递信息

它是指编码后的信息(如语言)由发声器官通过特定的信息通道(如声音、形象、电磁波等)传递出去。

4. 信息通道

它可为声、光或电信号形式(如声音、电信号等)。

5. 受者检出的信息

人由听觉器官把言语信息检出,或由视觉器官把表情等形象信息检出。

6. 译码信息

它是根据共同经验对语言信息译码或对表情等非言语信息译码。

7. 受者信息

它指译码后由言语(或非言语)信息转化成某种意义的信息。

三、人际交往的意义

(一) 人际交往是人类社会的存在方式

人类社会的存在和发展,不可一日无交往活动。交往对社会有整合作用,使人类各分散的个体得以联合起来,聚集成一个整体。交往又对社会成员起调节作用,使个体的行为得到调节和控制,使个体和谐配合,实现共同的社会任务。马克思说:"人们在生产中不仅仅同自然界发生关系。他们如果不以一定方式结合起来共同活动和相互交换其活动,便不能进行生产。为了进行生产，人们便发生一定的联系和关系。只有在这些社会联系和社会关系的范围内，才会有他们对自然界的关系，才会有生产。”①

人类进行自身赖以生存的物质生产，必须有协同活动，而协同活动有赖于人际交往。当今社会进入信息时代，电子计算机技术的提高及应用的普及，卫星通信网络的发达，使每个人接受外界的信息大量化和便捷化，导致不同地域的人们之间的距离在日益缩短，偌大的地球正在日益变成“地球村”。这不仅意味着人类交往活动的量与质的巨大发展，同时也表明当今社会经济、政治、文化的发展和进步更加依赖于个体和群体间的日益频繁、高效、多样化的社会交往活动。

（二）人际交往是个体心理发生和发展的必要条件

呱呱坠地的婴儿，既不具备认识世界的能力，也谈不上什么情感生活；既不具备从事实践活动的能力，也没形成自己的独立的个性。是他们与社会成人的接触和交往，促进了他们各种心理功能的形成和发展。最初，是母婴交往，而后是婴儿同家庭成员的交往，再后是幼儿同幼儿园教养员以及同龄幼儿的交往，使他们的认识能力、体验能力、意志能力得以初步形成，同时也开始了他们的社会化进程。儿童入学后，经过小学、中学阶段同教师、同学以及其他各种社会成员的交往，心理才日益成熟起来，社会化水平才不断提高。科学家对世界各地发现的“狼孩”的研究，充分地证明了社会交往对个体发展的重大意义。狼孩尽管从生理上讲具有人的头脑，但由于缺乏社会交往的环境，因而不可能成长为一个社会的人。

到了成年阶段，即使个体的心理机能已发展成熟，正常的交往活动依然是他们维持和发展心理机能的必要条件。个体一旦离群索居，或被剥夺交往，他已获得的心理机能仍会衰退。观察表明，被剥夺交往的儿童会失去安全感，产生抑郁、淡漠和敌意。成人被置于孤独状态，会引起恐惧感和类似于忧郁症的情绪，长期的交往剥夺将导致言语功能退化和人格障碍。

（三）人际交往是维持人的心理、生理健康的要素之一

交往活动伴随人的一生，是人的基本需要之一。比较心理学家指出，群居动物多有合群倾向。对狼群的观察发现，同一狼群中的成员彼此间的依恋十分长久；独居的狼则极为罕见，且多半难以长久生存。对狗的研究表明，如在小狗出生后三个星期或更早就被从窝中挪出与人一起生活，那么它就会对人产生亲密的依恋关系（Dewsbury，1984）。一旦与主人分开，它会表现出悲伤和不安。人的交往需求是人类合群倾向的表现之一。这种需求十分经常而稳固。美国心理学家费斯廷格把交往的功能区分为传送信息的功能和满足个人心理需要的功能，这不是没道理的。如果传送信息的功能说明个体是为了实现某个目的才需要交往的话，那么满足心理需要的功能则说明个体即使没有什么目的也需要交往。交往剥夺的实例表明，人被剥夺交往后，一个明显的反应是他的合群倾向的增长和交往愿望的强化。生活中，一个心情孤寂的人会产生与人说话的渴求，他无须选择主题，无须顾及交谈内容，只要有人说话，他就感到孤寂感的消除，体验到一种满足。

总之，交往是人的基本需要，正常交往活动的缺乏或被剥夺会造成个体的消极情绪反应和心理紊乱，久之会导致心身疾病。因此，交往是维持人的正常心理、生理健康的一个重要因素。

① 马克思，恩格斯：《马克思恩格斯选集》（第1卷），人民出版社，1972年版，第362页。

第二节 言语交往与非言语交往

人际交往中所传递的信息是人类认识自然、社会与主观世界过程中的精神产物，必须借助一定的物质化符号系统才能保存和表达其意义，从而为人们感知、理解、加工和交流。人际交往中所使用的符号系统主要有语言符号系统和非语言符号系统两类。相应地，人际交往可分为言语交往和非言语交往两大类。

一、言语交往

（一）什么是言语交往

言语交往是人们之间凭借语言而实现的交往，它是人际交往的重要方式。

语言是一种社会约定俗成的符号系统，为特定的社会成员共同掌握和使用，由语音、词汇和语法构成，具有实现人的智力活动（观察、记忆、思维）、保存人类知识经验和进行思想交流三大功能。借助语言，人们之间可以超越时间与空间的限制进行沟通，使生活在不同地域不同时代的人们能够分享信息。通过人际交往，个体获得来自他人的知识经验，发展个人的智力，使人类知识经验得以保存、巩固和发展。因此，相互交流思想，实现人际交往是语言三大功能里最重要的一种功能。正如马克思所指出的："语言也和意识一样，只是由于需要，由于和他人交往的迫切需要才产生的。"①

语言在社会生活中产生和发展，是人类所特有的信息交流工具。诚然，同种动物个体之间也有信息交流，而且动物之间的信息交流也有视觉的、听觉的、嗅觉的、触觉的等多种形式。比如，当一只公蜂采完花粉飞回蜂房里，它不仅能用复杂的舞蹈向其他蜜蜂汇报花粉的方向，而且能用摇摆腹部时间的长短表示花粉的距离。再如，黑猩猩能用不同的叫声和面部表情表示与食物、危险相联系的一些事物。但是，动物所发生的信号，不仅就其内容来说是极其贫乏的，而且各类动物的发声和姿态都具有固定的行为模式。如黑猩猩不能以改变发声和姿态的顺序来改变信息的意义。因此，所有动物间的信息沟通都不具备人类语言的特性，唯有人类能够凭借语言来实现言语交往。

言语交往是人际交往的一种主要手段。在人际交往过程中，最常见的就是口头言语活动，即说话。在说话的时候，交往双方发出的信息在传递过程中意义损失最少。

（二）言语交往的种类

言语交往可分为两种：书面言语交往和口头言语交往。

1. 书面言语交往

书面言语是由文字、标点按一定语法规则构成的。一个人写信、发表文章，其他人看信、读文章，就是人们之间的书面言语交往形式。

书面言语交往包括信息发出和信息接受两方面。就信息发出者来说，在书写表达过程中，

---

① 马克思，恩格斯：《马克思恩格斯选集》（第3卷），人民出版社，1960年版，第34页。

文字、标点是可以反复修改的；就信息接受者来说，在阅读过程中，难懂的词句和段落是可以反复吟诵的。这是书面言语比口头言语优越的一面。但是，书面言语没有表情、动作和情境的支持，因此写作时必须字斟句酌，反复推敲。

正是由于书面言语的运用对于交往双方都具有更高的要求，就人类发展或个体发展来说，书面言语交往都是较晚才出现的。

2. 口头言语交往

口头言语交往是人们之间凭借发音器官发出语音而实现的言语交往形式。口头言语交往又可以分为独白言语交往和对话言语交往两种。

（1）独白言语交往是指独自一人以展开的言语形式对听众进行的连续讲话。讲课、演说、报告等都属于独白言语交往。由于缺乏交往对方言语的支持，独白言语应该语句完整，速度适中，声调富于变化，讲话内容力求符合听众需要并富有逻辑系统性，这样才能达到人际交往的目的。

（2）对话言语交往是指两人或多人的相互交谈。座谈、讨论、答疑、聊天等都属于对话言语交往。对话言语交往时无论是陈述意见或提出问题，无论是反驳或补充，人们的发言都是相互依赖、相互联系的。而且，人们面对面地谈话，还有面部表情和姿态表情的支持，语句往往是简略的。对话言语交往带有情境性。“来了!”这一短语，对于等车的人来说是指“车来了”，对于在候诊室的患者来说是指“医生来了”。对话言语交往是人们之间最简便、最常用的交往形式，也是人类最古老的交往形式。日常生活中，人们的交际主要是以对话的形式实现的。

（三）言语交往的条件

人与人之间要想顺利地实现言语交往，依赖于许多条件，其中最为重要的有两条。

1. 有沟通信息的动机和愿望

交往双方要有沟通信息的动机和愿望。其具体内容包括：

（1）当一方希望提供信息时，另一方具有获得信息的兴趣。

（2）双方都有意或无意地注意倾听自己和对方的发言，以期避免重复，节省精力。

（3）说者都希望自己的话能起作用，听者以动作表情或插话作为回答。

2. 语言相同

交往双方须使用同一语言进行交流，即用相同的编码和译码。

在对话交往时，说者选择词汇，按照语法规则加以联结，通过发音器官的发音把自己的思想说出来；听者感知语言的声音并理解其意义，双方在感受器、大脑和效应器中经历着不相同的生理和心理过程。说者说话是沿着从思想到词句再到语音的方向进行的；而听者则恰恰相反，是按从听见语音到辨别词句再到理解含义的方向进行的。信息之所以能够沟通，思想之所以能够交流，关键在于双方掌握的是同一种语言，即有由同一种语音、词汇和语法构成的符号系统的支持。

（四）言语交往的规则

人们在使用语言进行交际的过程中，形成了一些习惯。这些习惯代代相传成为进行言语交往必须遵守的规则。尽管不同社会、不同民族、不同集团、不同职业、不同年龄、不同文化程度以及在不同的情境中，人们之间谈话的规则有所不同，但是有些规则是带有普遍性的，其中主要有轮流说话、避免重复、认真聆听。

1. 轮流说话

两人或几个人谈话,如果大家同时发言,就很难达到交流信息的目的。因此,在一段时间里,只能一个人说,然后由别人说。轮流说话,早在儿童时期就已开始学习了。研究表明,婴儿和母亲很少同时发出声音。

对话的顺利实现,要求双方都不能只顾自己说,而必须给别人发言的机会。如果说者言犹未尽,不希望别人插话,那就必须使词句连续地说出,不应出现间隙,以免别人误以为话讲完了。听者在听别人说话的过程中,感到有什么非说不可的时候,也可抢话。

一般说来,轮流说话是同辈人交往的规矩。至于长辈或社会地位高的人,则不仅可以在别人未曾开口时先讲,而且可以在别人发言过程中打断别人的话。在这种情况下,通常晚辈、下级为了表示礼貌也会停止发言。

2. 避免重复

人们相互谈话,甚至只是茶余饭后的闲聊也怕重复。唠唠叨叨,翻来覆去,没有新鲜信息,势必使人失去新鲜感,甚至令人生厌。因此,在使用语言进行交际时,应该避免和减少重复现象。

3. 认真聆听

对话作为交往双方信息的相互交流过程,有说的一方,还有听的一方,在别人讲话时自己要全神贯注地听。

事实上,注意力的分散,是任何人都可能发生的。在对话过程中,说者在说话的时候也有可能注意力分散,如边说边想同当前对话无关的事等等。至于听者在听话过程中,由于内部和外部的刺激而导致分心,更会经常发生。如果在别人说话过程中,或在说完之后提出:“请原谅,我刚才没听清你说什么。能再说一遍吗?”这不仅不利于对话的顺利进行,还会被认为是失礼的表现。因此,在别人讲话时,自己必须认真聆听。

二、非言语交往

(一) 什么是非言语交往

非言语交往是凭借非语言符号实现的交往。非言语交往也是人际交往的手段之一,微笑、皱眉、咧嘴、点头、招手、抚摸、拥抱、声调等都是非言语交往的形式。在人们使用言语进行交往时,面部表情与手势等非语言符号不仅存在着、活动着,而且发挥着重要作用。在对话时,倘若听者对说者的话不时报以点头,那么点头这一动作不仅传递着对说话人的肯定态度,而且还有鼓励对方继续说下去的作用,从而促进交往双方形成良好的人际关系。

非言语交往具有以下特点:

第一,非言语符号传递信息总是伴随言语而发挥作用。

第二,就个体发展来看,非言语交往手段先于言语交往手段。

第三,非言语符号具有自发性。一般而论,人们的说话都是有意识地、自觉地完成的,而皱眉、咧嘴、满脸阴沉、声调快活和语调低沉等非言语符号则是自发地、不自觉地发生的。只要符合自己、满足了人的需要,就会喜形于色;只要事不顺心,就会愁容满面。正因为面部、体态和声调表情带有自发性,所以在人际交往中,一旦言语所交流的信息同非言语符号所提供的信息不一致的时候,人们更加重视非言语符号提供的信息。

第四,非言语符号具有模糊性。当交往双方进行言语交往时,语言、词是双方一致理解的,其含义是相对地明白确定的。而当用皱眉、微笑等表达思想感情时，这些非言语符号的含义却不够明白确切。例如，听者皱眉既可能表示对说者的话未能听清，也可能表示对说者的话很不赞成，甚至可能是对噪音干扰的反应或自己身体不适所致。

（二）面部表情和目光接触

表情是情绪、情感的外部表现。人类最明显的表情是面部表情。人的面部表情极其复杂微妙，有人认为人脸能做出25万种不同的表情。面部表情的丰富性是人类的特点之一。

面部表情带有遗传性和人类共同性。正是由于面部表情具有遗传性、人类共同性，这才使不同国家、不同民族的人能凭借面部表情判明对方的情绪，使感情的交流成为可能。

面部表情等非言语沟通手段都是自发地、不自觉地产生的。但是，这并不是说非言语符号完全不可能由意识来控制。对于正常成年人来说，包括面部表情、谈话声调等等在内的各种非言语符号，可以在意识控制之下故意造做出来。例如，表情可以在没有感情体验的情况下表现，而情绪和情感也可能在没有外部表情的情况下被深刻地体验着。早已料到却又故作惊讶，并不喜爱却又装出笑脸，真正气愤却又不动声色，诸如此类的情况，在现实生活中是常见的。因此，在人际交往中单凭双方面部表情来判断一个人的态度并不可靠。

眼睛是心灵的窗口，传递的信息是多种多样的。个体在感知令人愉快的对象时瞳孔会扩大，显得炯炯有神。人们对于自己喜欢的人，总是倾向于使用眼睛、使用目光同他接触，用深切注视表示倾慕之情，异性间长时间的目光接触可能表示爱情。人们对自己不喜欢的人则很少使用目光接触，甚至会有意避免或中断目光接触。研究指出，长时间冷眼凝视是敌意、仇视的表现，而避开这种目光或转移目光则表示退让。陌生人的凝视具有威胁恐吓的作用。在交往过程中，听者的目光飘忽不定，表明他心不在焉，对谈话内容不感兴趣。可见，眼睛蕴含着丰富的含义，目光接触传递着大量的信息。

面部表情以及同面部表情不可分割的目光接触，不仅是非言语交往手段之一，而且是在诸多非言语交往手段中表露情绪和情感最灵敏、最微妙的一种手段。

（三）声调和标点

声调和标点也是一种非言语人际交往手段。声调和标点作为沟通信息的一种手段，是伴随语言而发挥作用的，所以声调和标点也叫副语言或辅助语言。在进行言语交往时，成为交往手段传递信息的不仅是语言词汇的意义本身，而说出词句的语音系统——声调以及快慢、节奏，写出词句的标点符号、字体形状，也都带有这样或那样的含义，传递着这样或那样的信息。

在口头交谈中，声调的变化是由说话人的情绪体验导致喉头、声带等发音器官的活动变化而出现的。例如，悲哀时的声调低沉，言语缓慢，语音高低差别很大，发音含糊。人说话时声调的变化极其细腻、微妙。即使一个短句“你好！”使用不同的声调和节奏说出来，可能表现出热情、友好、亲切、愉快的感情，也可能表现出冷淡、不满、蔑视、怨恨的感情。同是一句话，由于说话人的不同感情而导致的不同的声调，说出来时就具有不同的意思，甚至具有与词句本身字面的含义完全相反的意思，从而构成所谓的讽刺语句。

说话的声调，还能表明话语的真实程度。讲实话时的声调比较低沉，说谎话比说实话时的声调要高些。研究表明，善于使用各种声调表达自己不同感情的人，也善于使用面部表情来表达感情，而且也善于识别他人的声调所传递的感情信息。有一则趣事：意大利著名的悲剧明星罗西应邀参加了一个欢迎外宾的宴会。席间客人慕名要求他表演一段悲剧，于是他用意大利语念了一段“台词”，声调悲凉，表情凄苦，尽管客人们不懂台词的内容，但仍被他的情绪所感染，不由得潸然泪下。可席间的一位意大利人却实在忍俊不禁，跑出去捧腹大笑。原来罗西念的根本不是什么台词，而是宴会上的菜单。

口头言语的声调包含着大量的信息，声调是信息资料的重要来源，这对于某些职业的人是应该特别重视的。例如对于教师来说，同是一堂课，教师使用什么声调讲课，其效果就大不相同。教师说话的不同声调，不仅对学生解题与掌握知识有影响，而且对师生之间的关系也会产生影响。

人们在使用书面言语进行交往时，标点、字体的变化也包含着一定的意义。如“他爱你！”和“他爱你？”同样三个字后面加上不同的标点，意思就有了差异。为了使书面言语充分表现出口头言语通过声调表现出来的那种细腻的感情色彩，在写作时不仅要正确使用标点，而且还可用“亲昵地”、“冷淡地”、“恶狠狠地”等行为方式状语作为句子的附加成分。

（四）个人空间距离

在人际交往中，人们彼此的空间距离具有重要作用。个人空间距离是一种极其简便而又有效的非言语交往手段。

请设想这样的情景：当许多同学围着饭桌吃饭，而且桌旁明明还有空位时，某甲却抱着饭碗站在角落里去吃；当阅览室还有许多空位时，某乙进去之后却紧靠某人身边坐下。在这两种情况下，甲乙两人所使用和确定的同他人的距离是带有不同含义的。在人际交往中，越是亲密友好的人们之间，或者越是希望成为亲密友好的人们之间，站的或坐的距离就越近。相互交往时空间距离的远近，是交往双方是否亲密、是否喜欢、是否友好的重要指标。当甲遇到了乙，甲让自己站在什么地方，坐在什么位置，距离乙有多远，都有特定的含义。甲所选择并确定的空间距离，不仅是甲乙两人过去交往的结果，而且是甲当前以及以后对乙将要采取的态度的表现。在人们相互交往时，一方对于空间距离的选择与确定，是他内在态度的表现。

知识链接 12-1

霍尔的人际交往中空间距离的“四圈说”

美国人类学家霍尔对人类交往的空间距离问题进行了著名的研究，并提出了“近体学”或“人类空间统计学”的概念。霍尔认为人际交往中互动双方的空间由近及远可分为四圈，分别为亲密距离、个人距离、社交距离和公共距离。

1. 亲密距离（0～46 厘米）

亲密距离是亲子之间、夫妻之间或具有其他亲密关系的人们之间交往时采取的距离。在这种距离内，交往双方不仅可以使用视觉、听觉，而且可以使用触觉、嗅觉等接受来自对方的信息。

2. 个人距离（46～122 厘米）

个人距离是朋友之间聚会、对话的距离。

3. 社会距离（约 1.2～3.7 米）

社会距离是同事之间、店员与顾客之间以及一般熟人之间谈话时使用的距离。

4. 公共距离（3.7 米以上）

公共距离是陌生人、上下级之间以及公开演讲时使用的距离。

除了双方的情感因素之外，影响人际交往中双方距离远近的因素还有很多。例如，瑞典人交谈时双方距离较远，而南美、阿拉伯人交谈时双方距离很近，这是民族文化传统因素的影响。通常，将军与士兵、市长与市民、校长与学生、经理与店员之间的谈话距离都比士兵之间、市民之间、学生之间、店员之间的距离要远，这是社会地位因素的影响。男人同男人交谈时距离较远，而女人同女人交谈时距离则较近，这是性别特征因素的影响。除此之外，还有一些因素影响双方的距离。例如，谈论公事比谈论私事时距离较远，交谈双方坐着谈时要比站着谈时距离较远。

不仅交往双方的空间位置带有不同的含义，交往的时间也具有信号意义。提前或准时赴会是尊重对方的表示，而故意迟到或缺席则表示对对方的怠慢和蔑视。

必须指出的是，上述各种非言语交往手段——面部表情、目光接触、声调、标点以及个人空间距离，它们并不是各自孤立、彼此无关的，而是相互联系、相互制约的。

不仅各种非言语手段之间是相互联系着的，非言语交往手段同言语交往手段之间也是密切联系着的。说话固然依赖于面部表情与手势、声调等非言语交往手段，但对于各种非言语符号的解释与理解也应该根据其言语内容，并参照交往的具体情境以及个人的个性特征。事实上，在人际交往中，言语与非言语符号系统往往是混为一体的，言语和非言语符号系统一起实现着人际交往所必需的信息交流。

第三节　人际吸引的条件

在一个人的交往圈中，我们会发现有些人是自己喜欢的，彼此合得来的，有些人则是自己不喜欢的，彼此难以相处的，这是与人际吸引有关的问题。人际吸引指人与人之间的相互悦纳的积极态度。影响人们相互喜欢、相互吸引的因素或条件主要有外貌特点、邻近性、相似性、互补性、个性品质和相互性等因素。

一、外貌特点

亚里士多德早就发出感慨："美丽比一封介绍信更具有推荐力。"喜爱美、追求美的天性使人们在生活中很容易为靓丽俊美的仪表所吸引。在其他环境条件相同的情况下，容貌、体态仪表等外貌特点是影响人际吸引的重要因素之一。沃尔斯特曾经作过大规模的研究。他邀请700名刚入学的男女大学生参加舞会，在对他们的智力与人格进行测量之后，用计算机随机地匹配男女学生，让他们结伴跳舞。舞会结束之后，要求他们对各自的舞伴做出评价，并表明是否愿意再次相会。结果发现（见表12-1），惹人喜欢的、希望再次约会的舞伴，既不是能力高的，也不是性格好的，而是容貌美的。容貌包括面孔、体态、服装等，但主要的是面孔。面部特征越是符合美学原理，就越富有吸引力（也叫魅力）。研究表明，舞伴外貌与"希望再度相会"的相关系数高达0.89，远比兴趣、性格特征的相关系数为高。研究还进一步表明，虽然体态仪表是影响人际吸引的因素，对于男女两性都是适用的，但是女生的外貌同她一年中被约会的次数之间呈高相关（0.61），而男生的外貌同他被约会的次数之间只有中等相关（0.25）。由此可见，在男性眼中女性的容貌、体态、仪表等因素更为重要。

表 12-1 被试希望同舞伴再次相会的百分比(%)

被试特点 \ 舞伴的容貌		丑的	一般的	美的
男性	丑的	41	53	80
	一般的	30	50	78
	美的	4	37	68
女性	丑的	53	56	92
	一般的	35	69	71
	美的	27	27	68

外貌特点在人际交往的初期(特别是在异性交往过程中),是影响人际吸引的条件之一。但是,应该指出,随着交往的深入、友谊的发展,人际吸引就会由容貌、体态这类外在因素转向个性、品德等内在因素。

二、邻近性

在空间距离上邻近,彼此接触机会较多的人们容易相互吸引。邻近对于吸引的影响,在交往的早期尤其明显。中小学同桌同学之间能够彼此喜欢,成为朋友。入伍的新兵、进厂的工人中的好朋友也多在同一连队、同一车间。

邻近能够促进相互喜欢、相互吸引,是因为邻近有助于多次接触。对同一刺激的多次接触,就有可能使人由生疏到熟悉,而熟悉就有可能使人产生好感进而喜欢。

三、相似性

人们之间在理想、信念、价值观和态度等方面越是彼此相似,就越是情投意合,相互喜欢。研究表明,尽管在国籍、民族、文化、宗教、年龄、职业、肤色、兴趣、爱好、生活方式乃至对烟酒的嗜好等方面的相互近似都有助于相互喜欢、相互吸引,但是对待事物态度的相似性在人际吸引中作用更大。所谓"物以类聚,人以群分",就是说相似性是人们成群结伙的重要依据。事实上,人们无论择友或择偶都是把相似,特别是把待人处世的态度相似当作重要条件。

态度相似能够促进相互喜欢、相互吸引,这是因为个人总希望自己对人对事的态度是正确的。别人所发表的态度同他相近或一致,不仅是对他的观点的支持,而且是对他的观点的正确性的一种证明。同时,这种相似或一致的意见也能够增加他的安全感,增强他的自信心,并使其愉悦。因此,持有近似态度和发出令人愉悦信息的人,也就成了他所喜欢的人。在人际交往过程中,为了保持友谊,经常强调或寻找双方意见的"类似"与"接近",就是这个道理。

四、互补性

互补性是指交往双方在需要和性格特征方面的相互补充。在人际交往中,如果交往双方的需要和某些性格特征是互补的,也会促进相互吸引,建立起良好的人际关系。比如,一个具有支配型性格特征的人同一个顺从型的人进行交往,由于各自都满足了对方的需要,因而能够相互喜欢。

互补性增强与促进相互吸引的作用,主要表现在人际交往的后期,如在恋爱过程和夫妻生活过程中显示出来。一个关怀性强的人同一个依赖性强的人相结合会比两个独立性都强的人成亲关系更为融洽,生活更为幸福。戴维斯以恋爱时间长短不同的男女大学生作被试,结果表明，在短期组（相恋时间在18个月以内）促进男女双方感情发展的主要原因在于彼此逐渐发现的价值观念与态度的相似，而在长期组（相恋时间在18个月以上）促使男女双方感情发展的主要原因则在于需要的互补。温奇对25对结婚多年的夫妻的关系进行了研究，结果也表明，夫妻之间在需要方面的相互补充是婚姻关系得以长久维持的重要原因之一。

五、个性品质

人们的个性品质，比如诚实、热情、聪明、勤劳、能干等等，往往成为惹人喜欢或具有吸引力的又一个条件。

安德森要求大学生被试指出对诚实、热情、谨慎、大胆、粗鲁、自私等各种品质的人的喜欢程度。结果，最受喜欢的人是具有诚实、热情品质的人，最不受喜欢、吸引力最低的人是具有虚假、冷酷品质的人。

在人的诸多个性品质之中，从决定一个人是否受人喜欢的程度来看，具有特殊意义的是热情。热情是决定一个人在他人心目中的形象的关键因素。热情的主要表现为对人、对事采取称赞、欣赏和积极的态度。热情的人实际上就是喜欢别人的人。

能力、聪慧也是影响人的吸引力的重要个性品质。聪明能干的人一般也是惹人喜欢的人。然而，才能出众的人倘若自视清高，使人同他在一起时感到不安，产生自卑感，那么他就难以受到别人的喜欢，就不会具有很强的吸引力。假如能力超群的人惹下一些小麻烦，出现一些小差错，却能够增强他的吸引力，使人更加喜欢他。阿伦森制作了四个人参加智力竞赛回答问题的录音带。这四个人答题结果表明，甲、乙两人都是智力超群的，都答对了全部问题的92%；而丙、丁两人都是能力平庸的，都只答对了20%。但是乙、丁两人的录音带里除去答题之外，还有碰倒茶杯声和他们发出的“天哪！我把咖啡洒在衣服上了！”的惊呼声。要求被试每人听一个人的答题录音，并说明自己对他的喜欢程度（以分数表示）。结果（见表12-2）最受喜欢的是能力超群而又弄翻茶杯的乙。弄翻咖啡的动作本身当然并不值得欣赏，但是它却增加了乙的吸引力。微小差错增强能力超群的人的吸引力这就是所谓的“错误效应”。由能力超群或德高望重而具有瑕疵的人比那种至美至善的完人更加令人喜欢这一事实可知，为使学生学习某一英雄人物，不应该也没必要把英雄说成或写成完人。

表12-2 人的能力与被喜爱的程度

个体	能力特点	被喜欢程度
甲	能力超群	20.8
乙	能力超群，有点差错	30.2
丙	能力平庸	17.8
丁	能力平庸，有点差错	2.5

六、相互性

相互性是指因某人喜欢自己而导致自己喜欢某人的现象。喜欢的相互性在人际交往中具有重要意义，决定一个人是否喜欢另一个人的最强有力的因素就是另一个人是否也喜欢他。阿伦森和林德（D. Linder，1965）的实验证明了这一点。他们请84名女大学生作被试，要求被试分别到实验室同主试的助手讨论七个问题。每当讨论一个问题之后，主试都请助手到隔壁说明对被试的印象，并使被试“无意中”听到对她的评价。甲组被试前后七次自始至终听到的都是对她的肯定性评价，即喜欢她的话；乙组被试起初听到的是否定性评价，即不喜欢她的话，可是到后来听到的却是称赞的话;丙组被试先听到的都是赞美的评语,可后来听到的却是贬斥的话;丁组被试则自始至终听到的都是否定性评价。全部讨论完之后,要求被试说明对助手的喜欢程度(按从讨厌－10到最喜欢＋10的21级记分法统计)。结果(见表12-3)表明,被试对助手的喜欢程度是相互的,即当助手表示喜欢她们时,她们也喜欢助手;当助手不喜欢他们时,她们也不喜欢助手。

表12-3 人际交往中喜欢的相互性

喜欢对方的程度	被喜欢的程度
甲组(＋——＋)	6.42
乙组(－——＋)	7.67
丙组(＋——－)	0.87
丁组(－——－)	2.52

人们喜欢那些对自己的喜欢程度不断增加的人,纵然起初对于自己并无好感,只要后来确实表现了对自己的喜欢,这种人是会加倍受到喜欢的。人们不喜欢那些对自己的喜欢程度逐渐降低的人,即使他们当初的确喜欢过自己,只要后来变得不喜欢了,那么这种人就比那种一贯不喜欢自己的人更加不为自己所喜欢。

第四节 青少年儿童交往特点与师生关系

一、青少年儿童的交往特点

(一)交往需要的强烈性

一个人呱呱坠地,就开始进行以母婴交往为主的人际交往活动,不过这种交往还未被主体所意识。小学阶段的儿童,除了和家庭成员交往之外,也同邻居的小朋友和校内同学进行交往。到了少年期,人际交往的需要迅速发展,至高中阶段则几乎达到高峰。

目前我国的青少年学生,多为独生子女。不少父母出于对独生子女特别的关爱,往往对他们的交友活动过于限制。如果说课余时间父母还能把读小学的子女关在家里的话,那么孩子到了初中,父母再这样做已经成为不可能的事了。少年期的孩子,由于其自我意识和独立性的发展,已不满足于与家庭成员的接触,他们到家庭之外寻求与同龄伙伴交往的需要特别强烈。

父母和子女是长辈和晚辈的关系,而同龄伙伴之间则是平等的关系,同龄伙伴之间有着共同的角色体验、共同的心理需求和共同的喜怒哀乐。与同龄伙伴的交往,能提供父母不能提供的心理稳定感、认同感,并提供他们发挥能动性的独特舞台。研究表明,童年期个体感情的依恋对象主要是父母,他的同龄伙伴处于次要地位;到了少年期、青年期,他们感情的依恋重心逐渐地由养育人转向同龄的朋友。国外有人曾对500名有犯罪行为的青年和500名普通青年作“你什么时候结交的朋友最多”的调查。结果表明,这两类青年中的大多数都认为自己结交朋友最多的是青年时期,前者为58.1%,后者为54.4%(Freedman,1986)。我国有人对500名工人和大学生作调查发现,认为高中阶段的朋友最多者占35.4%,排第一位;认为自己最好的朋友是高中时期结交的占45%,也排第一位(杨瑞丽,1984)。

（二）择友因素的多样性

人与人的交往总是有选择的。一个人与他周围的人总是有亲有疏的。哪些因素影响交往的亲疏多寡？日本心理学者田中对幼儿期、童年期、青年期和成年期的人群进行广泛调查后，认为影响形成朋友关系的因素有如下四个：

1. 相互接近

相互接近包括家庭住址相近、座位靠近、上学同路、常一起玩耍等。

2. 同情挚爱

同情挚爱包括对对方活泼开朗、热情温柔、风趣可爱、诚实可靠等特点的感受。

3. 尊敬共鸣

尊敬共鸣包括敬慕对方的学业、知识或道德品质方面的长处以及性格相投、志趣一致等。

4. 集体合作

集体合作包括互助互教及为追求共同目标而表现出的合作协调、配合默契等。

田中认为，四种因素中，同情挚爱是朋友关系的基础，不论男女老少都是不可或缺的。而其他三个因素中，相互接近因素主要在幼儿和小学前期的朋友关系中起作用，随着年龄的增长其作用则逐渐减弱。集体合作因素始见于童年后期，到了少年期、青年期则逐渐增强。至于尊敬共鸣因素，则在童年期十分少见，主要在青少年期和成年期，且随年龄的增长而逐渐加强。

小学生的集体合作多半表现于游戏活动中。初中生除了游戏活动之外，其集体合作还较多地出现在学习、校内工作方面的互助和合作，因此集体合作因素对朋友关系能起较大作用。高中生，由于个性的发展和认知评判能力的提高，加之个人道德和志趣等人格品质日趋成熟和稳定，尊敬共鸣因素对朋友关系越来越起重要作用。

（三）交往内容的变化性

童年期的人际交往内容是比较简单而贫乏的，游戏、玩耍占了很大的比例。到了中学阶段，交往的内容从活动的外在层面逐渐向个体内在的认识和体验方面发展。初中生之间，已常常交换对人对事的评价、对学校和老师的态度和感受。他们开始互诉一些个人的隐私之事。与此相应，他们要求朋友之间应该相互信任和忠诚。高中阶段的交往内容更加丰富和深刻。一项对 230 名高中生与朋友活动内容的调查显示，在“学习”、“闲谈”、“帮干活”、“打扑克”、“听故事”、“玩耍”和“其他”几项选择中，“学习”一项占 38.9%，排列第一，且远高于排列第二的“闲谈”(22.7%)(郑和钧、邓秉华，1993)。

值得注意的是，高中生交友活动包含了“帮干活”(4.7%)的内容，这项在初中生中少见、在小学生中几乎不会存在的内容，对高中生的朋友关系的发展和他们的社会化将起着重要作用。即使是“闲谈”，高中生的交谈内容也比初中生更为深刻。如果说，初中生更多地谈论流行音乐、服装或其他时髦问题，那么高中生的交往已涉及青年人的职业方向、未来理想以及某些社会问题了。

（四）异性交往的特殊性

青少年儿童在与异性交往中表现出一些不同的方式，具有较大的特殊性。小学生男孩女孩之间的交往常是“两小无猜”，而中学阶段情形起了明显的变化。

人的性成熟，女性一般从 11、12 岁开始，男性一般从 12、13 岁开始。也就是说，男女性成熟的开始期都处于初中阶段。随着青少年性机能的逐步发育成熟，个体开始产生对异性的关注和向往。据上海一项对1698名中学生的调查，从初一到高二，男女青少年向往异性的人数基本随年龄而逐渐增加(参见表12-4)(姚佩宽，1986)。

表12-4 青少年向往异性的人数比例

年级	女性(%)	男性(%)
初一	10.3	5.0
初二	34.1	16.7
高一	30.2	54.5
高二	81.5	61.5

青少年内心虽然有对异性的关注和向往，但实际的交往行为却有特殊的表现形式。具体说来，表现为三个阶段：第一是“抵触”阶段，表现出对异性的羞怯和拒绝，在受东方文化熏染的国家里表现尤其明显。第二是积极反应阶段，男女学生对异性都显得比较友善，也愿意与异性接近和交往。常见的情形是：在男女共同在场的情形下，男生和女生都特别注意自己的服装、仪态和谈吐，力图取得异性的注意和好感。如果是众人在谈论某个问题，则有些男生会因有异性在场而高谈阔论，以显示自己的博学多才。在这个阶段，青年人愿意和异性接触，但多半采取“几对几”的方式，即两三个男生和两三个女生一块玩，而不是一对一交往。第三是依恋阶段，青年人可能在所认识的异性中，发现一个特别可爱、特别吸引自己的对象，从而滋生对她(他)的爱恋之心，有的甚至会出现恋爱的行为。

二、交往规律在师生交往中的运用

教师的工作是传道、授业、解惑，是在与学生相互交往的过程中完成的。在师生交往活动中，教师处于主导地位，发挥着更重要的作用。因此，教师应该更加重视交往规律在师生交往过程中的运用。.

(一) 主动保持师生间的人际沟通

教师与学生之间的人际沟通，是完成教育、教学任务的基础条件。教师作为学生的信息源，在传达观点、思想、感情的时候，不仅应当在信息编码、信息传送方面力求系统、准确、清晰，而且还应该关注作为信息接受者的学生的信息译码和信息检出环节。教师作为学生信息的接受者，不仅要注意学生发出的信息在译码、检出时的完整和正确，而且还应该关心作为发信者的学生在编码、信息传送方面是否存在障碍。此外，教师还应该留心信息通道的畅通。教师与学生在人格上虽然是平等的，但教师毕竟是教育者，负有训练和发展学生人际沟通能力的责任。因此在沟通过程中，教师不仅仅是交往的一方，同时也应是交往的另一方及学生的辅导者。比如学生在与教师的谈话中如果出现发音过轻、口齿不清(信息传送环节的问题)和词不达意(信息编码环节的问题)的现象时，教师有责任用适当的方式加以指导并帮助他改进。

语言是人际沟通的基本工具，因此教师应当具有娴熟的言语活动技能。苏联教育家苏霍姆林斯基认为：“教师的言语修养从根本上决定着学生在课堂上智力劳动的效果。”因此教师不仅应当力求言语表达清晰通畅，而且应当有一定的文学素养；教师的言语不但要求概念准确、逻辑严密，而且应该尽力做到形象、生动和富于感染力。在教师与学生进行的面对面的沟通中，教师的非言语手段也是不可或缺的。教师要善于使用眼神、表情和适当的动作来传授知识和表达思想感情，从而增强对学生的影响力。苏联教育实践家马卡连柯强调，一个教师应当会用许多不同的语调说出同一个词,能从中表达出命令、请求和建议等不同的意味。此外,教师在人际沟通中作为受信者,还要善于捕捉学生有意无意中发出的非言语信息。教师应根据学生的眼神、面部表情、身体变化等,知道他们是在专注地倾听还是心不在焉,对教师的话是心悦诚服还是心怀抵触,对教师指出的错误是真心悔改还是敷衍应对等等。

(二) 善于增进师生的相互理解

为了实现教育、教学工作的目标,师生之间的关系应是紧密而又亲切的。紧密而亲切的师生关系的建立需要充分的相互理解。当代青少年是在改革开放的年代中成长起来的,社会的转型使他们的心态和价值观同长辈人有不小的差异,他们在同长辈人的相处中,特别渴望被理解。然而,人际间的相互理解,并不是能很容易做到的,即使父母和子女两代人之间的沟通,也存在明显的问题。同样,师生之间的沟通也不是一帆风顺的。

对学生的行为进行正确的归因,是教师在与学生的交往中实现相互理解的重要途径和方式。教师对学生行为的归因应当十分审慎,当有关信息不足时,不要轻易下结论,尤其不要轻易地下否定性结论。教师对学生行为进行错误的归因,会人为地制造出教育性的交往障碍。克鲁斯卡娅指出:“没有比把坏的动机硬栽在孩子的行为上更大的罪过了。”错怪孩子是不理解孩子的表现,极易引发青少年的逆反心理,给进一步的教育工作带来困难。因此,教师在认识学生的行为动机时,要力求避免缺乏根据的、不正确的归因,克服认知偏见。

(三) 努力实现师生间的良性互动

作为教育者,教师当然要对学生施加这样或那样的影响,这种影响主要表现在角色期待和角色扮演两个方面。在教师与学生的交往中,正确的角色期待和角色扮演可以实现师生的良性互动。

教师的期待对学生的发展有直接的影响。1968 年罗森塔尔做过一项实验:对小学各年级的儿童进行“预测未来发展”的测验,然后从学生名单中随机抽取出来 3～5 名学生交给教师并说:“这些孩子很有发展前途。”于是教师对他们寄予较高的期待。经过八个月的学习,这些孩子果然如教师所期待的那样发展了智力,提高了成绩。这项实验表明,教师的较高期待促进了学生较快的发展。此种现象称为罗森塔尔效应,亦称皮格马利翁效应(见知识链接 12-2)。

知识链接 12-2

皮格马利翁效应

皮格马利翁是古希腊神话中的塞浦路斯国王,他在雕塑一座少女雕像的过程中竟钟情于这位少女,最后他的深情居然使这座雕像变成真人,并同他结为伴侣。心理学家罗森塔尔的上述实验结果表明,教师因为对学生有了期待,学生就朝着教师期待的方向发展。于是人们就把这种现象称为皮格马利翁效应,学术界也称之为罗森塔尔效应。

——选自罗森塔尔、雅各布森(唐晓杰等译)的《课堂中的皮格马利翁——教师期望与学生智力发展》,人民教育出版社 1998 年版

教师对学生的期望不宜过低,过低的期望易使学生放松对自己的要求。然而期望也不宜过高,期望若超出了学生的实际可能性,学生通过努力还达不到要求,他们的积极性就会被挫

伤。能够针对不同学生的特点寄予恰当的期望，是教师机智的一种表现。

在师生交往中还有一个重要问题，那就是教师要注意给学生以充分的尊重和信任。教师只有给学生以尊重和信任，才能赢得学生的尊重和信任。师生接触中教师若缺乏对学生的尊重和信任，不仅不利于师生关系的融洽，而且不利于学生自尊心的保护和发展。

师生交往中教师不但要对学生寄予角色期待，而且他自身也有个角色扮演的问题，或者说，学生也对教师角色有着期待。他们所看到的教师的实际表现同他们的角色期望之间的符合程度，决定着他们对教师的印象和态度，也影响着师生的人际关系。因此，在师生人际交往中，也要求教师扮演好自己的社会角色，时刻关心自己的职业形象。“为人师表”既是教师对自己的社会角色的要求，也体现着学生乃至社会对教师的角色期望。教师应按照教育工作者的角色要求，严于律己，在师德、业务水平等方面向学生和社会期望的方向不断努力。

综合练习

一、概念解释

1. 人际交往　2. 人际沟通　3. 人际认知　4. 人际关系　5. 言语交往　6. 非言语交往　7. 人际吸引

二、填空

1. 人际交往可分为________和________两大类。

2. 人际交往过程的基本要素有________、________、________、________和________等五个。

3. 人类学家霍尔把人际交往中个人空间距离分成四种，即________、________、________和________。

4. 青少年对异性的关注和向往，表现为________、________和________三个阶段。

三、判断

1. 就个体发展来看，言语交往先于非言语交往。（　）

2. 一般说来，在空间距离上邻近，彼此接触机会较多的两个人容易建立起良好的人际关系。（　）

3. 研究表明，人们喜欢那些对自己的喜欢程度逐渐降低的人，不喜欢那些对自己的喜欢程度逐渐提高的人。（　）

4. 在师生交往活动中，教师处于主导地位，发挥着更重要的作用。（　）

5. 如果关于某人的信息连续出现，则近因效应起作用；若信息断续出现，则首因效应起作用，而且间隔时间的越长越明显。（　）

四、问答和简述

1. 人际交往的重要意义有哪些？
2. 言语交往的条件和规则是什么？
3. 人际吸引的条件是什么？
4. 青少年儿童人际交往有哪些基本特点？
5. 结合实际说明教师应如何按照交往的规律建立良好的人际关系。

第十三章 学习心理

本章学习指导

1. **识记**:学习及其分类、学习动机、学习兴趣、技能及其种类、学习迁移。
2. **理解**:学习分类的理论、知识掌握的基本阶段、技能形成的过程、影响知识应用的因素、影响学习迁移的因素。
3. **应用**:① 运用学习理论激发学生的学习动机和培养学生的学习兴趣。
② 按照学习迁移的理论促进学生学习的正迁移。

第一节 学习概述

一、什么是学习

学习是动物和人类与环境保持平衡,维持生存和发展的必要条件。学习的概念有广义和狭义之分。

(一) 广义的学习

广义的学习泛指个体由获得经验所引起的比较持久的行为变化的过程。广义的学习是人类与动物所共有的。它包括以下三方面的含义:首先,学习是以行为变化为特征的。这种变化既可以是感知、记忆、思维等内部心智的变化,也可以是言语、表情、动作等外部行为的变化。但并非所有的行为变化都是学习的结果。其次,这种变化是由后天获得的经验引起的,而不是由自然成熟或先天遗传本能所引起的。最后,这种变化不是暂时的,而是比较持久的。

(二) 狭义的学习

狭义的学习,专指学生的学习,是以语言为主要媒介,自觉地能动地获取人类社会的文化遗产,引起较为持久的行为变化的过程。它是人类学习的一种特殊形式,具有以下几个特点:

1. 以掌握书本的间接经验为主

间接经验是人类在漫长的社会实践中积累起来的精神财富,它包括文化科学知识、生产技术和行为规范。学习直接经验和间接经验对于人类来说都是必要的。正如毛泽东同志所说:"一切真知都是从直接经验发源的,但人们事事不能直接经验,事实上多数的知识都是间接的东西,这就是一切古代的和外域的知识。"[①]但是学生的学习则以掌握间接经验为主。因为学

① 毛泽东:《毛泽东选集》第1卷,人民出版社,1964年版,第264页。

生要在较短的时间内掌握人类数千年积累起来的知识，要求他们事事都去直接经历和体验，既无可能，也无必要。因为这些间接经验对学习者来说是间接的，但对发明创造者来说则是直接的，是被实践证明正确的。当然，强调学生以掌握间接经验为主，并不排除学生也要获得必要的直接经验。因为没有一定的直接经验，学生学习间接经验就会发生困难。

2. 学生的学习是在教师的指导下进行的

学生在教师的组织和指导下的学习跟人们在日常生活中的学习是不同的。教师是经过教育和训练过的专职教育工作者，他们能按照一定的教育目的和要求，遵循教学规律和学生身心发展的规律，有计划、有组织地进行教育和教学。学生在教师指导下的学习，其学习目的和任务比较明确，学习要求具体，学习内容丰富而有系统，时间安排比较科学，学习形式灵活多样，这就可以保证学生在较短的时间内掌握较多的系统的科学知识，取得良好的学习效果。这同人们在日常生活中通过交往而进行的学习和自学，在学习的目的、内容和效果等方面，都有着明显区别。在教师指导下进行学习，是学生学习的一个重要特点。

3. 学习的目的是为参与未来的生活实践作准备

学生在学校里学习系统的科学知识，形成技能，发展智力，形成科学的世界观和良好的道德品质，其目的是为参与未来的社会实践作准备。学生的学习，实际上是一种社会化的过程，他们不仅学习科学知识，更要学会做人，掌握社会行为规范。由于学生的学习是为将来参与社会实践作准备，他们对学习的重要性、紧迫性往往认识不足，因而必须经常对他们进行学习目的教育，培养和激发其学习动机与学习兴趣，以充分调动他们的学习积极性。

二、学习的分类

对学习进行科学的分类，有利于探讨和把握不同类型学习的特点和特殊规律，便于教师合理地组织教学和指导学生学习。但是，由于学习本身的复杂性和人们依据分类的标准不同，因而就形成了各种不同的学习分类。下面介绍几种主要的学习分类。

（一）加涅的学习层次分类

美国心理学家加涅(R. M. Gagne)认为，人类的学习是复杂而多样的，简单的低级学习是复杂的高级学习的基础。20 世纪 60 年代，他根据产生学习的情景(前提条件)及内在心理机制，把学习分为由简单到复杂、由低级到高级的八个层次，即信号学习、刺激—反应学习、连锁学习、词语联想学习、辨别学习、概念学习、规则学习、解决问题学习。1977 年他又把学习分为五个层次，即联结与连锁学习、辨别学习、概念学习、规则学习和高级规则学习。

加涅依据学习内容的简繁和概括程度进行分类，其主要意义在于试图揭示：学习的每一后继形式实质上都是前一形式的发展与更复杂的表现；进行较高层次的学习必须以较低层次的学习为前提条件。这种学习分类，对揭示不同类型学习的特点和规律有一定的积极作用，对教师指导学生学习也有较强的实用性。从加涅对学习的分类可以看出，他的学习理论带有明显的行为主义观点和机械论的色彩。

（二）奥苏贝尔的学习二维分类

美国心理学奥苏贝尔(D. P. Ausubel)根据学习进行的方式，把学生的学习分为接受学习与发现学习；根据学习的内容和方法，把学习分为机械学习和有意义学习。接受学习是由教育者系统地向学习者传授知识，学习者以接受的方式学习知识和经验；发现学习是教育者只提示有关的教育内容,学习者依靠自己的力量,通过独立发现的步骤学习知识和寻求解决问题的方法。机械学习是指学习者记住了由文字符号组成的学习材料,但没有真正理解符号所代表的知识意义;有意义学习是指学习者能够理解符号所代表的知识意义,并能应用知识解决问题。

接受学习和机械学习、有意义学习和发现学习并无必然的联系。只要具备有意义学习的条件,使学习材料与学生原有认识联系起来,注意揭示知识的生成过程,并使学生保持理解的意向,这种条件下的学习就是有意义学习。所以,接受学习并不一定是机械学习;发现学习也并不一定是有意义学习。机械和有意义、接受和发现,是划分学习活动的两个相对独立的维度,是两种不同的分类方法。两种分类的关系如下图:

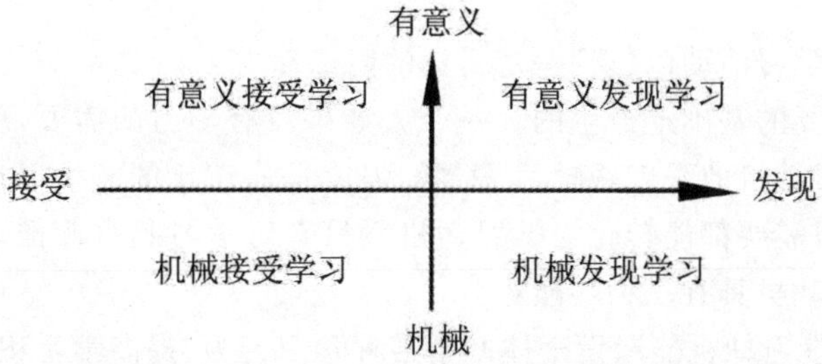

图 13-1 学习二维分类关系

接受学习可以导致机械学习,也可以导致有意义学习;发现学习可以是有意义学习,也可以是机械学习。奥苏贝尔提倡有意义的接受学习,即在班级授课制这一教学组织形式下,以接受前人发现的知识为主的学习,应以有意义的接受学习为主要的学习方法,辅助以发现学习。

(三)我国学者的学习分类

我国学者一般习惯于根据学习内容和结果把学习划分为知识学习、技能学习、智力学习、态度和品德学习等四种类型。

1. 知识学习

知识学习主要是指学习理解和应用前人积累的间接经验,包括基本理论和基础知识的学习。

2. 技能学习

技能学习主要是学习掌握写字、实验、绘画、运动、劳动等基本的动作技能。

3. 智力学习

智力学习主要是学习观察、记忆和思维的技能,以促进智力发展。

4. 态度和品德学习

态度和品德学习主要是学习道德行为规范,提高道德认识,发展道德情感,形成道德行为习惯,建立科学的世界观。

第二节　学习动机和学习兴趣

一、学习动机和学习兴趣的含义

（一）学习动机的含义

学习动机是直接推动学习活动以达到一定目标的内部动力。

学习动机是在学习需要的基础上产生的。一个人如果没有学习的需要，就如同吃饭没有食欲一样。一般说来，学习动机的强度跟学习需要的强度是成正比的。学习动机产生于学习需要，但并非任何一种学习需要都能转化为学习动机。只有对学习起直接推动作用的需要才能转化为学习动机。学习动机具有三种功能：

(1) 激发功能。它指学习动机能激发个体产生某种学习行为，提高学习积极性。

(2) 指向功能。它指在学习动机的作用下，能使个体的学习行为指向某一目标。

(3) 强化功能。它指当学习活动产生以后，学习动机可以维持和调整学习活动，使学习行为维持一定的时间，并保持一定的强度和方向。

学生的学习动机复杂多样，根据不同的标准，可以把学习动机分为不同的类型。依据学习动机的社会意义，可以把学习动机分为正确的学习动机和错误的学习动机；依据学习动机所起作用的长短，可以把学习动机分为直接的近景学习动机和间接的远景学习动机；依据学习动机所起作用的大小，可以把学习动机分为主导性学习动机和辅助性学习动机；依据学习动机产生的原因，可以把学习动机分为外部学习动机和内部学习动机。

（二）学习兴趣的含义

学习兴趣是有选择地、积极而愉快地力求接近或探究某种事物而进行学习的心理倾向。爱因斯坦说："兴趣是最好的老师。"的确，对学生来说，学习兴趣是学习的最直接的动力。浓厚的学习兴趣能使学生主动自觉地学习；浓厚的学习兴趣能使学生全神贯注地学习，减少疲劳，提高学习效率；浓厚的学习兴趣还能增强学生的学习自信心和学习动机。在学习兴趣的推动下，学习成绩会逐步提高，通过学习结果的反馈，会使原有的学习动机进一步得到增强。

依据学习兴趣的起因，可以把学习兴趣分为直接兴趣和间接兴趣。

1. 直接兴趣

直接兴趣是由于对学习活动本身或学习的内容感到需要而产生的兴趣。这种学习兴趣对学习具有较强的推动力，但往往缺乏持久性。

2. 间接兴趣

间接兴趣是由于对学习目的或结果感到需要而产生的兴趣。这种兴趣能使学生的学习具有自觉性，并能对学习产生持久的推动作用。

直接兴趣和间接兴趣是相互联系的，对学生来说是缺一不可的。若缺乏直接兴趣，会使学习成为一种负担；若缺乏间接兴趣，会使学生丧失坚持学习的毅力。学生在学习中如能把这两种兴趣结合起来，就会产生更大的效能。

二、学习动机的激发

学习动机是推动学习行为的内在动力。但学生正确的学习动机是不会自发产生的，需要教师和家长有目的、有计划地进行激发和培养。在教学实践中，教师激发学生的学习动机通常采取下列方式和措施。

（一）进行学习目的教育，培养学生学习的自觉性

学习目的是学生进行学习所要达到的结果，而学习动机则是促使学生去达到目的的动因。因此，要使学生形成正确的学习动机，首先要进行学习目的教育。教师在讲授一门新课或一节新课之前，要让学生认识到学习的目的、任务、要求、在实践中的应用价值，以及在知识体系中的地位。学习目的越明确、越具体，越能激发学生学习的积极性。例如，许多学生学习外语感到枯燥无味，积极性不高，如果能让他们认识到外语在国际交流、世界贸易、获取信息等方面的作用，就能提高他们的学习积极性。

（二）创设问题情境，激发求知欲望

问题情境是一种“有一定困难，需要学生努力克服（寻求达到目的的途径），而又是力所能及的学习情境（学习任务）”。①

子曰：“不愤不启，不悱不发。”通过创设问题情境，可以使学生达到“愤”、“悱”状态，使学生感到“欲知不会，欲罢不能”，从而急欲探索，或急欲从老师那里得到答案，这样其学习动机才能被激发起来。创设问题情境的方式是多种多样的。教师可以向学生提出启发性的问题。例如，教师在讲“蒸汽变水”这部分知识时，教师问：“同学们，在天冷的日子里，你们在街上一边走路，一边跟同学们说话时，空气里会出现什么东西？”学生答：“出现哈气。”教师又问：“可你们在教室里说话时，为什么看不见哈气了呢？”学生一时答不出来，可是他们又都想知道究竟是什么原因。教师还可以通过留作业的形式，使学生产生悬念。例如，有一位教师在讲到鲁迅名著《孔乙己》一课前，给学生留下阅读课文的作业。教师对学生说：“凡是读过《孔乙己》这篇小说的人，几乎没有不在记忆中留下这个在旧社会遭到冷落的‘苦人儿’的形象。据鲁迅先生的妻子许广平回忆，鲁迅在他自己的所有小说中最喜欢的就是《孔乙己》。他为什么喜欢《孔乙己》，他是怎样塑造孔乙己这个人物的形象的呢？你们读了这篇文章之后就可以得到答案。”这段富有启发性的谈话，使学生顿时产生悬念，激发起他们阅读课文的欲望。

当然，并非所有的问题都能激发学生的学习动机。若问题过于简单，学生不动脑筋就能得到答案，他们会觉得“食之无味”；若问题太难，学生怎么努力也解决不了，也会挫伤其学习积极性。只有那些指向“最近发展区”的问题，才能激发起学生的学习动机。

（三）运用反馈机制，强化学习动机

学生运用所学的知识解决问题的成败、作业的正误、考试成绩的优劣以及学习态度认真与否等，均属于学习的反馈信息。许多实验研究表明，来自学习结果的反馈信息，不仅对学生的学习活动方式的改进具有调节功能，而且对学生的学习动机也常常具有激励的作用。

---

① 冯忠良：《学习心理学》，教育科学出版社，1981年版，第123页。

知识链接 13-1

反馈的效应

在罗斯(C. C. Ross)和亨里(L. K. Henry)的一个实验中，把一个班的学生分成三组，每天学习后都进行测验。主试对第一组学生每天告诉其一次学习结果，对第二组学生每周告诉其一次学习结果，对第三组学生则不告诉其学习结果。如此进行八周。其后，除对第二组仍然每周告诉学习结果外，对第一组不再告诉学习结果，而对第三组则每天告诉学习结果。如此再进行八周。实验结果表明，第一组的学习成绩前八周持续上升，后八周则逐步下降；第三组前八周学习成绩提高缓慢，后八周则突然上升；第二组则前后八周都是稳步提高。

——选自徐胜三的《中学教育心理学》，人民教育出版社 2002 年版

这是因为良好的学习成绩能使学生产生愉快的情绪，能增强“自我激励”作用，并为下次取得更好的成绩而做出努力。同样地，学生知道自己成绩不理想，为避免今后的失败而付出更大的代价，也能激起奋发学习的上进心。但长期的失败和挫折所引起的不安和焦虑情绪，会减弱学习动机的作用。因此，教师要对不同程度的学生提出不同的要求，特别对那些学习上困难较多的学生要给予更多的关怀和帮助，使不同程度的学生都能在原有基础上有所进步，这样才能提高他们的学习积极性。

（四）发挥迁移功能，增强学习信心

这里说的“迁移”是指动机的迁移，即引导学生把从事其他活动的动机迁移到学习活动中来。我们知道，学校是一个有机的整体，学习动机会在学科之间、各项活动之间相互影响和迁移。在某门课程上缺乏学习动机的学生，对于其他学科的学习、参加文体课外活动小组，可能具有相当高的热情与浓厚的兴趣。如果教师对学生这些方面的积极性能给予充分肯定与鼓励，并使之与该门课程建立起某种联系，从而转化为学习该门课程的动机，是完全有可能的。但如果教师为了培育学生在某一门课上的学习动机，而限制学生在其他方面的爱好，其结果将会适得其反。

迁移功能还表现在利用表扬与批评手段实现情感迁移。教师对参与学习活动的全体学生的所有表现要给予充分的关注，既要善于挖掘学生获得成功的原因，给予及时的恰如其分的肯定和赞许，激励其奋发向上，并在集体中树立各种类型的榜样；也要善于分析学生造成错误的原因，进行真心实意的批评与帮助，鼓励学生不怕挫折，并在班级中树立勇于进取的榜样。通过人际间的真情交流，使学生认识到，老师对自己无论表扬还是批评，都是对自己寄予厚望，从而发挥情感的迁移功能，增强学生学习的信心。

（五）适当开展竞赛，提高学习内驱力

青少年大都争强好胜，适当开展一些学习竞赛，以竞赛名次作诱因，通过激发学习者自我提高的内驱力和交往内驱力，可以达到激发学习动机的目的。研究表明，竞赛有一定的积极作用，但也可能因竞争受挫或为达目的不择手段而产生消极影响，因此要妥善组织。在竞赛中，既要鼓励学生进行横向比较，比、学、赶、帮；更要鼓励学生进行纵向比较，以打破自己以前的记录为目标。只有这样他们才能既看到自己的不足，又看到自己的进步，鼓起上进的信心。此外，要提供种种可能性，使每个学生都有成功的机会，特别要注意奖励那些有突出进步的学生

(如以前经常不及格而现在经常及格的学生)。需要注意的是,竞赛虽有一定的动力作用,但毕竟是一种辅助手段。不研究学习规律而希望靠频繁的竞赛推动学习,是很难有成效的。

三、学习兴趣的培养

学生对学习的钟情往往是从兴趣开始的,由兴趣到探求,由探求到成功,在成功的喜悦中产生新的兴趣,如此循环往复,推动学习不断前进。在培养学生的学习兴趣方面,我国许多优秀教师已积累了大量的宝贵经验,概括起来,主要有以下几个方面:

(一)联系实际,唤起兴趣

科学文化知识来源于生活、生产和科研实际。在教学中,若能让学生运用所学知识去解决各种各样的实际问题,既能体现科学知识的社会意义,又能最大限度地唤起学生的学习兴趣。例如,学生学过长方形、正方形的面积以后,可以计算:"一条人行道长 150 米,宽 3 米。用面积为 9 平方分米的正方形水泥砖铺地,需要这种水泥砖多少块?"学完梯形面积后,可以求渠道或堤坝的横截面。学了圆柱体的表面积和体积后,可以让学生自己去测量圆柱形铁皮桶的高和底面直径,算一算至少要用多少铁皮。有的农村学校,还可以结合实际让学生解答:"用一块长 62.8 分米、宽 31.4 分米的长方形草席围成一个圆柱体粮仓,它的容积最大是多少立方分米?"像这种理论联系实际的学习方法,学生最感兴趣,而且知识掌握得扎实,用得灵活。

(二)探索规律,引发兴趣

任何一门学科,都有其内在规律。通过教学,不仅仅是让学生学会解答几个具体的问题,更重要的是培养学生学会探索、发现与掌握科学知识的内在规律性,能够做到举一反三、触类旁通,在发现规律的过程中逐步积累愉快的体验,引发学生学习科学知识的兴趣。好多学生之所以对学习不感兴趣,主要是由于学习不得法,或者说没有掌握学习的窍门。这个"法"和"窍门",指的就是一门学科的规律。如学习英语就要从学习国际音标、音节和语法着手,掌握住了发音、单词拼写和造句的规律,不仅可以轻松地跟着老师学习英语,而且还可以自学,不断扩大知识面。反之,囫囵吞枣,死记硬背,不仅觉得学习非常吃力,而且感到毫无动力。

(三)质疑问难,激发兴趣

古人说:"学起于思,思源于疑。"又说:"学贵知疑,小疑则小进,大疑则大进。"可见,"疑"是打开思维大门、激发学习兴趣的"金钥匙"。

教学中平铺直叙地讲解,一般不会引起学生的学习兴趣。如果教师能够根据教学内容,设置悬念,引起学生认知上的矛盾与冲突,便能激发起学生要求解疑的心理需求。例如,某数学教师在教三角形相似判定定理时,给学生讲了一个埃及胡夫大金字塔的故事:据说古希腊有一位哲学家叫泰勒斯,在一个晴朗的日子里他游览了胡夫大金字塔,他问陪同的神殿司祭长,这个金字塔有多高?司祭长为难地说:"古书没有记载。"泰勒斯惊讶地说:"这是可以马上测出来的啊!我可以根据我的身高,测得金字塔的高度。"说完,他在助手帮助下,测得金字塔的高度是 131 米。泰勒斯是怎样测得塔高的呢?下面将要学习的三角形相似判定定理就能满足你的好奇心。这一悬念,很自然地激发起学生的学习兴趣,把学生引入新知识的殿堂。

(四)体验愉悦,稳定兴趣

学生在学习中获得成功,便能体验到成功带来的愉悦。教师应该让不同认知水平的学生都能有体验成功的机会，这样将有利于培养学生稳定的学习兴趣。

在教学中，教师要特别关注学习有困难的学生。如果他们经常困难重重，一筹莫展，长此下去就会对学习失去信心，兴趣也就无从谈起了。学生在学习上的困难，大多发生在教材的重点和难点处。为此，教师必须在突出重点、突破难点处下功夫，在技能的训练上采取有针对性的、有效的措施，帮助学生去克服学习中的困难，尽可能地做到当日的学习内容当日消化。还要注意发现他们的进步和闪光点，及时鼓励，及时表扬。实践证明，只有帮助学生减少学习中的困难，使其树立起学习信心，才能培养学生稳定的学习信心。

（五）开展课外活动，发展兴趣

课外活动比课堂教学更具有开放性，更有利于因材施教，学生可以根据自己的兴趣、爱好、特长自愿参加，所以学生对课外活动更感兴趣。学生学到一定的知识以后，就会不满足于课内的学习，希望通过丰富多彩的课外活动扩大视野，拓宽知识，发展特长，增长才干。所以教师应积极组织各种课外活动，为学生创造一个自由宽松、生动活泼的学习环境，让学生在灵活多样、丰富多彩的课外活动中不断地发展学习兴趣。

第三节　知识的掌握

知识是人类在历史发展过程中、在实践基础上形成的对客观世界的认识成果，它以经验或理论的形式储存于人们的头脑中和书本中。学生掌握知识，就是占有前人或他人的认识成果，把前人或他人的知识经验变为自己的精神财富，用以分析和解决现实生活中的各种问题的过程。这是一种特殊的认识过程，一般是在教师有目的、有计划地传授知识的过程中，通过学生积极的认知活动实现的。在我国的学校教育工作中，一般把知识的掌握过程分为理解、巩固和应用三个基本环节。由于在第四章对知识的巩固已有详细介绍，所以本节着重介绍知识的理解和应用两个环节。

一、知识的理解

（一）知识的理解的含义

知识的理解作为一个过程是指个体运用已有的知识、经验去认识未知事物的属性、联系与关系，直至揭示其本质及规律的思维过程。理解活动的结果是个体对未知对象和现象做出新的解释，弄懂、弄通它们的特点、性质、联系与意义，并能将其纳入到相应的概念及法则中去，从而达到对新事物的理性掌握。

（二）影响知识理解的因素

个体在学习过程中，原有的知识及其组织对理解新知识具有极大的影响。学生在学校中所学的绝大多数新知识，都与先前的知识背景有关。新材料的输入，只能是一种线索，要理解这些新材料，就必须使新旧知识相互作用和结合，并从原有知识中推论出理解当前新材料所需要的信息。据此，可以把影响知识理解的因素概括为以下几点：

1. 学习知识的心向

心向又称定势，是人的心理活动的准备状态。新知识是在原有知识基础之上发展而来的。如果学生的原有知识基础不扎实，就会缺乏学习新知识的心向，学习新知识时就可能主要靠机械记忆，以反复诵读的方式，记住一些现成的结论。这样势必会造成学生获得知识的假象，而实际上并不真正理解这些知识。另外，学生在学习过程中，会遇到许多用不同的文字表述的相同概念或问题。例如，质数与素数、既约分数与最简分数、长方形与矩形、等边三角形与正三角形等，如果学生只靠囫囵吞枣的方式机械记忆一些概念或结论，而不能对其深层含义予以分析和理解，就可能把许多等值的概念当成不同的概念，造成认识上的混乱。

2. 学习材料的性质

学习材料的性质也是影响知识理解的因素。一种情况是学习材料本身没有或很少有意义联系，如人名、地名、数字、年代等，这些材料主要靠机械记忆来学习，或运用联想，使用"记忆术"，人为地赋予意义，帮助理解。另一种情况是学习材料本身有意义，但是学生的认知结构中没有能够同化这些新知识的适当观念，或学生的心理发展水平尚不具备加工这些新材料的能力。那么，这种材料，对学生来讲就不能进行有意义学习。因此，奥苏贝尔特别强调学习材料必须对学习者具有潜在的意义。

3. 原有认知结构的水平

一切有意义的学习都是在原有的认知结构的基础上进行的，不受原有认知结构影响的心向是不存在的。因此，一切有意义的学习必然包含着学习的迁移。学生原有认知结构如果具有清晰性、稳定性和可利用性，具有较高抽象、概括水平的观念，就为学习新知识提供了可利用的支撑点。反之，原有认知结构中的知识杂乱无章，学习理解新知识，就如建空中楼阁，困难重重。

4. 原有的知识背景激活的程度

原有的知识背景及背景知识的激活程度也是影响理解的重要因素。如学习一篇文章，如果只从中选取一段让学生阅读，就可能断章取义，理解错误。只有让他们通读全篇，知道这段话的背景或激活其认知结构中的有关知识，融会贯通地学习，才能理解得深刻、透彻、正确无误。

（三）促进知识理解的教学策略

1. 提供必要的感性材料

感性认识是理性认识的基础，学生学习较抽象的知识时，应有必要的感性认识作支柱。否则，教师以口头言语或书面言语所传授的知识，就不可能起到标志有关事物的作用。数学课若没有图解，学生就难以理解抽象的数量关系；地理课若没有地图或地球仪，学生就难以想象赤道、两极、回归线的位置，陆地、海洋、山川、河流的分布；生物课若没有挂图、标本及显微镜，学生则难以想象什么是细胞、人体内部的构造……虽然学生的学习不必一切来源于实践，但是通过概念同化的方式掌握新概念时，仍需要以过去的经验及感性认识作基础。这些感性材料可以通过不同水平的直观手段来提供，如实物直观、模型直观或教师生动形象的言语直观等等。

2. 加强新旧知识的联系

新旧知识的相互作用是理解的关键，在教学中要特别注意这一点。在导入新课时要注意温故导新；在处理教材结构上，既要注意从一般到个别的不断分化，又要注意知识的系统化、层次化，从个别到一般的不断概括，以促进学生形成合理的认知结构，这有利于知识的理解。但是要看到，教材本身的逻辑所蕴涵的知识间的联系，并不是不加指导，就可以被学生所领会的。因而，教师在向学生介绍新知识时，必须注意将新知识与原有的知识进行对照，为学生理解新知识提供合适的背景。如学生学过平行四边形的面积求法之后，掌握了“等积变形”的数学思想，再学三角形、梯形、圆等平面图形的面积时，通过对平行四边形面积公式推导过程的复习和回忆，就很容易理解其面积公式的推导方法了。

3. 利用变式与比较

所谓变式是指向学生提供感性材料时，从不同角度、不同方面变换事物的非本质属性，以突出和揭示其本质特征的过程。运用变式进行教学，有利于学生对知识的深入理解和形成科学概念。例如，为了揭示哺乳动物的本质属性，就要注意变换各肯定例证的非本质属性。如果所举的正例都是有四条腿在陆地上行走的动物，学生就会把四条腿、在陆地上行走等非本质属性也归纳为哺乳动物的本质属性，造成概念的外延缩小，内涵扩大。正确的做法应如下图所示：

哺乳动物
- 狗（有四肢，在陆地上走，哺乳，胎生）
- 蝙蝠（有膜，在空中飞，哺乳，胎生）
- 鲸（有鳍，在水中游，哺乳，胎生）

→ 哺乳、胎生（哺乳动物的本质属性）

图 13-2 哺乳动物的变式

在提供否定例证时，则要变换不同类事物的本质属性，以鉴别同类事物的非本质属性，突出同类事物的本质属性。如鲸与其他鱼类一样都在水中生活，但鲸用肺呼吸，而鱼是用鳃呼吸的。通过对比，突出用鳃呼吸是鱼类的本质属性，在水中生活不是本质属性。提供变式对促进理解十分重要，但是只提供变式，而不引导学生对变式进行比较，从而分清事物的本质属性与非本质属性，也是难以达到理解的目的的。因而在教学中应十分注意把提供变式与引导比较结合起来。

4. 加强知识的系统化

知识的系统化就是理清各部分知识之间的关系，把所学知识纳入一定的知识系统，把新旧知识联系起来，使学生对知识的理解达到融会贯通。就拿教材中的概念来说，它们是分阶段陆续出现的。在日常教学中，概念也是一个个分散出现的。教学到了一定阶段，就要让学生边复习边找出概念间的纵向与横向联系，组成概念系统，穿线结网，转化成学生头脑中的概念认知结构（如图 13-3 所示）。

这种系统的认知结构，不仅有利于对知识的理解，而且也有利于对知识的巩固、深化、检索、提取和运用，促进学生知识的迁移，发展学生的能力。在教学中，忽视知识的系统化，容易使学生掌握的知识支离破碎，在解决问题时，不能把对象放入一定的联系中去考察，从而影响概念、原理的应用，也不利于学生检索、提取知识以及顺利实现知识迁移。

二、知识的应用

（一）知识的应用的含义

所谓知识的应用是指运用已有的知识解决有关问题的过程。知识的应用是掌握知识的最终目的，它与知识的理解、巩固是紧密联系的。知识的理解和巩固是知识应用的前提，而知识的应用则使知识的理解和巩固程度得到检验和发展。因为学生解决任何课题，总是要重现已学过的新知识，用以分析新事物，揭露其本质，并将其纳入新知识系统中。这样，不仅检验、复

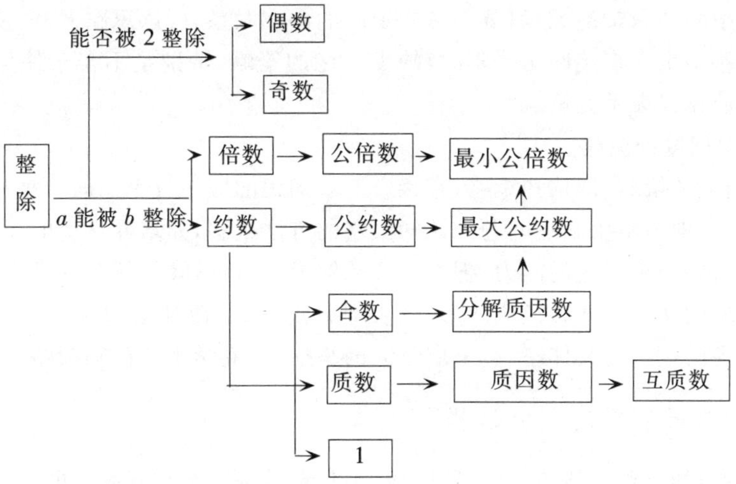

图 13-3　“数的整除”部分的概念系统

习了新知识，而且建立起新知识与新事物之间的联系，加深了对新知识的理解。可见，知识的应用既是检验学生对知识的理解和巩固程度的一种手段，也是使学生加深理解和巩固知识的重要方式。

学生在学校期间对知识应用的形式主要有两种：一是用所学知识解决口头或书面作业题，如回答教师课堂提问、完成课堂练习和家庭作业等。这种形式一般用于巩固刚学过的新知识。二是用所学知识解决实际操作的各种实验、实习作业，如数学课的测量、理化课的实验、生物课的种植和解剖等。至于应用知识去发现或解决生活和生产中的实际课题，虽然更有价值，但对中小学生来说不是主要的。

（二）影响知识应用的因素

影响学生知识应用的因素可分为客观因素和主观因素。客观因素是指课题的性质；主观因素主要指学生对知识理解与巩固的程度，提取信息的策略与解决问题的策略。

1. 课题的性质

一般来说，学生应用知识解答课题时，以抽象形式提出的课题比带有具体情节的类似课题容易应用。如套公式的题，形式虽抽象，但与原有抽象知识有较大的相似性，因而容易使课题类化到原有知识中去。较具体的课题则需要经过分析、综合，排除无关成分的干扰后才能实现课题类化，因此较困难。在小学数学学习中，学生感到式题容易，而文字题、应用题难就是这个道理。

2. 学生对知识理解与巩固的程度

学生能否顺利地解答作业题，关键在于他们对有关知识理解与巩固的程度。如果学生对知识的理解十分肤浅，概念的内涵十分模糊，知识之间的异同混乱不清，那么在应用知识解答课题时就常常产生错误。有时由于缺少系统化的加工，往往不能使所学知识融会贯通，则应用起来不灵活，解题也会感到困难。此外，理解了的知识缺少复习，不能准确记忆和迅速回忆，则应用知识解题也会发生困难。所以，对知识理解得越透彻，巩固得越牢固，应用起来就越容易。

3. 学生提取信息的策略

学生能否顺利地从知识宝库中迅速而正确地提取所需的知识，也是影响学生知识应用的因素。有时学生难以回忆有关知识，并非其记忆宝库中缺乏这些知识，而是由于其认知结构缺乏系统性，头脑中的知识杂乱无章，搞不清知识间的内在联系，所以思路混乱，从而影响问题的解决。另外，有些学生在直接回忆受阻时，缺少追忆的策略，特别是不善于使用推论的方法追忆有关知识，因而显得束手无策。

4. 学生解决问题的策略

学生解决问题的策略，即认知策略，直接影响着知识的应用效果。而这种策略是可以通过训练加以培养的。训练学生解决问题的认知策略的方法很多，如培养学生的发散思维，冲破心理定势，从不同角度分析问题的能力；把大目标分解成小目标，降低解题的难度；转换问题的表述方式，如把抽象的文字表述转换成图形、图表等直观形式，使抽象问题具体化等等。在教学中，教师要根据各门学科的具体特点，采取不同的举措，培养学生的认知策略。

（三）学生知识应用的一般过程

学生知识应用的过程一般包括审题、联想、类化和验证四个相互联系的环节。

1. 审题

审题就是了解题意，搞清题目中所给予的条件与问题，明确题目的要求。审题是应用所学知识，使教材得以具体化的首要环节，是通过想象、思维在头脑中进行的一系列的智力活动。学生审题首先要读懂题意，这就要求学生对课题的文字符号加以识别，并进一步辨认文字符号所代表的意义，继而将课题内容与原有认知结构中的有关知识联系起来，对课题中的有意义材料与无意义材料、关键材料与无关材料一一进行分辨，最后形成对课题的完整映象，并将此映象保持在头脑中，直至解题任务完成。可以说，审题的过程实际上就是理解题意的过程，其速度往往依赖于学生对知识的理解与巩固的程度，以及学生对问题分析综合的能力。

2. 联想

联想一般指由一种心理过程而引起另一种与此相联的心理过程的现象。它是在课题的条件与要求的作用下，有关知识在头脑中的重现。如果课题本身简单而明确，有关知识的重现几乎与审题同时完成，并且可以迅速做出解题判断。例如，学生一看到“$a^3 \cdot a^4 = ?$”这个代数式，就会立刻重现出“$a^m \cdot a^n = a^{m+n}$”的法则来，并能据此法则直接得出答案。如果课题本身较复杂，干扰因素较多，条件较隐蔽，学生对这类课题较陌生，这时联想有关知识就可能比较困难，甚至感到无从下手。如果学生审题不清，就可能产生错误联想，这样解题就会陷入困境，或做出错误判断，从而影响对知识的应用。这时必须重新回到问题的初始状态，重新审题，重新联想有关知识，直到搜索到有关信息为止。

3. 类化

课题的类化，也叫课题的归类，即把当前的课题纳入同类知识系统中去，以便理解当前课题的性质，从已有知识中找到解决该课题的途径和方法。例如，学生解答应用题时，通过审题，能迅速做出判断，这道题属于行程问题，那道题属于工程问题或浓度问题等等，从而用这类问题的解题方法来解决问题。课题的类化是抽象知识具体化的最终环节。只有完成了这一环节，学生才能把所学的知识与同类新的具体事物联系起来，从而把当前课题纳入到相应的知识体系中去，以达到应用知识的目的。

4. 验证

这是知识应用的最后环节。对问题的解答是否正确，需进行验证。学生做完题一般可使用复核式演算法检验自己的解答过程与解答结果是否正确，是否符合实际情况。如果发现错误要立即纠正，通过自我反馈，保证解题正确无误，并养成对工作认真负责的习惯。

第四节 技能的形成

一、技能概述

（一）技能的含义

技能是运用已有的知识经验，通过练习而形成的趋于完善化、自动化了的活动方式。如人们骑自行车、写字、解题、绘画、心算等都是通过练习习得的活动方式，均属技能。技能的水平有高低之分。初级水平的技能只要具有初步的知识和练习即可获得；高级水平的技能则需要丰富的知识和经验，并经过长期的练习，才能达到熟练、自动化的程度。高级水平的技能也叫技巧。

（二）技能的种类

根据技能的性质和特点，可将技能分为动作技能和智力技能。

1. 动作技能

动作技能也叫操作技能或运动技能，是指由一系列外显动作以合理的程序构成的完善化、自动化的操作活动方式。如跳舞、游泳、绘画、写字、做实验、弹琴等，都属于操作技能，这些技能都是能够看得见的一些动作活动方式。

2. 智力技能

智力技能又称为认知技能或心智技能，是人借助于言语在头脑中完成的完善化、自动化的内隐的智力活动方式。如默读、心算、写作构思、实验设计等，都属于智力技能，这些技能都是不能看见的心智活动方式。

动作技能与智力技能既有区别又有联系。动作技能主要表现为外显的动作活动方式，而智力技能主要表现为内隐的心智活动方式。二者又有密切的联系，在实际中人们所从事的许多活动都既包含动作技能，又包含智力技能，二者相互影响，相互依存。例如，进行乒乓球比赛，虽然输赢主要取决于运动员双方的球技（动作技能）水平的高低，但也和双方运动员的比赛策略（智力技能）水平的高低以及比赛策略的运用情况有关。

二、动作技能的形成

（一）动作技能形成的阶段

动作技能的形成过程，就是通过练习，将一系列动作以合理的方式巩固下来，使某些动作从意识中解放出来，实现自动化的过程。一般来说，这一过程大体可分为四个阶段。

1. 动作的认知阶段

动作的认知阶段也叫动作定向阶段。首先是明确学习目标，激起学习动机。其次是认知所学习的动作技能，包括了解有关的知识，了解该技能的操作程序和动作要领。这些都需要教师的讲解和示范，帮助学生通过观察、记忆和想象，在头脑中初步形成技能的操作模式和动作表象，作为调节动作方式的样板。例如，学习写字，既要认知字形，又要了解执笔和运笔的方法，形成与字形一致的动作表象。

2. 动作的分解阶段

这是练习的最初阶段，即掌握局部动作的阶段。在这一阶段，教师要把技能所包含的整套动作分解为若干个局部的动作，经示范由学生依次模仿练习，或者针对局部的难点动作予以强化训练。例如，用量角器画出一个指定度数的角，整个操作过程可分为三个局部的动作：(1) 画出角的一边；(2) 用量角器确定角的另一边的位置；(3) 画出角的另一条边。其中第二个动作是按指定度数画角的关键，也是难点，无疑应当成为练习的重点。

3. 动作的联系阶段

这是动作定位，形成连锁的阶段。也就是在前一阶段的基础上，将局部的动作按一定顺序联系起来，固定下来，通过练习，形成完整的动作系统。

4. 动作的自动化阶段

动作的自动化阶段，是技能掌握的高级阶段，也是最后阶段。进入这一阶段，意识的参与明显减少，意识只有当动做出现偏差时才起作用。只要有启动的信息，就可以自动地完成一整套的动作，学生可以自由分配自己的注意，来完成全部动作了。全套动作协调一致、统一和谐、前后连贯，达到整体动作自动化和完善化。例如，做广播体操，只要音乐一响起，学生就能不假思索地、毫不费力地把全套动作连贯地做下来。

（二）动作技能的培养

1. 明确练习的目的和要求

动作技能的形成必须依靠有效的练习，而任何一种练习，都要有明确的目的和要求，让学习者清楚地了解练习的重要性、练习的方法、练习的程序、每次练习的具体目标，在此基础上才能激发起他们练习的积极性和主动性。否则，学生在练习中只能消极被动地模仿，机械重复地练习，效果肯定不会好。学生主动地参与练习，是指学生在模仿过程中能开动脑筋，用练习的目的要求指导自己的动作。教育实践证明，练习过程的主动性程度与练习的成绩呈正相关。

2. 依据技能的难易程度，采取不同的练习方法

技能的形成需要有足够的练习次数和练习时间，但并不是练习的次数越多越好、练习的时间越长越好。练习的次数和时间要适当分配，才能取得良好效果。

按照练习时间分配的不同，可以把练习分为集中练习和分散练习。集中练习是指在一定时间内反复练习，直到练习完毕，中间不休息。分散练习是把练习的时间分为若干阶段，在每个阶段之间有一定时间的休息。实验表明，一般来说，分散练习在速度、时间、成绩等方面都优于集中练习。这是由于分散练习各阶段之间的休息能消除疲劳，提高练习效率。但若练习任务较为简单，练习内容较少，就要采用集中练习。

3. 充分发挥教师的指导作用

俗话说：苦练三年，不如名师一点。学生毕竟年龄小，知识经验不足，练习时往往不得要领。所以教师要通过语言的讲解和动作示范，及时检查、监督和指导，使学生掌握有关技能形成的要领和正确的练习方法。如教师教学生写字，要先给学生讲解和示范执笔、运笔的方法，如何掌握字的间架结构等等。学生练习时教师还要及时检查和纠正学生不正确的练习方法。

4. 充分利用反馈的强化作用

反馈是指让学生知道自己的练习效果。练习过程中的反馈强化对练习具有积极的作用。

学习者在每次练习之后，若能及时了解自己练习的成绩和动作存在的优缺点，就能使那些正确的动作得以保留和巩固，错误的动作得以及时的纠正和克服，从而加快动作技能形成的速度。有关实验表明，练习时，反馈的次数越多，练习效果越好；及时知道练习效果比延缓一段时间知道练习结果的练习效果更好。

三、智力技能的形成

（一）智力技能的形成阶段

智力技能是借助于内部言语在头脑中进行的智力活动方式，因此，与动作技能不同，它没有明显的外部动作。苏联心理学家加里培林在20世纪50年代对智力技能的形成作了系统的研究，认为智力技能的形成过程是一个从外部的物质活动向内部的心理活动转化的过程。这一过程经历下列五个阶段：

1. 活动的定向阶段

这是进行智力活动的准备阶段，主要在于了解活动的任务，认识活动的意义，熟悉活动的程序，以及知道该做什么和怎么做，从而在头脑中建立活动定向表象。

2. 物质活动和物质化活动

物质活动和物质化活动都是用手完成的外部活动，两者的区别在于动作的客体不同。在物质活动中，动作的客体是实物；而在物质化活动中，动作的客体是实物的模型、图片、图表、言语等实物的替代物。物质活动和物质化活动的目的是促进认知活动，帮助学生理解学习内容。如学习加法运算时用石子、火柴棍、手指等完成计算活动，在解题时以图解形式列出题目的条件和问题。

3. 有声的外部言语阶段

这个阶段能摆脱物质或物质化的客体，借助于有声的外部言语进行智力活动。例如，学生在审题或解题时，不要求列出解析的推导图式，只要求用言语陈述推导过程。由于这阶段的活动已从实物过渡到不依赖实物的言语，并能在表象水平上实现分析和综合，使智力活动的形式发生了本质的变化。因此，智力技能的形成由此阶段起转入了认知活动的形式。

4. 无声的外部言语阶段

这是以词的声音表象和动作表象为基础的智力活动阶段。此时，外部的有声言语开始向内部转化，为过渡到内部言语阶段准备了条件。它与有声言语阶段的区别在于只看到嘴动，但没有声音，默不出声地用言语完成智力活动。学生由朗读过渡到默读就是这一阶段的明显表现。

5. 内部言语阶段

这是智力技能形成的最后阶段。这个阶段的显著特征是智力活动具有高度的压缩、简化和自动化。例如在解题时，熟练的运算技能似乎意识不到有关的计算法则，并大量地压缩中间环节。有人曾分析过算式$(3abd + 2ab)(4bd + 2ab)$的二项式乘法运算，如果每一步都要意识到有关的法则，那就需要60～70次之多。熟练的运算表现为只要看到算式就能直接得出答案，许多中间环节都被简化了。

（二）智力技能的培养

智力技能与动作技能一样，都是经过练习而形成的。因此，形成动作技能的一些条件，也适合于形成智力技能。如练习也是形成智力技能的主要条件。由于智力技能的练习主要是在解决各种教学课题和实践任务中进行的,又由于智力技能的形成与思维的发展密切相关,因此在教学中创设各种活动机会,指导解决问题的方法,发展思维能力,对智力技能的形成具有重要的意义。

1. 指导学生掌握解决问题的正确途径和方法

学生在解决问题时,经常盲目尝试和胡乱猜测,思维的逻辑性和推理的严密性较差,所以往往事倍功半。因此教师在教学中要教给学生正确的解题程序:(1) 理解题意。就是要弄清题中的条件与问题,以及条件与条件之间的关系,条件与问题之间的关系。(2) 回忆联想。就是回忆和联想与课题有关的定义、公式、原理、性质,使所学的知识与当前的课题联系起来。(3) 设计方案。解决问题的方案可能不止一种,所以要鼓励学生进行发散思维,设计出多种解决方案,然后择优而定。(4) 检验评价。要养成问题解答之后自觉进行检验和评价的习惯,看看解题过程中是否存在问题,解题方案是否最佳,答案是否正确。

2. 按照智力技能形成的阶段组织练习

智力技能形成的五个阶段体现了智力技能形成的一般规律,其中每个阶段各具特点,是完整统一体中的组成部分。教师在组织教学性练习时,不仅要依据各个阶段的特点提出明确的目的和要求,而且还必须有具体的指导措施。有关措施如下:(1) 教师正确的讲解和示范;(2) 要求学生严格按照规定的步骤和方法解决课题;(3) 让学生用口头语言表达解题过程;(4) 在学生掌握解题步骤和方法的基础上,进一步要求他们能熟练地、迅速地解题,以及尽可能地简化解题的中间环节。

3. 把握系统的概念结构,坚持进行创造性思维

每一门学科都是概念的科学组合,无一不是由概念和概念之间的联系构成的。概念是在抽象、概括和辨别的基础上形成的信息载体,能使学生把握一类事物的重要信息、本质属性。只有掌握了概念,才能进行判断和推理,做出决策。

孔子曰:"少而不学,长无能也。"这就是说青少年不刻苦学习科学知识,长大了他们的智力技能也不会得到充分发展。他还强调要"学而时习之",这个"习"就是复习、练习、实习之意。只有通过"习",知识才能转化为技能,才能够举一反三、触类旁通。

第五节 学习的迁移

一、学习迁移概述

(一) 学习迁移的含义

学习迁移是指一种学习对另一种学习的影响。日常生活中所说的举一反三、触类旁通、闻一知十等都属于学习迁移。

学习迁移的范围很广,凡是经过学习获得的经验,包括知识、技能、态度、行为方式等都可能在一定条件下产生迁移。在日常生活中我们经常可以看到这样的情况:学会了平面几何,有助于学习立体几何;会骑自行车的人,学骑摩托车就比较容易;在学习上养成了认真、勤奋的习惯，也会把这种习惯带入他的工作中等等。

（二）学习迁移的种类

学习迁移有多种多样的表现形式。为了学习的方便，可以按照不同的标准对学习迁移进行分类。

1. 按照学习迁移的性质，可以把迁移分为正迁移和负迁移

先前的学习对后继的学习起促进作用，有积极影响，这称之为正迁移。如钢笔字写得好的学生，毛笔字也写得好。反之，先前的学习对后继的学习起干扰作用，有消极影响，这称之为负迁移。如学生学过汉语拼音后，再学英语字母时就会产生相互干扰。

2. 按照学习迁移的方向，可以把迁移分为顺向迁移和逆向迁移

先前学习对后继学习产生的影响，称为顺向迁移；后继学习对先前学习产生的影响，称为逆向迁移。无论是顺向迁移还是逆向迁移都有正负迁移之分，也就是说，这种影响既可能是积极的，也可能是消极。

二、影响学习迁移的因素

迁移虽然是学习中的普遍现象，但它不是无条件的。探讨影响学习迁移的因素，对促进正迁移，防止负迁移的干扰，提高教学效果，具有十分重要的作用。影响学习迁移的主要因素有以下几个方面：

（一）学习材料的共同因素

学习迁移的效果在一定程度上取决于学习材料的共同因素。由于材料之间存在着共同的因素，就会产生相同的反映，因而在学习中就会产生不同程度的迁移。例如，除法与分数、比之间有许多相似之处，所以，学生就可以根据除法的商不变性质，由此及彼地推出分数的性质和比的性质。反之，如果两个材料差别很大，风马牛不相及，也就难以产生相互影响，即学习迁移难以实现。

当然，两种学习材料之间除了具有相同因素之外，必然也具有不同的因素。因此，两种材料的学习可能产生正迁移，也可能产生负迁移。为了促进正迁移，防止负迁移的干扰，在教学中教师应引导学生认识学习材料之间的共同因素，并通过比较认识它们之间的区别。

（二）学习材料的概括水平

苏联著名心理学家鲁宾斯坦强调，概括是迁移的基础。他认为，在解决问题时，为了实现迁移，必须把新旧课题联系起来，并包括在统一的分析综合活动中。可见，鲁宾斯坦更强调课题类化在学习迁移中的作用。

两种学习材料之间存在共同因素对学习迁移来说固然重要，但如果不能通过概括把握一般原理，掌握事物的本质和规律，也难以实现迁移。掌握事物的本质规律，就可以以不变应万变，产生广泛的迁移。所以赞科夫和布鲁纳都强调，在学校中应加强基本概念和基本原理的教学，道理就在于此。

（三）学生心理的准备状态

学生心理的状态，如学生的紧张程度、自信心、兴趣点等，都能对迁移产生影响。而学生原有知识的准备状态(定势)对迁移影响更明显,可以促进迁移的发生,也可以成为迁移的障碍。例如,学生运用一种解题方法去解决同类问题时比较容易,可产生正迁移;但仍用这种方法去解决新的不同的问题则遇到困难,使问题无法得到解决,可产生负迁移。如学生学习因式分解时,学过平方差公式后,遇到“x^4-y^4”,会很容易根据平凡差公式进行分解因式;但遇到“a^4+b^4”,若还用平方差公式进行分解,就会产生负迁移,觉得无从下手。

(四)所学教材的组织结构

教材是学生学习的基本材料,其科学的基本结构有助于学习的迁移。布鲁纳认为,基本结构的概念包括学科的基础知识和学习态度、学习方法。掌握学科的基本结构不仅便于学生对教学内容的理解和记忆,而且有利于学习迁移。他主张要给学生提供好的教材结构,它可以简化知识,给学生提供便利于获得知识的途径,有利于迁移。他强调组织好的教材结构应注意两点:第一,教材呈现的顺序要注意从一般到个别的不断分化,这样的教材既便于教师的教,也便于学生的学;第二,教材的知识结构要从已知到未知逐步系统化。

三、促进学习迁移的策略

教师在教学中利用各种方法、手段,创设有利于正迁移的条件和教育契机,消除或避免负迁移的产生,对影响学习迁移的各种因素施加积极的影响,将会直接影响学习的效果。其具体措施包括:

(一)加强基础知识和基本技能的教学

教学应当重视向学生传授基础知识和基本技能。所谓基础知识,是指构成各学科的基本事实及其相应的基本概念、原理和公式等及其系统。它是组成一门学科知识的基本结构,揭示了学科研究对象的规律性,是具有普遍意义的知识,因而为产生广泛的迁移提供了基础。学生掌握了基本概念和基本原理,不仅有利于增进当前学习中的迁移,而且有利于将来的工作和学习中的迁移。所以布鲁纳说:“领会基本结构和观念,看来是通向适当‘迁移训练’的大道。”

所谓基本技能,则是指各门学科中最主要、最常用的技能,如语文和外语的阅读、写作技能,数学的运算技能,物理和化学的实验技能等。

学生掌握了这些基础知识和基本技能,在学习中就能做到举一反三、触类旁通,容易把新知识纳入到已有的认知结构中去,从而迅速找到解决新问题的途径。

(二)改进教学方法,发展学生的思维能力

学生认知结构的特征和学生的智力(特别是思维能力)的发展水平密切相关;学生对基本概念和基本原理的理解,有赖于他们已有经验的概括水平和思维能力;能否发现和概括出两种学习情境中的共同因素,也有赖于学生的思维能力。因此,为促进迁移,教师应该重视改进教学方法,在传授基本概念和基本原理的过程中,充分调动学生的积极性,启发学生独立思考,注重发展学生的思维能力,鼓励学生应用知识去独立解决问题。

(三)克服定势的干扰

在相同或相似的情境中,定势对问题解决起积极作用,能产生正迁移;在变化了的条件下,定势对问题解决起消极作用,会产生负迁移或干扰。由于定势本身使人倾向于以一种特定的

方式对刺激做出反应,所以它限制着人们提出假使的范围,使解决问题的方法固定化。这样,定势在迁移方面往往表现为具有负迁移效果的机能,不利于问题的解决。

知识链接 13-2

儒吉尔(H. Ruger)的定势实验研究

儒吉尔用一种智慧玩具对成人解决问题的过程进行了实验研究。在实验中,他特别注意了由于定势造成的解决问题的困难。他发现,有的被试固执地守住一种处理方法,虽然不断失败,还是不改。他找到两种克服定势的方法:(1) 请被试说明自己解决智慧玩具的意图所根据的假定,并要求他再考虑其他可能的假定。有的被试这样做了,结果找到了成功的处理方法。(2) 当被试在那里到处乱试而没有进步时,实验者请他把智慧玩具搁置一边,过一段时间再来解决。这样做,有时会立即获得成功。因为这种变化已经把特别的定势打破了,产生了新的解决问题的思路。

——选自 R.S. 伍德沃斯和 H. 施洛斯贝尔的《实验心理学》,科学出版社 1965 年版

教学经验表明,组织学生进行"课堂讨论",是消除定势干扰、开阔思路的一种较好的方法。例如,有的教师在课堂讨论中鼓励学生各抒己见,展开争论,对一个问题提出多种解决方案,最后由教师总结,指出"一题多解"的各种方法,并说明其合理的使用范围,收到良好的效果。

(四) 进行学习的指导

学习的指导,主要是对学习方法的指导,即使学生掌握有效的学习方法。这个问题在西方心理学中也叫作"学会如何进行学习"的问题。研究表明,学习的指导对迁移有重要影响。

知识链接 13-3

武卓(H. Woodrow)的学习迁移实验研究

他将被试分成三个等组:第一组为控制组,不加任何训练;第二组为练习组,要求被试记忆某种材料,但不加指导;第三组为指导组,在被试记忆材料时,主试提示有效的记忆方法。练习组与指导组所学习的材料和学习的时间都是相同的。最后,对各组施行最终测验,比较前后两次测验的结果。在最终的测验中,练习组的成绩和控制组大约相当,但是指导组的每一次测验成绩都超过练习组和控制组很多。

——选自张景莹的《大学心理学》,清华大学出版社 1986 年版

以上实验表明,无指导的练习所产生的迁移量是很小的,而有指导的练习则能产生大量的正迁移。这说明学习的指导对促进迁移有重要的作用。

综合练习

一、概念解释

1. 狭义的学习 2. 学习动机 3. 学习兴趣 4. 动作技能 5. 智力技能 6. 学习迁移

二、填空

1. 加涅根据产生学习的情景及心理机制，把学习分为________、________、________、________和________五个层次。

2. 奥苏贝尔根据学习进行的方式，把学生的学习分为________与________；根据学习的内容和方法把学习分为________和________。

3. 我国学者一般习惯于根据学习内容和结果把学习划分为________、________、________和________四种类型。

4. 知识掌握包括________、________和________三个环节。

5. 学生应用知识的过程一般包括________、________、________和________四个相互联系的活动环节。

6. 根据技能的性质和特点，可以把技能分为________和________两大类。

7. 按照学习迁移的性质，可以把迁移分为________和________；按照学习迁移的方向，可以把迁移分为________和________。

三、判断

1. 学习的结果表现为行为的变化，所以所有的行为变化都是学习的结果。（　　）

2. 接受学习一定是机械学习，发现学习必然是有意义学习。（　　）

3. 学习动机越强，学习效率就越高。（　　）

4. 顺向迁移一定是正迁移，逆向迁移一定是负迁移。（　　）

四、选择

1. 学生听老师讲课，属于________。

A. 接受学习　　B. 发现学习

2. 学生绘图的技能，属于________。

A. 智力技能　　B. 动作技能

3. 学过汉语拼音之后，再学英语，发音往往容易混淆，这属于________。

A. 正迁移　　B. 负迁移

五、问答和简述

1. 学生的学习有何特点？

2. 应如何激发学生的学习动机？

3. 应怎样培养学生的学习兴趣？

4. 应如何培养学生的动作技能和智力技能？

5. 试述促进知识理解的教学策略。

6. 影响学习迁移的因素有哪些？教学中应如何促进学习的正迁移？

第十四章 品德心理

本章学习指导

1. **识记**:品德的概念、品德的心理结构。
2. **理解**:品德形成的心理过程及不良品德形成的原因、国外品德形成的理论体系。
3. **应用**:① 按照品德形成过程的理论培养青少年良好的道德品质。② 了解学生不良品德形成的原因,提出具体的矫正方法。

第一节 品德概述

培养学生良好的道德品质是学生全面发展的重要内容,也是学校教育的一项重要社会职能。学生良好的道德品质不是自发形成的,它的形成有其自身发展的特点和规律。研究和掌握学生品德发展的规律,有利于教师在品德教育中提出恰当的教育措施和方法以培养学生的道德品质。

一、品德的概念

(一) 品德

品德是道德品质的简称,它是一定社会或阶级的道德准则转化成个人的道德信念和道德意向,在言行中表现出来的稳固的心理特征。作为一种心理现象,品德是一种反映形式,它所体现的是一定社会的道德要求。品德是在人的实践活动中,在社会道德关系和道德舆论的作用下,在道德教育过程中形成的,是社会现实在人脑中的反映。

(二) 道德

道德是一种社会现象,是社会为了协调和控制社会生活而向其成员提出的一系列的行为规范和准则。道德产生于社会生活,并随着社会的发展而发展。每个社会为了自身的生存和发展,必须要求其成员按一定的行为准则来规范自己的行为。道德和法律都是一种行为规范。法律是由一定的物质生活条件所决定的,由国家制定或认可并由国家强制力保证实施的具有普遍效力的行为规范体系,个体若违反了法律准则,必然要受到法律的制裁。道德是由社会成员约定俗成的辨别善恶的标准。当人们的行为符合道德准则时,他就会获得人们的称赞,得到心理上的满足;违反社会道德时会受到人们的谴责。所以说,道德是依靠社会舆论和个体"良心"所支持的行为规范的总和。

（三）品德与道德的关系

品德与道德是两个既有区别又有联系的概念。区别主要表现在：第一，两者所属的范畴不同。道德是依赖于整个社会的存在而存在的一种社会现象，属于社会意识形态的范畴；而品德则是依赖于某一个体存在而存在的一种个体现象，属于个体意识范畴。第二，两者所反映的内容不同。道德反映整个社会生活的要求，它的内容全面而完整；而品德的内容则是社会道德规范局部的具体体现，是社会道德要求的部分反映。第三，两者产生的动力源不同。道德产生的动力源来自社会需求，受社会发展规律的支配；品德产生的动力源来自个体需求，它不仅要受社会发展规律的支配，还要服从于个体生理、心理活动的规律。

品德与道德的联系表现在：第一，品德是道德的具体化。品德是道德在个体身上的表现，离开社会道德就谈不上个人品德。第二，品德的形成和发展受社会道德风气的影响。品德的形成不是由遗传获得的，而是在后天的社会条件中，在社会道德舆论的熏陶和学校道德教育的影响下，在社会成员潜移默化的道德感染下，通过自己的实践活动形成和发展起来的。第三，品德对道德有反作用。品德不仅丰富了社会道德内容，而且良好的品德作为道德品质的典范，会对整个社会道德风气产生深远的影响。

总之，品德和道德是相辅相成、辩证统一的关系。心理学、教育学研究个体品德，伦理学、社会学研究社会道德。心理学、教育学研究个体品德不能脱离一定的道德环境和规范，对个体品德的研究成果反过来又丰富了社会道德的内容，促进了社会道德的发展。

二、品德的心理结构

品德的心理结构是指品德这种个体心理现象的组成成分，指个体心理现象的形式、结构体。品德的心理结构非常复杂，对此学者之间的观点也有差异，一般认为品德的心理结构是由道德认识、道德情感、道德意志和道德行为构成的，这四种心理成分可以简称为识、情、意、行。

（一）道德认识

道德认识是人们对社会道德现象、道德规范及其意义的认识，也就是对客观存在的道德关系及处理这些关系的原则、规范的认识。道德认识包括道德知识的掌握、道德信念的确立和道德评价能力的发展。道德认识是品德形成的基础，只有当一个人充分认识到行为的道德意义时，他的行为才能称得上道德行为。

（二）道德情感

道德情感是指根据一定的道德标准去评价人的思想、意图、言论和行为时产生的内心体验。一个人依据道德标准评价自己或他人的言语和行为时会产生不同的情感体验，符合道德标准会产生积极的情感体验，不符合道德标准就会产生消极的情感体验。道德情感是品德结构中的重要组成部分，它是道德认识和道德行为的中介变量，道德认识只有与道德情感相结合，才会产生道德动机从而推动道德行为。

（三）道德意志

道德意志是人们自觉地确立道德行为目的，支配自己的道德行为，克服各种困难，以实现既定目的的心理过程。它体现在实现道德目标过程中的支持与控制行为的力量。道德意志的作用就在于发动与既定目的相符的行为，制止与既定目的相悖的行为。

（四）道德行为

道德行为是人在道德认识与道德情感推动下产生的涉及道德意义的行为。道德行为是品德的外部表现形态，也是道德教育的最终目的。道德行为通过多次重复和有意识的练习，会形成道德行为习惯。道德行为习惯是一种自动化的道德行为，一旦形成，就比较稳定。培养学生良好的道德行为习惯是学校品德教育的重要任务。

品德结构中的这些成分是彼此联系、相互制约的。其中道德认识与道德情感位于核心地位，它们不仅决定着品德的性质，而且也决定着道德意志与道德行为习惯的发展。同时，道德认识、道德情感与道德行为之间的联系又具有多渠道的性质，同一道德认识与情感在不同情境下可能发挥不同的推动作用；反过来说，同一行为也可能同多种道德认识与情感发生联系。

第二节　品德形成的心理过程

一、品德形成的主要理论

不同学派对品德的形成与发展及影响品德形成的因素有不同的观点，其中影响较大的有道德发展阶段论和社会学习论。

（一）道德发展阶段论

1. 皮亚杰的理论

著名心理学家皮亚杰在提出儿童的智力发展理论的同时，也提出了儿童的道德发展理论，对品德心理研究做出了重要贡献。

皮亚杰的研究方法是间接故事法，即根据所要探究的道德现象，设计编制一些包含道德价值内容的对偶故事，组成不同的结构形式，要求儿童辨认是非对错，从他们对特定行为情境的评价中去查明他们的道德观念。他在大量研究后指出，儿童道德发展有一条总的规律：从“他律”发展到“自律”。他认为，低龄儿童（10周岁以前）的道德判断是受自身以外的价值标准所支配的，他们盲目服从权威，将规则绝对化，只注重行为后果，不考虑行为动机，将惩罚看作天意或一种报应，他称这种道德判断为“他律道德”。随着儿童年龄的增长（10周岁以后），儿童的道德判断逐步由自己的道德价值标准所支配，他们不再盲目服从权威，而强调公平和公道，注意行为动机，使用惩罚应以让有过错者认识到过错为目的，他称这种道德判断为“自律道德”。他律水平的道德判断与自律水平的道德判断是儿童道德判断的两级水平，具有普遍性。

2. 柯尔伯格的理论

美国教育心理学家柯尔伯格继承并发展了皮亚杰的道德发展理论，他把儿童的道德发展看成整个认知发展的一个组成部分，认为儿童的道德成熟过程就是道德认知的发展过程，并认为道德认知是可以通过教育来培养的。

柯尔伯格对皮亚杰的研究方法加以修正和扩展，保留了皮亚杰“对偶故事”的冲突特点，采用古希腊哲学家在对话中惯用的假设两难情境，编制成“道德两难故事”，并设计了完备的评价

知识链接 14-1

对偶故事

皮亚杰为研究儿童道德认知发展设计了一些包含道德内容的对偶故事，要求儿童判断是非对错，从儿童对行为责任的道德判断中探明他们所依据的道德规则。下面就是皮亚杰在研究中使用的一个对偶故事。

(1) 有一个小孩叫朱利安，他的父亲出去了，朱利安觉得玩他爸爸的墨水瓶很有意思。开始时他拿着钢笔玩，后来玩墨水瓶，结果他把桌布弄上了一小块墨水渍。

(2) 有一天，一个叫奥古斯塔斯的小男孩发现他父亲的墨水瓶空了。在他父亲外出的那一天，他想把墨水瓶灌满以帮助他父亲。这样，在父亲回家的时候，就会高兴地发现墨水瓶灌满了。但在打开墨水瓶时，不小心把桌布弄上了一大块墨水渍。

皮亚杰对每一个对偶故事都提出两个问题：(1) 这两个孩子的过失是否相同？(2) 这两个孩子中哪一个更坏一些？为什么？

——选自李铮、姚本先的《心理学新论》，高等教育出版社 2002 年版

标准体系。根据评价标准对儿童观点进行分析，找出儿童道德发展的规律。

通过长期研究，柯尔伯格认为儿童的道德判断分为三个水平、六个阶段。

水平一：前习俗水平。

该水平的特点是儿童的道德判断观念是外在的，道德的标准不取决于人或准则，而是取决于外在要求。

阶段 1：避罚服从定向阶段。该阶段的儿童根据行为的后果来判断行为的好坏。他们为避免惩罚而服从权威，自己没有形成真正的道德准则概念。

阶段 2：相对功利定向阶段。该阶段儿童认为凡是能满足自己需要的行为都是正确的，把人与人的关系看成完全由直接的互利性决定的。

水平二：习俗水平。

该水平的特点是儿童和青少年的道德观念已开始内化，他们开始从社会一员的角度思考道德问题，判断事件不再仅仅依据结果而是依据社会规则。

阶段 3："好孩子"定向阶段。该阶段儿童认为好的行为是使人喜欢或被人称赞的行为。在道德评价时，总是考虑到他人和社会对"好孩子"的期望和要求，并尽量按照这种要求去做。

阶段 4：维护权威或秩序的定向阶段。这个阶段青少年强调社会秩序，服从社会规范，注重法律权威。

水平三：后习俗水平。

该水平的特点是青少年的道德标准已内化为自己的道德，他们能够以普遍的道德原则作为行为的基本准则。

阶段 5：社会契约的定向阶段。这个阶段的青少年视法律为社会契约的一种，人人要服从法律。契约是人商定的，人们可以根据需要改变契约。

阶段 6：普遍道德原则的定向阶段。这个阶段的青少年形成了自己的人生哲学，对是非善恶有其独特的价值标准。

关于柯尔伯格道德判断发展阶段的研究，有学者概括为以下三点：[①]

(1) 儿童道德判断力的发展在10岁前大都处于第一种水平；13岁前后半数以上处于第二种水平，只有少数进入第三种水平；16岁以上30%进入第三种水平。

(2) 儿童道德发展的先后次序是固定不变的，这与儿童的思维发展有关。但具体到每个人，时间有早有迟，这与文化背景、交往等有关。

(3) 要促进儿童道德发展，必须让他们不断接触道德环境和道德两难问题，以利于讨论和展开道德推理的练习。

(二) 社会学习论

社会学习论是由美国学者艾伯特·班杜拉于20世纪60年代提出来的。该理论强调外部环境对儿童品德形成的作用，认为儿童品德的形成是学习与强化的结果，没有固定的发展阶段。观察学习、榜样和示范、强化作用是儿童道德形成的重要途径。

1. 观察学习

班杜拉认为观察学习是儿童学习的重要形式，从动作的模仿到语言的掌握，从品德的习得到人格的形成都可以通过观察学习来加以完成，儿童的大部分道德行为都是通过观察学习获得和改变的。

2. 榜样和示范

榜样要起到教育作用，需具备以下条件：(1) 榜样要有吸引人的特征，特点突出，生动鲜明；(2) 榜样要符合学习者的年龄特点，同龄人的榜样作用最明显；(3) 榜样的行为要有感染力，能产生心理上的共鸣；(4) 示范行为要具有可行性，要求过高会影响学习效果。

3. 强化作用

强化是指在学习过程中，当个体表现出正确的行为后得到奖赏，当表现出错误的行为时得到惩罚的过程。强化对人的行为具有控制和调节的作用。

社会学习论强调观察的重要性，强调教师言行一致和为学生树立榜样的重要性，强调父母教育方式对儿童品德形成的影响，强调社会环境中的影视和书刊等传播媒介对儿童道德发展的影响。这些观点进一步开拓了道德教育研究的领域。但该理论也存在其缺陷，如片面强调环境的作用，而忽视了儿童的认知因素在道德形成和发展中的作用。对社会学习理论的偏颇之处，我们应注意分析与批判。

二、学生品德形成的心理过程

学生品德的形成是一个十分复杂的过程，它既是家庭、学校和社会通过一定的教育形式将社会道德规范传递给青年一代的过程，也是青少年在实践过程中主动接受社会规范并将这些规范内化为自己的道德习惯的过程。要了解青少年品德形成的心理过程，就应当从品德的心理结构即道德认识、道德情感、道德意志和道德行为习惯的形成入手。学生品德形成的心理过程是有规律可循的，这些规律体现在道德认识的形成、道德情感的激发、道德意志的培养和道德行为习惯的养成等环节之中。

(一) 道德认识的形成

道德认识是人们对社会道德现象的一般的本质特征的反映。道德认识的形成与发展主要

---

① 陈琦：《当代教育心理学》，北京师范大学出版社，2002年版，第213页。

依赖于道德概念的掌握、道德信念的确立和道德评价能力的发展三个方面。

1. 道德概念的掌握

道德概念是道德本质属性的反映。正确理解道德概念是形成道德评价、道德信念的前提。

道德概念的掌握受年龄的影响，学生对道德概念的理解水平随着年级的升高而上升。小学低年级学生的道德概念是具体的，对行为意义的认识与成人的禁止和赞许有关，他们更多地是从行为的后果和外部现象上去理解道德概念。中学生已经能对概念内涵的各个方面加以概括。教学中教师应根据学生年龄上的差异讲解不同的道德概念。

学生道德概念的掌握与感性经验有关。学生在其成长过程中通过接触道德意义故事、现实事件及成人对他们行为的褒贬奖惩等生活经验，在他们头脑中形成道德表象，然后通过分析、综合、比较、抽象、概括等思维活动形成自己的道德概念。具体的感性的道德经验是形成道德概念的基础。有了感性经验，理解道德概念就比较容易了。作为教育工作者，教师在进行德育教学的过程中不仅要进行理论灌输，更要结合具体实例和具体形象进行教育。例如，班内开展献爱心活动、互帮互学活动等，教师可以对活动作必要的通俗的说理和评价，学生则对表现好的同学进行赞扬，这就有助于学生对助人为乐、谦虚好学等道德知识的理解。这种以道德形象为基础的品德教育，能把抽象道理形象化，具有生动性、感染性和趣味性的特点，有助于学生在潜移默化中更好地掌握道德概念，提高道德意识。在学校教育中，有时学生会出现虽然已经领会了某些道德知识和道德概念，但并不主动接受，甚至拒绝接受，表现出“对立”。这就是心理学上常说的“意义障碍”。所谓“意义障碍”是指受教育者在接受德育教育过程中由于某些心理原因而产生的心理障碍，不能把道德概念和要求转化成自己的道德需要。产生这种现象的原因主要有以下几个方面：一是知识的局限使学生对成人的要求难以理解或产生误解；二是教师提出的要求不符合学生原有的需要；三是学校或家庭对学生采用强烈粗暴的态度，伤害了学生的自尊心；四是学生感到教师在处理问题时不公正；五是教师和家长对学生要求不一致，使学生无所适从。教师要耐心地以学生能够接受的方式消除“意义障碍”。另外，在处理问题时要公正、合理、表里如一，并且能以身作则，树立好榜样。①

2. 道德信念的确立

道德信念是坚信道德规范的正确性并伴有情绪色彩与动力性的道德观念。道德信念是推动道德行为的强大动力，它可以使人的道德行为表现出坚定性和一贯性。

由道德知识和道德概念转化为道德信念是一个缓慢的发展过程。学生道德信念的形成和发展受年龄的影响，大致分为几个阶段：(1) 无道德信念时期(10 岁以前)。这个阶段是儿童获得道德表现，积累感性经验，为道德信念的产生作准备的阶段。(2) 道德信念萌芽时期(10～15 岁)。学生表现出道德信念和要求，但这种道德信念还不稳定、不成熟，支配道德行为的力量不强。(3) 道德信念初步形成时期(15～18 岁)。学生的道德信念由萌芽时期向道德信念的确立期过渡。这个阶段学生初步形成了自己的道德观念和一定的道德行为准则，但道德概念的抽象性不高，稳定性差。(4) 道德信念确立时期(18 岁以后)。这个阶段学生的道德概念已非常概括化和抽象化，并且与自己的人生观、价值观、个人理想联系起来，道德信念具有稳定性、坚持性和一贯性的特点。

学生道德信念的形成存在着个体差异，不同的学生在发展阶段上存在差异，教育工作者要因人施教。同时，道德信念的形成与一个人的道德实践以及由此产生的道德情感体验的性质

---

① 李铮，姚本先：《心理学新论》，高等教育出版社，2002 年版，第 179 页。

和强度紧密相关。学校教育要经常有计划地组织学生参加道德实践活动。

3. 道德评价能力的发展

道德评价是个体运用已形成的道德标准，对别人和自己言行进行道德判断的过程。学生道德评价能力的发展具有以下特点：

(1) 从“他律”到“自律”。低年级学生在评价别人言行的时候受周围成年人的影响。随着年龄的增长，学生的道德判断逐步由自己头脑中的道德价值标准向社会道德价值标准过渡，进入高年级阶段，学生不再盲目服从权威，而强调公平和公道，形成自己的评价标准。

(2) 从“效果”到“动机”。低年级学生的道德评价比较注重行为后果，以后果来衡量行为的好坏。随着道德认识的提高和个人道德经验的丰富，逐渐转向对行为动机和行为内部原因的分析。教育工作者要利用这一规律，采用适当的方法，不断提高学生的道德判断水平。

(3) 从“对人”到“对己”。学生的道德评价能力总是从评价别人开始，逐步发展到评价自己。小学低年级学生能够初步地评价别人，但他们还不会评价自己。小学高年级学生虽然能进行一些自我评价，但只能叙述自己行动的表面现象，不能涉及行动的内部原因和自己的心理活动。初中阶段，学生的自我评价能力已逐步发展起来，更加关注自己的内心活动。到了青年初期，学生才能自觉地自我评价。

(4) 从“片面”到“全面”。小学生和初中生的道德评价常常带有较大的片面性，以偏概全，爱作绝对的肯定或绝对的否定，这种片面性会随着道德知识的积累和道德经验的丰富而有所改变。到了高中阶段，学生评价自己或别人的行为才开始带有全面、客观和多层次的性质。

总之，促进学生提高道德认识的过程就是晓之以理的过程。

（二）道德情感的激发

道德情感是情感的一种高级形式。它是人们根据社会的道德规范评价自己和别人的思想、意图和行为举止时所产生的一种情绪体验，因而它是激发人们思想行为的重要的内部驱动力量。

1. 道德情感的功能

首先，道德情感是道德认识的激发力量与驱动力量。激发力量表现在促使一个人积极地接受某种道德教育，努力地掌握有关道德知识，有力地推动道德知识转化为道德信念。道德情感的这种引导与深化作用常常是道德教育成败的关键。驱动力量表现在个体在接受道德概念或准则之前总带有一定的倾向性，这种倾向性使个体乐于接受某种道德概念或准则，而不愿接受另一种道德概念或准则，或者乐于接受某人的教育，而不愿接受另一人的教育。个体的这种对道德认识的倾向性是已有道德情感所起的驱动作用的表现。

其次，道德情感对道德行为的调控作用。人们通过情感表达，可使他人了解自己的态度、思想和心理状态，同时也影响和感染他人。在情感交流过程中，个体要能对自己和他人的道德情感及时知觉，要有一定的道德情感的敏感性，要在知觉的基础上通过判断推理理解道德情感的真正意义。

最后，移情是产生社会行为的中介变量。移情是指能设身处地地以别人的立场去体会当事人的心情。它反映了人际交往中分享他人情感的一种能力，它与人的道德情感的敏感性和对他人情感的理解能力有关。在社会生活中，每个人总会面临大量的关于他人情绪、情感状态的特定情境，其中亦包括他人因处于不利状态所引起的痛苦、烦恼的情境。个体只有从受困扰的当事人的角度看待其所处的情境，他才能明确当事人的情绪所表达的意义，从而产生与其相应的情感体验。在移情作用下，个体更易做出利他的道德行为。

2. 道德情感的分类

(1) 直觉的道德情感。直觉的道德情感是由对某种特定情境的感知而引起的情感体验。这种道德情感的特点是：由具体的情境引起，产生迅速突然，对道德行为有着迅速定向的作用。在特定情境影响下，人可能做出高尚的道德行为，也可能做出卑劣的不道德行为。在学校教育中，营造健康的舆论并帮助学生形成对舆论的正确态度，对培养直觉的道德情感具有十分重要的意义。

(2) 想象性的道德情感。想象性的道德情感是联想起某些人或事物的形象时而激起的情感体验。如战斗英雄、领袖人物等可以激发人们爱祖国、爱人民的情感，见义勇为、劳动模范可以唤起人们的自我牺牲精神和社会责任感。道德形象之所以能引起人们的道德情感体验，在于这些形象具有鲜明、生动的特点，有强烈的感染力和号召力，能引起人们心灵上的激荡，产生深刻、久远的印象。

(3) 伦理性的道德情感。伦理性的道德情感是人在进行道德理论思维时产生的高级的情感体验。它是在道德实践经验的基础上，把道德的感性经验和理性认识结合在一起的情感，因而具有更高的自觉性和概括性。伦理性道德情感的形成是一个渐进的过程，一般到青年期才能具有这种情感水平。

(三) 道德意志的培养

道德意志是指一个人为了实现道德要求，战胜利己的动机而排除内外障碍和做出合理的决定，并坚持道德行为的心理过程。

在道德教育中，学生言行表现常常脱节，学生说的和做的不一样。有的学生虽然接受了道德行为准则，也掌握了一定的行为方式，但在外部诱惑或内部需要的驱使下，往往不能约束自己，产生一些不符合道德准则的行为。如有的学生在道德行为中缺乏自觉性、果断性、坚持性等，这些都是道德意志薄弱的表现。学生道德意志形成过程表现在决心、信心、恒心三个阶段。①

决心是道德意志的第一阶段，是动机斗争、确定行动目的、选择行动方式的下决心阶段。

信心是意志过程的第二阶段，是根据自己的道德信念和道德理想，坚信行为的正确性，树立信心的阶段。

恒心是意志过程的第三阶段，是克服困难、坚持行动、坚忍不拔、持之以恒的阶段。

培养学生的道德意志品质，应采取以下措施：

(1) 提高道德认识，丰富道德情感，激发道德意志锻炼的自觉性。道德意志是在道德认识、道德情感的基础上发展起来的，因此提高道德认识、丰富道德情感是培养学生道德意志的重要途径之一。教师可以利用课堂、校园文化环境向学生介绍一些英雄人物，通过生动的范例，强化学生对锻炼道德意志的认识，并模仿榜样，在学习和生活中自觉地锻炼道德意志。

(2) 针对学生的个性差异，采取不同的培养措施。不同的学生，其意志品质存在差异，教师在道德教育中要因材施教，有针对性地采取培养措施。如有的学生表现软弱，易受暗示，这就需要培养他们道德意志的自觉性和目的性；有的学生优柔寡断，需要培养他们的果断性；对于缺乏毅力和韧性的学生，则要不断激发他们奋发向上和坚忍不拔的精神。

---

① 李铮，姚本先：《心理学新论》，高等教育出版社，2002年版，第187页。

（3）增强“抗诱惑”的能力，自觉形成自我约束机制。“抗诱惑”就是指在具有诱惑力的情境下，个人能依据社会规范，对自己的愿望、冲动等行为倾向有所抑制，避免自己做出违反社会规范的行为。抗拒诱惑实际上就是个人将学得的社会规范运用在生活情境中，学会在没有外部监督的情况下保持良好的行为，自觉排除外部干扰，形成自我约束机制。

（4）创造困难情境，组织行为练习。意志是在克服困难的过程中发展起来的，教师在教学中应该有意识地为学生创造一些困难情境，给他们提供某些克服困难的条件，引起学生积极的动机斗争和意志行动。如要求学生必须完成一项活动，同时给学生创设一定的外部困难。在活动中，教师可以根据情况给予学生一定的帮助，如鼓励、指导、信任、暗示等，激发他们克服困难的决心，使他们经过主观努力获得成功，从而取得意志锻炼的直接经验。

（四）道德行为习惯的养成

1. 道德行为和道德行为模型

道德行为是人在道德意识的支配下表现出来的对他人或社会具有积极意义的行为。道德行为是道德认识的外在表现，是实现道德动机的手段。

20 世纪 80 年代初，美国心理学家莱斯特在已有研究的基础上深入分析了特定的道德行为产生的问题，指出人的道德行为模型由四个过程组成。

（1）解释情境。解释情境就是解释一个人面临的具体道德情境，也就是弄清当前发生了什么以及估计个体可能采取的各种行动。这时，个体会激起一定程度的道德敏感性，感受到自己的行动对别人会产生些什么影响。这种道德敏感性会使一个人去突出或无视情境中的某种道德意义，因而它对行为动机的形成起着一定作用。研究表明，一个人对道德情境的理解能力越差，对情境的道德敏感性越缺乏，他产生道德行为的可能性就越小。

（2）做出判断。在对当前道德情境有所理解后，个体就要考虑可以采取的各种可能行动中哪一个更符合道德规范或准则，也就是要考虑面对这样的情境应该做什么才符合道德要求。这一过程所涉及的主要是道德判断及其有关的问题。

（3）道德抉择。个体在对道德情境做出判断后进而制订道德行动计划，这是个道德决策过程。在这个过程中，个体据以做出判断的道德价值取向有时并不是强有力的，而一些非道德的价值观念却极富诱惑力，因而影响了个体做出相应的道德抉择并付诸行动。

（4）实施行为。在道德抉择的基础上，个体要把道德意向转化成道德行动，实施道德行动计划。在实施计划中，个体除需要明确行动的具体步骤外，还要设想执行过程中的各种障碍，估计可能会遇到的困难，从而坚定意志去克服挫折感，抗拒诱惑，完成道德行动。

莱斯特的这一模型勾画了道德行为产生的合乎逻辑的心理过程。但这个过程不是一种线性的决策模型，各个过程由于正负反馈的作用会相互影响。[①]

2. 道德行为习惯及其培养

道德行为习惯是指稳定的、经常的在一定条件下自动化了的道德行为方式。道德行为习惯的养成是品德形成的重要标志，它可使一个人的道德行为转化为道德品质，从而融合在人的性格中。习惯一经养成便转化成一种需要而成为道德行为的动力因素，可以使人的道德行为更容易表现出来。道德行为习惯的养成，还会让人在新的道德情境中产生道德迁移，出现新的道德行为。

---

① 李佰黍，燕国材：《教育心理学》，华东师范大学出版社，2000 年版，第 556 页。

学生道德行为习惯的养成受其年龄影响，小学阶段的儿童道德行为习惯的发展水平呈“马鞍”形，低年级和高年级较高，中间较低。低年级呈现出高水平是基于一种依附性很强的“家长和教师的权威”。我国学者林崇德通过大量研究指出，从道德行为习惯的形成来看，青少年道德行为习惯发展的总趋势是：形成道德行为习惯的人数随着年龄的递增而上升，初三前后形成道德行为习惯的有 60%，高中阶段有 80%。从道德行为习惯的内容看，随着年龄的递增，良好的道德行为习惯与不良的道德行为习惯的两极分化在增加。从道德行为习惯发展的稳定性来看，初中三年级之前带有更大的不稳定性和可塑性，初中三年级之后有更大的自动性，可塑性越来越小，这与由动荡性走向成熟的青少年品德发展趋势是一致的。这种品德的成熟正是与道德行为习惯紧密地联系在一起的。他还指出，青少年(特别是少年)的道德行为习惯具有不一致性，往往在学校表现得要比在家里好，独生子女更是如此。这反映出青少年道德行为习惯发展中存在着不平衡性和可变性。

道德行为习惯的养成，一般可以通过以下途径和方法：

(1) 创造良好的行为情境。充分利用表扬和批评的武器，促成积极向上的班风和良好的环境氛围，以利于学生养成良好的道德行为习惯。

(2) 运用榜样示范，让学生进行模仿。所提供的榜样应和观察者的条件相似，要有良好的声誉，并能显示出热情的态度和有教养的举止，这样才能更好地激发观察者产生模仿的意向。

(3) 注意纠正不良习惯。教师要注意防止不良习气对学生的影响，以免学生养成不良行为习惯。对已经形成的不良行为习惯，要让学生了解其危害，帮助他们树立克服不良习惯的信心，及时矫正自己的行为方式。

(4) 奖惩要合理。青少年心理尚不成熟，在日常生活中，对其进行表扬和惩罚时一定要注意适度，表扬或批评不恰当都会影响道德行为习惯的养成。过多的表扬容易使学生滋生自满情绪，而频繁的批评又会使学生自卑、胆怯，产生逆反心理。

第三节　学生不良品德的矫正

一、学生不良品德的含义

学生的不良品德是指学生经常违反道德要求或犯有较为严重的道德过错的现象。不良品德开始都是由一些不太引起人们重视的小毛病引起的，如不遵守纪律、骂人、打架、损害公物、偷拿别人的东西等等。这些不良行为如不及时加以纠正，就会发展为严重的道德过错，甚至发展到违法犯罪。因此，作为教育工作者，教师应当把教育品德不良的学生作为自己的一项光荣而艰巨的任务去努力完成。

在一所学校，有不良品德的学生是极少数。但是，他们对其他学生的影响非常大，其行为可能会干扰学校和班级的教育教学工作，影响其他学生良好品德的形成以及社会主义精神文明建设。因此，教师应该关心和帮助他们，鼓励他们改正错误。实践证明，对不良品德的学生发现得越早，纠正得越及时，就越有利于学生品德的健康发展。

二、学生不良品德形成的原因

（一）学生不良品德形成的客观原因

1. 社会方面的影响

每一名学生都是社会的一员，他与社会各个方面的接触会因年龄的增长而越来越广泛。社会风气的好坏对青少年品德的形成有很大影响。我国的社会风尚整体看来是比较好的，有利于青少年的成长。但社会上存在着某些不正之风以及腐朽的思想意识（如贪图享乐、损人利己等），浸染着青少年的心灵。

2. 学校方面的影响

学校是专门培养人的机构，学生的品德主要是通过学校教育来培养的。但是如果教育者思想不端正，教育措施不力，方法不当，都可能妨碍学生良好品德的形成。目前的学校教育主要存在以下几个问题：一是学校办学理念有偏差，只强调智育，忽视对学生思想品德的教育。二是有些教师在管理班级时用“双重标准”对待学生，偏向学习好的，有时在管理学生时方法简单粗暴，伤害了学生的自尊心。三是部分教职工的不良行为直接影响着身边的学生。

3. 家庭教育的影响

家庭是学生最早接受品德教育的地方，家庭教育的好坏直接影响学生早期品德经验的获得。在家庭教育中比较常见的问题有：一是重养轻教。父母只关注子女的物质生活，忽视品德教育。二是宽严失度。家长缺乏教育子女的正确方法和原则，或者管教不严，错把放任当爱护；或者管教过严，错把粗暴当严教。这些教育方法对子女品德形成都是不利的。三是要求不一。父母在对子女的教育上存在巨大的意见分歧，甚至当着子女的面发生争吵，子女在这种矛盾情境中无所适从。四是父母自身不良行为的影响。父母是子女的第一任教师，父母行为不检点，家风不正，会对子女产生负面影响。

（二）学生不良品德形成的主观原因

1. 缺乏正确的道德观念

不良品德的形成与道德认识上的错误有密切关系。有的学生不理解或不能正确理解有关的道德要求和道德准则。例如，有的学生错误地认为“勇敢”就是敢于顶撞老师，把违反纪律视为“英雄行为”。道德观念的错误使得少数学生经不住诱惑，做出违反道德规范的事情来。

2. 道德意志薄弱，自制力不强

具有不良品德的学生往往缺乏坚强的道德意志，不能用正确的认识战胜不合理的欲望，因而产生不良行为。如有的学生明知打架、偷窃等行为是错误的，但是由于意志薄弱，经不住不良诱因的影响，正确的认识不能见诸行动，所以“明知故犯”，常常不能克制自己的这些行为。

3. 情感上的异常

具有不良品德的学生由于不良环境和错误观念的影响，情感上出现异常状态，爱憎不明，好恶颠倒，常常感情用事，喜怒无常。这些情感的特点既是品德不良的一种结果，也是引起新的不良行为的重要原因。在某些特殊情况下，他们可能激情冲动，什么都不顾，丧失理智，爆发出不良的行为，造成严重的后果。

4. 不良的行为习惯

个体偶尔产生的过错行为若受到强化，就会形成不良的行为习惯，固化成为其品德的一部分,并因此产生愉快的情绪体验。不良行为习惯一旦形成,就会使学生不知不觉地采取类似的不良行为,仿佛不那样做就感到不自然,甚至产生不愉快的情绪体验。于是,不良的行为习惯成了产生不良品德的原因。

三、学生不良品德的矫正

个别学生虽然在品德上表现有不良行为,但并不是不可以纠正。因为青少年的心理还不成熟,可塑性很大。只要我们采取符合其心理活动规律和心理特点的教育措施,满怀热情地去关怀和引导他们,学生的不良品德是完全可以纠正和改变的。

(一)构建交流平台,消除情绪障碍

品德不良的学生由于自身的不道德行为危害了他人或集体,因而常受到成人、教师的斥责、惩罚以及同学的耻笑和歧视。他们对周围环境非常敏感,对教师和同学存有戒心和敌意,认为教师和同学轻视自己,厌恶自己。这会使他们在社会交往中离群独处,心灰意冷,不再奋发上进,或流向社会结伙为伴,制造事端。在这种心态下,教师如果急于求成,想短期内把其不良品德矫正过来,往往难以生效。要做好转化工作就必须做好感化工作,教师要真心实意地尊重、关心和爱护他们,从多方面帮助他们,以满腔的热情去融化他们“冰冷”的心。只有这样,才会使他们相信教师的真心诚意,增强对周围人们的信任感。许多品德不良的学生,就是在这种充满真情的爱和耐心感化的教育环境下转化过来的。

(二)提高道德认识,培养辨别是非的能力

有的学生之所以形成不良的品德,就是因为是非观念差,缺乏正确的道德认识,好坏不分,因而在产生错误动机时不能知其错而自觉抑制,发生不良行为时不能知其丑而决心改变,以致一错再错,形成不良品德。教师在进行道德教育时,可以用正反两方面的事实对比教育,利用行为的消极后果使他们认清不良行为的危害。还可以用正面教育的方法,以表扬、奖励的形式提高其道德认识水平,增强其是非观念。

(三)培养意志,巩固新的行为习惯

青少年产生不良行为的一个重要原因是意志力薄弱。因此,在矫正学生不良品德的时候,必须提高他们抗拒诱惑、坚持正确方向和行为的能力,培养他们自觉地与外部不良环境做斗争的能力。教师在矫正学生不良行为习惯之后,一定要不断强化、巩固新的行为习惯。只有这样,品德不良的学生才能从根本上转化过来。

矫正青少年不良品德的方法是多种多样的,不良品德的青少年因其年龄、性别、个性差异而存在不同的特点。因此,在矫正时要充分考虑这些差异,具体问题具体分析,采取适当而有效的方法,多角度、多途径地引导他们积极转化,尽量使每一个学生都能成为具有良好道德品质的有用之才。

综合练习

一、概念解释

1. 品德　2. 道德　3. 道德认识　4. 道德情感　5. 道德意志　6. 道德行为

二、填空

1. 品德包含________、________、________、________四种基本心理成分。

2. 道德情感的表现形式有________、________、________三种。

3. 学生道德评价能力发展具有以下四种趋势：________，________，________，________。

三、选择

1. 当道德认识和道德情感成为推动一个人产生道德行为的内部动力时，就发展为________。

A. 道德信念　　B. 道德需要　　C. 道德动机　　D. 道德判断

2. 学生理解道德要求，也理解执行道德要求的意义，就是不能付诸行动，甚至对教育要求还有对立情绪或拒绝接受，这种现象在心理学上被称之为________。

A. 言行不一致　　B. 道德意志　　C. 意义障碍　　D. 品德问题行为

四、判断

1. 经常违反道德准则或有较严重的道德过错的学生是品德不良的学生。（　）

2. 少年儿童对别人的道德评价往往落后于对自己的道德评价。（　）

3. 品德的培养只能从提高道德认识开始。（　）

五、问答和简述

1. 什么是品德？品德与道德的关系如何？

2. 结合品德形成的心理过程谈谈如何促进学生品德的健康发展。

3. 试分析学生不良品德形成的原因及如何矫正学生的不良品德。

第十五章　个体心理的毕生发展

本章学习指导

1. **识记**：个体心理毕生发展的含义、个体心理毕生发展的特点、个体心理毕生发展的阶段、个体心理毕生发展的动力等。
2. **理解**：婴幼儿期的心理特点和规律、童年期的心理特点和规律、青少年期的心理特点和规律、成年期的心理特点和规律。
3. **应用**：按照不同年龄阶段的人的心理发展的特点和规律，有针对性地对个体进行教育。

第一节　个体心理毕生发展概述

发展在《现代汉语小词典》中解释为："事物由小到大、由简单到复杂、由低级到高级的变化。"对于人类来说，个体的发展主要指从出生后，随着年龄的增长，心理和生理由简单到复杂、由低级到高级、由旧质到新质的不断变化过程。个体心理毕生发展观始于20世纪60年代后期，由巴尔泰斯和沙伊厄等人提出了一种比较流行的发展心理学研究方向。他们认为，发展心理学应研究人类从胚胎到死亡的全过程，而不应只研究人类发展过程中的某一阶段。过去发展心理学多数只限于儿童发展阶段的研究，对于成年及老年的发展问题则极为忽视，近年来越来越多的心理学家开始关注老年发展研究。毕生发展观逐步成为发展心理学中的主流。

一、个体心理毕生发展的含义

个体心理毕生发展是指个体从胚胎、出生、成熟、衰老直至死亡的整个生命进程中所发生的一系列心理变化。个体心理毕生发展观着眼于研究人的全部发展过程，研究从产前到死亡的全部行为变化规律。

个体心理毕生发展首先体现在个体发展是贯穿人的整个一生的过程，发展中的行为变化可以在人生中任一时候发生，没有哪一个年龄阶段在调节发展的性质中居首要地位。其次，个体的发展是多层次、多方面的，形式具有多样性，发展的方向因行为的种类而异。再次，个体的心理发展有很大的可塑性，会随个体生活条件和经验的变化，出现多种形式的发展。最后，个体的发展是由多种因素共同决定的。此外，对个体心理毕生发展必须从多学科的角度进行探讨，才能更全面、更深刻地理解人的发展过程。

二、个体心理毕生发展的基本特点

个体心理毕生发展主要具有连续性和阶段性、稳定性和可变性、顺序性、差异性等几个特点。

（一）连续性与阶段性

个体心理毕生发展观认为，人从胚胎到死亡始终是一个前进的发展过程。人的生命是一个连续过程，生命的每一阶段都受以前时期的影响，同时也影响着以后的发展阶段。个体心理毕生发展是一个从量变到质变的过程，在这个过程中既有连续性又有阶段性。连续性主要表现为，前后发展之间具有密切的联系，前面的发展为后来的发展奠定基础。例如，儿童的语言发展经历了一个从牙牙学语到单词句、电报句、完整句的过程，且多数文化背景中的儿童口语和手势语的发展经历着相同的历程，体现个体心理发展的连续性。

但当个体心理发展到一定程度时，就会出现本质性的变化，即进入了一个新的阶段。一般我国心理学研究者把个体心理发展划分为以下几个阶段：婴幼儿期、童年期、青少年期、成年期。

每一个年龄阶段的儿童都有各自心理发展的特点。在每一个发展阶段开始时总是留有上一个阶段特点的痕迹，在每一个阶段的后期，下一个阶段的特点已经开始萌芽。可见，心理发展是连续性和阶段性的统一。

（二）稳定性和可变性

首先，个体心理发展是具有一定的稳定性的，而且个体的年龄越大，其行为就越稳定，如到了青年期以后人的智商就基本稳定，据 7 岁的儿童智商就能很好地预测以后的智商了。因为人脑的结构和机能的发展有一个大致稳定的速度和顺序，人们认识事物都有一个从低级到高级、从简单到复杂、从量的积累到质的变化的过程。一般来说，在一定的社会文化背景下，大多数同龄儿童总是处于同一发展水平上的，表现出相似的心理特点，且具有相对的稳定性。

其次，个体心理发展也具有一定的可变性。由于社会环境与教育条件的不同，每个个体的发展速度、发展水平、优势领域等方面是不同的，造成个体心理发展的可变性。例如，一个平时比较懦弱的儿童在某个特殊的环境中会变得很勇敢。所以说，个体的心理发展是稳定性与可变性的统一。

（三）顺序性

个体的心理发展是遵循一定的顺序进行的，是不可逆转的、不可逾越的。例如，儿童身体和运动机能的发展是按照头尾法则（从上到下）和近远法则（边缘法则）发展的，即儿童的动作发展是从头部开始依次向身体的下部发展，经历着抬头、翻身、坐、爬、站、走的顺序。从中心到边缘的发展是指动作的发展从身体的中部开始，越接近躯干的部位，动作的发展就越早，而远离身体中心的肢端动作发展则较晚。例如，上肢动作的发展依次是肘、腕、手、手指的动作。此外，其他心理机能的发展也是有顺序性的，如记忆的发展总是从无意识记发展到有意识识记、从机械识记发展到意义识记，绝不会发生逆转。

（四）差异性

一般说来，同一年龄阶段的儿童在心理发展上存在着显著的差异性。例如，同是 8 岁的小学生，一个语言能力发展好，而另一个则形象思维发展好；在性格方面，一个外向、活泼、开朗，一个则内向、不善言辞。可见，个体的心理发展存在着很大的差异。

三、制约个体心理毕生发展的因素

(一) 遗传为个体心理的发展提供了可能性

遗传是指双亲的身体结构和功能的各种特征通过遗传基因传递给下一代的现象。遗传素质是指那些与生俱来的有机体的结构、形态、感官和神经系统等方面的解剖生理特征。遗传素质对心理发展的作用主要从以下两个方面显示:

1. 遗传素质是心理发展的必要物质前提

正是遗传素质使个体在社会生活条件下可能发展成为一个具有高度心理发展水平的人。没有正常人的遗传,就没有正常人的心理。例如,先天愚型患者,就是由染色体遗传不正常造成的。

2. 遗传素质的个别差异提供了儿童心理发展的个别差异的可能性

个体的遗传素质是有一定的个别差异的,如高级神经类型的差异、感觉器官的结构和机能上的某些差异等。正是这些遗传素质的个别差异,造成了有的儿童是安静的,有的则表现为活泼好动;有的易发展为一个音乐家,而有的则易发展为运动员。

总之,遗传素质只是给个体提供了心理发展的可能性,而不是现实性。可能性要成为现实还必须取决于社会环境的作用。

(二) 社会环境对个体心理发展的现实水平起着决定作用

社会环境主要指家庭、社会经济、人际关系、教育、文化等。一个具有良好遗传素质的儿童,只有生活在良好的社会环境中,他的心理才能得到良好的发展。因为儿童既是一个自然实体,又是一个社会实体,而且更重要的是社会实体。他们从一出生就处于社会环境中,时时刻刻受其周围环境的影响。所以说,儿童心理的发展是遗传与环境相互作用的产物。

四、个体心理毕生发展的动力

是什么力量推动个体心理毕生发展的呢? 研究表明,心理发展的内部矛盾是心理发展的根本动力。在儿童主体和客观事物相互作用的过程中,社会和教育向儿童提出的要求所引起的新的需要和他们原有的心理水平之间的矛盾,构成了个体心理发展的内部矛盾,就形成了他们心理发展的动力。例如,一个小学生进入初中学习后,新的学习内容与学习方式向他们提出了新的要求,这些新的要求就使他们产生了新的需要,新要求与学生原有的心理水平之间就形成了矛盾。为了解决这一矛盾,学生必须在教师的指导下,通过自己的努力,突破原有的心理水平的局限,从而达到一个新的发展水平。个体的心理就是在解决这个内部矛盾的过程中不断发展起来的。

第二节　婴幼儿心理的发展

婴幼儿期是指从出生至六七岁这一时期。这一时期主要包括婴儿期(0～3 岁)、幼儿期(3～6 或 7 岁)。心理学专家认为,婴幼儿期是人一生中身心各方面发展最快的时期,也是人生转折点最集中、最多的时期。

一、婴幼儿身体的发育

婴幼儿身体的发育主要指大脑和身体在形态、结构及功能上的发育过程，其中大脑、神经系统的活动是心理活动的基础，直接影响着婴幼儿的心理发生发展的过程。

（一）婴幼儿神经系统的发育

1. 脑重与头围的增加

出生时婴儿脑重达350～400克，相当成人脑重的25%；头围达34厘米，是成人头围的60%。12个月时脑重已达800～900克，头围达46～47厘米。24个月时脑重达1050～1150克（约为成人的75%），头围达48～49厘米。以后增长速度变慢，3岁时脑重接近成人，15岁时达到成人水平。头围在10岁时达到52厘米。如果头围过小（出生时小于32厘米）或过大（出生时超过37厘米），表明婴儿大脑发育有一定问题，应尽快检查治疗。

2. 大脑皮质结构日趋复杂

婴儿期大脑皮质细胞迅速发展，层次扩展，到2岁时脑及其各部分的相对大小和比例，已基本上和成人大脑相似，额叶面积增长达到高峰。5～7岁时又是一个明显加快发育期，此后维持在一稳定水平。同时，婴幼儿神经纤维的髓鞘化也逐步完成，使他们神经兴奋的传导更加精确、迅速。

3. 脑电活动的发展

脑电的变化是婴幼儿脑发育的一个重要指标。出生5个月是婴儿脑电活动发展的重要期。1～3岁脑电活动逐渐成熟，脑电图δ波减少，θ波增多，同时出现少量的a波；4～7岁θ波减少，a波增多。8～12岁a波开始占主要地位。这表明儿童大脑是随着年龄的增长而发展的，这一过程是不可逆的。此外，儿童大脑各区成熟发展的先后程序是：枕叶、颞叶、顶叶、额叶。

4. 大脑皮质抑制机能的发展

大脑皮质抑制机能是儿童大脑机能发展的重要标志之一。3岁以前的婴儿内抑制发展很慢，兴奋与抑制发展不平衡。从4岁以后，内抑制开始蓬勃发展，皮质对皮下的控制和调节作用逐渐加强。但总体上，幼儿的抑制机能还是较弱，兴奋过程超过抑制过程。

（二）婴幼儿身体的发育

1. 身高体重增加迅速

2岁前的婴儿身高体重增长速度惊人，2岁时身高可达出生时的1.75倍，体重可达出生时的4倍。2岁以后身高体重增长速度要慢下来，但和人生的其他阶段相比，增长速度仍然较快，身高每年增长5～7.5厘米，体重每年大约增加3千克。身体生长发育遵循着头尾发展、由近及远（从中心到四周）发展的原则。

2. 身体发育不平衡

婴幼儿期身体各个系统的发展不平衡。在最初的几年内，脑和神经系统发育最快，幼儿期已接近成人水平。而生殖系统在10岁前几乎没有什么发展，到了青春期才开始迅速发展。幼儿的淋巴系统则以特殊的速度发展着，10岁左右达到最高峰，是成人期的200%，而到了20岁时淋巴系统逐渐萎缩。这是因为幼儿早期对疾病的抵抗力弱，需要淋巴系统来进行保护；到了

10 岁以后，儿童获得了足够的免疫力，并随着各种系统的成熟和对疾病抵抗力的增强，淋巴系统便逐渐退缩。所以在婴幼儿阶段，身体发展是不平衡的。

二、婴幼儿认知的发展

认知发展从信息加工的观点看，是指人的信息加工系统不断改进的过程。婴幼儿期认知的发展主要表现为：

1. 感知觉的发生发展

在婴幼儿认知能力的发展中，最先发展且发展速度最快的方面就是感觉与知觉。

(1) 感觉能力进一步发展与完善。婴儿在胎儿期就开始有初步的感觉，到了出生时感觉能力就有了很大的发展。如婴儿的视觉能力，在 6 个月到 1 岁其视敏度和成人相似，4 个月时颜色视觉的基本功能已接近成人的水平。

(2) 在知觉方面，出生 10 天的新生儿就已具有空间知觉，表现出更加关注复杂图形，尤其是对人脸图形更感兴趣。4 岁是图形知觉的敏感期，能辨认圆形、方形、三角形。心理学家通过视崖实验证明婴儿很早就有了深度知觉，且深度知觉能力随着年龄递增在不断地发展。方位知觉方面到了 3 岁儿童能辨别上下，4 岁时能辨别前后方位，5 岁开始能以自己为中心辨别左右方位，6 岁儿童能完全正确辨别上下前后，以自我为中心的左右方位辨别能力尚未发展完善。这些都说明婴幼儿的感知觉能力发展迅速。

2. 注意力的发生发展

婴儿一出生就具有先天的定向反射，即无意注意的最初形态。心理学家运用视觉偏爱法对新生儿进行实验，发现新生儿对复杂的图形更加偏爱，对成形的图案比不成形的图案注视时间更长，说明新生儿已经有了注意的选择性；3～6 个月的婴儿，注意的倾向性更大，平均注意时间增长；6～12 个月的婴儿注意对象和注意选择性在范围和内容上大大扩展了，选择性注意越来越受知识和经验的支配；1 岁以后的婴儿的注意与语言符号紧密结合在一起，集中注意的时间大大延长，注意的事物和范围也越来越广。

到了 3 岁时，有意注意开始出现，他们已能注意观察周围环境中的变化，并和认识过程联系起来。4 岁以后的幼儿有意注意的时间变得越来越长。

3. 记忆力的发生发展

记忆是婴幼儿积累经验和知识的基本手段，也是儿童高级认知过程形成和发展的基础。婴儿期是个体记忆发展的第一个关键期和高峰期。

(1) 婴儿记忆的发展。最早对婴儿记忆进行的研究始于 20 世纪 50 年代末。研究发现，胎儿已有原始的记忆，新生儿末期已具备特定的长时记忆能力，3～6 个月的婴儿长时记忆能力已有了很大的发展，他们学习、掌握的知识和技能已能保持数天不忘；6～12 个月长时记忆能保持的时间继续延长，12 个月时婴儿出现最初的语词记忆能力；3 岁能再认几个月以前感知过的事物；4 岁能再认 1 年以前感知过的事物；1～3 岁期间婴儿开始用行动表现回忆能力。

(2) 无意识记占主要地位，有意识记开始发展。在幼儿初期主要是无意识记占主导地位，他们获得的经验主要是无意识记的结果。到了四五岁时才出现有意识记，但表现为被动性，主要是由成人提出识记任务，幼儿根据任务要求去记忆。到五六岁时有意识记有了明显的发展，能逐步确定自己识记的任务，主动进行记忆。总体上说，幼儿有意识记的效果好于无意识记的效果。

(3) 形象记忆占主导地位。在幼儿初期阶段，幼儿主要以形象记忆为主，对语词的逻辑记忆能力较差。到了五六岁时幼儿的语词记忆能力开始迅速发展，与形象记忆的差距日益缩小。

4. 思维的发生发展

婴儿期是儿童思维发生的阶段，到了幼儿期思维则处于飞速发展时期。主要表现为：

（1）3 岁以前婴儿的思维主要是直观行动思维。首先表现为，婴儿能对图形和物体进行辨识；其次能对物体进行分类，并能以非常简单的方式进行类比推理。2.5～3 岁时，婴儿开始由直观行动思维向具体形象思维转化。

（2）幼儿期主要以具体形象思维为主。感性经验的增加，语言能力的提高，为幼儿思维从直觉行动性向具体形象性的发展创造了条件。幼儿此时的思维主要依赖事物的具体形象或表象，如幼儿不能直接进行 2＋4＝6 的计算，但让他们掰着自己的手指头数，他们就能很快算出来等于 6。

（3）抽象思维开始萌芽。幼儿期抽象思维开始萌芽，但仍带有很大的具体形象性和思维的不自觉性。有实验研究显示，幼儿在 3 岁时基本不能进行推理活动，4 岁时推理能力开始发生，5 岁时大部分幼儿可以进行推理活动（有 75%），六七岁时已全部可以进行推理活动了。此外，幼儿推理内容的正确性、推理的独立性、推理过程的概括性等几方面都在逐步提高。

5. 言语的发生发展

言语的发展对婴幼儿认知和社会性的发生发展都具有深远的意义。整个婴幼儿期是儿童言语迅速发展的时期，是掌握口头言语的关键期。

（1）前言语期。前言语期也称为言语的准备期，是婴儿在掌握语言之前，有一个较长的言语发生的准备期（0～12 个月）。这个阶段主要准备两方面的内容：一是发音的准备；二是理解的准备。婴儿在 2 个月以后发音现象开始明显；4～8 个月开始了牙牙学语阶段；8～9 个月时婴儿已能听懂成人说的一些话了；从 10 个月开始能模仿大人发音了，婴儿发出的音开始具有一定的意义，能与具体的事物联系起来了；到 1 岁左右婴儿已能理解 20 多个词，这标志着婴儿进入言语的发展期了。

（2）积极言语活动阶段。此阶段的婴儿（1.5～3 岁）开始掌握合乎语法规则的语句，语言结构更加复杂，出现了多词句，能够使用各种基本类型的句子，有各种简单句，也有复合句的使用，且使用句子的字数也在增加。所以说，这一阶段是婴儿语言发展上一个飞跃的阶段。

（3）口头言语阶段。3～6 岁的幼儿语言的发展主要是口头言语的发展，表现在：语音能力随年龄的增长逐步提高；词汇的数量不断增加，词汇的内容不断丰富，主动词汇不断增加；逐步掌握语法结构，语言表达能力进一步提高，能从外部有声语言逐步向内部无声语言过渡，并初步掌握书面语言。

三、婴幼儿社会性的发展

（一）婴幼儿情绪的发展

人类的基本情绪在婴幼儿的生存和生长中起着十分重要的作用。婴儿出生 1 周之内就出现了快乐、痛苦、厌恶、兴趣等情绪，随着年龄的增长，出现了越来越多复杂的情绪，其中“哭”和“笑”是婴儿表达情绪最直接的手段。

总体上，在婴幼儿心理发展的过程中，其情绪表现有以下特点：

1. 情绪的短暂性

产生情绪的时间较短。

2. 情绪的强烈性

对成人而言是微不足道的刺激，但对婴幼儿可引起强烈的情绪反应。

3. 情绪的易变性

情绪可以在短时期内有很大的改变。

4. 情绪的真实性和外显性

情绪毫不掩盖，完全表现在外面。

5. 情绪的容易冲动性

遇到激动的事情短期内不能平静，听不进别人的劝告。

随着年龄的增长，孩子的情绪逐渐趋于稳定，有意识地控制自己的情绪的能力逐渐增强。孩子还可以产生恐惧、愤怒、妒忌等不良的情绪。3 岁、11 岁是产生恐惧的两个高峰年龄。3 岁时儿童对物体、动物、黑暗等客观环境易产生恐惧，11 岁则由于担忧、焦虑而产生恐惧。

幼儿阶段的孩子由于神经的抑制过程较弱，其情感的稳定性还是极其脆弱的，有时他们会莫名其妙地发脾气或出现极度恐惧，但高级的情感体验有了初步发展。

（二）自我意识的发展

自我意识是儿童社会化的重要组成部分，是衡量个性成熟水平的标志。

1. 自我意识的萌芽

婴儿快 2 岁时开始能把自己的动作和动作的对象区分开来，以后又能把自己与自己的动作区分开来，大多数孩子能叫出自己的名字，或能用指代自己的人称代词“我”来称呼自己了。这说明儿童开始把自己与周围客体区分开来，这就是儿童自我意识的萌芽。

2. 自我概念的发展

随着年龄的增长，幼儿会将自己作为思考对象，“客我”不断发展，逐渐建立了自我概念。快 3 岁的孩子能根据自己的外在特征把自己归为某一类，以区别自己与他人，如这时的幼儿能说出自己是男孩还是女孩了。

3. 自我评价的发展

幼儿的自我评价首先是依从性评价，到 4 岁时可以进行个别性的自我评价。其次，幼儿期已具备一定的道德性评价能力，4 岁幼儿就能运用一定的行为准则来评价别人和自己行为的好坏，自尊感大大提高。再次，由对自己外部行为的评价逐步向对内心品质评价过渡。总体上，幼儿总是倾向于过高评价自己。

（三）社会交往的发展

婴幼儿的社会交往有利于他们形成良好的社会适应能力，有利于形成积极的情绪情感，还有利于自我意识的提高和认知能力的发展。

婴幼儿同伴交往的发展主要经历是：

(1) 在 1 岁以前，他们开始对同伴感兴趣；1 岁以后开始对同伴注视的时间和次数增加，相互协调的互动行为增多。这种发展为以后同伴的交往合作奠定了基础。

(2) 同伴关系的深化。2 岁以后幼儿开始花在社会性游戏的时间比自己单独游戏的时间增多，在活动中他们模仿同伴的行为。这为以后合作交流打下基础。

(3) 观点采择能力的发展。观点采择能力也称为换位思考能力，是幼儿能把自己的观点与他人的观点加以区分并协调起来的能力。3～6 岁的孩子能认识到自己与别人有不同的想法，会根据一些信息来理解他人的行为，但感受能力还是很有限的。幼儿的这种能力能帮助他们更好地与同伴交往，并能受同伴的欢迎。

第三节　童年期学生心理的发展

童年期主要指小学阶段(六七岁至十一二岁)，这一阶段是儿童智力、道德品质、生活卫生习惯培养的重要时期。在这个阶段，儿童的社会地位变化、承受环境压力的变化、生活学习环境的变化，都将促使儿童的心理发展产生质的飞跃。

一、童年期学生身体的发育

(一) 骨骼和肌肉发展的特点

小学阶段身体发育较为平缓，身高平均每年增长 4.5～5 厘米，体重平均每年增长 2～2.5 千克。骨骼发育中石灰质的比例较少，胶质的比例较多。儿童的骨骼弹性大、硬度小，不容易骨折，但容易在不良习惯和姿势影响下发生变形。所以在这个时期要注意儿童在坐、立、跑时保持正确的姿势，以防止儿童脊柱和胸廓变形。

他们的双臂与双腿的肌肉尚未显著发育，肌肉比较柔软，内含蛋白质相对较少，水分较多，缺乏耐力，容易疲劳，所以儿童的抄写动作、精细动作发展要差些，因此儿童的书写时间不宜过长。据苏联心理学家的研究显示，对儿童进行手(手指、手腕、手掌等)的动作的训练，可以促进大脑的发育。

(二) 呼吸和循环系统发展的特点

虽然儿童期学生心脏和血管的容积比成人小，但他们活动量大，新陈代谢旺盛，身体所需要的血液量较大。为了保证新陈代谢所需要的供血量，儿童的心率就要比成人高，并且心率随年龄的增长而降低。所以对于小学生来说，体育活动时间和量都不宜过大，否则容易使儿童的心肌疲劳。肺活量在 6～7 岁时开始逐渐发展，所以小学阶段要注意适当的体育活动，以促进学生心脏和肺功能的发展。

(三) 神经系统发展的特点

儿童期学生脑的重量增长显著，9 岁儿童的脑重为 1350 克左右，12 岁儿童的脑重为 1400 克左右，基本接近成人。大脑神经细胞的分化已基本完成，内抑制机能加强，条件反射容易形成并且比较巩固。所以儿童的学习能力大大提高，能更好地分析、综合外界事物。但是大脑的兴奋与抑制的平衡性还较差，兴奋强于抑制，表现为低年级的学生不能很好地控制自己的行动，好动，坐不住。有些没有经验的老师经常给学生戴上“多动症”的帽子，这是不恰当的。

(四) 儿童期学生性腺发育的特点

随着人们生活水平的提高，有许多调查资料显示：当前的儿童青春发育期都提前了 2 年左右，学生从十一二岁起性腺激素就急剧增加，开始出现第二性征。如小学高年级男生已开始变声，有不少女生的初潮已来到，这些给儿童心理上带来了许多影响。由于缺乏有关的性知识，儿童会出现一些害羞、腼腆甚至害怕的心理现象。所以在当前的教育中，要重视对小学高年级学生的性知识的教育，使他们能健康地成长。

二、童年期学生心理的发展

（一）感觉与知觉能力的发展

1. 视觉、听觉、运动觉发展迅速

他们对颜色的感受性大大提高，能认出红、黄、白、黑、绿、紫、橙黄、粉红等颜色。多数小学生已具有对颜色的偏好倾向，如在常见的几种颜色中，对红色、绿色、黄色偏爱的较多，对灰色、棕色、黑色偏爱的较少。而且还存在着性别差异，一般男孩最喜爱黄色、蓝色，其次是绿色、红色；女孩则最喜欢红色、黄色、橙色、白色和蓝色。

对言语的听觉敏度已接近成人，到了一年级末，辨别汉语四声和相近字音的能力可达到成人的水平。刘兆吉等人的研究表明，儿童对语音的感知能力受地方方言的影响，并且农村小学儿童的感知能力略低于城市儿童，这主要是生活环境和教育条件所造成的。所以小学教师应注意对学生进行视听觉的训练。

2. 儿童期学生的感知觉的有益性、目的性逐渐增强

一般而言，他们在课堂教学中能使自己的感知觉服从教学目的，不再完全由自己的兴趣决定。

3. 儿童期学生由整体感知逐渐学会分析事物

小学生先感知事物的整体，然后才细致地分析部分。例如，在识字的时候，他们先感知整体字形，然后才分析字形的结构，所以一、二年级的学生容易把相似的字搞混。

4. 儿童期学生的空间、时间知觉发展迅速

林崇德等人的研究表明，刚入学的儿童对几何图形及其概念已经有了初步的了解。他们不仅能正确辨认几何图形，而且能正确绘制各种图形，最后还能用语言正确说明图形的特征。这说明小学生对几何图形的认识已由对具体直观图形的认识过渡到对一类图形共同特征的掌握。

小学低年级学生对左右方位容易搞错，他们常常要和具体事物联系起来才能辨别清楚。例如，在上体育课时，一年级学生约有 1/3 的人不能正确执行"向左转、向右转"的口令。朱智贤等人研究认为，儿童左右概念的发展有规律地经历着三个阶段：(1) 儿童比较固定化地辨认自己的左右方位(5～7 岁)；(2) 儿童初步掌握左右方位的相对性(7～9 岁)；(3) 儿童比较概括地、灵活地掌握左右概念(9～11 岁)。由此可见，儿童的左右概念发展和思维发展的一般趋势相符合，都是从直观到抽象的过程，一般到三年级左右，能在词的水平上辨认空间方位。

小学生的时间知觉总是和生活中的具体事件或周围现象相联系。例如，他们对早晨起床上学的时间、上课吃饭的时间等的感知要容易一些，而对较小或较大的时间单位，如秒、分、年代、世纪等则难以辨认。教师要在教学中重视学生对时间概念的学习，使他们及早地形成时间观念。

（二）记忆能力的发展

记忆是智慧的源泉，记忆力对于小学生的发展意义重大。

1. 儿童期学生从机械识记占主导地位逐渐向理解记忆占主导地位方向发展

由于小学低年级学生知识贫乏，没有足够的知识与新知识相联系，再加上他们的内部言语发展的不完善，这直接导致他们的抽象思维水平不高，对事物的本质和意义很难理解。所以，低年级学生主要以机械识记为主。随着年龄和年级的升高，如到了三、四年级，知识经验日益丰富，言语、思维不断发展，意义识记在不断地增强。在小学的教学中，教师应注意机械识记和理解记忆的相互补充。

2. 从无意识记占主导地位向有意识记占主导地位发展

小学生有意识记能力的发展是随着年龄的增长而不断发展的。有研究表明，小学二年级学生无意识记的正确回忆率为 42.8%，有意识记的正确回忆率为 43.0%；小学四年级学生无意识记的正确回忆率为 43.8%，有意识记的正确回忆率为 51.50%。这说明小学生的有意识记已经超过了无意识记。苏联心理学家沙尔达科夫做实验证明了这一点，他让不同年级的学生识记某一教材，隔一段时间，让学生重现这一教材的内容，其结果见下表 15-1。

表 15-1 不同识记方法百分数比较(%)

年级	逐字逐句识记	意义识记
一	72	28
四	56	44
六	55	45
九	17	83

从表中看出，学生年级越高，意义识记占的比例越大，机械识记占的比例越小。

3. 从具体形象识记占主导地位向词的抽象记忆能力发展

一般小学生擅长具体的形象记忆。但是儿童入学后，既要求他们记住一些具体的事物与形象，也要求他们记住一些概念、公式、原理等。年级越低，形象记忆的效果越优于语词记忆，即随着儿童年龄的增长词的抽象记忆在迅速发展。但并不是说形象记忆是较低级的记忆，事实上，二者对于学生的学习都具有重要的作用。

4. 小学生的记忆恢复现象

记忆恢复也叫延缓再现，是指识记过的材料过一两天后测验的成绩比刚学过时的成绩更好。这种现象常出现在儿童的记忆学习中，并随着年龄的增加而弱化。例如，学前儿童的记忆恢复现象占记忆总量的 85.7%，小学生占 60%，初中生占 50%。一般认为，产生这种现象的原因是在识记时产生了抑制现象，过后抑制解除，从而出现了记忆恢复。还有人认为，学习初期学习者对学习材料未形成整体联系，过后才把它构成整体联系，这才产生了记忆恢复。

（三）思维与想象能力的发展

1. 小学阶段的思维以具体形象思维为主，逐步过渡到抽象逻辑思维

小学生的思维表现出具体性，如果离开具体事物而进行纯粹形式的逻辑思维就会感到困难。例如，问题“A 比 B 高，A 比 C 矮，问谁最高？”低年级小学生就不能顺利地解决这个问题。此外，低年级儿童对概念的掌握，也只能反映事物外部的特征，即直观形象的概括，“不能理解”的概念较多；到了中年级出现了形象抽象的概括；高年级出现本质抽象的概括，“不能理解”的概念减少，逐渐能根据非直观的“重要属性”、“识记功用”、“种属关系”认识事物，学会分出本质与非本质的东西，从而掌握概念。

2. 小学生思维结构逐渐趋于完善

小学低年级学生已经掌握了一定的概念属种关系。例如，小学生可以把鸡、鸟、猴子、萝卜、白菜、辣椒、月季花等等按照属种关系分类概括。到了三四年级后，学生不仅能发展一些概念的属种关系，而且初步出现了对问题进行重新组合分析的能力。在思维方向上，小学生基本都是从顺向思维发展到逆向思维，再发展到顺向思维，反复进行的。低年级小学生处于低级的顺向思维阶段。例如，一年级的应用题“小明有 9 本书，送给红红 5 本，还剩几本书?”这对于小学生来说，比较容易理解和运算。如果出现逆向思维的问题，则要到三四年级学生才能理解。

3. 小学生思维发展的不平衡性

一般而言，小学生的思维在从具体形象思维向逻辑思维的发展过程中，存在着不平衡性。这主要与思维对象、学科、教材等不同有一定的关系。例如，五年级学生数学概括能力发展迅速，掌握字词的能力次之，对漫画的认知能力和综合分类能力发展要慢些。

4. 小学生的创造性思维有了初步发展

儿童的创造性思维对一个人完整的心理面貌的发展具有重要的作用。小学是儿童创造能力发展的重要阶段。美国心理学家托兰斯研究发现，儿童创造性思维的一般发展进程为：一、二年级直线上升；三、四年级出现低谷；五、六年级又有回升。

5. 儿童期学生想象力的发展

想象是人特有的心理现象，是人的高级认识过程，对学生的创造性思维有重要作用。一般低年级学生的想象常常是简单、离奇。例如，低年级学生的绘画逼真程度差，自己想象成分多。中高年级的学生想象中的创造成分不断增加，想象的有意性逐渐增强。例如，写命题作文、自拟题目的作文，高年级学生的想象成分大大超过低年级学生。

（四）情绪情感的发展

(1) 小学生的情绪情感从表现方式上看，比较外露，容易激动，不稳定。小学低年级学生有许多害怕的东西，如黑暗、火、生病、被狗咬等，年龄稍大点害怕虚幻的、遥不可测的东西。但总体上小学生最害怕的还是学业的失败，怕家长、老师的指责，怕同学的讥笑。如果这些情绪过多，可能会造成一定的压力，所以在这方面应给以注意。

(2) 随年龄的增长，小学生情绪情感反映的内容越来越丰富，越来越深刻。儿童入学后，他们生活实践的范围扩大了，尤其是在学校的集体生活学习中，体验到了班集体、少先队中个人与集体、人与人的关系，进而产生对老师同学的友爱、互助和责任感以及集体的荣誉感等。小学生有着强烈的向师性，师生的情感对于儿童心理的发展有着不可低估的作用。此外，与美育相联系的审美情感也有一定的发展。

(3) 小学生情感体验由弱变强逐步发展。低年级学生的情绪情景性很强，容易随着情景的变化而变化，往往因为一点小事就闹情绪。随着年龄的增长，高年级的学生已经能意识到自己的情感表现以及表现后可能带来的结果，情感逐渐内化、深刻了。

（五）社会性发展

入学之后，小学生的社会性发展得到了很大的发展。

1. 自我意识的发展

自我意识的发展过程是个体不断社会化的过程。自我意识是人对自己以及自己与周围事物关系的一种认识和态度。它主要包括自我认识、自我体验、自我控制。

小学生自我意识的发展趋势是：随着年龄的增长从低水平向高水平发展，但发展不是直线的、匀速的。小学一到三年级处于上升时期，入学后，儿童通过自己的同学、老师对自己有了新

知识链接 15-1

培养创造思维的几种方法

美国心理学家霍尔曼根据研究提出培养与开发儿童创造性思维的 12 种方法：

(1) 培养儿童主动学习的热情。创造型教师注重启发儿童的思维，鼓励他们自己去发现问题、提出假设并去亲自实践，即培养儿童探索、自我创造的意识。

(2) 放弃权威态度，倡导相互协作、相互支持、相对自由的良好气氛，使集体创造力得到最大程度的发挥。

(3) 鼓励儿童勤奋地学习，多方面地获得知识，并对知识进行积极的理解和消化，以达到能运用自如的程度。

(4) 对儿童进行适当的创造性思维的专门训练，其中包括：鼓励儿童进行回忆和进行独特而奇异的猜想，区别不同问题并发现相互之间的关系；鼓励儿童提出自己的主张，自己编故事和游戏等；鼓励儿童去积极地发现日常事物的特殊用途。

(5) 推迟判断。创造型教师往往给儿童足够的时间进行思考，而不急于向其提示解决问题的方法。

(6) 促进儿童思维的灵活性。创造型教师应帮助儿童学会从不同的角度看待、分析和理解问题，而不墨守成规。

(7) 鼓励儿童独立进行评价，用自己的标准对他人的想法、观点及所取得的结果进行评价。独立评价能力的发展有利于创造性的发挥。

(8) 训练儿童感觉的敏锐性。创造型教师应帮助儿童获得对他人的感觉和情绪以及对社会、个体等多种问题的敏感性。

(9) 重视提问。创造型教师对儿童的提问往往表现出很有兴趣，并认真地加以对待。同样，他们自己提出的问题也不是简单地重复教学内容，而是一些能刺激儿童积极思维，以寻找多种答案的具有启发性的问题。

(10) 尽可能地创造各种条件，让儿童接触各种不同的概念、观点以及材料、工具等，以帮助儿童理解周围的世界。

(11) 重视培养儿童的挫折耐受力，这是进行创造性活动不可缺少的心理品质。

(12) 注重整体结构。创造型教师在传授知识时注重知识的系统性及其相互之间的联系，而不是教儿童机械地掌握某一孤立的事物或概念。

——选自李晓东的《小学生心理学》，人民教育出版社 2003 年版

的认识，而学习活动对儿童的自我监督、自我调节等能力有了进一步的要求，从而促进他们的自我意识有很大的发展。小学三到五年级处于发展的平衡阶段，从五年级到六年级又处于第二个发展上升期。这主要与他们的抽象逻辑思维逐步发展有关系，致使他们对自己的认识更加深刻了。他们能用内化的行为准则要求、监督、调节自己，能把自己的表面行为的认识、评价转向对自己内部品质的评价，使自己的自我意识水平达到一个新水平。

2. 小学生对男女性别有明确的认识

从小学低年级开始男女同学的学习兴趣和游戏就有了明显的分化。男同学喜欢几个人在一起从事冒险、追打、球类运动；女同学则喜欢几个人在一起从事较为安静的活动，如手工编织、跳皮筋等活动。到了小学高年级，男女同学在一起游戏活动的情况会逐渐减少，多数情况

下都是同性同学在一起玩。

3. 小学生道德品质的发展

小学生道德品质的发展有一定的年龄特点。首先，在道德认识的理解上，小学生从比较肤浅、表面的理解逐步过渡到比较精确、本质的理解上，但概括水平较差。其次，在道德品质的判断上，小学生从只注意行为的经过逐步转向比较全面地考虑动机和效果的统一，但判断总体上还有很大的片面性和主观性。再次，在道德原则的掌握上，基本上是从他律到自律的过程。最后，初步掌握了道德范畴，对不同的范畴的理解有不同的水平。研究表明，小学阶段是儿童道德品质发展的关键时期，这就需要我们的老师善于抓住这个关键期进行有效的道德品质教育。

（六）个性的发展

进入小学之后是儿童个性发生较大转变的重要时期，是塑造儿童个性的新起点。

1. 兴趣发展

小学生有广泛的兴趣爱好，但稳定性较差。他们主要喜欢玩游戏，看连环画、动画片等。10 岁以前的儿童主要喜欢童话、滑稽的漫画，以后喜欢看冒险、探险的故事。男孩喜欢看运动节目，女孩喜欢看童话节目，且他们还喜欢模仿。此外，小学生的兴趣表现出很大的差异，有的喜欢美术，有的喜欢数学，有的喜欢语文等等。总之，小学生的兴趣范围比较广泛。

2. 气质特点

了解小学生的气质特点是为了便于有针对性地进行教育。气质本身无好坏之分，各种类型都有其优点和缺点。胆汁质的儿童热情大方、直率，但易发脾气、冲动，男孩在行动上容易与他人发生冲突；多血质的儿童活泼好动，但容易马虎，情绪变化不稳定；黏液质的儿童安静，但又缺乏朝气；抑郁质的儿童坚持性好，但孤僻，不善于与同学交往。如果教师对不同气质特点的学生采取相应的教育措施，可以使教育教学工作更有效。

3. 性格特点

首先，在对现实的态度上，低年级学生对集体、对学习、对同学、对自己的态度往往以老师、家长的态度为准，老师认为我是这样的，我就是这样的。但随着年龄的增长，高年级的学生开始有了自己的态度认识。其次，在情绪特征上主要表现为：情绪不稳定的学生容易激动，喜怒无常，而情绪稳定的小学生则比较温和，情绪反应慢而轻微。再次，小学生偏外向的性格特点较多，他们总体上活泼，好动，不喜欢独处，容易冲动，自我控制力较弱。一般来说，小学生的性格有相对的稳定性，但是随着年龄的增长、教育环境的改变，小学生的性格可塑性还是很大的。教师只有根据学生的特点，因材施教，才能培养出性格良好的学生。

第四节　青少年期学生心理的发展

青少年期学生主要指初中和高中学生，年龄在十一二岁至十七八岁。这个时期是一个人身心发生巨大转变的时期。一个人从出生到成熟，生理发育有快有慢，发展最快的两个高峰期是：一是从出生到两岁，这个时期个体的生理发育特别快；二是初中生阶段（如图 15-1 所示）。

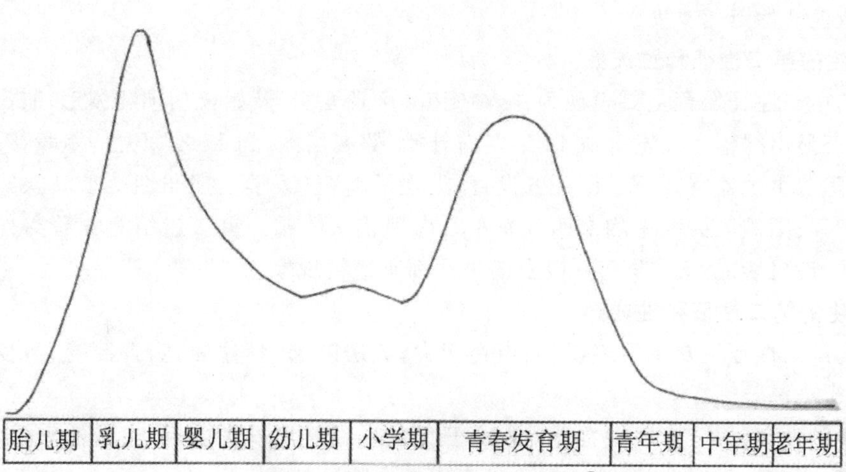

图 15-1　人生两次生长高峰示意①

一、少年期学生身体的发育

（一）身高、体重和体态的急剧变化

少年期学生身体发育的明显外部特征是身高、体重和体态的变化，男女身高平均每年增长 6.35 厘米，体重平均每年增长 4.62 公斤。女生的生理发育加速期一般比男生早 1～2 年，身高的高峰期比体重的高峰期又早一年。而男生在力量发展上超过女生，尤其在 13～17 岁，这种差别迅速加大。例如，女孩臂肌静止耐力只是男孩的 1/3，腰腹肌力量为男孩的 2/3，下肢爆发力为男孩的 3/4，速度和速度耐力相当于男孩的 4/5。因而在体育活动时，男女应该分开，锻炼内容和要求也要有所不同。

身体各个系统和器官的生长发育很不平衡，骨骼的增长比肌肉的增长快，四肢的增长又比躯干快，所以，部分男初中生体形发育出现窄肩、扁胸、长腿的“绿豆芽”型。男女还都有早熟或晚熟的现象。早熟或晚熟大约相差一两年。一般来说，早熟对初中男生有明显的好处，因为他们在身高、体重和体力上占优势，在体育活动中能表现出色，受到同学的敬重和老师的关注，这些对早熟的男生心理发展能产生积极影响。而早熟对于初中女生来说，则与男生不同，她们面临着适应的困难，她们需要别人的理解以及分担自己的不安和焦虑。

（二）神经系统的发育基本完成

少年期学生的神经系统结构基本上和成人没有什么差异，兴奋与抑制过程逐步平衡，特别是内抑制机能逐步发育成熟，十六七岁后，兴奋和抑制能够协调一致。

但脑和神经系统的真正成熟还得要到 20～25 岁甚至以后。所以初中生兴奋与抑制的调节机制还不够完善，他们的情绪容易激动与冲动，也容易疲劳。因此，要注意合理安排初中生的作息时间，注意劳逸结合，保证他们有充足的睡眠，这对他们身心健康成长意义重大。

（三）第二性征的出现和性机能的成熟

虽然当今的青少年有早熟的倾向，但总体上大多数学生仍然在初中阶段性激素促进第二

① 林崇德：《发展心理学》，浙江教育出版社，2002 年版，第 364 页。

性征和性机能开始迅速发展。

1. 男生的第二性征和性成熟

男生的第二性征发育主要表现为：喉结突起，声音变粗，开始长胡须和体毛，肌肉和骨骼发育坚实，体态显出魁梧。性发育从12岁左右开始，睾丸增大，到15岁睾丸的重量接近成人，到十五六岁，随着生殖器官和第二性征的发育，出现了遗精(医学上把非性交活动状况下的射精叫作遗精)。我国健康男性平均十四五岁左右出现首次遗精。首次遗精意味着男性生殖腺开始走向成熟，性机能成熟。约80%以上的男性都有遗精现象。

2. 女生的第二性征和性成熟

女生的第二性征发育主要表现为：声音变尖，乳房隆起，骨盆变宽，臀部变大，皮下脂肪增多，体态显得丰满。

女生性的发育是从11岁左右乳房发育开始的。在乳房发育之后，生殖器官增大，出现月经初潮，这标志着性发育即将成熟，是女性青春期来临的信号。

月经初潮的出现，对女生的心理发展有一定的影响。月经初潮开始的年龄，国内外和各地区并不相同，一般在10～16岁。随着生活水平的提高，女性月经初潮开始的年龄在提前，有些国家研究发现平均每十年提前3个月，我国现在也开始出现女性月经初潮年龄提前的趋势。

3. 性成熟对青少年学生心理的冲击

身体的迅速发育与成熟使中学生意识到自己不再是一个小孩，产生了“成人感”，这对初中学生自我意识的发展产生重要的作用。他们开始关注自己的外表仪容是否健美，出现爱照镜子、追求打扮的现象。有的学生会因为自己的身材不好或者肥胖，而感到苦恼、忧虑，甚至有的学生为了减肥而出现厌食症。还有的女学生对初潮的出现感到不安而害怕，产生焦虑、恐慌的情绪状态，甚至自卑。有的男生会因为遗精而产生害羞、新奇、不安、担心等情绪状态。有的学生陷入了对异性的好奇，但又在行动上故意疏远，处于一种矛盾的心理状态。所以，对初中学生进行性教育非常必要。

二、少年期学生心理的发展

少年期学生生理上的迅速发育，特别是性机能的成熟，导致心理上的急剧变化，形成了他们独特的心理特征。

(一) 认知过程的发展

1. 注意力发展的特点

童年期学生的注意主要是无意注意在起作用，注意容易转移。到了青少年阶段，注意的稳定性、集中性以及注意分配、转移的能力都有了进一步的提高，中学生稳定的注意一般可以保持40分钟左右，在上课时能及时调节和监督自己的注意状况。

少年学生注意的外部表现有了很大的发展，能调节和控制自己的外部表现。例如，小学生是否注意听讲，从他们的面部表情上很容易看出来，而中学生有时看似注意集中，实际上是“开小差”了。所以，在课堂中，教师要注意合理安排教学内容，吸引学生的注意，提高教学效果。

2. 知觉发展的特点

少年期学生的各种感知能力已发展到比较完善的程度，能够按老师和家长的要求长时间地观察认识事物，知觉的有意性和目的性有了明显的发展，能逐步透过事物的外部现象抓住事物的本质特征和属性，更全面地感知事物，为他们正确解决问题奠定了基础。

3. 记忆力发展的特点

少年期学生有意识记逐渐占主导地位，他们能根据教师提出的要求，自觉确定识记目的和任务，而且还能调节自己的识记过程，检查自己识记的效果。

他们的意义识记能力进一步发展。在初一时，学生还是以机械识记为主，随着教学对意义识记提出的高要求，再加上学生的知识经验的增加，他们逐步开始对识记的材料进行逻辑加工，按意义理解课文，使他们体会到意义识记的效果比机械识记的效果好。

此外，少年学生的抽象记忆能力明显提高，能用有效的记忆方法，如阅读与尝试背诵结合、讨论法、列表法等进行记忆，记忆效果大大提高。

4. 思维发展的特点

少年期学生思维的发展与小学生不同，小学生的思维是从具体形象思维向抽象思维的过渡，而青少年期学生的思维是抽象逻辑思维迅速发展，占优势地位，且逐渐由经验型向理论型过渡，同时各种思维品质也在迅速提高。

(1) 抽象逻辑思维占主导地位。少年学生随着知识经验和认知能力的不断增长，抽象逻辑思维迅速发展，并占有相对的优势。但是初中生的抽象逻辑思维在很大程度上还属于"经济型"，即思维活动经常需要具体的、直观的感性经验的直接支持。在概念的发展上，初中生日益掌握更多的抽象概念和复杂的概念系统，但对一比较复杂的抽象概念，往往还不能全面掌握，需要借助一些典型的直观形象作为理解这些概念的支柱。初中生在因果关系的理解上，不但逐步学会从结果推到原因或从原因推到结果，找出它们之间可逆的关系，而且能够在许多原因中分出主次，找出它们之间的从属或矛盾关系。对文艺作品的理解，能够领会其隐义或转义，并能评价作品人物的动机和内心状态。他们的辩证思维也获得了明显的发展，他们在实践与学习中，逐步认识到一般与特殊、归纳和演绎、理论及实践的对立统一关系，并逐步发展从全面的、运动变化的、统一的角度认识、分析问题和解决问题的辩证思想。

我国心理学家林崇德在对中学生运算能力发展的研究中，发现初中二年级是中学生阶段思维发展的关键期。从初中二年级开始，中学生的思维开始由经验型抽象逻辑思维向理论型转化，到高中二年级这种转化初步完成，这意味着他们的思维趋向成熟。教师要抓住这个关键期，利用成熟前可塑性大的特点，给予及时而有效的培养训练，促使中学生思维能力的良好发展。

(2) 思维品质的发展。思维品质的发展主要表现在思维的深刻性、敏捷性、灵活性、独特性和批判性方面。

思维的深刻性是指思维善于反映事物的本质和规律。深刻性的对立面是表面化。初中生已不满足于教师、父母或书面中关于事物现象的解释，喜欢独立地寻求或与人争论各种事物、现象的原因和规律，能经常独立地、批判地对待一切。

思维的敏捷性是指思维反应速度的快慢。

思维的灵活性是指思维中的变通性。

思维的独创性是指思维的创新程度。

思维的批判性是指能够实事求是地分析、评价思维过程和具体事物。

随着系统科学知识的掌握和自我意识的发展，初中生的独立性和批判性有了显著的发展。但他们对问题的看法还常常是只顾部分，忽视整体；只顾现象，忽视本质，即容易片面化和表面化。有时他们好走极端，往往肯定一切或否定一切，甚至表现出反抗性、对权威的否定、钻牛角尖。

(3) 男女初中生思维发展的差异。目前，国内外心理学家研究表明，男女初中生在思维能力发展上是有差异的。但性别差异并不显示思维发展上的男优女劣或女优男劣，而是各有其发展特色。在推理能力发展上，男生优于女生；在逻辑法则的运用能力上，女生则优于男生；在形式逻辑思维的推理能力上，男生得分的离散性大于女生，表明其思维发展呈两极型，女生思维发展则较均衡。女生的语言表达能力优于男生；男生的空间能力、数学能力则优于女生。

（二）情绪情感的发展

青少年期被心理学家霍尔成为“疾风怒涛”时期，说明他们情绪发展有独特性。

1. 情绪带有冲动性和感情色彩

一般女生在 11～13 岁、男生在 13～15 岁，情感容易受刺激，他们容易动感情，常为一点小事而激动、生气，甚至大打出手，行为带有很大的冲动性，不考虑事件的后果，甚至宁可事后写检查、受处分，也要当时“争口气”。所以，现在青少年犯罪率在逐年上升，这与他们的冲动性有很大关系。他们经常表现为取得成绩时洋洋得意；失败时心灰意冷，陷入苦恼、悲观的状态之中。当别人的意见与自己的不一致时，也容易激动，甚至难以自制。

2. 热情活泼，富有朝气

少年学生热情活泼，在各种活动中好表现自己，爱唱歌、跳舞、崇拜明星。对待父母与教师的情感与小学生有明显的区别。他们一方面依赖父母和老师，另一方面又想摆脱对父母的依赖，同时产生对父母和教师的爱戴情感。对待动物以及弱者有同情心。社会性情感也在迅速发展，他们热爱集体生活，能以集体的要求来约束自己，能较好地理解集体主义、爱国主义等情感。

3. 友谊感的产生

少年学生和自己亲人的交往开始逐渐减少，他们更愿意和自己的同学交往和共同活动，有事情愿意和同学说，而不愿意同父母交流商量。他们把得到同学的承认和尊重看得很重要，逐步和自己各方面相近的同学建立亲密的关系。

4. 情感的两极性

由于初中生不善于调节和控制自己的情绪情感，所以情绪波动大，容易从一个极端走向另一个极端。例如，他们的情绪表现有时是狂暴的、暴风雨式的，而有时他们又表现出温和、细腻的特点，常常表现为积极性和消极性、认真和马虎、努力和懒惰、守纪和散漫、果断和犹豫等矛盾的两极性。在人际关系方面，主要表现为对双亲的正反两面的矛盾情感，如孝顺和顶嘴等，朋友关系中的友谊和孤独、亲切和冷漠、参与和旁观等矛盾的两极性。所以，有心理学家把初中阶段称为“危险期”、“难于驾驭的时期”。

（三）自我意识的发展

青少年阶段是自我意识形成的突变期。德国心理学家斯普兰格将青少年期叫作“自我发现期”，即青少年把探索视线转向自己的内部，开始以各种方式来分析、研究自己，同时根据社会要求和自我要求来调节、控制自己的心理活动和实际行为，使自己整个心理活动系统与周围现实保持一致。

1. “成人感”的产生和自我的分化

少年期学生自我意识的第一个重大变化是产生成人感。成人感指少年感到自己已经长大成人，渴望参与成人角色，要求独立、得到尊重的体验和态度。初中生正值人的生理发育的第二高峰，生理的成熟使他们体魄增强、精力旺盛，加之知识、技能的掌握和独立活动能力的提高等，他们渐渐地感到自己已经长成大人了，产生了成人感。这种成人感是以前不曾有过的内心体验。

随着成人感的产生，独立意向得到发展，他们希望摆脱被保护的地位，要求与成年人处于同等社会地位，享有平等的社会权力，建立新的平等关系等。这时的中学生特别希望父母和教师充分理解和尊重他们的个性，企图或要求摆脱大人的管束，自行其是独立地做出判断。

成人感的产生并不等于初中生就是成人了。对此，苏联教育家苏霍姆林斯基曾作过生动的描述："大自然仿佛急于完成自己的作品，而且在匆忙中没有发觉它所雕刻的那尊塑像还存在着许多疏漏之处及凹凸不平。"初中生尽管发育迅速，但还不完善，无论在经济、生活、社会经验，还是在心理上都不可能摆脱对家庭的依赖和师长的指导。因此，初中生经常处于独立与依赖的矛盾之中，处理不当很容易产生心理障碍。初中生某些所谓的"反抗心理"，就是这一矛盾的表现。有些家长和教师不尊重他们的独立意向和行动，忽视他们自我肯定的需要，任意训斥或在生活上过分照顾，使他们的成人感遭到挫伤，于是就出现反抗心理。所以，教师和家长应注意初中生独立意向的发展，尊重他们的要求，不要对他们的任何事都包办代替或过多干涉，应引导他们正确认识自己和不断完善自己，促进他们自我意识的健康发展。

自我的分化，导致了自我意识的矛盾性，即理想自我与现实自我之间的差距。这就要求中学生不仅能观察分析、评定现实的自我，而且能积极追求和实现理想的自我，从而实现自我的统一。

2. 强烈的自尊心

自尊心是社会评价与个人的自尊需要之间相互关系的反映。它是一个人尊重需要的反映，与自信心、进取心、责任感等密切相关，是推动人积极向上的一种动力。中学生由于成人感的产生，自尊心表现非常明显。他们心理上有许多敏感区，如自己的身高、父母的职业等等，一旦触及这些问题，就会伤害他们的自尊心。他们不希望老师当众批评，而希望老师个别指出自己的问题所在。如果受到老师的严厉批评，他们会很痛苦，甚至对老师产生怨恨情绪。初中生虽然自尊心很强，但却十分稚嫩，经不起挫折。因此，教师要注意培养学生正确的自尊心。

3. 自我评价能力增强

自我评价是指对自己各种品质做出的评价。青少年期学生由于抽象思维的发展，自我评价能力明显增强。其主要发展趋势是：从听信他人的评价到自己独立地评价，从评价他人到评价自己，从评价外部表现到评价内心品质，从单纯地评价行为效果到综合地评价动机和效果。初中生的自我评价最初在很大程度上是重复别人（如同学、家长、老师等）对自己的评价，随着自己独立性的发展，他们的自我评价开始从成人标准取向转向同龄人标准取向，再以后才能逐渐克服同龄团体的影响，形成真正独立的自我评价。但他们对自己的评价往往偏高，对他人的评价却偏低，这是这个阶段自我意识主观片面性的主要表现。

（四）个性的发展

1. 兴趣的发展

由于学习课程的门类迅速增多，他们的兴趣特别是对知识的兴趣大大提高。例如，对天文学、地理、历史、物理、化学等都产生了浓厚的兴趣；对运动、游戏、电视等的兴趣与小学生已有很大差异，他们不再单纯追求故事情节，而开始注意人物心理活动的描写；对社会、政治的兴趣也明显地发展。总体上，中学生的兴趣主要具有两个特点：一是强烈的喜爱性。例如，有些学生特别喜欢某一门或两门课程，而忽视其他课程的学习，就是我们常说的“偏科”现象。二是积极的求知欲和好奇心。他们渴望知道更多的东西，但他们的兴趣容易分散和不稳定，有时因为兴趣的广泛而影响学习。

2. 能力的发展

首先，他们的自学能力提高，已具有自己检索、阅读材料的能力和理解、吸收新知识的能力等。其次，他们的操作能力得以发展。例如，物理、化学、生物课的实验操作，艺术作品的制作以及综合实践活动课程的实施，都对中学生的动手操作能力有促进作用。最后，言语表达能力得到提高。言语表达能力主要包括口头言语表达能力和书面言语表达能力。初中生知识面扩大，他们能运用自己的话语表达自己的认识，进而写作能力和与人交往的能力都得到提高。

3. 性格的发展

少年期学生是一个人性格形成的发展的重要时期，不论是良好的性格还是不良的性格都容易在这个阶段形成。与小学生相比，他们的性格逐渐稳定，自我控制能力有所提高，对社会、集体、他人以及自己的认识逐步准确。对自己的行为目的性开始有明确的认识，能与困难做斗争，自制力增强，能克制欲望的诱惑。但总体上，他们的性格特点还存在不稳定性，有较大的可塑性，这就要求我们的教育者采取有效的方法培养他们的良好性格。

（五）道德感的发展

少年阶段是学生道德信念和道德理想形成的重要时期。他们已初步形成一定的道德信念，认识到什么是符合道德规范和社会规范的事情，外在的道德要求转化为内在的道德观点。他们的道德评价能力开始从重视行为的结果转向重视行为的动机，对自我的评价落后于对他人的评价。在道德意志上，言行一致和不完全一致的中学生占多数，言行脱节和道德水准很低的中学生只占少数。道德行为习惯的形成随年龄的递增而上升，但表现具有不一致性，往往是在学校表现要比在家里表现好，尤其是独生子女，反映出少年期学生道德行为习惯发展的不平衡性和可变性。

三、青年初期学生心理的发展

青年初期学生的年龄在十四五至十七八岁（高中阶段），各项身体发育指标先后出现增长速度减慢、年增长值减少的趋势，而心理的发展却是日益复杂深刻。

（一）认知能力的发展

1. 感知觉进一步发展

青年初期学生的视觉、听觉感受性都已经达到成人的水平，感知觉比初中生更富有目的性、系统性、全面性和深刻性。他们能主动制订观察计划，有意识地进行集中持久的观察学习，并能对学习活动进行自我调控。他们还能排除各种干扰，坚持观察学习，对事物观察的准确性逐步提高，能透过事物的现象看出本质与规律性的东西。

2. 注意力的发展

高中生的注意力比较稳定持久，能够把注意力集中指向于毫无兴趣、比较困难的任务上来。注意的范围达到成人水平，阅读的速度大大提高。能够在比较复杂的活动中很好地分配自己的注意，注意的自我调节和监督功能增强。

3. 记忆的发展

高中阶段是人一生中记忆的最佳时期。有研究表明，在同样长的时间里，高中一二年级学生记住的学习材料的数量，是小学一二年级的四倍多，是初中生的一倍多。高中阶段学生达到了记忆的“高峰期”。

(1) 高中生意义识记占主导地位。高中生的记忆要求理解材料的内在联系，抓住主题，分出重点，在理解的基础上进行意义识记。他们在逐步地摆脱机械识记，对一些需要机械识记的材料(如外语单词、历史年代、公式、地名等)也能尝试使用意义识记。这说明高中生的记忆水平大大提高。

(2) 抽象识记占优势地位。抽象识记是对词语或抽象的概念、公式、原理的识记。随着学习内容的加深，学生掌握了大量的科学概念，抽象记忆也随之发展起来，并占优势地位，它本质上仍是一种理解记忆。抽象记忆能使高中生的记忆效率大大提高，但抽象记忆需要形象记忆的支持。

4. 思维的发展

高中生思维发展出现了新特点：抽象逻辑思维明显地占优势，并向理论型抽象逻辑思维发展，辩证思维基本形成。

(1) 高中生的思维已从经验型向理论型转化。在学习中他们已能有意识地进行逻辑的分析综合，运用适当的思维方法，自觉地从事物本质上看问题，力求从事物的联系和矛盾上理解事物的本质。他们喜欢开展不同意见的争论，爱钻研问题，独立地思考问题。他们抽象逻辑思维的科学性、理论性更强了。

(2) 高中生辩证思维能力基本形成。辩证思维是指人自觉或不自觉地按照客观辩证法进行思维。他们开始学习运用辩证的观点认识客观事物的本质和发展规律，具体分析各种事物和现象之间的相互联系、相互制约和对立统一关系。高中生辩证逻辑的发展也体现了思维的深刻性，但是高中生的辩证思维能力还没有达到完全的成熟。因此，在教学中应注意各种形式逻辑思维能力的均衡发展，各种辩证思维的协同发展，从而促使高中生形成更加完整的思维整体结构。

(3) 高中生创造力的发展。高中生学习的内容丰富而深刻，面临着升学和就业的考验，使他们在生活和学习中碰到了许多新问题，需要他们去思考、去解决，迫使他们的认知结构发生改变，从而使他们的创造性思维不断发展。在解决问题中，高中生的求异思维明显优于求同思维，他们思维的流畅性和灵活性也有很大的发展。他们能创造性地进行学习、分析问题、解决问题。但有时他们的思维也存在片面性，容易走极端，这是教学中应注意矫正的。

(二) 情感的发展

1. 高中生情感的发展具有内隐文饰性和两极性的特点

随着高中生社会化的逐渐完成与心理的成熟，他们可以在一定的条件下支配和控制自己的情感，形成外部表情与内心体验的不一致性。例如，内心对某个同学非常反感，但表面上却能维持正常的交往；有时对异性产生好感，但表面上却表现出冷漠的态度。

虽然高中生的自我控制能力提高了，但由于生理、心理方面的发展并没有完全成熟，情绪仍具有明显的两极性。有研究者对100个高中生进行调查发现，70%的高中生情绪经常出现两极的波动性。

2. 高中生社会性情感的发展

(1) 高中生的道德感。高中生的道德感发展是以积极的、正确的情感为主，在运用道德标准评价自己或他人的行为时，已形成了比较正确的稳定的反映。他们已经处于履行准则与守法的道德定向以及良心或原则的道德定向阶段，他们具有强烈的集体主义感、爱国主义感，人生观和价值观已初步形成。青年初期是人生观、价值观初步形成的时期。

（2）高中生的理智感。理智感是人对认识活动成就进行评价时产生的情感体验。调查显示，高中生的求知欲很强烈，但对问题的主动怀疑感不强，在学习中还存在着害怕失败的心理，容易因为挫折而丧失信心。所以，教师在教育教学中要把情感因素与智力因素结合起来，使智力和理智感得到共同的发展。

（3）高中生的美感。高中生喜欢新鲜、活泼的新事物，他们的美感具有时代性、社会性，如对歌星的追逐、对流行的追随等等。这需要成人给以一定的引导。

（4）友谊的发展和爱情的萌芽。高中生对友谊的需要迅速发展起来，他们往往选择兴趣、爱好、性格、信念相一致的同学做朋友，希望朋友之间真诚坦白、相互信任、互相倾诉内心的秘密。随着年级的增高，男女同学之间还出现了爱情的萌芽。据调查，目前高中生产生爱情萌芽现象具有一定的普遍性，这是目前高中教育中面对的一个比较困难的问题。由于社会媒体过多地渲染，学校教育的回避，家长的一味禁止，这反而对学生的恋爱问题起到了一种推波助澜的作用。所以，对高中生进行适当的青春期教育是非常必要的。

（三）自我意识的发展

正确的自我意识直接关系到高中生健康个性的形成与发展。

1. 自尊心的发展

高中生的自尊心不同于初中生，他们具有强度大而敏感的特点，他们争强好胜，希望自己在集体中居于适当的位置，得到较高的评价，并产生了羞耻感。他们渴望自治，自我独立性的发展使他们产生了强烈肯定自己、保护自己的需要。因此，真诚的赞扬、尊重会使他们受到激励，促使他们发奋向上。诚恳的批评或认识到自己的错误常使他们内疚与羞愧。而不负责任的嘲笑、蔑视，则极易使他们难以忍受，以致引起愤怒和反抗。

高中生自尊心发展的另一特点是矛盾和不稳定性。如他们希望获得他人的尊重却又常常不尊重别人，希望成功却又经受不住挫折等。说明高中生自尊心发展还没有达到成熟水平。因此，教师要帮助高中生正确认识自我，正确对待自身的优缺点及他人的评价，使自尊心在适当水平得到良好的发展。

2. 自我意识的发展

高中生的自我意识正在接近成熟，他们能够用比较正确的观点来观察自己，剖析自己，自觉地进行自我批评。对自己行动的过失不仅能从行动产生的不良后果进行检查，并且能够进一步检查自己的动机和产生过失的思想根源。也能正确地对待自己的成功和失败，在成绩面前，能保持谦虚的态度；在失败面前，能保持一定的冷静。此外，高中生还能从道德和良心上去分析他人，评价他人，分析自我，进行自我教育，从而不断地提高自我意识。

（四）个性的发展

1. 兴趣的发展

高中生的兴趣由肤浅向深刻发展，他们的兴趣更多地指向事物发展的内部规律，对活动的兴趣，不仅在于活动本身的兴趣，更在于活动的结果（即间接兴趣）。学习的兴趣开始进入志趣阶段，表现出对学习或某事物定向明确、稳定持久的兴趣特点。

男女生对学科的兴趣存在一定的差异。一般的，男生对理科的兴趣稍大于女生，女生对文科的兴趣又稍大于男生。对时事、政治的兴趣随着年级的升高而增强，对体育明星、影视明星给予了很大的兴趣。教育工作者应注意引导高中生的兴趣爱好。

2. 性格的发展

高中生的性格已基本趋于定型。

(1) 性格的态度特征。高中生对社会、集体、他人逐渐有了较为准确的看法，他们关心集体，富于同情心，乐于助人。对学习态度开始有了自己的看法，他们开始为自己的未来考虑，对自己的认识逐渐更加准确。

(2) 性格的意志特征。高中生的性格意志特点出现了较快的发展并达到了较高的水平，大体趋于成熟。他们的自觉性提高了，有独立主见性，学习上有恒心，有了更理性的自我控制。

(3) 性格的情绪特征。高中生情绪的稳定性逐渐加强，急躁、鲁莽的情绪不再像初中生那样突出了。高中时期个体性格情绪特征，基本上代表了他成熟后的特征，并在一生中保持下去，即使有变化，也只是量的增减，而很少有质的变化。

(4) 性格的理智特征。高中生的智力特别是思维的成熟发展，使他们能独立地、较全面地、深刻地分析问题，在性格上易表现为探索、猎奇、容易接受新事物、喜欢怀疑等，对事物的批判性、独立性增强，但也会偏激地看问题。这些都需要老师与家长的有效教育。

第五节　成年期个体心理的发展

成年期的个体年龄跨度很大，一般发展心理学将成人期划分为三个阶段：成人早期(18～35 岁)、成人中期(35～60 岁)、成人晚期(60 岁至死亡)。

成人早期，也称成年前期或青年晚期。这是个体从青年前期逐步走向一个相对平静、相对成熟的发展时期。成年中期的年龄范围是相对的，是生理成熟的延续阶段，也是生理功能由旺盛逐渐走向退化的转变期。成年晚期也称老年期，这一时期人的身心处于衰退与矛盾期。

一、成年早期的心理发展

成年早期的年龄一般在十八九岁到 35 岁左右，通常也称为青年后期。这个时期他们的自我同一性确立，自我意识迅速发展，人生观和价值观趋于稳定，开始承担一定的社会责任，面临着一系列新的发展任务，如升学、就业、恋爱、结婚以及婚后适应等等问题。

(一) 成年早期身心发展的主要特征

1. 生理发育已成熟并趋于稳定

这个时期的个体在体力与精力上都处于人生的“鼎盛期”，能承担较繁重的脑力与体力劳动。机体的各种机能发育良好，心脏血液输出量和肺活量均达到最大值，消化系统机能也很强，食欲旺盛。抵抗能力较强，男女均达到生育高峰期。

2. 智力发展达到全盛时期。

韦克斯勒曾用标准化智力测验测查了 7～65 岁成人的智力发展状况，结果表明，智力发展的高峰期大约在22至25岁左右，之后开始衰退。[1] 在观察力方面，他们的目的性、自觉性、持久性进一步增强，精确性和概括性也明显提高。记忆力在这个年龄阶段达到顶峰。在理解、归纳推理、空间定位、比较判断上均处于全盛期。总之，成年早期个体的大多数智力成分在质与量上均在迅速发展并处于高峰阶段。

3. 自我意识发展与自我同一性确立

成年早期个体开始将注意力转移到内心世界，开始对自己行动的原因、结果以及自己的存在价值和人生意义进行思考，积累成功与失败的体验，这对青年晚期自我的形成及自我意识的发展有很大的促进作用。随着经验的积累，他们对自我意识不断修正，促进自我同一性的确立。发展的任务是获得亲密感，以避免孤独感。

（二）婚恋与生育

成年初期的一个重要发展任务就是建立亲密的人际关系，寻找生活的伴侣，建立家庭，养育子女。

当个体有了比较稳定的职业以后，他们就会产生组建家庭和建立亲密关系的需要，婚恋关系就是在这一时期发展起来的。埃里克森认为，成年初期的主要发展矛盾就是亲密关系与孤独之间的矛盾。当个体顺利解决了这一矛盾，他们就能够正常地向前发展；否则，就会产生心理障碍，成为冷漠的、不能正常表达自己情绪的人。

建立家庭以后，年轻的夫妻所面临的任务当然是生育子女。为人父母既能体验到育儿的快乐与满足，也能体验到当父母的艰辛与付出。对成年初期的个体来说，这是一项艰巨的任务，因为这时大多数的年轻人刚刚参加工作，经济状况不很稳定，家庭与工作之间的冲突、亲情与事业之间的矛盾常常出现。这时对于年轻人来说，是一个重要的生活转折，使他们从单身生活转变为家庭生活，开始学着承担家庭和社会的责任。

二、成年中期的心理发展

成年中期也称中年期，一般指35至60岁，这个年龄范围是相对的。中年期相对于人生发展的其他各阶段来说，变化并不明显，但是中年个体一般会明显地感觉到自己的各个方面（如力量、协调性、体能、动作、记忆）等逐渐下降或变慢。最明显的生理变化是身体发胖和女性的停经，进入到更年期阶段。

（一）中年期生理的变化及其适应

中年期特别是中年后期，感知觉开始发生明显的变化。第一，听觉能力开始衰退。第二，视觉减退，许多中年人开始出现老花，需要借助于老花眼镜才能够清楚地阅读。第三，新陈代谢的速度开始减缓，内分泌功能开始改变或减低。第四，记忆能力、思维能力、解决问题的能力也随着年龄的增高开始减弱，在智力方面主要表现为流体智力随着年龄的增长而衰退，晶体智力随着年龄的增长而增长。第五，中年女性到50岁左右要经历更年期的变化，许多女性对更年期的变化不能适应。女性要正确认识这一生理现象，保持积极乐观的心态，面对更年期的变化。男性的更年期比女性要晚几年，对更年期的反应没有女性那么强烈。

---

① 林崇德：《发展心理学》，人民教育出版社，2006年版，第405页。

（二）中年危机及其应对

成年中期的心理危机主要源于个体内在的变化、社会家庭的压力以及个人的价值观、态度倾向等方面。艾里克森认为，中年人主要的发展任务是获得创生感，避免停滞感，体验着关怀的实现。

在这一阶段，中年人除了面临生理方面的变化外，还要面临工作压力、家庭生活的压力（中年人通常是上有老、下有小，他们既要担负抚养子女的任务，又要承担赡养老人的义务），同时面临着自己的健康走下坡路的状况（中年人由于生理方面的变化和工作压力，常常忽略自己的健康检查）。这些因素往往能引起中年人的心理危机出现。

中年危机还表现在事业发展方面。中年期是个人成熟和事业收获的阶段，通常个人都取得了一定的成就，获得了一定的社会地位，拥有一定的权力。但研究发现，个体的工作满意度却随着年龄的增加而降低。中年人普遍认为自己已经定型，今后不会再有更大的发展前途了，因此对前程产生一种悲凉的感觉，出现紧张焦虑的不良情绪变化，从而影响到他们的心理健康。

为此，中年人应该正确地认识到自己身心的变化，清楚地意识到自己的社会处境和地位，主动地、积极地适应生活的要求，调节自己的情绪状态和生活规律，经常进行健康检查，加强体育锻炼，以便更好地完成社会赋予自己的职责，同时也使自己健康美满地生活。

三、成年晚期的心理发展

成年晚期又称为老年期，指60岁以后到死亡这一阶段，这是人生经历的最后阶段。这一阶段的基本特征主要表现为生理组织功能和认知能力都趋于衰老，变化的明显性高于成年初期和中年期。

（一）老年期认知能力的进一步退化

首先，老年人的感知觉能力开始下降，主要表现为视力开始出现严重的问题，如光感觉、颜色知觉、深度知觉等都出现问题，多数老人会患眼疾病，如青光眼、白内障等，有的还会导致失明。听觉能力也进一步下降，一般老年人都会出现耳聋的现象。味觉、嗅觉也在衰退，特别是嗅觉在80岁以后下降得非常迅速。

其次，老年人识记速度减慢，再认和回忆的能力都显著下降。有研究资料显示，人的记忆能力在40岁以后有一个明显的衰退阶段，然后维持在相对稳定的水平上，到了70岁以后又会出现一次较明显的衰退阶段。总体来说，老年人的记忆能力是随着年龄的增加而减退的。

再次，老年人的思维表现出衰退的趋势。他们处理信息的时间延长，反应和行动都变得缓慢，形成概念需要的时间和出现的错误数都随年龄的增加而增加。关于解决问题的实验研究表明，老年人由于受到记忆力下降的限制，提出解决问题的策略的能力也有所降低，表现出解决问题的效能减退，思维的自我中心特点明显。

可见，人到了老年期，概念学习、解决问题的能力等思维能力在随着年龄的增长而减退。但是，思维的成分和性质是十分复杂的，由于老年人的知识经验比较丰富，在思维的其他特点方面，如思维的广阔性、深刻性等，却又表现得比年轻人强。此外，老年人的思维和智力活动存在着明显的个体差异，有的老年人思维显著衰退，而有的老年人却仍能表现出较高的水平。老年人只要不把自己封闭起来，经常关心、思考、研究某些问题，坚持参加力所能及的有益于身心健康的活动，便能保持较高的思维水平和智力水平。

（二）老年期的情绪情感特点

老年人由于生理上的变化，社会交往和社会角色地位的改变以及心理机能的变化，在情绪情感方面也出现了一些问题，无论是情绪情感的两极性，还是体验的强度、持久性和深刻性，都有自己的特点。

首先，老年人比较容易产生消极的情绪情感体验，他们常常会感到身体明显不如以前，由于身体机能及其抵抗力的下降，很容易受到疾病的困扰，而且疾病通常也会持续较长的时间。身体的疾病让老人产生忧郁的情绪，这对其身体的康复产生不利影响。

其次，由于工作环境和职务的变化，他们参加集体活动的时间减少，和群体交往减少，子女都在忙着自己的工作和小家庭，顾不上花大量的时间陪伴在他们身边，因此许多老人产生孤独感。

再次，老年人还必须面临丧偶的痛苦。

所有这些都使得老年人很容易产生冷落感、孤独感、疑虑感、忧郁感、不满感和老朽感。还有的老人因固有的思维模式或眼光看不惯现实中的某些现象而发牢骚，产生不满情绪。

最后，老年人的情绪情感体验比较深刻。有一项对 42 个城市 4483 名被试进行的关于改革与发展的社会心理系列调查中，有一题要求调查对象对“你认为什么是最重要的基本道德”进行选择，结果选择“热爱祖国”的百分比如下：18～30 岁占 27.9％，31～45 岁占 38.3％，46～60 岁占 45.5％，60 岁以上占 52.1％。可见，老年人把“热爱祖国”看作最重要的道德的人数比例是各年龄阶段中最高的。此外，老年人也很重视美感，他们主要看重的是美的内容，更看重那些对社会、对人类有益的事物或行为。他们用自己的理智去审美，追求内在而深沉的心灵美。老年人情绪情感体验的持续的时间较长。老年人的情绪情感一旦被激发，就需要花费很长的时间才能够恢复平静。无论是心境、热情，还是激情、应激都会如此。同时，由于老年人形成了比较稳定的价值观以及较强的自我控制能力，他们的情绪情感一般不会轻易因为环境一点点的变化而起伏。

（三）老年人的个性心理特点

大量的心理学研究结果表明，个体进入老年后，个性心理特征发生了一系列的变化。日本心理学家指出，老年人的个性心理特征变化有以下十个特点：自我中心性，内向性，保守性，容易乱猜疑，嫉妒心强，办事刻板，灵活性、应变性差，适应力下降，不耐烦、爱发牢骚、好管闲事，依赖性强等。德国的一项研究指出，65～75 岁的老年人，其刻板性没有明显的变化，但从 75 岁左右开始，老年人的刻板性明显增强。我国心理学家的一些研究发现，中国的老年人普遍感觉自己变得比年轻时更急躁和多疑，但也有一些老年人认为自己不像年轻时那么爱发火了。

尽管老年人的个性心理特征出现了一些变化，但我们决不能忽略老年人个性心理特征中持续稳定的一面。美国的一项纵向研究曾对 40～80 岁的个体进行了长达 10 年的跟踪。结果发现，老年人的个性心理特征既有变化的一面，也有稳定的一面。他们的个性结构和所属的类型都基本上是保持稳定的，但随着年龄的增长，他们对待周围环境的态度和方式则表现出由主动向被动、由朝向外部世界转而朝向内部世界的变化趋势。由此可以看出，在老年人个性心理特征的变化中，年龄并不是决定因素，智力、教育、社会地位、文化背景、健康状况以及环境中的各种变化所造成的不同个体或群体之间的差异等，都会对个性心理特征产生重要影响。

（六）老年人面对死亡

每个人都必须面对死亡。但对于年轻人来说，死亡还是太遥远的事情，所以他们在说起死亡的话题时，常常带有调侃的意味。而这样的话题对中年人和老年人则不同，死亡对于他们来说，是需要直面的问题。而且，大量的研究发现，中年人比老年人更惧怕死亡。老年人在经历了周围的亲人、朋友的死亡后，他们已经能够调整自己对待死亡的态度和情绪，对死亡有了一定的思想准备，他们回顾自己的一生，对自己的生活感到满意，于是他们会比较勇敢地、坦然地对待死亡问题。一些患有疾病的老年人，可能会由于疾病所带来的痛苦使其减少了生活的乐趣，也会较坦然地接受死亡的事实。

综合练习

一、概念解释

1. 个体心理毕生发展　2. 成人感　3. 自尊心　4. 记忆恢复现象

二、填空

1. 个体毕生心理发展的特点主要有________、________、________、________。

2. 小学生的思维发展经历着一个从________到________、从________到________的过程。

3. 一个人从出生到成熟，发展最快的两个高峰期是________和________阶段。

4. 高中生情感发展具有________性和________性的特点。

5. 青少年的性意识的发展大致分为________、________和________三个阶段。

6. 初中学生思维品质的发展主要表现在________、________、________、________等方面。

三、判断

1. 个体的心理发展是一个从量变到质变的过程，在这个过程中既有连续性又有阶段性。（　）

2. 个体心理发展是非常稳定的，基本不变化。（　）

3. 初中生的神经系统结构基本上和成人没有什么差异，兴奋与抑制过程完全平衡了。（　）

4. 初中生自我意识的第一个重大变化是产生成人感。（　）

5. 初中阶段是学生道德信念和道德理想形成的重要时期。（　）

四、问答和简述

1. 小学生记忆力发展的特点有哪些？

2. 初中生认知过程发展的特点是什么？如何根据这些特点组织教学？

3. 初中生自我意识发展的特点是什么？

4. 初中生情绪情感发展的特点是什么？

5. 高中生社会性情感发展的特点是什么？

6. 成年早期身心发展的特点有哪些？

7. 阐述初中生心理发展的主要特点。

8. 试述老年人情绪情感的特点。

第十六章　心理健康与心理辅导

本章学习指导

1. **识记**：心理健康、学校心理辅导、发展性学习辅导、挫折、性教育与性辅导、生涯辅导等概念。
2. **理解**：心理健康的标准、中小学生心理健康的评价方法、学校心理辅导的原则、提高学生挫折承受力的方法、青春期辅导等。
3. **应用**：应用心理辅导活动课单元设计、理性情绪辅导、积极适应挫折的方法和技术对学生进行心理健康教育。

第一节　心理健康概述

一、心理健康的含义

（一）健康

1. 健康概念的演化

健康是人生第一财富。有健康的人，便有希望；有希望的人，便有了一切。如果没有健康，智慧就难以表现，文化就无从施展，力量就不能战斗，财富将变成废物，知识也无法利用，健康是每个现代人所向往的。那么，什么是健康呢？

传统的观点认为，没有疾病就是健康。早在公元 2 世纪，著名的罗马医生盖伦就将健康定义为"没有疾病的状态"。20 世纪初，《简明不列颠百科全书》把健康定义为"没有疾病和营养不良以及虚弱状态"。后来，我国《辞海》把健康定义为"人体各器官系统发育良好、功能正常、体质健壮、精力充沛并具有良好劳动效能的状态"。健康主要通过人体测量、体格检查和各种生理指标来衡量。毫无疑问，过去人们对健康的认识存在着许多片面性，它只注重了人的生理健康而忽视了心理健康。

随着科学技术的进步和社会的发展，竞争、快节奏的生活以及由此带来的巨大的心理压力，人们越来越意识到，心理的、社会的和文化的因素同生物生理的因素一样，与人的健康、疾病有非常密切的关系。人们关于健康的概念由传统的生物医学模式，转变为生理—心理—社会医学模式，即开始从生理、心理、社会角度去思考健康，确立了身心统一的现代健康观，心理的健康成为"健康"概念和范畴中的必然而重要的组成部分。

1948 年，世界卫生组织（WHO）在其《世界卫生组织宪章》中开宗明义地指出：健康不仅是没有疾病，而且是一种个体在身体上、心理上、社会适应上完好的状态。这是对健康更为全面、科学、完整的定义。同时给出了健康的十条标准：一是有充沛的精力，能从容不迫地应付日常生活和工作压力，而不感到过分紧张；二是处事乐观，态度积极，敢于承担责任，无论事情大小都不挑剔；三是精神饱满，情绪稳定，善于休息，睡眠良好；四是应变能力强，能适应外界环境的各种变化；五是对一般感冒和传染病有一定的抵抗力；六是体重适当，体型匀称，站立时头、臂、臀比例协调；七是反应敏锐，眼睛明亮，眼睑不发炎；八是牙齿清洁，无空洞，无疼痛，齿龈颜色正常，无出血；九是头发有光泽，无头屑；十是肌肉、皮肤富有弹性，走路轻松自如。

1989 年世界卫生组织把健康进一步解释为：健康不仅是没有疾病，而且包括躯体健康、心理健康、社会适应良好和道德健康。而后，又提出了身心健康的八大标准，即机体健康的“五快”和精神健康的“三良好”。

“五快”是指食得快、便得快、睡得快、说得快、走得快。食得快是指进食时有很好的胃口，能快速吃完一餐饭而不挑剔食物，这证明内脏功能正常；便得快是指排泄轻松自如，在精神上有一种良好的感觉，说明胃肠功能良好；睡得快是指上床能很快熟睡，且睡得深，醒后精神饱满，头脑清醒，说明中枢神经系统功能协调；说得快是指语言表达正确，说话流利，表明头脑清楚，思维敏捷，中气充足，心、肺功能正常；走得快是指行动自如，转变敏捷，证明精力充沛旺盛。

“三良好”指良好的个性、良好的处世能力、良好的人际关系。良好的个性，即性格温和，意志坚强，感情丰富，具有坦荡胸怀与达观心境，经常保持乐观和幽默；良好的处世能力，即待人接物合情入理，洞察问题客观现实，具有较好的自控能力，能适应复杂的社会环境；良好的人际关系，即待人接物能大度和善，不过分计较，能助人为乐，与人为善。

由此可见，健康应包括生理健康、心理健康和社会适应等几方面。所以一个健康的人，既要有健康的身体，还应有健康的心理和行为，只有当一个人身体、心理和社会适应都处在一个良好状态时，才是真正的健康。

从人的生理健康与心理健康的关系上看，身体健康是心理健康的基础，而心理健康是身体健康的重要体现。当产生生理疾病时，心理必定受到影响，会引起情绪低落、烦躁焦虑、暴躁不安等心理体验，导致心理不适感；同样，长期不良的心理体验，如抑郁、焦虑、精神负担过重等，也容易引起生理上的不适。我国中医就有“大怒伤肝，暴喜伤心，思虑伤脾，悲忧伤肺，惊恐伤肾”之说。

2. 亚健康

亚健康是指无器质性病变的一些功能性改变，它是介于健康和疾病之间的一种游离状态，又称第三状态、“灰色状态”、“次健康”或“潜临床状态”等。它是由于激烈竞争和物质大量丰富等原因所导致的心理、生理失衡的状况。它具有以下特征：生理、心理、躯体存在活力减退，反应能力和适应能力减退，有自觉症状，但全面的生理检查又未能发现异常。

亚健康最早是由 20 世纪 80 年代美国医学界提出的，当时称“雅皮士流感”。在 80 年代初期，这种病多发生在三四十岁、经济宽裕的知识女性中，随后，求治的人越来越多。有资料表明，人群中符合世界卫生组织健康标准者约占 15%，患有各种疾病者也约占 15%，而处于亚健康状态者却占 65%左右。这不能不引起我们的警惕。

亚健康状态的 24 种症状：浑身无力，容易疲倦，头脑不清爽，思想涣散，头痛，面部疼痛，眼睛疲劳，视力下降，鼻塞眩晕，起立时眼前发黑，耳鸣，咽喉异物感，胃闷不适，颈肩僵硬，早晨起床有不快感，睡眠不良，手足发凉，手掌发黏，便秘，心悸气短，手足麻木感，容易晕车，坐立不安，心烦意乱。

（二）心理健康

1946 年，第三届国际心理卫生大会把心理健康定义为：所谓心理健康，是指在身体、智能以及情感上与他人的心理健康不相矛盾的范围内，将个人心境发展成最佳状态。心理健康包括两层含义：一是与绝大多数人相比，其心理功能是正常的，无心理疾病；二是能积极调节自己的心理状态，顺应环境，能有效地富有建设性地发展完善个人生活。

其实，心理健康是一个十分复杂的概念。它包括广义和狭义、消极和积极两个层面。广义的心理健康是指一种高效而满意的、持续的心理状态。在这种状态下，个体能做出良好的适应，具有生命的活力，能充分发挥其身心的潜能。狭义的心理健康是指人的心理活动过程协调一致，即认识、情感、意志、行为和人格完整协调，能顺应社会，与社会保持同步的过程。从消极层面看，心理健康是指没有心理障碍和疾病，这是心理健康最起码的标准；从积极层面看，心理健康是指一种积极发展的心理状态，这是心理健康最本质的内涵。

（三）心理卫生

"心理卫生"一词是在开展心理健康教育时经常遇到的概念，它和心理健康到底有什么关系呢？

心理卫生，又称精神卫生，是相对于生理卫生而言的。原意是维护和增进心理健康，减少心理和行为问题与疾病。它的含义除了泛指一门学科和一项服务工作外，还专指人的心理健康状态，简言之，心理卫生与心理健康同义。维护和增进人的心理健康是心理卫生的最终目的，心理卫生是达到心理健康的手段，心理卫生的任务就是探讨如何维护、增进心理健康。从某种意义上说，心理卫生和心理健康是同一问题的不同表述。

心理卫生的思想起源最早可以追溯到古希腊时代。但是现代心理卫生运动却兴起于 20 世纪初。非常耐人寻味的是，其发起人和倡导者是曾患过精神病的美国人比尔斯(C. Beers)。比尔斯根据自己住院期间和出院后的亲身遭遇，特别是精神病治疗机构对病人的冷漠和虐待，以及公众对于精神病人的偏见和歧视，于 1908 年出版了著名的《一颗自我发现的心》(*A Mind That Found Itself*)。此书引起了心理学家和社会大众的强烈反响，当时美国著名的心理学家、哈佛大学教授威廉・詹姆斯(W. James)给予此书极高的评价，并为此书作序。美国当时最负盛名的心理学家、精神病大师阿道夫・迈尔也充分肯定并赞扬了这本书的价值，指出该书实质上提出了"心理卫生"问题。比尔斯的呼吁受到重视，得到了社会各方面的赞助和鼓励，并由此开始了一场由美国发起、最后遍及全世界的心理卫生运动。1908 年，世界第一个心理卫生组织——康涅狄格州心理卫生协会成立，1930 年国际心理卫生委员会成立，1948 年在联合国教科文组织主持下成立了世界心理健康联合会(WFMH)。中国的心理卫生运动在 20 世纪 30 年代也开始起步，1936 年成立了中国心理卫生协会，但因抗日战争爆发，实际并未开展工作而名存实亡。1985 年，中国心理卫生协会成立，该学会的成立对我国心理卫生事业的发展起到了非常重要的推动作用。

二、心理健康的标准

关于心理健康的标准，国内外学者有不同的阐述。

(1) 1946 年，第三届国际心理卫生大会具体明确了心理健康的四个标准：① 身体、智力、情绪十分协调；② 适应环境，人际关系中彼此能谦让；③ 有幸福感；④ 在工作和职业中，能充分发挥自己的能力，过有效率的生活。

(2) 美国学者坎布斯(A. W. Combs)认为心理健康的人应有四种特质：① 积极的自我观；② 恰当地认同他人；③ 面对和接受现实；④ 主观经验丰富，可供取用。

(3) 美国心理学家斯科特(Scott)提出10项衡量心理健康的标准：① 一般的适应能力；② 自我满足能力；③ 人际间交往能力；④ 智慧能力；⑤ 对他人的积极态度——利他主义，关心他人，信任，喜欢他人，待人热情，与人亲密的能力，情感移入；⑥ 创造性，对社会的贡献，主动精神；⑦ 自主性；⑧ 完全成熟——自我实现，个人成长，人生哲学的形成，在相反力量之间得以平衡，成熟而不自相矛盾的动机，自我利用，具有把握冲动、能量和冲突的综合能力，保持一致性，完整的复杂层次，成熟；⑨ 对自己有利的态度；⑩ 情绪与动机的控制。

(4) 美国心理学家马斯洛(A. Maslow)和米特尔曼(Mittelman)提出了10条被认为是经典的心理健康标准：① 有充分的自我安全感；② 能充分地了解自己，并对自己的能力作适当的估价；③ 生活目标切合实际；④ 不脱离现实环境；⑤ 能保持人格的完整与和谐；⑥ 具有从经验中学习的能力；⑦ 能保持良好的人际关系；⑧ 能适度地宣泄和控制情绪；⑨ 在符合集体要求的条件下，能有限度地发挥个性；⑩ 在不违背社会规范的前提下，能恰当地满足个人的基本需求。

(5) 美国人格心理学家奥尔波特(G. W. Auport)认为心理健康包括七个方面：① 广延的自我意识；② 良好的人际关系；③ 具有安全感的情绪；④ 知觉客观；⑤ 具有各种技能，并专注和高水平地胜任自己的工作；⑥ 现实客观的自我形象；⑦ 内在统一的人生观。

(6) 我国台湾学者黄坚厚提出“最为简介适切，且具综合性意义”的心理健康标准：① 心理健康的人乐于工作，能将本身的智慧与能力在工作中发挥出来，同时能从工作中获得满足感；② 心理健康的人是有朋友的，能与他人建立良好的关系，乐于与人交往；③ 对本身有适当的了解，并悦纳自己，愿意努力发展其身心的潜能，对无法补救的缺陷能安然接受而不怨尤；④ 能与现实有良好的接触，对环境作正确、客观的观察，并能作健全有效的适应，对生活的各种问题能以切实有效的方法谋求解决而不逃避。

(7) 马建青教授从临床表现方面提出心理健康的七标准：① 智力正常；② 善于协调和控制情绪，心境良好；③ 具有较强的意志品质；④ 人际关系和谐；⑤ 能够能动地适应和改造现实环境；⑥ 保持人格的完整；⑦ 心理行为符合年龄特征。

(8) 王效道提出，正常心理应具备下列八项标准：① 智力水平在正常范围以内，并能正确反映事物；② 心理行为特点与生理年龄基本相符；③ 情绪稳定，积极与情境适应；④ 心理与行为协调一致；⑤ 社会适应，主要是人际关系的心理适应协调；⑥ 行为反应适度，不过敏，不迟钝，与刺激情境相应；⑦ 不背离社会规范，在一定程度上能实现个人动机，并结合生理要求得到满足；⑧ 自我要求与自我实际基本相符。他还认为心理水平可从适应能力、耐受力、控制力、意识水平、社会交往能力、康复力、道德愉快胜于道德痛苦等七个方面加以评量。

(9) 天津精神卫生中心的陈钟舜对青年学生提出心理健康的10条标准：① 能正常地学习和生活，并保持在一定的能力水平上；② 能与他人保持良好的人际关系，与人为善，团结互助；③ 情绪基本稳定，对事物反应敏捷，心境持久地保持轻松和愉快状态；④ 行为符合社会群体要求，与学生的角色身份相称；⑤ 人格完整，能客观地评价个人及外界，意志坚强，言行一致；⑥ 与大多数人的心理意向一致，热爱集体，有深厚的社会交往欲望；⑦ 有良好的适应能力及对紧急事件的应变能力；⑧ 有一定的安全感、信心和自主感，而不是逆反状态；⑨ 心理符合其年龄水平，自居及定向能力强，个人理想与现实的可能性之间的距离是可望可及的；⑩ 能适应快节奏的时代变化，有高效率的学习质量，精力充沛，自我感觉良好。

从中外心理健康研究者提出的心理健康的标准我们可以看出，界定心理健康的标准一般都是从智力水平、自我认知、情绪状态、意志品质、行为表现、人格、年龄特点等方面提出来的。综合各家观点，中学生的心理健康标准应从以下七个方面来考虑。

1. 智力正常

智力是以思维能力为核心的各种认识能力和操作能力的总和。它是衡量一个人心理健康的最重要的标志。正常的智力水平是人们生活、学习、工作的最基本的心理条件。一般地讲，智商在 130 以上，为超常；智商在 90 以上，为正常；智商在 70～89，为亚正常；智商在 70 以下，为智力落后。智力落后的人较难适应社会生活，很难完成学习或工作任务。衡量一个人的智力发展水平要与同龄人的智力水平相比较，及早发现和防止智力的畸形发展。

2. 情绪适中

情绪适中是指情绪的产生是由适当的原因引起的；情绪的持续时间是随着客观情况的变化而变化的；情绪状态的主流是愉快的、欢乐的、稳定的。有人认为，快乐表示心理健康如同体温表示身体健康一样的准确。一个人的情绪适中，就会使整个身心处于积极向上的状态，对一切充满信心和希望。

3. 意志健全

一个人的意志是否健全主要表现在意志品质上。意志品质是衡量心理健康的主要意志标准，其中行动的自觉性、果断性和顽强性是意志健全的重要标志。行动的自觉性是对自己的行动目的有正确的认识，能主动支配自己的行动，以达到预期的目标；行动的果断性是善于明辨是非，适当而又当机立断地采取决定并执行决定；行动的顽强性是在做出决定、执行决定的过程中，有克服困难、排除干扰、坚持不懈的奋斗精神。

反应适度是意志健全的主要组成部分，也是心理健康的外在表现之一。反应适度主要表现为：意识和行为一致，为人处世合情合理，灵活变通，在相同或相类似情境下行为反应符合情境，不过分，也不突然。

4. 人格统一

人格是指一个人的整个精神面貌。人格的各种特征不是孤立存在的，而是有机结合的整体，对人的行为进行调节和控制。如果各种成分之间的关系协调，人的行为就是正常的；如果失调，就会造成人格分裂，产生不正常的行为。双重人格或多重人格是人格分裂的表现。一个人的人格一经形成，就具有相对稳定的特点。因此，形成一个统一的、协调的人格和形成一个残缺的、失调的人格，其性质对心理发展和精神表现的影响是截然不同的。

5. 人际关系和谐

人际关系和谐是心理健康的重要标准，也是维持心理健康的重要条件之一。人际关系和谐具体表现为：在人际交往中，心理相容，互相接纳、尊重，而不是心理相克、相互排斥、贬低；对人情感真诚、善良，而不是冷漠无情、施虐、害人；以集体利益为重，关心、奉献，而不是私字当头、损人利己等等。

6. 与社会协调一致

心理健康的人，应与社会保持良好的接触，认识社会，了解社会，使自己的思想、信念、目标和行动跟上时代发展的步伐，与社会的进步与发展协调一致。如果与社会的进步和发展产生了矛盾和冲突，能及时调节，修正或放弃自己的计划和行动，顺历史潮流而行，而不是逃避现实、悲观失望，或妄自尊大、一意孤行、逆历史潮流而动。

7. 心理特点符合年龄特征

人的一生包括不同年龄阶段，每一年龄阶段其心理发展都表现出相应的质的特征，称为心理年龄特征。一个人心理行为的发展，总是随着年龄的增长而发展变化的。如果一个人的认识、情感和言语举止等心理行为表现基本符合他的年龄特征，是心理健康的表现；如果严重偏离相应的年龄特征，则是行为异常、心理不健康的表现。

（二）心理健康标准的理解

在理解与把握心理健康标准时，应该考虑以下几点：

1. 判断一个人心理健康状况

判断一个人心理健康状况应兼顾个体内部协调与对外良好适应两个方面。从内部来说，心理健康的人各项心理机能健全，人格结构完整，能用正当手段满足自己的基本需要；从对外关系来说，心理健康的人能适应周围环境，有良好的人际交往能力。

2. 心理健康标准具有相对性

第一，心理不健康与有不健康的心理和行为表现不能等同，心理不健康是一种持续的不良状态，偶尔出现不健康的心理和行为不等于心理不健康，更不等于患了心理疾病。

第二，心理健康与心理不健康之间不是泾渭分明的对立面，而是一种连续的状态，从良好的心理健康状态到严重的心理疾病之间有一个广阔的过渡带。岳晓东博士提出的“灰色区”理论认为：人的心理健康不健康，精神正常不正常，没有一个明确的界限，而是一个连续不断的变化过程。如果用白色表示心理健康、精神正常，用黑色表示心理不健康、精神不正常，那么纯白区域的人就是心理完全健康，纯黑区域的人就是患有精神疾病，而在白色与黑色之间有一个巨大的缓冲区域——“灰色区”。灰色区可谓非器质性精神痛苦的总和。灰色区又可进一步划分为浅灰色区和深灰色区：浅灰色区只有心理冲突而无人格变态，其突出表现为诸如失恋、丧亲、人际关系失调、学习工作不顺心等生活矛盾带来的心理不平衡与精神压抑，是心理咨询的对象；深灰色区是各种异常人格和神经症，如强迫症、恐惧症、癔症、性倒错等症状，是心理治疗的对象。浅灰色区和深灰色区也无明显界限。分布于纯白区域或纯黑区域的人数甚少，大多数人都处于灰色区域，或多或少地存在着心理问题。

第三，心理健康的状态不是固定不变的，而是动态变化的过程。随着个体自身的发展和环境的变化，心理健康状况会有所改变。

第四，心理健康的标准是一种理想的尺度，它不仅为我们提供了衡量是否健康的标准，而且为我们指明了提高心理健康水平的方向，使我们可以追求心理发展的更高层次，不断发挥自身潜能。

三、中小学生心理健康的评价方法

如何正确有效地评价心理健康状况？心理学家们提供了可使用的多种方法。应该说目前尚没有哪一种方法可以完全客观准确地评价出心理健康状况。这里介绍三种方法供参考，即环境适应判定法、症状观察法及心理测量法。每种方法虽然都可单独使用，但都有其局限性。在实践中，通常是把几种方法综合使用，效果较好。

（一）环境适应判定法

良好的适应涉及心理活动的各个方面，是一个较综合的判断标准。环境适应主要包括社会适应和生活适应两方面。社会适应指个体与社会处于和谐状态而不是对立状态。换言之，个体行为能符合社会行为规范的要求，说明其社会适应良好，视其为心理正常；若个体行为不符合社会行为规范的要求，则说明社会适应不良，视其为心理异常。生活适应以个人是否表现出与外在生活情景相一致的情感、言语、行为为依据，对人的生活适应水平进行了解，从而判断其心理是否健康，即言行表现越是与外在情景相协调一致越正常，越是不一致越反常。

环境适应法的优点是简便易行，获取的信息直观、真实。但其局限性也显而易见，如有些违反社会规范的行为，可能是心理异常造成的，也可能就是单纯的犯罪，很难区分。这时，就需要配合其他方法综合分析，才能做出准确的判断。

（二）症状观察法

症状观察法是通过观察学生在自然情景中的行为表现，捕捉基本信息，从而了解学生是否存在某些心理异常的症状，并对学生的心理健康状况进行判定的方法。使用此法判定时，必须要求判定者对心理异常的多种症状较为熟悉，并且要对被检查的学生的心理的方方面面进行检查，才能最后进行判定。

症状观察法的可靠性取决于判定者对心理异常症状的熟悉程度和检查的细微程度。这种方法最好能结合采访者的自诉症状来综合判断。因为任何行为必然伴随主观感受，一种行为是否健康不仅仅取决于行为本身，很大程度上还要看个体的主观感受如何。因此，将外部观察和内部体验结合起来评价采访者的心理健康是较为可行的方法。

（三）心理测量法

这是一个采用专门的心理测量工具，在较短的时间内对被试的某些或某方面的心理属性做出测定，然后和常模（norm，某一特定人群的心理健康总体平均标准）进行比较，从而判定某个个体的心理健康水平的方法。

心理测量时可使用的量表很多，常用的有人格测验量表、智力测验量表、心理健康测验量表等。具体的测验有明尼苏达多项人格测验（MMPI）、卡特尔 16 种人格因素测验（16PF）、主题统觉测验（TAT）、康乃尔健康问卷（CMI）、SCL－90、抑郁评定量表和焦虑评定量表等。上述量表在国内都有修订过的版本，在心理卫生工作中可以使用。

目前，针对我国中学生的心理健康测量量表有心理健康诊断测验量表（MHT）和中学生心理健康量表（MSSMHS）。

MHT 是由华东师范大学心理学系周步成教授等根据日本铃木清等人编制的《不安倾向诊断测验》进行修订而成，共有 100 道题目，每题后有“是”和“不是”两个答案。全量表由 8 个内容量表构成。这 8 个内容量表包括学习焦虑、对人焦虑、孤独倾向、自责倾向、过敏倾向、身体症状、恐怖倾向和冲动倾向。把这 8 个内容量表的结果综合起来，就可以知道一个学生的一般焦虑的程度；而各内容量表的结果可诊断出个人的焦虑中哪个方面问题较大。

MSSMHS 是我国学者王极盛教授编制的，经过大样本的施测（2 万个被试）证明，该量表是有效而准确地测查中学生心理健康状况的工具。该量表共有 60 个项目，采用 5 级评分制，每个项目为一个陈述句，一次评定约需 20 分钟，简单方便。该量表由 10 个分量表组成，分别是：

（1）强迫症状。它反映受试者做作业必须反复检查，反复数数，总是在想一些不必要的事情，总害怕考试成绩不理想等强迫症状。

(2) 偏执。它反映受试者觉得别人占自己的便宜，在背后议论自己，对多数人不相信，感觉别人对自己评价不当，别人跟自己作对等偏执问题。

(3) 敌对。它反映受试者控制不住自己的脾气，经常与别人争论，易激动，有想摔东西的冲动等。

(4) 人际关系紧张与敏感。它反映受试者觉得别人不理解自己，对自己不友好，感情容易受到伤害，对别人求全责备，同异性在一起觉得不自在等。

(5) 抑郁。它反映受试者感到生活单调，自己没有前途，容易哭泣，责备自己，无精打采等。

(6)焦虑。它反映受试者感到紧张，心神不宁，无缘无故地害怕，心里烦躁，心里不踏实等。

(7) 学习压力。它反映受试者感到学习负担重，怕老师提问，讨厌做作业，讨厌上学，害怕和讨厌考试等。

(8) 适应不良。它反映受试者对学校生活不适应，不愿意参加课外活动，不适应教师的教学方法，不适应家里的学习环境等。

(9) 情绪不平衡。它反映受试者情绪不稳定，对老师、同学以及父母态度多变，学习成绩忽高忽低等。

(10) 心理不平衡。它反映受试者感到老师和父母对自己不公平，对同学比自己成绩好感到难过和不服气等。

评分标准：每个项目得分之和除以 6，即为该项目的心理健康状况：2～2.99 分为轻度问题；3～3.99 分为中度问题；4～4.99 分为重度问题；5 分及其以上为严重问题。总体心理健康情况为 60 个项目得分之和除以 60，评定与单项相同。某因子存在轻度问题，可以通过自我心理调节予以改善和消除。某因子分超过 3 分，但不超过 4 分，也可以通过自我心理调适，逐步使症状减轻和消失。如果自己心理调适已经超过一个月尚没有缓解，最好找心理医生咨询。如果某因子分超过 4 分，可自己心理调适。一周后用中国中学生心理健康量表再测试一次，如果该因子分仍为 4 分以上，请找心理医生咨询。受试者的心理健康总均分在 2 分以上，应找心理医生咨询。

第二节　学校心理辅导的原则与途径

随着中小学生心理问题的日益严重，心理健康教育越发显得迫切而重要，学校心理辅导也日益成为学校实施心理健康教育的主渠道。有些国家甚至将学校心理辅导与教学工作并列，二者被喻为现代学校的两个轮子，心理辅导在某种意义上已成为现代学校的一个重要标志。

一、学校心理辅导的含义

“辅导”(guidance)一词，泛指有关专业人员对当事人的协助与服务。

学校心理辅导是指在一种新型的建设性的人际关系中，学校辅导人员运用其专业知识和技能，给学生以合乎其需要的协助与服务，帮助学生正确地认识自己，悦纳自己，根据自身条件确立有益于个人和社会的生活目标，克服成长中的障碍，充分发挥个人潜能，并在学习、工作及人际关系各方面表现出良好的适应。

知识链接 16-1

心理测验工作者的道德准则

心理测验是指在鉴别智力、因材施教、人才选拔、就业指导、临床诊断等方面具有作为咨询、鉴定和预测工具的效能。凡在诊断、鉴定、咨询及人才选拔等工作中使用心理测验的人员，必须具备心理测量专业委员会所认定的资格。在使用心理测验时，心理测验工作者应高度重视科学性与客观性原则，不利用职务或业务关系妨碍测验功能的正常发挥。使用心理测验的人员，有责任遵循下列道德准则：

一、心理测验工作者应知道自己承担的重大社会责任，对待测验工作须持有科学、严肃、谨慎、谦虚的态度。

二、心理测验工作者应自觉遵守国家的各项法令与法规，遵守《心理测验管理条例》。

三、心理测验工作者在介绍测验的效能与结果时，必须提供真实和准确的信息，避免感情用事、虚假的断言和曲解。

四、心理测验工作者应尊重被测者的人格，对测验中获得的个人信息要加以保密，除非对个人或社会可能造成危害的情况，才能告之有关方面。

五、心理测验工作者应保证以专业的要求和社会的需要来使用心理测验，不得滥用和单纯追求经济利益。

六、为维护心理测验的有效性，凡规定不宜公开的心理测验内容、器材、评分标准及常模等，均应保密。

七、心理测验工作者应以正确的方式将所测结果告之被测者或有关人员，并提供有益的帮助与建议。在一般情况下，只告诉测验的解释，不告诉测验的具体分数。

八、测验工作者及各心理测量机构在业务交流中，应以诚相待，互相学习，团结协作。

九、在编制、修订或出售、使用心理测验时，应考虑到可能带来的利益冲突，避免有损于心理测量工作的健康发展。

——选自刘华山的《学校心理辅导》，安徽人民出版社 2001 年版

在理解学校心理辅导这个定义时，要特别注意以下几点：

(1) 学校心理辅导强调面向全体学生，解决学生心理发展中的共性问题，如中学生的青春期辅导、新生的适应辅导等。但同时，全体又总是由个体组成的，而每个个体又有其独特性，因此，心理健康教育又要重视个别差异，关注每个学生的具体问题，因人而异，如对特殊家庭（单亲家庭、吸毒家庭等）学生的成长问题、学习障碍儿童的辅导等。

(2) 辅导以正常学生为主要对象，以发展辅导为主要内容。在这一方面，它不同于侧重心理与行为障碍矫治的心理治疗。心理辅导把工作的重点放在预防与发展上，即预防心理问题的出现和促进学生潜能的发展上。

(3) 心理辅导是一种专业活动，是专业知识和技能的运用。它必须以心理学的理论为基础，运用心理辅导的方法、技术和手段，来促进学生心理的健康发展。例如，根据心理学的 ABC 理论，通过运用访谈的技术（如倾听、澄清、面质等）帮助学生改变认知的过程，这是非常专业的活动，只能由专业人员才能有效地完成。所以辅导教师必须接受专业教育与训练，否则难以胜任心理辅导。

二、学校心理辅导的原则

（一）面向全体学生原则

从本质上看，心理辅导是日常教育教学活动的有力的配合与合理的补充，因此应面向包括正常学生在内的全体学生。心理辅导要面向全体学生，还因为当教师对全体学生辅导工作做得有成效时，个别学生的问题便较少发生或更易于解决。面向全体学生原则要求教师在制订心理辅导计划时，要着眼于全体学生；在确定心理辅导活动的内容时，要考虑大多数学生的共同需要与普遍存在的问题；组织团体辅导活动时，要创造条件，让尽可能多的学生参与，特别要给那些内向、沉静、腼腆、害羞、表达能力差、不大引人注目的学生提供参与和表现的机会。

（二）预防与发展相结合原则

心理辅导的功能可分为三个层次：矫治、预防和发展。学校心理辅导兼有矫治、预防与发展三种功能，不过，就整体而言，应该是预防、发展重于矫治。因为任何严重的心理疾患与行为偏差的产生都有一个发展过程。青少年在学会适应社会和谋求自我发展的过程中，难免遇到失败和挫折，往往会经历心理困扰而不能解脱，从而陷入危机。此时，采取及时而恰当的心理辅导措施，可以帮助他们脱离困境，使其回到正常生活轨道上来。这比等到他们已经有了严重的心理疾患再来治疗要有效得多，省事得多，解决问题也要彻底得多。在预防的同时，还要追求发展，将预防与发展结合起来。

贯彻这一原则时我们应注意：心理辅导工作应采取主动态势，注意防微杜渐。因此，建立学生的心理辅导档案是很有必要的。对于那些社会处境不利的学生、生活发生了重大变故的学生、自我期望偏高而又屡遭挫折的学生，应及早发现征候，实行早期干预。

（三）尊重与理解学生原则

"尊重与理解"，是心理辅导过程中对待学生态度以及师生关系方面应该遵循的基本原则。尊重，就是尊重学生的人格与尊严，尊重每个学生存在的权利，承认他是不同于其他人的独立的个体，承认他与教师、与其他人在人格上具有平等的地位。理解，则要求教师以平等的态度，按学生的所做所为、思考、感受的本来面目去了解学生。贯彻这一原则应注意：(1) 尊重学生个人的尊严，以平等的、民主的态度对待学生。(2) 尊重学生的选择。辅导教师应承认每个学生是自主的，具有抉择的能力和作决定的权利，具有选择目标以及达到目标的手段的自由。(3) 运用共情的态度和技术加深对受辅导学生的理解。在与学生谈话中，教师不但要理解学生明确表达出的思想和感受，而且要觉察出学生故意回避或以隐喻形式透露出来的深层含义。

（四）学生主体性原则

学生主体性原则要求教师在心理辅导中尊重学生的主体地位，充分发挥学生作为辅导活动主体的作用。这是因为：(1) 心理辅导的基本功能是促进学生成长与发展，而成长与发展从根本上说是一种自觉的和主动的过程。如果学生缺乏主动精神，缺乏受辅导动机，教师强行对他进行辅导，则这种辅导必定会由于学生的抗拒、冷漠和敌意而毫无效果。(2) 心理辅导是一种助人自助的过程。"助人"只是手段，让学生"自助"才是目的。(3) 青少年期是学生自我意识、独立倾向快速发展的时期。处于这一时期的学生，渴望通过自己的独立思考与主动探索解决面临的问题，检验个人影响环境和控制自己的能力。故主体性原则对于青少年学生的辅导具有特殊的意义。

贯彻学生主体性原则应考虑到以下几个方面：(1) 开展心理辅导活动课要以学生需要为出发点。心理辅导不以传授系统学科知识为目的，其内容的选取与安排应充分考虑学生的需要，围绕学生关心的实际问题进行。(2) 尊重学生的主体地位，鼓励学生“唱主角”。在活动设计中要给学生发挥想象力留有余地。在辅导过程中要鼓励学生发表看法、宣泄情感、探索解决问题的办法。在与学生沟通的过程中，作为协助者，教师应避免使用“你听我说”、“我告诉你”之类的命令式、灌输式的口吻，要用鼓励性的、商量式的语气说话，如“请听我的意见”、“我想作一点补充”、“如果这样看是不是更全面”等。

（五）个别化对待原则

重视学生的个别差异，强调对学生的个别化对待，是学校心理辅导的又一条重要原则。贯彻该原则，应考虑到以下要点：(1) 注意对学生个别差异的了解。学生的个别差异是实施个别化对待的基础。心理辅导教师应了解学生的共性，更要注意了解学生的个别性、差异性；要了解事实性的资料，更要了解价值性的资料。(2) 对不同学生要区别对待。心理辅导工作具有弹性特点。心理辅导教师应充分考虑学生的年龄特征、性别特征、个性特征，灵活运用心理辅导的通用原理，找出适合一个个学生的处置方法。(3) 认真做好个案研究。个案研究的对象是单个学生，通常是学校里的特殊学生、适应不良的学生。开展个案研究，积累个案资料，有利于深入探讨个别化对待方面的经验，提高个别辅导的实效。

（六）整体性发展原则

心理辅导追求学生人格的整体性发展。从社会价值取向看，它重视学生德、智、体几方面的全面发展；从满足学生自我完善的需求看，它注重学生知、情、意、行几方面的协调发展。

贯彻这一原则应考虑：(1) 树立学生全面发展的观念。不论进行哪一个领域的辅导，都要关注学生人格整体的完善。即使是进行学习辅导，目标也不仅仅在于学生知识的获得，而且还要关注学生学习态度、习惯、方法的改变，以及让学生能增强学习信心，享受学习的乐趣。(2) 不宜把心理辅导课程变为单纯的知识传授课。向学生传授心理卫生一类的知识无疑是有益的，但心理辅导涉及学生知识、社会技能、情感、态度、价值等方面的学习，而不仅是让学生掌握知识。因此开展多种多样的活动就显得十分必要。在积极参加各种专门设计的辅导活动或实践活动过程中，学生可以品尝人生体验，感受发现的喜悦，回味奋斗的乐趣，重温父母的恩情，理解教师的关怀，领悟朋友的情谊。由此获得的丰富人生经验，对于学生个人的成长无疑是无比珍贵的。

（七）保密性原则

在学校心理健康教育过程中，教育者有责任对学生的个人情况以及谈话内容等予以保密，学生的名誉和隐私权应受到道义上的维护和法律上的保障。保密性原则是学校心理健康教育极其重要的原则，是鼓励学生畅所欲言和建立相互信任的心理基础，同时也是对学生人格及隐私权的最大尊重。在心理健康教育过程中，尤其是个别教育与辅导过程中，学生会向教育者泄露很多个人的秘密、隐私、缺陷，以及由此而产生的心理和行为的困扰、矛盾、冲突等。教育者有责任、有义务对所有这些信息保密。除此之外，不得对外公布求助学生的姓名，拒绝任何关于求助学生的调查,尊重求助学生的合理要求等等,这些都是保密的范围。失密,对教育者来说,就是失职;对教育机构来说,就是威信和名誉的丧失。

贯彻保密性原则要做到:(1) 求助学生的所有资料和信息绝不应作为社交闲谈的话题。除了在训练的情况下,求助学生的个人身份能得以充分隐藏之外,个案的资料不应出现在教育者的公开演讲和谈话中。(2) 教育者所做的个人记录,不能视为公开的记录,不能随便让人查阅,教育者不应当随便将记录档案带离咨询与辅导机构。当然,替来访者保密也不是绝对的,在某些特殊情况下,为了进行研究,为了求助学生和他人的利益免受伤害,可以进行正当泄密,但依然是不能损害求助学生的利益,要以最大限度地保护求助学生为原则。

三、学校心理辅导的途径和方法

(一) 学校心理辅导的途径

我国目前各级学校开展心理辅导主要是通过以下途径来实现的:

1. 独立开设专门的心理健康课程

开设专门的心理健康课程一般有两种形式。

一种是以讲授为主的有关课程。例如,开设心理学课、心理卫生课、心理健康教育课或举办有关的知识讲座,向学生传授、普及心理健康的有关知识,对于帮助学生正确认识自己、有效地调控自己心理和行为无疑是必要的。在开展心理辅导工作初期,这种方式也比较易于为教师所掌握。但从解决学生身上存在着的实际问题来说,其作用还是有限的。因为心理辅导的作用不仅要扩展学生的知识,而且还要改善学生情绪状态、转变态度、养成必要的社会技能等,所有这些单靠知识传授是难以奏效的。

另外一种形式是开设心理辅导活动课。它是根据学生的身心发展特点和社会需要,有目的地对学生施加旨在促进其更有效地适应学校学习和社会生活的一种教育。心理辅导活动课,是在中小学实施心理辅导的一条重要途径,是一种必不可少的活动,或是一项核心工作。其特点为:

(1) 专门为心理辅导而设置,其目的不同于一般的班级、团体活动。心理辅导活动的目的是提高学生心理素质,尤其是情感意志品质,帮助他们学会处理各种人际关系,学会调适自己的情绪,以保证有效地、创造性地完成学习任务。

(2) 以学生活动为主,不同于以普及知识为主的心理学课程。心理辅导活动课的重点在于提供给学生直接经验,而不仅仅是理论知识 。直接经验和感受比理论知识更重要、更丰富。我们反对在心理素质的培养上只教给学生有关知识,不去帮助学生获得直接经验;反对把心理辅导专门活动当作一种讲授课程看待。

(3) 有教师指导,不同于学生自发性的游戏。作为一门课程,心理辅导有培养目标、实施计划、相对固定而又允许作灵活调整的教材,有评价学生成长变化的合适的办法 。教师的指导作用表现在:确定心理辅导专门活动的目标,拟定辅导活动的主题,选择活动形式和方法,设计活动方案,控制活动进程,评价活动的结果。

(4) 有组织性和系统性,不同于临时组织的班级活动。心理辅导专门活动是一种有计划、有组织、系统地安排与实施的活动。其内容上是由许多个单元按一定顺序结合而成的,有一定连续性。活动时间也是事先安排好的。

通过这一途径开展心理辅导的好处是:在专门组织的活动中可以专门对学生的认知、情感、态度、行为各方面有目的地施加积极的影响;学生活动,有利于发挥自己的主动性;以教学班为单位,便于组织管理,且能使班级全体学生在辅导活动中受益;将心理辅导列入课程,也使这项工作的开展在时间上有了保证。只是,如何在班级活动中考虑每个学生的具体情况,实行个别化对待,则是要认真解决的问题。

在进行心理辅导活动课之前,心理辅导老师要进行心理辅导活动课的单元设计,即针对某一具体心理辅导内容制订实施计划。单元设计包括以下步骤和内容:(1) 确立单元名称;(2) 确定活动时间(2 节左右);(3) 确定活动的目标(具体目标,即某具体的单元所要达成的目标);(4) 明确实施的方法与过程(讨论、参观、角色扮演、演讲、歌唱、听录音、看录像等);(5) 准备场所和材料;(6) 拟订实施程序。

知识链接 16-2

心理辅导专门活动实例——自我认识与接纳

(初中二年级上学期)

一、单元名称:我的情绪

二、时间:2 节课

三、单元目标

1. 能辨认各种情绪,并了解它们发生的原因。

2. 知道各种情绪反应对身心行为的影响。

3. 学习控制情绪、发泄情绪的正确方法。

四、实施方式

讲述、讨论、表演、歌唱。

五、准备工作

1. 座位安排成半圆形。

2. 准备 10 张小卡片,上面分别写上表示情绪的名词,如快乐、愤怒、悲伤、害怕、痛苦、忧虑、讨厌、喜欢、着急、难过等。

3. 教师事先构思引发各种旖旎思绪的情境。

4. 教师事先收集各类情绪变化的图片。

六、实施程序

1. 教师向学生展示各类情绪图片,让同学们说出是何种情绪,如“图片上的人看起来怎么样?”

2. 教师请每位同学抽一张小卡片,表演上面写的情绪,并让其他同学猜所表演的是一种什么情绪。

3. 教师说明每种情绪本身都是正常的,每个人都会有不同的情绪反应。带领同学一起讨论在何种情况下会有何种情绪表现。

4. 教师提出以下各种情境,让学生说出在该情境中,他们会有何种情绪产生以及如何处理这种情绪。

有人弄坏了你的自行车。

有人送了一件你非常希望得到的礼物。

续知识链接 16-2

有个同学放学后告诉你，他要找几个人一起来揍你一顿。

明天老师要带我们去郊游。

当你正在看你所喜欢的电视节目时，有人却把电视调到了别的节目上去。

你最喜爱的小动物生急病死了。

你被放在一个漆黑的房间里，房间里没有第二个人。

早上妈妈带给你交学杂费的 200 元钱不见了。

你看到班上的小张又在欺负小李。

回家的路上一不小心摔了一跤，将手和膝盖都跌破了。

5. 讨论不适当的情绪反应会造成什么样的不良后果。

6. 请每位同学就自己在日常生活中，因不适当的情绪反应造成不良后果的情形各举一例。

7. 讨论如何因时、因地、因人作适当的情绪反应。

8. 教唱《忘忧歌》，歌词如下：

来呀，把你的忧愁扔在一边，乐！乐！乐！把你的脸儿变得大又圆，就是这样乐。长吁短叹，没有用，不能充饥渴。来呀来，把你的忧愁扔在一边，乐！乐！乐！

七、教师作最后总结

——选自刘华山的《学校心理辅导》，安徽人民出版社 2001 年版

2. 将心理辅导融于班级、团队活动之中

心理辅导同学校、班级活动的宗旨是一致的。从某种意义上说，学校心理健康教育与辅导还拓展和加深了学校、班级的活动领域，提高了活动的科学性和有效性。其有利的一面是能把心理辅导与班级、团队活动以及学校的其他例行活动结合在一起，便于发挥这几项工作在统一的育人活动中的整体功能。但要注意的是，心理辅导仍须有自身的目标和内容，不要让心理辅导被班级、团队的日常活动所代替而丧失自己的特色。

3. 在学科教学中渗透心理辅导

学科教学是学校教育最主要、最基本的活动形式。学生获得知识、发展能力、形成品德、掌握方法主要是在学科教学过程中实现的。同样，在学科教学中渗透心理健康教育有时间和空间上的优势，使心理健康教育在学校里得以全方位地展开。几乎所有的学科里都有许多程度不同的适用于心理辅导的内容素材，教学过程中还会经常出现有利于实施心理辅导的教育情境。如学生在学习过程中产生的心理困扰，理应在教学过程中得到满意的解决，这是心理辅导的重要资源。教师在备课与课堂教学中应充分发掘这一资源，培养学生的健康心理。

4. 个别辅导

个别辅导是教师通过与学生一对一地沟通互动来实现的专业助人活动，是对个别存在心理问题或心理障碍的学生提供针对性的指导或矫治，以缓解学生的心理困惑或压力，并促使学生学会自我调节，从而使个人的心理得到健康的发展。个别辅导也是最能体现因材施教原则的方法，因此可以说个别辅导是一种不可替代的辅导方式。有些学校开展的“心理信箱”活动，就是信函个别辅导的一种形式，它有效地增加了师生间的沟通，也为那些不愿露面的学生提供了辅导的便利。

5. 团体辅导

团体辅导是指一组学生在辅导教师指导下，围绕他们共同面临的问题，通过讨论训练等一

定活动形式，使团体成员之间相互启发、诱导，形成共识进而改变团体成员的观念和行为的活动。团体人数少则四五人，多则十一二人。其成员多为同年级、同年龄学生，且有类似的待解决的心理困扰。团体辅导适用条件是：学生的心理问题与人际交往有关，且团体成员愿意在团体中探讨他们的问题。一个团体通常要活动十多次，每次时间为一课时。团体辅导兼有班级辅导和个别辅导的优点，是一种很有发展潜力的心理辅导方式。

每一种学校心理辅导的途径都有它的优势和局限，在学校心理健康辅导活动中，应多管齐下，才会收到更好的效果。

（二）学校心理辅导的方法

学校心理辅导的方法按照不同的标准可以分为很多种。例如，按方法的功能，可以分为以了解学生为主的方法和以影响学生为主的方法；按辅导学生的人数，可以分为个别辅导的方法和团体辅导的方法等。下面介绍几种比较常用的辅导方法。

1. 全身松弛法

全身松弛法，或称松弛训练，是通过改变肌肉紧张，减轻肌肉紧张引起的酸痛，以应付情绪上的紧张、不安、焦虑和气愤，即通过肌肉的放松达到精神上的放松。雅各布松（Jacobson）于20世纪20年代首创了紧张—松弛对照训练。

全身松弛法操作程序：

（1）准备工作。帮助对方找到一个舒服的姿势；要在安静的环境中进行练习，尽量减少无关刺激。

（2）对肌肉放松作整体说明，指导学生先学会紧张—松弛的方法。

（3）按次序放松肌肉。放松的先后顺序一般为：手臂部、头部、躯干部和腿部。具体方法为：收紧肌肉——坚持5秒——放松10秒——体会紧张与松弛的区别。

（4）返回现实。

全身松弛法可随时使用。特别是当个人面临紧张压力时，比如对于考试恐惧的学生、不敢当众发言的学生，在考前、发言前5分钟做松弛训练可缓解恐惧和焦虑。

2. 理性情绪辅导

理性情绪疗法是美国心理学家艾利斯（A. Ellis）于20世纪50年代在美国创立的一种心理辅导方法。他的基本理论主要为ABC理论——A：诱发性事件（Activating events）；B：个体在遇到诱发事件（A）之后的信念、观点（Beliefs）；C：在特定情景下，个体的情绪及行为的结果（Consequences）。通常人们会认为诱发事件A直接导致了人的情绪和行为结果C，发生了什么事就引起了什么情绪体验。然而，同样一件事，对不同的人，会引起不同的情绪体验。如同样是报考英语六级，结果两个人都没过，一个人无所谓，而另一个人却伤心欲绝。

ABC理论指出，诱发性事件A只是引起情绪及行为反应的间接原因，而人们对诱发性事件所持的信念、看法、解释B才是引起人的情绪及行为反应的更直接的原因。不良情绪是由于不合理的信念所导致。合理情绪辅导关键是与不合理的信念辩论，最终放弃不合理信念，帮助其学会以合理的思维方式代替不合理的思维方式，以避免再做不合理信念的牺牲品。理性情绪辅导的整个模式为ABCDE。

A：Activating events——诱发事件；

B：Beliefs——由A引起的信念；

C：emotional and behavioral Consequences——情绪和行为的后果；

D:Disputing irrational beliefs——与不合理信念的辩论(驳斥);

E:new emotive and behavioral Effects——新的情绪及行为的治疗效果。

除此之外,代币奖励法、行为塑造法、游戏法、角色扮演法、讨论法等,都是有效的心理辅导方法。在学校心理辅导的实际活动中,我们应根据辅导目标的要求,综合运用各种方法,以达到最佳效果。

第三节　中小学生心理辅导的内容

学校心理辅导可分为学习辅导、生活辅导和生涯辅导三个方面。中学生心理辅导的内容也应从这三个方面进行。学习辅导要从发展性学习辅导和特殊学习问题辅导两个方面进行,生活辅导从提高学生挫折承受力的辅导和青春期辅导进行,生涯辅导应考虑升学与就业两个方面。

一、学习辅导

(一)发展性学习辅导

1. 发展性学习辅导的目标

有人认为,我们目前的教育教学方法还没有能够使学生的学习潜力得到最大的开发。发展性学习辅导试图通过学习策略与方法的指导以及与学习有关的非智力因素的调动来开发学生的学习潜能。在态度上,变“要我学”为“我要学”,在学习效果上要变“教学生知识”为“让学生学会学习“。

2. 发展性学习辅导的内容

发展性学习辅导实际上就是解决学生能不能学、爱不爱学、会不会学等问题。根据学习辅导的目标,学习辅导主要有以下内容:

(1) 学习动机辅导。这是解决学习动力问题,也就是学生“想学”的问题,如人为什么学习?我是为谁而学?学习动机是推动和维持学生学习的动力,很多学生学习成绩差其原因就是没有明确自己的学习动机,不少学生觉得自己学习只是为了满足父母的愿望或是为了应付来自老师的压力,因此他们的学习往往是被动的。这个问题解决得好,就能变“要我学”为“我要学”。在辅导中,可以通过心理辅导活动课帮助学生认识学习动机的重要性,自我澄清学习动机,激发学生的好奇心和求知欲。还可通过组织心理训练课来提高学生的自信心和自尊心,从而帮助学生产生自我提高的内驱力。如通过“自画像”、“夸夸我”等活动课增强学生对自己优点和长处的自我认识,从而提高自信心和自尊心,间接地增强学习动机。

(2) 学习情绪辅导。学习情绪是指个体对学习的喜恶感受和体验。它可分为良好的学习情绪与不良的学习情绪。许多学习落后的学生的学习问题无不伴随着消极的情绪体验,学习情绪辅导的主要任务就是帮助学生形成良好的学习情绪以及调控不良的学习情绪。可从让学生认识学习情绪对学习的影响、教会学生学会主动控制自己情绪的方法和手段、创设情景让学生体验学习与成功的快乐、消除考试焦虑等方面进行辅导。

(3) 学习能力辅导。过去把学习能力差归因于智力落后,但近些年对学习落后学生的研究表明，特定的知识和技能的缺陷是导致学习能力低下的主要原因。因此，当学生的某一门功课学习吃力时，任课教师应勇敢承担起知识上查漏补缺和学习策略上有效指导的责任。学习能力培养是学校教育教学的重要目标，应成为教育教学的主要课程内容。学习能力辅导具体可通过自学能力辅导、思维能力辅导、操作能力辅导及掌握学习策略辅导等来实现。其中，学习策略的辅导尤为重要，是学习辅导的核心，因为学习策略的学习是学生学会学习的关键。

(4) 学习习惯辅导。学习习惯是学习态度与学习方法相结合而形成的一种稳定的动力定型。它与学习态度相关，又与学习方法紧密相连，是学习态度和学习方法经常化的行为表现，是经过反复训练而养成的学习方式。学习习惯包括良好的学习习惯和不良的学习习惯，它们对学生的学习起着促进或阻碍作用。在学校里我们经常可以观察到，那些成绩好的学生总是和上课注意力集中、课后认真做作业、学习有计划、时间安排得有条不紊、及时复习、喜欢课外阅读等良好的学习习惯相伴随；而那些成绩差的学生总会表现出上课不能注意听讲和做小动作、课后不认真做作业或不交作业、学习无计划、不及时复习、懒得动脑筋等不良的学习习惯。因此，对学生进行学习辅导必须对学生的学习习惯进行辅导。学习习惯辅导包括良好学习习惯的养成和不良学习习惯的矫正。良好学习习惯的辅导可从学习计划的制订、课后复习和课前预习三方面进行。不良学习习惯的矫正可从对不良学习习惯危害的充分认识、不良学习习惯的矫治和良好学习习惯的培养等方面进行。总之，良好学习习惯的养成是学习辅导的重要内容，是解决学生“乐学”的关键。它不仅直接影响学生的学习效率和学习成绩，而且也和提高学生修养、完善学生人格紧密相关。

（二）特殊学习问题辅导

学校里的学习辅导除了重点关注全体学生的学习发展以外，对部分学生的个别问题也不能掉以轻心，如学习障碍、厌学症、考试焦虑等。这类问题由于个别差别大，程度较一般问题严重，涉及的辅导与咨询专业性与技术性较强，所以辅导难度较大。对这类问题，学校心理辅导的任务重在发现和识别，一旦确定，轻微的可和家长、学校专业辅导员、班主任联合起来，采取措施，进行帮助；如果问题严重，就要及时寻求专业人员或专门的心理咨询机构的帮助，千万不可任其发展。

二、生活辅导

（一）挫折和适应

1. 挫折与心理健康

挫折是个体在从事有目的的活动中，遇到障碍或干扰，致使个人动机不能实现、需要不能满足时的情绪状态。在现实生活中，人们面对同一挫折情景所产生的挫折感并不完全相同。挫折感的强弱与每个人的动机水平的强弱以及挫折承受力的大小有关。对于挫折承受力大的人，挫折不仅不会对其心理健康产生消极影响，还可以使其积累人生的经验，磨炼意志，提高心理健康水平。相反，挫折对于挫折承受力小的人，必然会由于长期不能有效地应付挫折，难以缓解而产生诸如焦虑、痛苦等负面的情绪。

学校心理辅导要引导学生在遭受挫折时采取积极的方式，避免消极反应，并帮助学生找出产生挫折的真正原因，予以克服，达到真正战胜挫折、取得成功的目的。即使不能如此，也要想办法避免挫折对学生身心健康造成的损害。要做到这一点，学校心理辅导在进行挫折教育时重点可放在两方面:一是提高学生的挫折承受力;二是教会学生积极地适应挫折的方法和技术。

2. 提高学生挫折承受力的方法

(1) 帮助学生树立正确的挫折观。挫折是客观存在的,不可避免的。因此要帮助学生树立正确的挫折观,教会学生对挫折有正确认识与思想准备,使其对在学习、生活中可能出现的挫折与困难事先有充分的估计,心理有所准备,就会减轻挫折感,增强战胜挫折的信心与勇气。可以通过开展一些活动课进行讨论,让学生真正认识到“前途是光明的,道路是曲折的”,引导学生正视挫折,对挫折有充分的准备。

(2) 帮助学生确立适当的抱负水平。青少年关于自己的理想或抱负有不同的水平,过高的抱负水平是产生挫折感的一个重要因素。由于青少年对未来的前景怀有热烈的向往,想象力比较丰富,往往离开现实条件构想自己的前景,形成“理想我”与“现实我”的巨大反差,挫折感便会油然而生。因此,教师可通过“自我标价”、“镜像自我”等辅导活动使学生正确认识自己、评价自己,根据学生的“最近发展区”帮助学生确定适当的抱负水平。

(3) 适度感受挫折,锻炼挫折承受力。青少年正处在身心急速发展时期,心理脆弱、敏感,如经常遭受重大的精神打击和接连不断的挫折,就会严重影响其心理健康。因此学校和家庭尽可能预测和改变重大挫折的情景和条件,以避免学生受到重大的心理伤害。但这不等于说要过分保护学生,不让他们经历任何挫折。事实证明,适度的挫折经历,对于个人挫折承受力的锻炼和培养是十分重要的。也就是说,对挫折的承受也是要通过学习而获得的。所以,教师和家长可以有意识地提供或利用一些挫折情景,鼓励学生主动地在学习、生活实践中克服困难,战胜挫折,积累经验,不断成熟。

3. 教会学生积极适应挫折的方法和技术

通过训练和有意识的辅导,帮助学生掌握积极适应挫折的方法和技术,使他们学会如何对挫折做出积极主动的适应,这也是挫折教育不可缺少的内容。适应分为消极适应和积极适应两方面。常见的积极适应方式有理性的压抑、升华、补偿、幽默、合理宣泄、认知改组等。

(1) 理性的压抑。这是一种成熟的适应方式,指当一个人的欲望、冲动或本能因不符合社会的需要而无法达到满足或表现时,有意识地去压抑、控制,想办法去延缓其需要满足。可以说,一个社会之所以能有序地运转,都是依靠每个人根据社会的规范理智地压抑来控制行为而实现的。越是成熟的、有修养的人,越能有效使用压抑,使自己的行为更适应社会规范。这与病态的压抑不同,有些心理不健康的人,因过分压抑作用,把自己本来很正常的且应有的欲望或需求都压抑下去,使自己无法自由行动,形成一种病态现象。

(2) 升华。它泛指心理欲望从社会不可接受的方向转向社会可接受的方向的过程。当一个人意识到自己的某种欲望无法为自己接受,且与社会规范、伦理道德相悖时,为求得心理平衡,将其净化、提高成为一种高尚的追求。青少年年少气盛,受挫后容易产生攻击性行为,情绪具有冲动性。教师应引导学生利用升华的作用,把这种冲动性转移到体育活动、学习及兴趣小组中,使之合理化。这样既可以使不正常的情绪得以合理转移,又有益于学生的身心健康。

(3) 补偿。它指个人所追求的目标、理想受到挫折,或由于本身的某种缺陷而达不到既定目标时,用另一种目标来代替或通过另一种活动来弥补,从而减轻心理上的不适感。许多身体上有残疾的人,常采用这种方式来弥补与正常人之间的差距。

(4) 幽默。它指个体遇到挫折、处境困难或尴尬时,用一种机智、双关、诙谐、自嘲等语言、动作的良性刺激,来化解困难,以摆脱内心的失衡状态。幽默是与乐观相联系的,自嘲也是幽默的一种。幽默恰当，可使人感到愉快，使生活增添情趣和活力，所以它是一种积极的适应挫折的方式。

(5) 合理宣泄。它指通过创设一种情景，使受挫者能自由抒发受压抑的情绪。人在受挫后往往会产生一些消极反应和心理压力，如果不及时排解将使心理健康受到影响，这时就需要把心理压力释放一点。宣泄要注意合理运用，以不损害工作和他人利益为前提，切不可超越法制，违反道德规范。有的学生受了老师的批评，就将怨气撒在比他弱小的同学身上或将宿舍的门窗砸坏、桌椅折断，以发泄愤懑。这是不合理的宣泄方法，应坚决予以制止。

(6) 认知改组。主体对挫折情景的认识评价如何，直接影响挫折感的产生。比如高考落榜是考生产生挫折的情景，如果改变对高考落榜严重性的认识，看到上大学不是唯一的成才之路，或者通过复读下一年再考也不迟，这样就可以减轻挫折感。这种对挫折情景的重新认识与评价，称为认知改组。

以上讲的仅是几种主要的方法。教师在辅导中还可以根据学生的实际情况和自己的经验总结出一些行之有效的方法，并加以灵活应用。

(二) 青春期辅导

青春期，一般指十一二至十七八岁年龄阶段。发育期的迅速成长而带来的生理、心理及社会的负担，使初出茅庐的青少年经受极大的压力。人类生命的三个基本维度(生理、心理、社会)突然膨胀，各方面的问题突显出来，使中学时期既丰富多彩又充满矛盾与困惑。青春期对于人生来说是一个极为特殊的时期。首先，在生理上这一时期是少年性成熟的关键时期，同时伴随着身体的迅速增长和脑神经系统的发育成熟；随着生理的发育，他们的心理发展和变化，如智力的发展使得少年的抽象思维能力得到空前发展，性的成熟造成一系列的心理矛盾和冲突。

1. 青春期常见的心理、行为问题

(1)过度关注自我。过度关注自我主要表现为对自我身体机能的异常关注以及对某些疾病的多疑和过分夸大，将注意力过分集中于自己，由于对自己生理的急剧变化不满意而极度焦虑，有时还会主观构想疾病及其症状。

(2) 情绪的两极性。情绪的两极性表现为情绪体验强烈而多变，经常失去平衡，而且他们的心境往往处于低沉状态。如果负性情绪长期得不到排解，郁闷、焦虑症状持续存在，烦恼与孤独不能释怀，容易使极少数青少年产生自杀的意念和行为。

(3) 性别角色容易混乱。男女性别上的差异不仅表现在生理基础上，也表现在社会适应性和社会行为上。所谓性别角色混乱，就是通常所说的男孩像女孩、女孩像男孩的现象。性别角色混乱经常出现在青少年中，我们发现有的女孩把自己打扮成男孩子的样子；有的女孩对月经等生理现象特别反感因而希望自己是男孩子；有的男孩把自己打扮成女性。青春期是男女性别角色分化的关键期，如果在这一时期发展不好，就可能出现男性女性化和女性男性化等性别角色混乱问题。

(4) 人格冲突。青春期是充满矛盾的时期，如青少年出现反抗与依赖、勇敢和懦弱、闭锁与开放并存的矛盾心理，在人格特点上表现为逆反、偏执、走极端等特点。

(5) 人际关系冲突。人际关系冲突主要表现为青少年与父母等成人出现代沟，反抗成年人；与同伴交往的要求增加，但是由于交往技能的缺乏和自我中心，交往中往往矛盾冲突很多，从而产生心理压力。

(6) 性心理问题。青少年身体发育基本达到成熟，具备了生育的能力，出现了性的冲动。但是由于他们性生理、心理知识的缺乏，经常产生性的困惑，如出现性渴望、性幻性甚至性尝试等。如果不及时进行性教育，青少年会出现异常性行为。

从以上分析可以看出，青春期的问题虽然涉及各方面，但性驱动力与社会规范之间的矛盾始终是最基础的矛盾，是引发青春期其他问题的根本原因。因此，青春期辅导的最基本的内容是性教育与性辅导。

2. 性教育与性辅导

青少年的性教育包括：性生理教育——使青少年正确认识人类性发育的自然规律及本质，克服在性问题上存在的神秘感和模糊概念；性心理教育——引导青少年正确认识自身的性心理变化、性意识的各种不同表现，尤其是异性交往问题；性卫生教育——使青少年了解性器官的卫生保健常识，养成良好的卫生习惯；性道德教育——启发青少年正确处理学习、恋爱和友谊的关系，努力克制自己的性冲动，将主要精力放在人生远大目标的追求上；性法律教育——引导青少年划清正常的异性交往与性罪错的界限，增强其在性问题上的守法观念。

性教育主要解决性认知的问题，而性心理辅导主要解决异性交往行为的问题，如男孩和女孩如何相处、如何适当地对待异性等。在辅导中，以下三个问题是我们应特别关注的：

(1) 男女学生的“约会”问题。约会行为的一个主要的目的往往是为了确定和强化性别身份及满足与异性交往的需求。学校心理辅导应从青少年的角度去看待学生的约会问题，尽可能创造更多的适当的社会化的机会，使男女生有更多的公开交往的机会，这将非常有助于青少年将性的能量用于建设性的、与学校任务相关的活动中。

(2) 爱抚和性的尝试。对处在青春期的少年男女学生来说，适度的交往是有益于身心健康的。许多成年人的性行为变态往往和青少年时期的过度压抑有关。因此，对青少年的性接触问题，既不能不管不顾、放任自流，也不能如临大敌；既不必压抑青少年异性交往的欲望，又要帮助他们自己去学会理智地控制自己。辅导的重点是教会学生如何与异性交往，怎样处理在交往中出现的各种问题。

(3) 抵御诱惑。有关研究表明，青少年的性罪错行为的直接起因是生活中的不良诱因和色情文化的刺激。青少年的好奇心与模仿性，加之电影、电视、图片等生动的传播方式，使青少年往往不加怀疑地接受和模仿电影、电视中所传递的信息。心理辅导的重点是帮助青少年建立起正确的价值观念，使他们有能力对传播媒介所提供的信息进行分析。同时，为他们提供科学的性知识，也是我们性心理辅导的重要内容。

三、生涯辅导

(一) 生涯辅导的概念和内容

生涯辅导是在职业辅导的基础上发展起来的新概念。生涯的英文为 career，也有事业的含义。在希腊，career 被引申为个人一生的发展过程，也指个人一生所扮演的系列角色与职位。心理学家舒伯(Super)认为，生涯是指与个人终身所从事的工作或职业等有关活动的过程，是生活中各种事件的演进方向和里程，统合了人一生中各种职业和生活角色，由此表现出个人独特的自我发展形态。生涯辅导是指一套有系统的辅导计划，在辅导人员的帮助下，引导个人探究、评判并整合运用相关的知识与经验，来规划个人的生涯发展。具体说，生涯辅导的内容如下：

1. 生涯规划及生涯能力的培养

生涯发展包括一连串的生涯规划与决策的过程。因此生涯辅导必须协助学生学习如何规划人生以及培养在面对各种抉择情景时的决策能力，如高考填报志愿时的决策能力。

2. 自我状况的了解及个人价值观的澄清

生涯规划与决策恰当与否首先取决于个人对自己价值观的澄清和自我状况的准确评价。因此生涯辅导不仅要协助个体澄清自己的职业理想、期望等和价值观有关的问题，而且还需要了解个体的能力倾向、兴趣、个性等情况，即解决“我最喜欢干什么”、“我适合干什么”等问题。

3. 做出合理的选择

在进行生涯规划与决策时，仅考虑个人的能力、爱好、兴趣还不够，还必须考虑现实的可能性，即客观环境能在多大范围内为我们提供选择的自由。所以，必须协助学生对有关职业与生涯发展的资料进行深入的了解，对现实情景作实事求是的分析与评价。如比较各种选择之间的利弊，最后做出适当而合理的选择。它解决的是“我有可能干什么”的问题。

4. 自身潜能的开发

和所有的学校心理辅导一样，生涯辅导同样强调发现并挖掘个人潜能，给予个人充分的机会，以独特的方式去发展及表现个人的才能。另外，生涯辅导还协助个人适应快速变化的社会与职业环境，运用比较灵活和弹性的方式，以达到个体的生涯发展的目标。

（二）学校生涯辅导

对学生而言，学校的学习只是未来事业的准备，一份具体的职业才是个人发挥才华、服务社会的安身立命之所。因此，一个人逐步培养起自己善于规划人生路途、善于选择恰当职业的能力，就成为事业乃至人生成功的条件之一。为了做出恰当的规划和抉择，学生必须知己知彼，既了解自己的优势和劣势，尤其是自己的潜能，以便扬长避短，还要了解社会的发展和职业的需求，以便合理选择。这些都是我国传统学校教育教学中较少涉及的内容，但它们却是生涯辅导所要探讨和解决的课题。

生涯辅导主要有生涯教育与辅导和生涯咨询两种方式。前者以全体学生为对象，后者以个别学生为对象。不管是面向全体的辅导，还是面向个体的咨询，辅导的最终目标都是：(1) 帮助学生形成正确的生涯观和职业观；(2) 培养学生的敬业意识；(3) 帮助学生要用长远的目光看待职业；(4) 帮助学生形成正确的自我意识和科学的择业态度。

综合练习

一、概念解释

1. 心理健康　2. 学校心理辅导　3. 个别辅导　4. 团体辅导　5. 挫折

二、选择

1. 目前世界各国都把________作为现代学校的一个重要标志。

A. 教学水平　B. 心理健康教育　C. 思想道德教育　D. 创造能力培养

2. 在影响青少年心理健康的心理活动因素中，________是核心，它对一个人的心理健康影响最大。

A. 认知因素　B. 情绪因素　C. 个性因素　D. 诱发因素

3. 心理辅导的重点是________。

A. 预防　B. 发展　C. 观察　D. 矫治

三、问答和简述

1. 青少年学生心理健康的标准是什么？如何理解心理健康的标准？
2. 心理健康的评价方法有哪些？
3. 结合实际情况，分析学校心理辅导原则。
4. 简述学校心理辅导的主要途径。
5. 简述学校心理辅导的主要内容。
6. 提高学生挫折承受力的方法有哪些？

第十七章　教师心理

本章学习指导

1. **识记**：角色与教师心理角色、教师心理品质、教育机智、教师心理枯竭等。
2. **理解**：教师的心理角色及其作用、教师应具备的心理品质、教师心理健康的意义和标准、维护教师心理健康的方法。
3. **应用**：把本章所学的知识应用在日常的学习和工作中，建立正确的教师健康观，以科学的态度对待教师心理问题，提高教师自身心理健康的水平。

教师是教学的直接组织者和领导者，是教学情景中的主要因素之一。教师的职业角色、心理品质及心理健康水平等对教师和学生、教育与教学具有十分重要的意义。加强对教师心理的研究，不仅有利于促进学生身心和谐发展，还有利于提高教师的素质和教育教学的质量，推动教育教学改革。本章将着重探讨教师的角色心理、教师的心理素质、教师的心理健康等问题，为教师正确认识自我，提高自身素质，更好地完成教育工作提供必要的心理学知识。

第一节　教师的角色心理

教师是以传递文明、施行教化、培养人才为宗旨的专门职业，是联系古人与今人的桥梁，是沟通过去和未来的中介，是协调个人与社会发展的重要力量。在新课程改革中，从教育目标到教育内容和教育方法都在发生着巨大变化，教师的角色也相应发生了重大变化。

一、教师角色心理概述

（一）角色

心理学中的角色概念来源于戏剧表演用语，指演员按照剧本的要求扮演某一种特定的人物。后来由美国著名的社会学家米德(G. Mead)将其引入社会心理学的研究之中。然而资料显示，最早给角色下定义的是林顿(R. Linton)，他说：角色——这是地位的动力方面，个体在社会中占有与他人地位相联系的一定地位，当个体根据他在社会中所处的地位而实现自己的权利和义务时，就扮演出相应的角色。父母、子女、工人、农民、干部、售货员、旅客、教师等都是社会角色。因此角色可定义为：个人在特定的社会环境中相应的社会身份和社会地位，并按照一定的社会期望，运用一定权利来履行相应社会职责的行为规范。

在社会生活中，每个人都生活在一定的群体中并占据着一定的位置，履行着一定义务，享受着一定权利,当人占据某一位置时,就说明他扮演着特定的角色。人所处的群体不同,人所扮演的角色也存在一定的差异,也可以说,每个人在社会中的角色是一个角色集,即由众多角色所构成的复合体。例如,某教师在学生面前是教师,在其他教师面前是同事,在家里可能是丈夫、父亲和儿子,在街上则是游人、顾客等。

个体在角色扮演过程中,能否有效地履行角色职责,成为出色的角色扮演者,取决于他的角色认知、角色行为和角色塑造能力。角色认知是个体对自己扮演的角色的社会期望的认识。每一种角色都有特定的角色期望,如社会对医生角色的期望是“救死扶伤,实行革命人道主义”,对教师角色的期望是把学生培养成才。个体要圆满地履行角色职责,必须对角色所承担的社会义务和社会对该角色的期望认真地理解,这是正确履行角色行为的前提。角色行为能力是在角色认识的基础上,履行角色职责的能力,如医生能否面对病人对症下药,教师面对不同的教育情景是否具有处理偶发事件的能力等。角色塑造是指个体在角色冲突基础上所进行的角色改造,使之更符合社会期望或理想角色的要求。由于个体承担角色的多样性,角色之间会产生冲突,或者由于角色认知的不断改变,个体也会变革自己的角色行为。

(二)教师的角色心理

教师作为在学校教育中专门从事教育教学活动的人员,所承担的角色既是单一的,又是复杂的。单一是指教师履行教书育人任务的相对单一性;复杂是指教师在完成教书育人任务的过程中,所承担的角色是多种多样的。一个教师要想有效地履行自己的角色职责,必须首先对自己所承担的每一种角色的义务都要正确认识,只有认识到位,才能正确履行;若认识不到位,则缺乏履行的前提。其次要努力提高自己的角色行为能力,使自己能很好地履行自己所认识到的角色义务。最后,教师的角色塑造是动态的过程,由于教育对象等的复杂性,教师的劳动具有创造性,教师只有树立动态的角色塑造意识,不断地发现问题、解决问题,角色扮演技术才能越来越强,才能对学生实施积极的教育影响。

关于教师所承担的角色,由于人们认识的不同,所界定的教师角色也不一样。唐朝的韩愈说:“师者,所以传道、授业、解惑也。”这就是我国古代较早对教师角色行为、义务及权利比较精确的概括。随着人类文明的发展以及社会的进步,人们对教师的期望越来越高,因而关于教师角色的认识也越来越复杂。如美国心理学家林格认为,教师扮演的角色主要有教员、榜样、课堂管理员、办事员、青年团体工作者、公共关系人员、临床医生、父母形象等。霍宜尔认为,教师应扮演“教学的专业角色”,是学科的专家,懂得教育方法及具有专业态度,并应扮演“领导角色”,以合适的领导方式及领导能力,促进教学的成功。约翰·麦金太尔和玛丽·约翰·奥黑尔在《教师角色》一书中,提出教师角色主要有组织者、交流者、激发者、管理者、革新者、咨询者、伦理者、职业角色、政治角色、法律角色等。我国学者对于现代教师角色也有自己的认识。如王莉颖认为,教师角色的现行定位是教育者,教师角色的隐性定位是学习者,教师角色的本质定位是创造者。教师要与新课程同行,要适应新课程的需要,必须转变角色,成为学生学习的组织者、参与者、帮助者、引导者,成为课程的研究者、开发者、决策者。贺斌认为,教师主要充当以下几种角色:学习的指导者、行为规范的示范者、心理健康的辅导者、未来的设计者、班集体活动的领导者、教育教学的研究者、学校与社会的沟通者等等。总之,教师的心理角色是教师在学校、课堂、职业生活中所采取的行为表现。

国内关于教师角色的众多研究,解释了在现代社会中教师所扮演的角色越来越复杂,对教师提出的要求也越来越高。

二、现代中小学教师的角色及其功能的发挥

综合国内外关于教师角色的研究，根据我国教师的活动、职责和任务，把中小学教师的角色划为不同的类型。

（一）教员

作为学生学习的促进者，教师所起的作用主要表现在：(1) 学习的发动者。在教学过程中，教师应该成为学生学习积极性的有效发动者，帮助学生确定学习目标，培养和引导学生的学习兴趣、爱好，保护学生的好奇心、求知欲。(2) 学习的指导者。教师在学生的学习过程中，应该意识到学生是学习的主体，要激发学生的主体意识，使学生的主体能力得到尽可能的发挥。在此过程中，教师主要是引导者、学习材料的提供者、学习环境的创设者。(3) 学习的反馈者。教师应注意，在对学生进行考察之后，要及时讲评学生的学习情况，给学生反馈一定不要拖太长时间，否则效果便会减弱。

（二）群体的管理者

每一位教师，尤其是中小学教师，学生群体管理者的角色都是非常明显的。教师应该认识到，自己承担的管理者的角色是教师角色所固有的，自觉地履行管理者的角色义务是教师角色的要求。

（三）榜样

教育过程是受教育者的知识和能力不断构建的过程，教师不仅要指导学生掌握社会价值标准和行为规范，更要充当示范者。教师应该自觉履行榜样的角色，使自己的一言一行都成为学生的表率。

（四）人际关系的协调者

教师应该认识到，自己也承担着学生之间人际关系协调者的角色。在教育过程中，教师一方面要注意与学生建立良好的师生关系；另一方面更应注重帮助学生在同学之间建立良好的人际关系。

（五）父母的化身

父母的化身是指中小学教师也承担着学生父母的一部分角色。教师在履行这一角色义务时，既要有对学生父母般的真挚的情感，细致入微地关心学生，又不能把自己等同于学生的父母而失去教师角色的应有意义。

（六）教育科学的研究者

教师不能仅满足于向学生传授现成的知识，而要积极探索和研究教育教学中出现的问题，成为一个科学研究者。

（七）心理医生

现代社会，人们的心理问题已成为一个十分明显的社会问题，在学生中心理问题有不断增

多的趋势，学生的心理问题对学生的整个学习及生存会产生不良的影响。因此，每位教师都应意识到心理医生的角色是教师的角色之一。在履行这一角色义务时，一是要认识到中小学阶段心理健康教育的内容及要求对提高中小学生心理健康具有方向性和针对性。二是教师要不断提高自己的心理学素养，掌握帮助学生缓解心理压力、消除心理障碍的知识，提高相应的能力。三是教师应关注每一个学生，了解学生的心理需要，尽可能满足学生的需要，如在教学过程中，为每位学生提供成功的机会，帮助学生体验成功。在帮助学生归因时，提高学生的自信心，避免使学生产生自卑心理等。四是当学生出现心理问题时，教师应尽可能主动地帮助学生。

总的来说，教师的角色功能都是为了完成传授科学文化知识、发展学生的能力、完善学生的健康人格的任务。

第二节　教师的心理品质

心理品质是指一个人在心理过程和个性心理特征两方面所表现出来的本质特征。教师在教育活动中长期扮演的角色，使其逐渐形成特有的心理品质。教师心理品质涉及的内容很多，概括起来主要表现在以下几方面：

一、教师的情感

教师的情感对学生有直接的感染作用，特别是对年龄较小的学生，这种感染作用更为突出。教师良好的情感品质是更好地完成教育任务所必需的。尤其是教师的职业情感，是构成教师心理品质发展的重要动力因素。

（一）积极的职业情感

积极的职业情感主要表现为教师对教育事业、对学生、对集体、对学科的热爱。

1. 热爱教育事业

热爱教育事业，是做好教育工作的基本前提，是教师工作动力的源泉。它不仅可以激发教师对工作的责任感和对事业的忠诚，而且可以使教师产生对教育工作的高涨热情和浓厚兴趣。作为一名教师，要充分认识到教育工作的重大社会作用，认识到自身劳动的价值，忠于人民的教育事业，以饱满的情绪投入到教育工作中去，更要有“捧着一颗心来，不带半根草去”的无私奉献精神。许多优秀教师的经验证明，他们之所以能在教育工作中做出卓越的成绩，首先是因为他们具有热爱教育事业、愿意为教育事业献身的积极情感。

2. 热爱学生

托尔斯泰曾说：“如果一个教师把热爱事业与热爱学生结合起来，他就是一个完美的教师。”热爱学生是教师热爱教育事业的具体体现，是教师职业道德的核心。研究表明，教师对学生的热爱是进行教育教学的情感基础。教师的情感对学生具有直接的感染作用。学生一旦感受到教师的爱，就会产生情感的共鸣，接近教师，接受教师的教育而努力学习。同时，教师对学生的热爱，可以消除学生对教师许多不必要的疑虑，可以密切师生关系，营造良好的教育气氛，增强教育的效力。因此，教师要从高度的工作责任感和社会责任感出发，全心全意地关心和热爱每一个学生，尊重学生的人格和自尊心，严格要求学生，把学生培养成才。教师对学生的热爱要建立在平等的基础上，尊重信任学生，平等公正地对待每个学生，严格要求学生，全面关心他们的成长，真正做到诲人不倦。

3. 热爱集体

教师的劳动特点决定了教师的工作必须依靠集体中每一个成员的积极努力，互相配合，才能使教育工作有效地进行，实现教育目标。因此，在教育、教学过程中，教师不仅要正确处理好与学生之间的关系，还要正确处理好教师之间的关系。每一个教师在充分发挥自己个体积极性、创造性的同时，还必须为建设良好的教师集体做出努力。教师之间应该互相尊重，团结协作，相互学习，互勉共进。

4. 热爱所教学科

教师对自己所教学科的热爱，是提高教学质量的重要条件。只有对某门学科有深切的爱，才会全身心地投入到教学中去，才能焕发出深入钻研教材的浓厚兴趣和传授知识的丰富情感，进而备好课、上好课，从而激发学生的相应体验，使学生更好地感受和理解教材。教学实践表明，当教师满腔热情、情绪高昂地授课时，学生往往受其感染而情绪饱满、注意力集中地接受教师讲授的知识，并会逐渐地更加热爱这一学科。

（二）教师的情操

1. 教师的道德感

教师工作的基本任务是“教书育人”，这就要求教师不仅要具有良好的知识素养，还应该具有高尚的品德。道德感是教师品德心理结构中的动力因素，它是教师根据一定的道德标准去评价人的思想、意图、言论和行为时产生的情感体验。教师的道德感对培养学生相应的情感起着极其重要的作用，在教师所具有的情感中占有重要地位。它包括对学生的义务感和责任感。教师在各种场合下表现出来的正确的、深刻的道德感，对学生具有重大的影响。

2. 教师的理智感

理智感是人们在智力活动过程中，对认识活动的成就进行评价时产生的情感体验。它与人的好奇心、求知欲、探求和热爱真理的需要相连系。理智感是随着人的认识活动的逐步深入而得到发展的。因此，教师在教学工作中，对教学的重要性认识得越深刻，他的探究欲望越强烈，教学效果就会越好，工作就越容易出成绩。因此，教师在教学过程中，不仅要培养自己的理智感，还要有意识地用自己的理智感去感染和影响学生。

3. 教师的美感

教师的美感，是教师对现实和艺术作品的审美情感，是对学生进行情感教育的基础。教师在教育教学中表现出的美感，对学生美感的形成起着潜移默化的作用。教师强烈的美感主要表现在：对美的行为、美的心灵的追求和向往；对自然美、艺术美、社会美的浓厚兴趣；对自己人格美的不断追求和对他人人格美的赞扬和学习之情。

（三）教师的情感表达

有一位心理学工作者，对一所中学的教师和学生进行了师爱调查。对教师的调查显示，有90%的教师认为自己是发自内心地爱学生的；对学生的调查显示，只有10%的学生感受到了教师对他们的爱。究其原因是教师在对学生表达自己爱的情感时出现了问题。

教师的情感在教育工作中的积极作用有赖于其外部表现，如表情、姿势、语言等等。因此，有经验的教师总是从一定的教育目的出发，根据具体情况来掌握和控制自己的情感表现。例如，在学生积极参与课堂发言后给予合理的评价，当学生上课认真听讲时给予会心的微笑，批改作业时的一些鼓励性的批语等等，都能让学生感受到老师的关爱，使学生产生积极的情感反应，从而更加努力学习。教师情感的表达还要符合学生的年龄特点。由于低年级学生的情感主要是和具体事物相联系的，所以教师的情感需要充分表露在语言、表情、手势和肢体语言上，这样才能引起这个年龄的学生在情感上的共鸣。但是，高年级的学生，由于其情感的深刻性的发展和自我控制能力的发展，他们已经不大习惯教师情感有过多或过于鲜明的外部表现。对高年级学生来说，教师深刻而含蓄的情感表达往往更容易使他们受到感染，引起他们强烈的内心体验。

二、教师的意志

教师劳动的复杂性和创造性决定了教师工作的艰辛，责任的重大，要克服各种困难最终实现教育目的的要求就必须具备以下几方面的意志品质：

（一）明确的目的性和实现目的的坚定意向

教师所具有的完成教育、教学任务的明确目的性和努力达到这一目的的坚定意向，是动员自己的全部力量以克服工作困难的内部条件。培养人是一项艰苦、复杂、困难很多的工作，它要受到来自内外部的种种干扰，这要求教师应具有完成任务的明确目的性和努力达到目的的坚定意向，全身心地投入，排除内外困难，保证教育教学目的的实现。教学实践中，教师为教育好学生克服种种困难、呕心沥血的事例不胜枚举。教师的这种意志品质同其世界观以及道德感的水平有着直接的联系。因此，教师应重视培养自己正确的世界观和高尚的道德感。

（二）果断性

教师在教育教学过程中也会遇到复杂的、激烈的内心冲突，如果动机斗争时间过长会影响到教师的教学工作。因此，优秀的教师遇事总是能够善于明辨是非，抓住时机，迅速而合理地采取决定，并实现所做出的决定，办事效率高，成功几率大，在对学生进行教育时能够把握好火候，促使学生积极有效地发生转变。

（三）自制力

在教育教学过程中，教师经常会遇到一些不愉快的事情，如学生与人打架、不好好学习、不遵守纪律等。这就要求教师要善于控制自己的情绪，沉着冷静，能心平气和地与学生沟通和交流，抑制无益的激情和冲动。由于中小学生的自制力比较差，思想和行为上难免会出现反复。这就需要教师要有耐心，能坚持不懈地了解和教育学生，如春风化雨，点滴滋润。

（四）精力和毅力

是否具有充沛的精力和顽强的毅力是直接影响教师工作成败的重要意志品质。教师工作艰巨复杂，没有充沛的精力和顽强的毅力，是难以完成教学任务的。教师能长期精神饱满地投入工作，是精力充沛的表现；能在时间长、难题多、任务重、条件差的情况下坚持不懈，是顽强毅力的表现。实践证明，意志坚强的教师，能以充沛的精力和顽强的毅力努力地工作，遇到挫折不气馁，面对困难不退缩，最终取得成功。

教师的意志品质，不仅是提高自己的心理素质和顺利完成教育、教学任务必不可少的心理品质，也是学生学习的榜样。学生正处于意志品质形成和发展的关键时期，他们不但喜欢评论教师，而且希望从教师那里寻找到自己可以学习的优良品质。因此，教师重视自己意志品质的培养，具有双重的意义。

三、教师的兴趣

教师对教育事业的浓厚兴趣，是积极地、创造性地完成教育教学任务的重要心理品质之一。

（一）教师的中心兴趣

教师的中心兴趣是教师对学生个性发展和所教学科及教学方法的兴趣。这种兴趣，不仅使教师能够积极主动地接近学生，了解学生，研究学生身心发展规律和寻求有效的教育和教学方法，而且能促使教师积极地钻研业务，认真地、满腔热忱地投入教学工作。教师在教学中表现的职业兴趣，是其中心兴趣的浓缩，这常常会引起学生相应的学习兴趣。如对心理学有浓厚兴趣且有威信的教师，会引起学生对心理学的浓厚学习兴趣。

（二）教师的兴趣应广泛

各门学科之间有密切相关。学生思想活跃，兴趣广泛，他们迫切地希望教师能够满足他们的知识需求，这就需要教师具有广泛的兴趣。事实证明，广阔而丰富的兴趣有助于扩大教师的视野，从而获得广博的知识，同时使教师具备了通过多种途径影响学生，启发学生的智力活动和把多种知识传授给学生的必要条件。共同的兴趣容易产生共同的语言，教师和学生间有了共同的兴趣和爱好，为教师深入了解学生创造了最有利的条件。学生的认识兴趣并不限于学校课程范围之内，他们渴望了解一切并寻求他们生活中和想象中碰到的一切问题的答案，特别是中高年级的学生更是这样。教师具有多方面的知识和经验，不仅能满足学生的求知欲，同时也使自己思维活跃，增加语言的情趣，赢得学生的喜欢、尊重和爱戴。

四、教师的能力

教师的能力包括两个方面：教师的智力和教育能力。它们是保证教师顺利完成教育教学工作的重要条件。

（一）教师的智力

教师的智力也叫教师的认知能力或一般能力，是教师从事教育教学工作应具备的基本心理素质。它主要包括以下几个方面：

1. 观察力

观察力是教师的基本功，是教师搞好教育教学工作不可缺少的智力品质。在教育教学中，教师需要及时把握学生的心理状态和行为表现，了解学生心理发展、个性形成以及掌握知识的程度，这就要求教师具备敏锐的观察力。教师敏锐的观察力的作用主要体现在：(1) 能找出某类学生共同具有的典型特点，发现每个学生的个性特点，从而及时采用有针对性的教育手段，便于因材施教。(2) 在讲课时能及时发现和了解教学中的不安定因素，能从学生的细微表现中洞察学生的心理变化，能从学生对问题回答及作业的状况中判别学生掌握知识的程度、存在的问题和困难等。(3) 在思想品德教育中,具有良好观察力的教师,善于对学生进行思想和心理分析,对好的方面及时引导,对不良方面则能够防微杜渐。(4) 能较为客观地观察和评价自己,扬长避短,很好地完善自我。

2. 记忆力

教师的记忆力对教育教学活动非常重要,教师需要依靠记忆力来记住每个学生的特征和学习特点,要回忆起教育现象的各种表现,这有益于对面临的问题做出相应的处理。备课时教师能记住各种知识内容及其联系,讲课时能够将其准确地再现出来。可以说,教师职业的特性要求教师应有良好的记忆力品质。

3. 想象力

教师在教学和管理工作中离不开想象力。具有丰富想象力的教师,具有一定的创造性,能对课堂教学进行合理的、新颖的设计,自觉调控,把学生引入应有的境界。这不仅有助于学生掌握知识,而且有助于发展学生的创造性。有丰富想象力的教师,在研究学生工作时,能根据学生特点,分析他们的现状,预测他们的发展,从而有意识、有针对性地施加教育影响。

4. 思维能力

教师的思维能力是教师智力结构的核心。教师教学工作中对问题的理解、辨别、创造性地思考等都离不开思维能力。教师的思维品质主要表现在以下几个方面:(1) 在教育教学情景中善于透过纷繁复杂的表面现象,全面、系统地认识现象之间的关系,发现事情的本质。(2) 根据教材和学生的实际,创设适合的教学情景,因材施教,及时而有针对性地给予学生指导。(3) 在新课程改革的实践中,良好的思维品质有助于教师不受传统教育模式的束缚,及时打破思维定势的影响,适应新的变化,提高新课程实施的有效性。(4) 教师对问题的分析和语言的表达具有严密的逻辑性,保证学生能够听懂学会,具有良好的教学效果。

5. 注意力

教师的注意力是通过注意品质在教学中表现出来的,良好的注意品质是教师做好工作的必要条件。有经验的教师站在讲台上,能注意到全班学生的听课状况,有利于合理地组织课堂教学,使学生的注意能较长时间地集中在老师所讲的内容上,这体现出了教师注意的范围广和注意稳定的品质。教师在课堂上既要注意讲课内容和进度,还要关注学生的听课情况,有时还需要板书。若在教学中出现了突发事件,要求教师的注意必须具有良好的分配能力和迅速转移的能力。

(二) 教师的教育能力

教师的教育能力也是教师从事教师职业所应具备的特殊能力。教师的教育能力主要包括:

1. 对学生进行思想教育的能力

教师除了传授知识,还要培养学生的思想品德素质,促进学生全面发展。教师的思想教育能力包括几方面的内容:(1) 具有培养学生参加集体活动兴趣的能力。集体可以对集体中成员进行教育,促进其个性发展,促进其社会成熟。教师应该善于组织管理和建设学生集体,把集体活动办得丰富多彩,吸引学生到集体中来。(2) 具有正确引导学生学习榜样的能力。学生在集体活动中,喜欢模仿他所喜欢的人的言行,接受其思想和观点。因此,在教育过程中,教师要善于激发学生产生模仿先进人物的愿望和动机;善于帮助学生分析榜样形成的条件,指出应该学习的内容、途径;善于引导学生把榜样学习与具体实践相结合;善于总结和表扬学生在思想品德方面的进步。(3) 具有培养学生进行自我教育的能力。自我教育是个人在品德修养上的高度自觉能动性的表现，是品德教育的一个必要手段。学生自我教育的能力是随着年龄的增长而发展的。教师要善于激起学生自我教育的愿望，帮助学生学会分析自己的方法，启发和帮助学生制订和执行个人的锻炼计划。

2. 驾驭教材的能力

教师驾驭教材的能力就是对课程标准、教科书、教学参考书及多媒体材料的了解、掌握、加工、处理的能力。这是教师教学的基本功。教师要钻研课程标准，使教学在课程标准的范围内运行，既不低于又不超越。教师驾驭教材的能力表现在三个方面：(1) 通过对教材的研究，充分理解教材的知识内容，融会贯通，把教材的知识内容转化成教师自身的知识。(2) 根据课程标准和教学目的及教材的内容并结合学生的实际情况，明确教学重点和要求，使之成为教师教学的指导思想，据此决定教材的难点、重点以及对教材内容的增减。(3) 探讨既适合学生接受能力，又能促进其智力发展，并能完成教学任务的教学方法和步骤。教师把学生感觉复杂和困难的知识以简要和容易理解的教学方式传授给学生，这样既使学生顺利掌握了知识，又使学生逐渐学会思考问题的方法，促进其思维能力的发展。

3. 组织教学的能力

组织教学是教师有效进行教学的保证。教师高超的组织教学的能力，能将教师的教与学生的学两个方面的积极性充分地调动和发挥出来，更好地完成教书育人的任务。教师组织教学的能力包括：根据教学大纲和教学目的编制教学进度计划和教案的能力；分析和重组教材体系的能力；运用教学参考书及编写补充教材的能力；恰当选择和运用教学方法的能力；运用现代化教学手段和制作教具的能力；收集、整理、归纳教学反馈信息的能力等。

4. 语言表达能力

语言表达能力是影响教师活动成效的直接因素。教师与学生的沟通与交往以及知识的讲授都离不开语言表达能力。教师的语言表达包括语言表达和非语言表达两大类。语言表达，特别是口头语言表达能力的强弱，直接影响教师主导作用的发挥，也直接影响学生语言和思维的发展以及学生对知识的理解和掌握。因此，教师要特别注重口头语言表达能力的训练，使语言具有科学性、准确性、启发性、教育性、生动性、情感性和趣味性，做到通俗易懂、条理清晰。同时，教师在进行语言表达时要快慢适中，抑扬顿挫，富有感情，并及时根据学生的不同反应，恰当地调整自己的语气语调，以增强语言表达的感染力，充分发挥语言在传导信息中的重要作用。这样才能吸引学生的注意，引起学生思想和情感上的共鸣。语言的表达有时也需要非语言的协助，如眼神、表情、姿态和手势等都能起到传情达意的作用。教师具有非语言表达的能力，可以使自己的语言更富有感染力，更有利于信息的传导。

5. 科研能力

教师的科研能力是指各级各类教师在进行教育教学工作的同时，从事与教育教学相关课题的总结、实验及创造发明的能力。它不仅是高校教师必备的能力，同时也是中小学教师应具备的能力。最基本的要求是教师应具有对他人的成果进行分析、鉴别并提出个人见解的能力。因为教育工作和教育教学改革本身就是一个不断探索的过程，教师只有具备一定的科研能力，才能把教育实践、教学改革与课题研究紧密地结合起来，才能促进教学质量和自身教育水平的不断提高。

6. 教学效能感

教学效能感指教师认为自己能够有效地指导学生，相信自己具有教好学生的能力。教师的教学效能感是解释教师动机的关键因素。它影响着教师对教育工作的积极性,影响教师对教学工作的努力程度,以及在碰到困难时他们克服困难的坚持程度等等。教学效能感对教师的影响主要表现在:(1)影响教师在工作中的努力程度。效能感高的教师相信自己的教学活动能使学生成才,便会投入很大的精力努力工作。在教学中遇到困难的时候,勇于向困难挑战。效能感低的教师则认为家庭和社会对学生影响巨大,而自己的影响则很小,因而常放弃自己的努力。(2)影响教师在工作中的经验总结和进一步的学习。效能感高的教师为了提高自己的教学效果,会注意总结各方面的经验,不断学习有关的知识,进而提高自己的教学能力。而效能感低的教师由于不相信自己在工作中会取得成就,便难以做到在教学过程中不断地积累、总结和提高。(3)影响教师在工作中的情绪。效能感高的教师在工作时会信心十足,精神饱满,心情愉快,表现出极大的热情,往往取得良好的教育效果。效能感低的教师在工作中感到焦虑和恐惧,常常处于烦恼之中,无心教学,以至于不能很好地完成工作。

7. 教育机智

教育机智是教师在教育教学活动中的一种特殊智力定向能力,是指教师对学生各种表现,特别是对意外情况和偶发事件,能够及时做出灵敏的反应,并采取恰当措施和解决问题的特殊能力。在教育教学活动中,每个教师都可能会遇到各种各样而且必须要解决的问题和困难,如果教师不能灵活巧妙地处理这些问题,就会造成僵局,伤害学生的情感,有损教师的威信,妨碍教育教学活动。因此为了避免教育工作不必要的挫折和失误,教师必须具备良好的教育机智。教育机智表现的方式有:

(1)善于因势利导。所谓因势利导,就是根据学生的需要和特点,利用并调动积极因素,循循善诱,使学生扬长避短,顺利成长。例如一位教师上生物课时,发现某学生吃东西的声音分散了同学们的注意力。教师把吃东西的同学叫起来,问道:“我们学过了消化系统,你能回答一下吃东西时口腔、肠胃都发生了哪些变化吗?”这样的处理,既让同学们的注意力集中了,也复习了知识,同时也教育了这位同学。这位教师正是能因势利导,化消极因素为积极因素,才解决了这个棘手的问题,充分展示了自己良好的教育机智。

(2)善于随机应变。马卡连柯说:教育技巧的必要特征之一就是要有随机应变能力,有了这种品质,教师才可能避免刻板及公式化,才能估量此时此地的情况和特点,从而找到适当手段。教师随机应变能力是教育机智的集中体现。比如有位外语教师在教 cook(公鸡)一词时,有个学生突然怪声怪调地说:“有没有母鸡呀?”顿时,全班一片哗然。教师平静地说:“有。不仅有母鸡还有小鸡这个单词。”接着一一讲解,并表扬了那位学生好学好问,但也批评了他说话的态度。这样机智的处理,既没有干扰正常教学,还使学生掌握了更多的知识,受到了教育。由此可见,随机应变能力是教育艺术的高度表现,也是教育机智的重要特征。

(3)善于对症下药。这是指教师能从学生实际出发,针对学生的具体特点,巧妙地采取灵活多变的教育方式方法,有的放矢地对学生进行教育。在教学过程中,同一种现象可能由不同的原因引起,教师只有区别对待,才能行之有效。例如,课堂上学生不会答教师提问的原因,可能是基础差,也可能是身体不适,还有可能是学生对教师有意见等,因此在处理时应具有灵活性。

(4)善于掌握教育时机和分寸。这是指教师要讲究教育的科学性、严肃性,在教育学生和处理问题时,能实事求是,分析中肯,判断准确,结论合理,对学生要求适当,使学生心服口服。选择恰如其分、恰到好处的处理措施,适当适时地把握批评与表扬、惩罚与奖励,这都能体现出良好的教育时机和教育分寸,也有利于教育机智的有效发挥。

8. 教学监控能力

教学监控能力是指教师为了保证教学达到预期目的而在教学全过程中，以教学活动本身为意识对象，不断地对其进行积极主动的计划、检查、评价、反馈、控制和调节的能力。教师的教学监控能力主要包括三个方面：一是教师对自己的教学活动的预先计划和安排；二是对实际教学活动进行有意识的监察、评价和反馈；三是对自己的教学活动进行调节、校正和有意识的自我控制。

五、教师的人格特征

健全的人格是合格教师必备的心理素质。大量的研究证明，教师的人格特征不但影响其自身教育教学活动的效果，而且在很大程度上决定其能否有效地促进学生人格的健康发展。从教师的职业要求和现有研究来看，有成效的教师应具备以下主要人格特征：

（一）积极的自我意识

自我意识在人格结构中处于核心地位，它从心理反映的意识层面上支配、调节着人的行为。个体能否真实地、客观地认识自我和对待自我是衡量其自我意识水平的基本标志。一个好的教师能够通过自我观察、自我体验和自我评价而获得正确的自我认识，并成功地扮演各种教师角色。他们能在自我认知的基础上，有效地进行自我监督，自觉地根据自己在社会中形成的信仰、情感和习惯去提醒、告诫自己，克服与之相悖的思想和行为，顺应社会的需要。一个好的教师不仅善于进行自我批评，不断地反省自己和完善自己，而且能自觉抵制社会上各种不利因素的刺激和影响，使自己的情感冲动和行为限定在合理的范围之内，也能通过自我疏导从矛盾、冲突和窘境中解脱出来。总之，自我意识良好的教师会使个人的欲望不悖于社会规范，使个人的行为不超越社会的认可，能成为学生的表率。

（二）良好的性格

在个人的人格特征中，性格是最基本的、综合性的因素，它不但能影响其他因素，而且综合反映其他因素。因此，良好的性格是合格教师人格特征的基本要求。教师良好的性格主要应有：(1) 公正无私。教师为人师表，在教育教学过程中，对学生、对同事都应一视同仁、公平对待，不以个人的好恶论是非。(2) 诚实谦逊。教师是学生的楷模，一方面要能正确客观地分析自己，如实地表现自己，踏实工作，敢于正视和改正自己的缺点和不足；另一方面，教师又应虚心向别人学习，既当先生又当学生，有不耻下问的谦逊精神和胸怀，(3) 热情开朗。教师的劳动是艰苦复杂的劳动，这就需要教师保持一往无前的热情、乐观开朗的态度，以积极饱满的情绪去从事教育教学工作，以充沛的精力、豁达的心胸去迎接挑战，以活泼开朗的性格去感染学生。

第三节　教师的心理健康及其维护

教师的心理健康是教师进行教育工作的基础。但是，由于诸多因素的影响，教师的心理健康状况令人担忧，和社会其他群体相比，其心理健康水平较差。因此，师范专业的学生应树立正确的心理健康观念，掌握心理健康的相关知识和技能，不断提高心理健康水平。

一、教师心理健康的意义

（一）教师的心理健康有助于身体健康

身心一体观认为，人只有身体健康，才能心理健康；同样，只有心理健康，才会身体健康，身心关系极为密切。研究表明，积极愉快的情绪和心态有助于提高人的免疫能力，能使人有效地抵抗疾病的侵害，从而有益于身体的健康。相反，不良的心理状态、消极的情绪或心理障碍等不利于身体健康，危害神经系统、内分泌系统、消化系统、免疫系统和心血管系统，从而导致身体疾病。所以，维护和增进教师的心理健康，有助于他们的身体健康。

（二）教师的心理健康有助于提高工作效率

教师的心理健康水平较高，就会使其在智力、情感、意志和个性等方面都有正常的、健康的发展，以形成健全的人格，并能自如地运用自己的智慧和才能去应对客观环境，使教师的心理倾向和行为与社会大众的要求协调一致，并获得与环境的积极平衡，从而提高工作效率。另外，一个心理健康的教师能以正确的现实的态度来对待矛盾和解决问题，能够高效地化解矛盾、应对冲突，其工作效率必然高于一般的人。

（三）教师的心理健康有利于促进学生的发展和成长

教师是与学生接触比较密切，并且是对学生具有重要影响力的人，教师心理健康直接影响学生的发展。这种影响主要表现在：一是直接影响学生的心理健康。专家认为，对于学生的心理健康，教师在教学方面起着重要的作用。例如，教师教学情境的安排、行为问题的处理、个别差异的适应以及教师自己的心理健康等都直接影响学生的心理健康。二是直接影响学生的知识学习。大量的教育实践证实，教师积极的心理状态，如情绪稳定、对儿童富有爱心和信心等，会促进学生学习效果的提高。因为学生受积极心理的感染，大脑皮层会处于兴奋状态，容易激发学习兴趣，从而加速知识的学习。相反，教师波动和冷漠的情绪会导致学生学习兴趣下降，学习的主动性、积极性丧失。三是影响学生个性的发展和良好师生关系的建立。

二、教师心理健康的标准

教师心理健康的标准，既要符合一般人心理健康的要求，又要体现教师职业的特殊需要。心理学家兰肯指出，就心理卫生而言，优秀教师应具备：(1) 喜欢儿童和青少年；(2) 自我调适良好，可为学生心理健康之表率；(3) 具有教育和心理卫生方面的知识；(4) 明了儿童成长与发展的途径，并能应用不同的技术以了解儿童及儿童的需要；(5) 能提供促进心理健康的教师气氛；(6) 能帮助各个学生满足基本的情绪需要；(7) 能鉴定有严重心理问题的学生，并知道在什么地方及如何使他们得到满足。

我国心理工作者从六个方面提出了教师心理健康的指标：(1) 教师角色的积极认知，即对自己了解恰当并能愉快地接受教师职业，有足够的职业自居心理。(2) 健康的教育心理环境（即教师从事教育工作的内心活动背景）。教师的教育心理环境是否稳定、是否乐观和积极，将直接影响教师整个心理状态及行为，也关系到教育教学工作的效果。(3) 教育独创性。教师在教育教学工作中要进行独立的首创性活动，必须具有健康的心理基础，反过来教师在教育工作中的独创性也是心理健康的标志之一。(4) 抗教育焦虑。遇事能控制自己的情绪,保持镇静,能忍耐挫折和困难的考验,能够忍受一定强度的焦虑等,这些都是教师心理健康的表现。(5) 良好的人际关系。教师能够正确处理学生、领导、家长以及与其他教师之间的人际关系。(6) 教育环境的适应与改造。教师能够适应发展、革新的教育环境,接受教育事业的新生事物,积极改造不良环境。

三、教师心理健康问题及异常表现

教师心理问题及异常表现是多种多样的,但主要集中在五个方面:适应不良、人格异常、人际关系不良、职业心理枯竭和身心健康问题等。

(一) 适应不良

适应不良是个人与环境不能取得协调一致所表现的状态与过程。由于教师地位不高,待遇较低,工作辛苦,特别是商品大潮的冲击、社会价值观念的变化及生活态度的改变,这些都会对教师内心造成很大冲击,很容易造成内心冲突。再加上新课程改革,更加剧了教师不适应的程度。其主要表现为:理想与现实之间的差距较大,付出与收获倒挂,人际关系紧张,情绪波动较大,科学知识不足但又缺乏进修提高的机会。

(二) 人格异常

人格异常,一般是指个体人格发展的内在不协调而导致人格特征显著偏离正常人群,并与社会规范相悖的一种持久的牢固的极端化的行为模式,在情绪反应、动机和行为活动上发生异常,从而影响了个体社会交往和职业功能,造成社会适应不良。人格异常的类型很多,其中在教师身上表现较为明显的有:认知出现偏差,做事要求完美,甚至妨碍工作的完成;固执刻板,喜与人争论,敏感多疑;偏执,对他人没有信任感,过度自我保护和警惕;冲动型人格。

(三) 人际关系不良

许金更等的调查研究表明,除校内工作关系外,经常与他人交往的小学教师只有16.99%,在校外经常和他人交往的只有 11.4%,结论是教师人际关系淡薄。一般来说,教师在人际关系方面的障碍和适应不良主要表现为:其一,缺乏交往意识和欲望,很少与人交往和沟通;其二,缺乏必要的交往技能和手段,交往容易受挫;其三,不良人格和个性特征影响正常交往,如自闭、自卑、自负、偏执、强迫等。

(四) 职业心理枯竭

心理枯竭,简称"枯竭"。教师心理枯竭,是指教师在处理教育教学事务中所表现出的由于工作的压力、紧张的心情及较低的成就感而导致的情绪低落、身心疲惫的心理状态。教师的心理枯竭具有消极性,常常影响教师的身心健康和工作状况,如心理枯竭的教师与同事的冲突增加,工作满意度降低,工作效率下降,时常迟到早退甚至离职等,具体表现为生理枯竭,情绪衰竭,心智枯竭,价值枯竭,非人性化冷漠和行为过激。

(五) 身心健康问题

由于教师工作的压力和强度较大,教师的心理健康受到了损害,身心问题主要有焦虑、抑

知识链接 17-1

职业心理枯竭的四个阶段

比尤凯格(Beaucage,1997)提出枯竭发展有四个阶段:第一,理想狂热阶段。在此阶段中,个体常常热爱自己的工作,有很强的动机,充分投入到工作中,能完成比期待更高的工作,并感到精力充沛,充满了陶醉感。个体此时往往并不在乎为了达到目标所需付出的时间和努力,甚至当目标不现实时,也相信自己能达到。个体可能知道自己投入了太多的时间,但不会停止付出。第二,徘徊滞留阶段。个体开始感到工作效率下降、焦虑、对工作的满意度减少,感到要达到的目标开始变得越来越遥远。这时出现了某些躯体问题,但个体往往拒绝承认,不去聆听躯体发出的警报,只是极力以加倍工作来隐藏问题。当一个人力图做得更多,而不是降低不现实的期待时,枯竭就真正地开始了。第三,迷茫挫折阶段。在这一阶段,个体承受着慢性症状。虽然仍旧力图否认问题,但已经被身心的疲劳所控制。个体可能感到掉入了陷阱中,开始对自己的职业和能力持怀疑态度,工作效率下降。处于这一阶段的个体经常使用酒精、毒品或药物来寻求解脱。第四,淡漠抑郁阶段。在这一最后阶段,职业的衰退已达到极限,个体的情绪与健康均受到损害,不能完成日常的工作和生活。

——选自姚本先等的《心理学新论》,高等教育出版社 2001 年版

郁和神经衰弱。

四、教师心理健康的维护

维护和促进教师的心理健康,必须做好以下几方面的工作:

(一)优化社会环境,提高教师社会地位,改善教师生活条件

近年来,虽然教师的待遇在逐步提高,但与社会其他行业相比较,工资待遇仍然比较低,教师职业受社会关注较少,使教师不能很好地对自我价值认同。因此,国家和政府要进一步加大对教育的投入,提高教师的工资收入和福利待遇,改善教师的生活条件,从而形成尊师重教的社会风气,以进一步提高教师对自身工作的热情和自豪感。

(二)加强学校管理的科学性

1. 改善管理方法,协调人际关系

科学的管理方法和良好的人际网络是调动教师积极工作的前提和保障。为此,学校领导者应该做到:对那些不利于发挥教师积极性、主动性、创造性的呆板、生硬、不合理的规章制度要摒弃。同时在制订相关制度时,尽量做到制度的科学化、合理化、人性化,在组织上和制度上保证教师有参与管理的机会,实行民主管理,充分发挥教师的主人翁作用。在用人方面要尊重人才,合理用人。在用权方面能从教师利益出发,公平对人,不搞特殊化。在人际交往中正直,诚实,守信,不摆官架子,不盛气凌人,不仅自己要经常深入教师中间与教师沟通,更要多为教师创造在一起相互交流和学习的机会,比如座谈会、联谊会等,以促进教师相互认同,这有助于有心理问题的教师缓解不良情绪的冲击,摆脱困境,恢复心理平衡。

2. 建立科学合理的教师考核标准

考核标准是任务目标和对考核人员要求的具体化，它具有智慧泵的作用。考核一般与实际利益相联系，因而具有强化刺激的作用。科学的考核能把教师的需要和动机转移到学校整体目标上来。相反，片面或错误的考核标准，会使教师被迫顺从，产生巨大的心理压力，不利于工作的正常开展和效率的提高。因此建立科学合理的考核标准是消除教师心理挫折的重要手段。首先，要制订一套科学规范化的考核标准。制订的考核标准一定要目标要求具体化，具体要求指标化，指标的内容可以量化，同时还要符合教师的知识水平和能力水平，这样教师才能认清标准，为能达到标准而努力。其次，改变职称评定和评优评先工作中的不合理现象。教师的各项评定一定要与考核挂钩，让那些在教学第一线做出一定贡献的优秀教师得到应该拥有的荣誉，而不能靠私情或者论资排辈；否则，只能削弱大多数中青年骨干教师的积极性，不利于学校教学工作的开展。

3. 优化工作环境，满足教师的合理需要

既然教师心理挫折与学校工作环境有关，那么学校领导就应该面对现实，动脑筋，想办法，为教师创造良好的工作和生活环境，满足教师的合理要求，使教师心理平衡。为此，领导应尽可能考虑到：教师安居乐业的问题，合理解决教师的住房问题和子女的上学问题；为教师的继续教育提供合理的支持和帮助，使教师成为符合当代教育需要的教师；加大教学投资力度，改善教师的教学环境和条件，如对教师图书资料、仪器设备、工具用品、工作环境等等方面的满足。

4. 做好教师的心理保健工作

教师的心理健康是教师正确开展教育工作，提高教学效率的保障。因此，做好教师的心理保健工作尤为重要。教师的心理保健工作应从以下几个方面做起：首先，学校领导要带头重视和注意自身的心理保健并能够调节自己的情绪，关注每一个教师，并帮助他们解决困难。认真倾听每个教师的意见，给教师以受重视感和安定感。其次，学校要制订心理卫生计划，如教师的在职训练，请心理学专家来校举办有关心理卫生理论和方法的研讨会或讲座，帮助教师学会作心理疏导和调适，学校图书室要为教师配备有关心理保健的图书、刊物。

（三）提高教师自我心理调节能力

1. 增强心理保健意识

良好的外部条件只能为教师心理健康提供积极的影响，要使教师心理健康，关键还在教师自身。因此，教师应树立起心理健康与生理健康同等重要的观念，积极主动地开展心理卫生保健活动。教师在进行心理保健时应注意：第一，要有正确的价值观和人生观，能客观评价自我，加强自我监督和自我调控。第二，尽量防止和克服心理冲突。人的主观要求和客观现实可以引起强烈和持续的心理冲突，并在一定条件下引起心理疾病。教师在工作和生活中不可避免地会发生某些心理矛盾，要及时调整心理状态，缓解心理矛盾，正确解决矛盾，不能消极对待。第三，要有自知之明，为了提高自身心理健康水平，必须了解自己当前健康程度，了解自己的长处和短处，并能经常用心理健康的标准来衡量自己的行为。第四，融入集体之中，积极参加教师和学生的集体活动，与其他教师、学生有好的交往。第五，有规律地生活，保持健康的身体和乐观的情绪。

2. 正确认识挫折，增强挫折容忍力

正确认识挫折，是教师战胜挫折，获得良好心理素质的先导和前提。在对教师挫折的分析过程中人们发现，真正引起教师挫折感的，与其说是他们遭遇的挫折本身，还不如说是当事人对挫折的认识和采取的态度。从我国教师现状来看,教师对挫折认识与态度上的偏差普遍存在,因此,要战胜挫折,教师应克服对挫折的错误认识,客观地认识挫折,增强对挫折的容忍力。因此,教师应注意:(1) 加强体育锻炼,使自己拥有一个健康的体魄,其他条件同等的情况下,身体健康者更能抵御恶劣的外部背景。(2) 提高认识水平,培养良好的个性。在现实生活中,胸怀宽广、意志坚强、乐观向上的人更能适应挫折。(3) 积极参与社会活动,丰富自己的社会经验,培养自己正确的挫折预见力和判断力

4. 合理的宣泄

教师在遭受挫折时,往往会产生焦虑、愤怒、冲动等负面的情绪体验,如得不到妥善的化解,将会影响教师的身心健康。因此,采取合理的方式宣泄受挫后的紧张心理,恢复心理平衡,对于教师来说是十分必要的。有效的宣泄方式有:(1) 自我疏导。自我疏导就是教师受挫以后,通过语言或文字主动地与家人、同事、朋友进行理智的倾诉,消除紧张心理,恢复心理平衡。(2) 情绪宣泄。教师受挫后的情绪往往处于悲痛之中,如果把这种悲痛的情绪一味加以压抑,可能会对其心理造成极大的伤害。受挫教师不妨采用大哭、大笑等方法进行宣泄,保持愉快的心情。(3) 运动宣泄,即通过参加各种体育活动,消除悲观、失望、愤怒的消极情绪,激发积极进取的朝气。此外,心理咨询也是帮助受挫教师解除心理困惑、取得心理平衡的重要形式。

5. 建立良好的人际关系

教师是生活在各种社会关系网中的社会成员。因此,教师不仅要注意与学校中的其他教师和学生交往,建立良好的人际关系,也要注意与社会中其他职业的人进行正常的社会交往。这样,可以使人们增进理解,开阔心胸,也可获得更多的社会支持。更为重要的是,还可以使人感受到充足的社会安全感、信任感和归属感,从而增强生活、学习和工作的信心和力量,最大限度地减少心理压力和心理冲突,起到维护和保持心理健康的作用。

综合练习

一、概念解释

1. 教师的角色　2. 教师自我效能感　3. 教师心理枯竭

二、填空

1. 教师在角色扮演过程中,能否有效地履行角色职责,成为出色的角色扮演者,取决于他的________、________和________。

2. 教师心理健康问题主要表在________、________、________、________和________等方面。

3. 教师的语言表达包括________和________两大类。

三、判断

1. 只要毕业当上教师就具有自己的教学风格。（　）

2. 有心理问题的教师就是精神病患者。（　）

3. 教育机制即处理偶发事件的能力。（　）

四、问答与简述

1. 如何理解现代教育条件下教师的角色及其作用?

2. 联系实际分析说明教学效能感对教师和学生的影响。

3. 联系实际谈谈新课程标准要求教师应具备哪些心理品质。

4. 结合影响教育机智的因素,分析说明如何在教育实践中培养教师的教育机智。

5. 教师心理健康的标准有哪些?如何维护教师的心理健康?

主要参考文献

1 梁宁建等. 基础心理学. 北京:高等教育出版社,2004
2 黄希庭. 心理学导论(第二版). 北京:人民教育出版社,2007
3 彭聃龄. 普通心理学. 北京:北京师大出版社,2001
4 陈录生,马剑侠. 新编心理学. 北京:北京师范大学出版社,2002
5 张伯源. 变态心理学. 北京:北京大学出版社,2005
6 林崇德. 发展心理学. 杭州:浙江教育出版社,2002
7 张承芬,孙维胜. 学生心理健康教育. 北京:警官教育出版社,1997
8 孔燕等. 大学生心理健康教育. 合肥:安徽人民出版社,1998
9 徐虹. 心理学. 北京:中国物资出版社,1998
10 姚本先. 心理学(《心理学新论》修订版). 北京:高等教育出版社,2005
11 高玉祥,程正方,郑日昌. 心理学. 北京:北京师范大学出版社,1985
12 易法建. 心理医生. 重庆:重庆大学出版社,1995
13 方富熹等. 儿童发展心理学. 北京:人民教育出版社,2005
14 彼得罗夫斯基. 普通心理学(中译本). 北京:人民教育出版社,1981
15 张春兴. 现代心理学. 上海:上海人民出版社,1994
16 李新旺. 生理心理学导论. 开封:河南大学出版社,1992
17 王永惠,梁崇科. 心理学. 西安:陕西师范大学出版社,1996
18 潘菽. 教育心理学. 北京:人民教育出版社,1980
19 白先同. 教育心理学. 桂林:广西师范大学出版社,1992
20 朱智贤. 心理学大辞典. 北京:北京师范大学出版社,1989
21 章永生. 教育心理学. 石家庄:河北教育出版社,1999
22 荆其诚. 简明心理学百科全书. 长沙:湖南教育出版社,1991
23 张春兴. 张氏心理学词典. 台北:东华书局,1989
24 阿瑟·S·雷伯. 心理学词典. 李伯黍等译. 上海:上海译文出版社,1996
25 叶浩生. 西方心理学的历史与体系. 北京:人民教育出版社,1998
26 杨雄里. 脑科学的现代进展. 上海:上海科技教育出版社,1998
27 罗伯特·索拉索. 21世纪的心理科学与脑科学. 朱滢等译. 北京:北京大学出版社,2002
28 威廉·卡尔文. 大脑如何思维——智力演化的今昔. 杨雄里,梁培基译. 上海:上海科学技术出版社,1996
29 托马斯. L. 贝纳特. 感觉世界——感觉和知觉导论. 旦明译. 北京:科学出版社,1983
30 叶奕乾. 心理学. 北京:中央广播电视大学出版社,1989
31 孟昭兰. 普通心理学. 北京:北京大学出版社,1994
32 M. 艾森克. 心理学——一条整合的途径. 阎巩固译. 北京:华东师范大出版社,2001

33 朱莉娅·贝里曼,戴维·哈格里夫,凯文·霍维尔,伊莉莎白·奥克利福特.心理学与你.武跃国,武国城译.钱铭怡审校.北京:北京大学出版社,2000
34 赵国祥.领导艺术.郑州:河南人民出版社,1990
35 赵国祥.领导人员个性论纲.北京:中国社会科学出版社,2003
36 黄希庭.心理学实验指导.北京:人民教育出版社,1988
37 林崇德.发展心理学.北京:人民教育出版社,1995
38 林崇德.学习与发展.北京:北京师范大学出版社,2002
39 申继亮等.当代儿童青少年心理学的进展.杭州:浙江教育出版社,1997
40 许政援等.儿童发展心理学.长春:吉林教育出版社,1992
41 朱智贤.儿童心理学.北京:人民教育出版社,1993
42 朱智贤.中国儿童青少年心理发展与教育.北京:中国卓越出版社,1994
43 桑标.当代儿童发展心理学.上海:上海教育出版社,2003
44 皮连生.学与教的心理学.上海:华东师范大学出版社,1999
45 卢家楣.情感教学心理学.上海:上海教育出版社,2000
46 王甦,汪安圣.认知心理学.北京:北京大学出版社, 1992
47 余嘉元.当代认知心理学.南京:江苏教育出版社,2001
48 Best.认知心理学. 黄希庭译.北京:中国轻工业出版社,2000
49 刘爱伦.思维心理学.北京:人民教育出版社,2002
50 杨治良等.记忆心理学.上海:华东师范大学出版社,1999
51 白学军.智力心理学的研究进展.杭州:浙江人民出版社,1996
52 张庆林,Sternberg.创造性研究手册.成都:四川教育出版社,2002
53 陈仲庚,张雨新.人格心理学.沈阳:辽宁人民出版社,1986
54 Burger.人格心理学. 陈会昌等译.北京:中国轻工业出版社,2000
55 郑雪.人格心理学.广州:暨南大学出版社,2001
56 黄希庭.人格心理学.杭州:浙江教育出版社,2002
57 高玉祥.健全人格及其塑造.北京:北京师范大学出版社,1997
58 张厚粲等.心理学.北京:中央广播电视大学出版社,1986
59 黄希庭,郑涌.大学生心理健康与咨询.北京:高等教育出版社,2000
60 孟昭兰.人类情绪.上海:上海人民出版社,1989
61 K.T.斯托曼.情绪心理学. 张燕云译.沈阳:辽宁人民出版社,1986
62 王登峰.心理卫生学.北京:高等教育出版社,2003
63 孙本文.社会心理学.北京:商务印书馆,1946
64 沙莲香.社会心理学.北京:中国人民大学出版社,1994
65 时蓉华.现代社会心理学.上海:华东师范大学出版社,1997
66 杨中芳总校订.性格与社会心理测量总览.台北:远流出版公司,1997
67 王士元.语言与人类交际.南宁:广西教育出版社,1987
68 沙莲香.中国民族性(一).北京:中国人民大学出版社,1989
69 沙莲香.中国民族性(二).北京:中国人民大学出版社,1990
70 伯纳德·韦纳.动机和情绪的归因理论. 林钟敏译.福州:福建教育出版社,1989
71 孙煜明.动机心理学.南京:南京大学出版社,1993

72 翰·P·霍斯顿.动机心理学.孟继群,侯积良等译.沈阳:辽宁人民出版社,1990
73 中国心理学会.当代中国心理学.北京:人民教育出版社,2001
74 廖正峰.教师心理.杭州:浙江教育出版社,1985
75 晋劲敏等.教师心理.北京:北京师范大学出版社,1987
76 周国韬等.教师心理学.北京:警官教育出版社,1998
77 高明书.教师心理学.北京:人民教育出版社,1999
78 赵国祥.中学生心理健康教育.郑州:海燕出版社,2001
79 赵国祥.中小学心理健康教育(1—9 年级).郑州:河南科技出版社,2003
80 赵国祥.大学生心理健康教育.北京:人民教育出版社,2007
81 Lauren B. llOy.变态心理学.汤震飞等译.上海:上海社会科学院出版社,2005
82 刘华山.学校心理辅导.合肥:安徽人民出版社,1998
83 刘新民等.变态心理学.北京:人民卫生出版社,2007
84 章志光.心理学.北京:人民教育出版社,1984
85 张述祖,沈德立.基础心理学.北京:教育科学出版社,1987